"十三五"国家重点图书出版规划项目

2018 年主题出版重点出版物

中国法治

1978~2018

RULE OF LAW IN CHINA

李 林 等／著

社会科学文献出版社
SOCIAL SCIENCES ACADEMIC PRESS (CHINA)

出版者前言

习近平同志指出，改革开放是当代中国最鲜明的特色，是我们党在新的历史时期最鲜明的旗帜。改革开放是决定当代中国命运的关键抉择，是党和人民事业大踏步赶上时代的重要法宝。2018年是中国改革开放40周年，社会各界都会举行一系列活动，隆重纪念改革开放的征程。对40年进行总结也是学术界和出版界面临的重要任务，可以反映40年来尤其是十八大以来中国改革开放和社会主义现代化建设的历史成就与发展经验，梳理和凝练中国经验与中国道路，面向全世界进行多角度、多介质的传播，讲述中国故事，提供中国方案。改革开放研究是新时代中国特色社会主义研究的重要组成部分，是应该长期坚持并具有长远意义的重大课题。

社会科学文献出版社成立于1985年，是直属于中国社会科学院的人文社会科学专业学术出版机构，依托于中国社会科学院和国内外人文社会科学界丰厚的学术和专家资源，坚持"创社科经典，出传世文献"的出版理念、"权威、前沿、原创"的产品定位以及出版成果专业化、数字化、国际化、市场化经营道路，为学术界、政策界和普通读者提供了大量优秀的出版物。社会科学文献出版社于2008年出版了改革开放研究丛书第一辑，内容涉及经济转型、政治治理、社会变迁、法治走向、教育发展、对外关系、西部减贫与可持续发展、民间组织、性与生殖健康九大方面，近百位学者参与，取得了很好的社会效益和经济效益。九种图书后来获得了国家社科基金中华学术外译项目资助和中共中央对外宣传办公室资助，由荷兰博睿出版社出版了英文版。图书的英文版已被哈佛大学、耶鲁大学、牛津大学、剑桥大学等世界著名大学收藏，进入了国外大学课堂，并得到诸多专家的积极评价。

从 2016 年底开始，社会科学文献出版社再次精心筹划改革开放研究丛书的出版。本次出版，以经济、政治、社会、文化、生态五大领域为抓手，以学科研究为基础，以中国社会科学院、北京大学、清华大学等高校科研机构的学者为支撑，以国际视野为导向，全面、系统、专题性展现改革开放 40 年来中国的发展变化、经验积累、政策变迁，并辅以多形式宣传、多介质传播和多语种呈现。现在展示在读者面前的是这套丛书的中文版，我们希望借着这种形式，向中国改革开放这一伟大的进程及其所开创的这一伟大时代致敬。

社会科学文献出版社

2018 年 2 月 10 日

主要作者简介

　　李　林　法学博士，中国社会科学院学部委员，法学研究所原所长、研究员，兼任中国法学会副会长，中国法学会学术委员会副主任、网络与信息法学研究会会长、法理学研究会常务副会长等。主要研究领域：法理学、宪法学、立法学、法治与人权理论。出版论著有《法制的理念与行为》《立法理论与制度》《中国的法治道路》《走向人权的探索》等 60 余部，发表论文 200 余篇，提交研究报告 120 余份。

内容提要

1978 年中国改革开放以来的 40 年，是探索和开辟中国特色社会主义道路，推进现代化建设、实现中华民族从站起来、富起来迈向强起来的 40 年，也是中国共产党领导人民发展社会主义民主、建设社会主义法治，从人治走向法制、从法制走向法治和全面依法治国，切实尊重和保障人权，增进和实现人民福祉，不断繁荣中国特色社会主义法治理论，推进全面依法治国、建设法治中国的 40 年。

40 年来，中国法治与改革开放紧密结合、相辅相成，相互促进、共同发展。从某种意义上讲，改革开放 40 年的历史，就是一部中国法治不断变革、日趋完善和持续发展的"变法史"，是中华民族走上中国特色社会主义法治道路、建设中国特色社会主义法治体系、建设社会主义法治国家的历史；40 年中国法治建设和依法治国发展的历史，就是用法治引领、确认、规范、促进和保障改革开放和经济社会发展的法治史。没有改革开放释放的原动力和内在需求，就不可能有中国法治和全面依法治国的成功实践；同样，没有法治和依法治国如影随形的正确引领和重要保障，改革开放也难以取得成功。40 年来，伴随着改革开放的不断发展和深入推进，中国法治建设走过了 40 年光辉历程，取得了前所未有的成就。

本书围绕改革开放与法治发展这条主线，从中国宪法发展、立法改革、法治政府建设、司法体制改革、法治宣传教育，以及民事和刑事、经济和社会、知识产权、人权和国际等多个法治维度，回顾 40 年来中国从形成法律体系到建设法治体系的发展历程，分析中国特色社会主义法治发展道路和法治演进模式，探讨 40 年来改革与法治的互动变迁，总结 40 年来中国特色法治建设和法治理论发展的特点、规律和经验。本书对 40 年来中国法治理论和依法治国实践发展的全面回顾和系统总结，对于深刻认识新时期"改革开放是决定中国命运的关键一招"的深远历史意义，对于深刻理解新时代坚持和发展中国特色社会主义，推进全面依法治国、建设现代化法治中国，具有较高的理论和学术价值。

目录

中国法治与改革开放

李 林*

导 读: 本文从宏观上对中国法治与改革开放 40 年做了梳理和总结。一是中国法治与改革开放 40 年的历程。二是中国特色社会主义法治理论探索与发展的 40 年,尤其是习近平新时代中国特色社会主义法治思想。三是改革与法治紧密结合的 40 年,在历史新起点上如何把握改革与法治的关系,在法治轨道上推进全面深化改革。四是 40 年改革开放和中国法治建设的基本经验:坚持党的领导,走中国特色社会主义法治道路;坚持人民主体地位,尊重保障人权;坚持宪法法律至上,推进宪法法律实施;坚持顶层设计与基层探索相结合,推进法治理论、制度和实践创新;坚持建设法治体系与建设法治国家相结合;坚持从中国国情出发,学习借鉴人类法治文明经验。

一 中国法治与改革开放40年的历程

1978 年党的十一届三中全会解放思想,拨乱反正,做出了党和国家工作

---

* 李林,中国社会科学院学部委员,法学研究所原所长、研究员。

重心转移到经济建设上来的重大战略决策，开启了改革开放和建设社会主义现代化国家的新时期。对内改革、对外开放的 40 年，是探索和开辟中国特色社会主义道路的 40 年，是推进中国特色社会主义现代化建设、实现中华民族从富起来迈向强起来的 40 年，也是执政党领导人民发展社会主义民主、健全社会主义法治，从人治走向法制、从法制走向法治和依法治国，切实尊重和保障人权，不断推进全面依法治国、建设社会主义法治国家的 40 年。

40 年来，中国法治与改革开放始终紧密结合、相辅相成。变法就是改革，改革必须变法，变法与改革相辅相成。从某种意义上讲，改革开放 40 年的历史，就是一部中国法治日趋完善和持续发展的历史，是中国共产党领导人民走上法治道路、建设中国特色社会主义法治体系、建设社会主义法治国家的历史；换言之，40 年中国法治的建设、发展和变法史，就是一部用法治引领、确认、规范、促进和保障改革开放和经济社会发展的法治史。没有改革开放的原动力和内在需求，就不可能有中国特色社会主义法治和全面依法治国的成功实践；同样，没有法治和依法治国如影随形的重要保障，改革开放也难以取得真正的成功。

40 年来，在改革开放不断发展的进程中，中国法治走过了 40 年光辉历程，经历了四个发展时期，取得了举世瞩目的成就。

（一）法治恢复和重建："文革"结束至"八二宪法"颁布前

1976 年"文化大革命"结束，党和国家开始了拨乱反正的工作。1978 年 12 月 18 日，党的十一届三中全会召开。全会解放思想，深刻总结"文化大革命"的历史教训，将民主法治建设提到崭新的高度，在新中国法治史上具有里程碑意义。全会认为，为了保障人民民主，必须加强社会主义法制，使民主制度化、法律化，使这种制度和法律具有稳定性、连续性和极大的权威，做到有法可依、有法必依、执法必严、违法必究。从现在起，应当把立法工作摆到全国人民代表大会及其常务委员会的重要议程上来。检察机关和司法机关要保持应有的独立性；要忠实于法律和制度，忠实于人民利益，忠实于事实真相；要保证人民在自己的法律面前人人平等，不允许任何人有超于法律之上的特权。

新时期法治建设开端最明显的标志是 1979 年的大规模立法。1979 年，五届全国人大二次会议审议通过了《刑法》《刑事诉讼法》《地方各级人民代表大会和地方各级人民政府组织法》《全国人民代表大会和地方各级人民代表大会选举法》《人民法院组织法》《人民检察院组织法》《中外合资经营企业法》等七部重要法律。邓小平在会见日本公明党第八次访华代表团时的谈话中指出："这次全国人大开会制定了七个法律……我们的法律是太少了，成百个法律总要有的……现在只是开端。"①1979 年 9 月，中共中央发出《关于坚决保证刑法、刑事诉讼法切实实施的指示》（中发〔1979〕64 号），指出《刑法》和《刑事诉讼法》的颁布，对加强社会主义法治具有特别重要的意义。它们能否严格执行，是衡量是否实行社会主义法治的重要标志。中发 64 号文件被认为是中国社会主义法制建设新阶段的重要标志。与此同时，法院、检察院、公安、安全和司法行政等机构以及律师制度、公证制度、人民调解制度得到恢复和重建。1980 年 1 月，中央恢复成立了中央政法委员会。1982 年 7 月，中国法学会成立。被"文革"砸烂的法学研究机构、法学教育机构迅速得到重建并有所发展。

（二）法治发展："八二宪法"颁布至党的十四大前

十一届三中全会为新时期法治建设扫除了思想障碍，全面修改《宪法》成为当务之急。1980 年 9 月，全国人大成立以叶剑英为主任委员的宪法修改委员会，在充分发扬民主的基础上，1982 年 12 月 4 日五届全国人大五次会议通过了新《宪法》（以下简称"八二宪法"）。"八二宪法"继承了"五四宪法"的基本原则，并根据新时期社会主义建设的需要，有许多重要改革和发展。例如，鉴于"文化大革命"肆意践踏《宪法》的历史教训，《宪法》序言和总纲第 5 条确立社会主义法治原则，规定了宪法的根本地位和宪法保障制度，以维护法制的统一和尊严；加强了最高国家权力机关常设机关的建设，扩大了全国人大常委会的职权，从而大大强化了全国人大的立法和监督职能；省、

---

① 邓小平：《民主和法制两手都不能削弱》，《邓小平文选》第二卷，人民出版社，1994，第 189 页。

自治区、直辖市人大及其常委会有权制定地方性法规、自治条例和单行条例，还有监督地方"一府两院"的职责；宪法对公民的基本权利做了充实和更明确的规定，并加强了保障性措施。"八二宪法"是新中国法治史上的重要里程碑，为新时期法治建设的大厦立起了支柱，对新时期法治建设起到了极大的推动和保障作用。"八二宪法"颁布实施30多年来，经过1988年、1993年、1999年、2004年和2018年五次必要修改，实现了《宪法》随着改革发展的推进而不断完善发展。

1985年11月5日，第六届全国人大常委会第十三次会议做出了《关于在公民中基本普及法律常识的决议》，翻开了把法律交给亿万人民的全民普法教育的历史新篇章。

这一时期，为了助推改革开放，保障社会主义现代化建设顺利进行，全国人大及其常委会把经济立法作为立法工作的重点，先后制定了《经济合同法》《统计法》《环境保护法》《海洋环境保护法》《水污染防治法》《中外合作经营企业法》《外商投资企业和外国企业所得税法》《商标法》《专利法》，批准了《国家建设征用土地条例》《广东省经济特区条例》。中国经济领域已有一些基本的法律，但是还不完备，还需要进一步制定一批重要的经济法律和对外经济合作方面的法律，保障对外开放和经济体制改革的顺利进行。[①]

（三）确立和实施依法治国：党的十四大至党的十八大前

1992~2012年，有三大事件载入史册。一是确立社会主义市场经济体制，社会主义市场经济法律体系初步构建；二是确立依法治国基本方略，法治观念初步在全党和全国人民中形成共识；三是确立坚持党的领导、人民当家作主和依法治国有机统一的基本原则，指明了中国特色社会主义法治建设的发展方向。在探索社会主义的道路上，第一次把市场经济和社会主义制度结合

---

① 陈丕显：《中华人民共和国第六届全国人民代表大会常务委员会报告》（1985年）。

起来，第一次把党的领导、人民当家作主和依法治国结合起来，开创了中国特色社会主义理论和实践新的发展道路。

1992 年，党的十四大提出中国经济体制改革的目标是建立社会主义市场经济体制。与此相适应，要高度重视法治建设，加强立法工作，建立和完善社会主义市场经济法律体系，特别是抓紧制定与完善保障改革开放、加强宏观经济管理、规范微观经济行为的法律和法规，这是建立社会主义市场经济体制的迫切要求。1993 年，八届全国人大一次会议通过《宪法修正案》，将建设有中国特色社会主义的理论和改革开放、社会主义市场经济等以根本法的形式确定下来。

1997 年，党的十五大把依法治国确立为党领导人民治国理政的基本方略。1999 年 3 月，九届全国人大二次会议通过的《宪法修正案》，把邓小平理论的指导思想地位、依法治国基本方略、国家现阶段基本经济制度和分配制度以及非公有制经济的重要作用等写进了《宪法》。确立依法治国基本方略，实现从人治到法制、从法制到法治的转变，是一个历史性的跨越。

2002 年，党的十六大明确提出，发展社会主义民主政治，最根本的是要把坚持党的领导、人民当家作主和依法治国有机统一起来。三者有机统一是社会主义政治文明的本质特征，是发展社会主义民主政治、建设社会主义法治国家必须始终坚持的政治方向。2004 年，十届全国人大二次会议通过了《宪法修正案》，将"三个代表"重要思想、尊重和保障人权、保障合法私有财产权等内容载入，又一次以根本法的形式确认了改革开放理论创新与实践发展的重大成果。

2007 年，党的十七大对全面落实依法治国基本方略提出了目标和任务，强调要加快建设社会主义法治国家，形成中国特色社会主义法律体系，加强法治政府建设，深化司法体制改革，进一步提高全社会法治观念。

（四）推进全面依法治国：新时代中国特色社会主义法治发展

党的十八大以来，中国取得了改革开放和社会主义现代化建设的历史性成就。法治建设迈出重大步伐，推进全面依法治国，党的领导、人民当家作主、依法治国有机统一的制度建设全面加强，科学立法、严格执法、公正司法、全民守法深入推进，法治国家、法治政府、法治社会建设相互促进，中国特色社会主义法治体系日益完善，全社会法治观念明显增强。国家监察体制改革试点取得实效，行政体制改革、司法体制改革、权力运行制约和监督体系建设有效实施。

2012 年，党的十八大围绕"全面推进依法治国，加快建设社会主义法治国家"的战略目标，确认法治是治国理政的基本方式，强调要更加注重发挥法治在国家治理和社会管理中的重要作用；明确提出中国法治建设"新十六字方针"，即科学立法、严格执法、公正司法、全民守法；明确提出到 2020 年法治建设五大阶段性目标任务，即依法治国基本方略全面落实，法治政府基本建成，司法公信力不断提高，人权得到切实尊重和保障，国家各项工作法治化；明确提出要"提高领导干部运用法治思维和法治方式深化改革、推动发展、化解矛盾、维护稳定能力"；重申"任何组织或者个人都不得有超越宪法和法律的特权，绝不允许以言代法、以权压法、徇私枉法"。

2013 年，党的十八届三中全会通过《中共中央关于全面深化改革若干重大问题的决定》，提出要"紧紧围绕坚持党的领导、人民当家作主、依法治国有机统一深化政治体制改革，加快推进社会主义民主政治制度化、规范化、程序化，建设社会主义法治国家"，将"推进法治中国建设"作为全面依法治国和全面深化改革的重要任务，首次提出"建设法治中国，必须坚持依法治国、依法执政、依法行政共同推进，坚持法治国家、法治政府、法治社会一体建设"。

2014 年，党的十八届四中全会专题研究全面依法治国重大问题并通过《中共中央关于全面推进依法治国若干重大问题的决定》，明确了全面依法治国的总目标和总蓝图、路线图、施工图。这是中国共产党历史上第一次专题研究、专门部署全面依法治国的中央全会，在中国法治史上具有重大的里程碑意义。①

① 袁曙宏：《党的十八大以来全面依法治国的重大成就和基本经验》，《求是》2017 年第 11 期。

2015 年，党的十八届五中全会明确提出"创新、协调、绿色、开放、共享"的新发展理念，强调法治是发展的可靠保障，必须加快建设法治经济和法治社会，把经济社会发展纳入法治轨道，明确了到 2020 年全面建成小康社会时的法治中国建设的阶段性目标，为实现全面依法治国的总目标奠定了坚实基础。

2016 年，党的十八届六中全会专题研究全面从严治党问题，凸显了思想建党和制度治党的主题，体现了依规治党与依法治国的结合，通过完善"四个全面"战略布局进一步深化了全面依法治国的战略地位和重要作用，进一步强化了全面从严治党对推进全面依法治国、建设法治中国的政治保障作用。

2017 年，党的十九大做出了中国特色社会主义进入新时代、中国社会主要矛盾已经转化等重大战略判断，确立了习近平新时代中国特色社会主义思想的历史地位，明确提出了新时代坚持和发展中国特色社会主义的基本方略，深刻回答了新时代坚持和发展中国特色社会主义的一系列重大理论和实践问题，做出了社会主义现代化建设"两个阶段"的重大战略安排，绘就了高举中国特色社会主义伟大旗帜、决胜全面建成小康社会、夺取新时代中国特色社会主义伟大胜利的新蓝图，开启了迈向社会主义现代化强国的新征程。中国特色社会主义现代化建设进入新时代的重大战略判断，不仅确立了中国社会主义现代化建设和改革发展新的历史方位，而且进一步确立了推进全面依法治国、建设法治中国新的历史方位，不仅为法治中国建设提供了新时代中国特色社会主义思想的理论指引，而且对深化依法治国实践提出了一系列新任务新要求，指明了全面依法治国的战略发展方向和实践发展方略，开启了中国特色社会主义法治新征程。

2018 年 3 月，十三届全国人大一次会议高票通过了新时代首个《宪法修正案》，实现了现行《宪法》的又一次与时俱进和完善发展。这次《宪法》修改确立了习近平新时代中国特色社会主义思想在国家政治和社会生活中的指导地位，调整充实了中国特色社会主义事业总体布局和第二个百年奋斗目标的内容，完善了依法治国和《宪法》实施举措，充实了坚持和加强中国共产党全面领导的内容，调整了国家主席任职方面的规定，增加了有关监察委员会的各项规定。这次《宪法》修改是党中央从新时代坚持和发展中国特色社会主义全局和战略高度做出的重大决策，是推进全面依法治国、推进国家治理体系和治理能力现代化的重大举措，是党领导人民建设社会主义现代化强国的必然要求，对于进一步加强以习近平同志为核心的党中央集中统一领导，具有十分重大的现实意义和深远的历史意义。

二 中国特色社会主义法治理论探索与发展的40年

（一）中国特色社会主义法治理论的探索

坚持和发展中国特色社会主义，需要不断在实践和理论上进行探索、用发展着的理论指导发展着的实践。[①] 中国特色社会主义法治道路、法治理论是在中国共产党领导下，在长期革命、建设和改革发展的历史进程中，经过实践与理论的双重探索而逐步形成的，是当代中国经济社会发展和社会主义法治建设的必然产物，是中国共产党和中国人民的共同抉择。

法律是治国之重器，法治是国家治理体系和治理能力的重要依托，法治理论则是国家治理体系理论的重要组成部分。"一个国家选择什么样的治理体系，是由这个国家的历史传承、文化传统、经济社会发展水平决定的，是由这个国家的人民决定的。我国今天的国家治理体系，是在我国历史传承、文化传统、经济社会发展的基础上长期发展、渐进改进、内生性演化的结果。"[②] 中国共产党在领导人民取得革命、建设、改革伟大胜利的历史进程中，在不断开创中国特色社会主义新局面的伟大实践过程中，领导人民走上了推进全面依法治国、建设社会主义法治国家的中国特色社会主义法治道路，形

---

① 习近平:《在哲学社会科学工作座谈会上的讲话》(2016 年 5 月 17 日)，人民出版社，2016，第 2 页。

② 习近平:《在省部级主要领导干部学习贯彻十八届三中全会精神全面深化改革专题研讨班上的讲话》(2014 年 2 月 17 日)，载中共中央文献研究室编《习近平关于全面深化改革论述摘编》，中央文献出版社，2014，第 21 页。

成了中国特色社会主义法治理论。

"法治和人治问题是人类政治文明史上的一个基本问题，也是各国在实现现代化过程中必须面对和解决的一个重大问题。综观世界近现代史，凡是顺利实现现代化的国家，没有一个不是较好解决了法治和人治问题的。相反，一些国家虽然也一度实现快速发展，但并没有顺利迈进现代化的门槛，而是陷入这样或那样的'陷阱'，出现经济社会发展停滞甚至倒退的局面。后一种情况很大程度上与法治不彰有关。"①习近平总书记从世界社会主义的视角和执政党治国理政的战略高度指出："怎样治理社会主义社会这样全新的社会，在以往的世界社会主义中没有解决得很好。马克思、恩格斯没有遇到全面治理一个社会主义国家的实践，他们关于未来社会的原理很多是预测性的；列宁在俄国十月革命后不久就过世了，没来得及深入探索这个问题；苏联在这个问题上进行了探索，取得了一些实践经验，但也犯下了严重错误，没有解决这个问题。我们党在全国执政以后，不断探索这个问题，虽然也发生了严重曲折，但在国家治理体系和治理能力上积累了丰富经验、取得了重大成果，改革开放以来的进展尤为显著。"②法治是国家治理体系和治理能力的重要依托，全面推进依法治国是推进国家治理体系和治理能力现代化的重要方面。法治体系是国家治理体系的骨干工程。③

习近平总书记从中国社会主义法治建设经验教训的角度进一步深刻指出："全面推进依法治国，是深刻总结我国社会主义法治建设成功经验和深刻教训作出的重大抉择。我们党对依法治国问题的认识经历了一个不断深化的过程。新中国成立初期，我们党在废除旧法统的同时，积极运用新民主主义革命时期根据地法制建设的成功经验，抓紧建设社会主义法治，初步奠定了社会主

---

① 习近平：《在中共十八届四中全会第二次全体会议上的讲话》（2014 年 10 月 23 日），载中共中央文献研究室编《习近平关于全面依法治国论述摘编》，中央文献出版社，2015，第 12 页。
② 习近平：《切实把思想统一到党的十八届三中全会精神上来》（2013 年 11 月 12 日），载《习近平谈治国理政》，外文出版社，2014，第 91 页。
③ 习近平：《加快建设社会主义法治国家》，《求是》2015 年第 1 期。

义法治的基础。后来，党在指导思想上发生'左'的错误，逐渐对法制不那么重视了，特别是'文化大革命'十年内乱使法制遭到严重破坏，付出了沉重代价，教训十分惨痛！"①邓小平同志在改革开放前期就说过："一个国家的命运建立在一两个人的声望上面，是很不健康的，是很危险的。不出事没问题，一出事就不可收拾。"②因此，"要通过改革，处理好法治和人治的关系"。③

改革开放以来，执政党深刻总结中国社会主义法治建设的成功经验和深刻教训，提出了一系列十分重要的社会主义法治观点、法治理念、法治原则。诸如，为了保障人民民主，必须加强法治，必须使民主制度化、法律化，使这种制度和法律具有稳定性、连续性和权威性，使之不因领导人的改变而改变，不因领导人的看法和注意力的改变而改变；制度问题更带有根本性、全局性、稳定性和长期性；要靠法制，搞法制靠得住些；④一手抓建设，一手抓法制；加强法制重要的是进行教育，根本问题是教育人。由此，翻开了新时期开辟中国特色社会主义法治道路、创立中国特色社会主义法治理论的新篇章。

执政党领导人民在积极探索中国特色社会主义法治道路，取得了"中国特色社会主义法律体系已经形成，法治政府建设稳步推进，司法体制不断完善，全社会法治观念明显增强"等历史性成就的同时，在创建中国特色社会主义法治理论方面，也有许多重要创新和建树。诸如，市场经济本质上是法治经济，建立社会主义市场经济法律体系，将依法治国确立为党治国理政的基本方略，将"法制国家"改为"法治国家"，到2010年形成中国特色社会主义法律体系，坚持依法治国与以德治国相结合，坚持党的领导、人民当家作主、依法治国三者有机统一，坚持科学执政、民主执政、依法执政，坚持党领导立法、保证执法、带头守法，坚持科学决策、民主决策、依法决策，

---

① 习近平：《在中共十八届四中全会第二次全体会议上的讲话》（2014年10月23日），载中共中央文献研究室编《习近平关于全面依法治国论述摘编》，中央文献出版社，2015，第8页。
② 《邓小平文选》第三卷，人民出版社，1993，第311页。
③ 《邓小平文选》第三卷，人民出版社，1993，第177页。
④ 《邓小平文选》第三卷，人民出版社，1993，第379页。

坚持党的事业至上、人民利益至上、宪法法律至上，坚持民主立法、科学立法，立法与改革发展重大决策紧密结合，树立社会主义法治理念，和谐社会是法治社会，依法行政、建设法治政府，推进司法体制机制改革，司法为民，依法治军，等等。中国法治建设取得的这些重要理论成果，为在历史新起点上拓展中国特色社会主义法治道路，深化中国特色社会主义法治理论，奠定了深厚坚实的实践和理论基础。

（二）中国特色社会主义法治理论的发展

党的十八大以来，依法治国事业的全面推进，不仅极大地促进了中国特色社会主义法治的实践探索进程，而且极大地推动了中国特色社会主义法治的理论创新发展，形成或产生了以下标志性成果。

1. 以习近平新时代法治思想为核心内涵的中国特色社会主义法治理论

党的十八大以来，习近平总书记以中国特色社会主义法治道路、法治体系、法治实践为基础，围绕全面依法治国做出一系列重要论述，涵盖了新的历史条件下中国法治建设的指导思想、性质方向、根本保障和总目标、总路径、总任务、总布局等各个方面，深刻回答了中国特色社会主义法治向哪里走、跟谁走、走什么路、实现什么目标、如何实现目标等一系列重大问题，形成了一个主题集中、主线鲜明、内容丰富、内涵深邃的习近平新时代法治思想。以习近平新时代法治思想为核心内涵的中国特色社会主义法治理论，是对马克思主义法治思想的全面继承和发展，是对中国特色社会主义法治实践的科学总结和理论升华，为全面依法治国、建设社会主义法治国家提供了根本遵循和行动指南。

2. 为统筹推进"五位一体"总体布局、协调推进"四个全面"战略布局、实现"两个一百年"奋斗目标提供法治引领和保障的新战略

全面推进依法治国，是关系我们党执政兴国、关系人民幸福安康、关系

党和国家长治久安的重大战略问题；既是立足于解决中国改革发展稳定中的矛盾和问题的现实考量，也是着眼于实现中华民族伟大复兴中国梦、实现党和国家长治久安的长远考虑和战略谋划；对推动经济持续健康发展、维护社会和谐稳定、实现社会公平正义，对全面建成小康社会、实现中华民族伟大复兴，都具有十分重大的意义。

统筹推进经济、政治、文化、社会和生态文明建设，是执政党着眼于全面建成小康社会、实现社会主义现代化和中华民族伟大复兴，对推进中国特色社会主义事业做出的总体布局。要推动中国经济社会持续健康发展，不断开拓中国特色社会主义事业更加广阔的发展前景，必须全面推进社会主义法治国家建设，从法治上为解决这些问题提供制度化方案。要实现经济发展、政治清明、文化昌盛、社会公正、生态良好，必须更好发挥法治的引领和规范作用，统筹推进法治经济、法治政治、法治文化、法治社会和法治生态建设；必须充分发挥全面依法治国的抓手作用，用法治思维和法治方式把"五位"整合为"一体"，纳入法治轨道，统筹建设，一体推进。

协调推进"四个全面"战略布局是以习近平同志为核心的党中央确立的治国理政重大方略，全面依法治国是"四个全面"战略布局的一项重大举措和重要内容，这标志着执政党对法治的理论探索和实践推进都达到了新的高度。"四个全面"战略布局的提出和形成，把全面依法治国提到了党和国家战略布局的新高度，赋予了全面依法治国新的战略角色和战略使命。这个战略布局，既有战略目标，也有战略举措，每一个"全面"都具有重大战略意义。全面建成小康社会是战略目标，全面深化改革、全面依法治国、全面从严治党是三大战略举措，对实现全面建成小康社会战略目标一个都不能缺。从"四个全面"战略布局看，做好全面依法治国各项工作意义十分重大。没有全面依法治国，我们就治不好国、理不好政，我们的战略布局就会落空。要把全面依法治国放在"四个全面"的战略布局中来把握，深刻认识全面依法治国同其他"三个全面"的关系，努力做到"四个全面"相辅相成、相互促进、相得益彰。实现全面建成小康社会的奋斗目标，落实全面深化改革的顶层设计，深化制度治党和依规治党，都需要从法治上提供可靠保障。

3. 党领导人民治国理政基本方略和基本方式的理论

习近平总书记指出，我们必须坚持把依法治国作为党领导人民治理国家的基本方略、把法治作为治国理政的基本方式，不断把法治中国建设推向前进。坚持把依法治国作为执政兴国和治国理政的基本方略，把法治作为治国理政的基本方式，是党领导人民在社会主义革命、建设和改革实践探索中得出的重要结论和做出的重大抉择，是执政党在治国理政上的自我完善、自我提高，不是在别人压力下做的。

确立依法治国为基本方略，意味着在治理国家可采用的如道德建设、发动群众、法治方式、经济和行政手段、思想教育、纪律规章、乡规民约等多种方略和方式中，依法治国是首选的基本的治国方略，法治是主导的基本的治国方式；坚持依法治国基本方略，并不排斥政治领导、组织保障、方针政策指导、发动依靠群众、思想政治教育等的使用，而是强调应形成诸种方略共治的国家治理体制，其中依法治国是体现国家意志和制度化安排的主要治国方略；确立法治为基本方式，并不排斥道德、纪律、行政、经济、乡规民约等方式方法的作用，而是强调要把法治与德治、依规治党与依法治国等结合起来，综合运用法律、道德、经济、行政、纪律、规约等规范手段，形成由多种方式方法构成的共治体系，其中法治是治国理政的基本方式。在现代国家治理中，法治不是万能的，依法治国不能包打天下，但没有法治和依法治国是万万不能的。实施依法治国基本方略，加强法治建设，既要防止法治万能主义，也要警惕法治虚无主义，确保全面依法治国沿着正确方向推进。

坚持依法治国与以德治国相结合，是全面推进依法治国的一项基本原则，是中国特色社会主义法治道路的鲜明特点。法律是成文的道德，道德是内心的法律，法律和道德都具有规范社会行为、维护社会秩序的作用。法治是社会主义道德的底线和后盾，凡是法治禁止的，通常也是社会主义道德反对的；凡是法治鼓励的，通常也是社会主义道德支持的。社会主义道德是法治的高线和基础，是法治具有合理性、正当性与合法性的内在依据，法治的价值、精神、原则、法理等大多建立在社会主义道德的基础上，法治的诸多制度和规范本身是社会主义道德的制度化和法律化。全面依法治国必须一手抓法治、一手抓德治，既重视发挥法律的规范作用，又重视发挥道德的教化作用，实现法律和道德相辅相成、法治和德治相得益彰。应当更加重视发挥全面依法治国的作用，以法治体现道德理念、强化法律对道德建设的促进作用，把道德要求贯彻到法治建设中。在立法上，法律应当树立鲜明道德导向，弘扬美德义行，推进社会主义道德的法律化，把实践中广泛认同、较为成熟、操作性强的道德要求及时上升为法律规范，用法治强化对社会文明行为的褒奖，对失德行为的惩戒，引导全社会崇德向善。在执法司法上，要体现社会主义道德要求，坚持严格执法，弘扬真善美、打击假恶丑，让败德违法者受到惩治、付出代价，坚持公正司法，发挥司法断案惩恶扬善功能，使社会主义法治成为良法善治。在守法上，要把全民普法与公民道德建设工程紧密结合起来，把全民普法和全民守法作为依法治国的基础性工作，使全体人民成为社会主义法治的忠实崇尚者、自觉遵守者、坚定捍卫者，同时要深化群众性精神文明创建活动，引导广大人民群众自觉践行社会主义核心价值观，树立良好道德风尚，争做社会主义道德的示范者、良好风尚的维护者，努力构建崇德尚法的社会主义法治社会。

4. 国家治理现代化和良法善治的理论

党的十八届三中全会提出"推进国家治理体系和治理能力现代化"的目标任务，为中国法治理论创新发展提出了新目标，注入了新活力。国家治理体系，就是在党领导下管理国家的制度体系，包括经济、政治、文化、社会、生态文明和党的建设等各领域体制机制、法律法规安排，是一整套紧密相连、相互协调的国家制度。形成系统完备、科学规范、运行有效的国家制度体系，是国家治理体系现代化的重要目标。国家治理能力，就是运用国家制度管理社会各方面事务的能力，包括改革发展稳定、内政外交国防、治党治国治军等各个方面。国家治理体系和治理能力是一个国家的制度和制度执行能力的集中体现，两者相辅相成，单靠哪一个治理国家都不行。推进国家治理的现代化，就是要推进和实现国家治理体系和治理能力的法治化、民主化、科学化和信息化，其核心是推进国家治理的法治化。一方面，推进国家治理制度体系的法制化，构建更加完备科学的法律制度体系，推进国家治理制度体系的规范化和定型化，形成系统完备、科学规范、运行有效的国家制度体系。另一方面，推进国家治理能力的法治化，包括提高依照宪法和法律、运用国家法律制度管理国家和社会事务、管理经济和文化事业的能力，科学立法、严格执法、公正司法和全民守法的能力，运用法治思维和法治方式深化改革、推动发展、化解矛盾、维护稳定的能力，归根结底是要增强治理国家的权力（权利）能力和行为能力，强化宪法和法律的实施力、遵守力，提高国家制度体系的运行力、执行力。

良法善治是国家治理体系和治理能力现代化的必然要求，是治国理政和全面依法治国的最佳境界。站在中国特色治国理政的战略高度，把全面依法治国与国家治理现代化融合起来理解，把厉行法治与深化治理结合起来把握，两者融合统一的最佳形态就是"良法善治"。推进全面依法治国，实现国家治理现代化，必须实现良法善治。良法是善治之前提。国家若善治，须先有良法；治国理政若达成，须先有良法体系。"人民群众对立法的期盼，已经不是有没有，而是好不好、管用不管用、能不能解决实际问题；不是什么法都能治国，不是什么法都能治好国"①，而是要求以系统完备、科学规范、运行有效的"良法"治理国家和社会。创制良法就是国家制定和形成一整套系统完备科学有效的制度体系，尤其是法律制度体系。全面依法治国所倡导的法治基本价值，是评价法"良"的重要尺度，是创制良法体系的价值追求和实现良法善治的伦理导向。习近平总书记对中国制定"良法"的基本要求是：要坚持问题导向，发挥立法引领和推动作用，努力使每一项立法都符合宪法精神、

---

① 习近平：《在十八届中央政治局第四次集体学习时的讲话》（2013 年 2 月 23 日），载中共中央文献研究室编《习近平关于全面依法治国论述摘编》，中央文献出版社，2015，第43 页。

反映人民意愿、得到人民拥护。① 要恪守以民为本、立法为民理念，贯彻社会主义核心价值观，把公正、公平、公开原则贯穿立法全过程，使所有立法都体现并符合民意。

"善治"是良法的有效贯彻实施，是国家治理能力现代化的集中体现。在中国，由于人民是国家的主人、社会的主体，因此善治首先是人民的统治，而绝不是极少数人的独裁专制；善治主要是制度之治、规则之治、宪法法律之治，而绝不是人治。"法律的生命力在于实施，法律的权威也在于实施。'天下之事，不难于立法，而难于法之必行。'如果有了法律而不实施、束之高阁，或者实施不力、做表面文章，那制定再多法律也无济于事。全面推进依法治国的重点应该是保证法律严格实施，做到'法立，有犯而必施；令出，唯行而不返'。"②

推进全面依法治国是一个系统工程，是国家治理领域一场广泛而深刻的革命。因此，不仅全面推进国家治理体系和治理能力现代化的实质是法治化，全面推进国家治理现代化本身也是一项社会系统工程。作为治国理政的法律基础，全面推进依法治国也是一个系统工程，只有如此，才能在"良法"基础上实行"善治"。

5. 坚持人民主体地位的理论

党的十八大以来，执政党分别从全面深化改革、全面依法治国、全面建成小康社会的不同角度，提出了必须坚持人民主体地位的基本原则。十八届三中全会强调，必须"坚持以人为本，尊重人民主体地位，发挥群众首创精神，紧紧依靠人民推动改革，促进人的全面发展"。③ 十八届四中全会提出："人民是依法治国的主体和力量源泉，人民代表大会制度是保证人民当家作主

---

① 习近平：《在庆祝全国人民代表大会成立 60 周年大会上的讲话》（2014 年 9 月 5 日），人民出版社，2014，第 10 页。
② 习近平：《关于〈中共中央关于全面推进依法治国若干重大问题的决定〉的说明》，载《中共中央关于全面推进依法治国若干重大问题的决定》辅导读本》，人民出版社，2014，第 55~56 页。
③ 《中国共产党第十八届中央委员会第三次全体会议文件汇编》，人民出版社，2013，第 22 页。

的根本政治制度。必须坚持法治建设为了人民、依靠人民、造福人民、保护人民，以保障人民根本权益为出发点和落脚点。"① 十八届五中全会提出："人民是推动发展的根本力量，实现好、维护好、发展好最广大人民根本利益是发展的根本目的。"② 由此可见，坚持人民当家作主，坚持人民主体地位，坚持人民利益高于一切……所有这些都是执政党全心全意为人民服务宗旨的重要体现，是全面依法治国的必然要求。

坚持人民主体地位，是人民民主的本质要求，是党治国理政的重要特征。人民民主是社会主义的生命。没有民主就没有社会主义，就没有社会主义的现代化，就没有中华民族伟大复兴。③ 习近平总书记说："民主不是装饰品，不是用来做摆设的，而是要用来解决人民要解决的问题的。中国共产党的一切执政活动，中华人民共和国的一切治理活动，都要尊重人民主体地位，尊重人民首创精神，拜人民为师"。④

全面推进依法治国，必须坚持人民主体地位。我们必须坚持国家一切权力属于人民，坚持人民主体地位，支持和保证人民通过人民代表大会行使国家权力。⑤ 中国社会主义制度保证了人民当家作主的主体地位，也保证了人民在全面推进依法治国中的主体地位。这是我们的制度优势，也是中国特色社会主义法治区别于资本主义法治的根本所在。⑥ 在中国，人民是依法治国的主体和力量源泉。坚持人民主体地位，必须坚持人民民主专政的国体和人民代表大会制度的政体，保障全体人民统一行使国家权力，充分调动人民群众当家作主的积极性和主动性。

人民权益要靠法律保障，法律权威要靠人民维护。坚持人民主体地位，

① 《中国共产党第十八届中央委员会第四次全体会议文件汇编》，人民出版社，2014，第23页。
② 《中国共产党第十八届中央委员会第五次全体会议文件汇编》，人民出版社，2015，第25页。
③ 习近平：《在庆祝全国人民代表大会成立60周年大会上的讲话》（2014年9月5日），人民出版社，2014，第7页。
④ 习近平：《在庆祝中国人民政治协商会议成立65周年大会上的讲话》（2014年9月21日），人民出版社，2014，第18页。
⑤ 《中国共产党第十八届中央委员会第四次全体会议文件汇编》，人民出版社，2014，第23页。
⑥ 习近平：《加快建设社会主义法治国家》，《求是》2015年第1期。

必须坚持法治为了人民、依靠人民、造福人民、保护人民。保证人民在党的领导下，依照法律规定，通过各种途径和形式管理国家事务，管理经济文化事业，管理社会事务。要把体现人民利益、反映人民愿望、维护人民权益、增进人民福祉落实到依法治国全过程，使法律及其实施充分体现人民意志。①

坚持人民主体地位，必须充分调动人民群众投身依法治国实践的积极性和主动性，使全体人民都成为社会主义法治的忠实崇尚者、自觉遵守者、坚定捍卫者，使尊法、信法、守法、用法、护法成为全体人民的共同追求；必须使人民认识到法律既是保障自身权利的有力武器，也是必须遵守的行为规范，增强全社会学法、尊法、守法、用法意识，使法律为人民所掌握、所遵守、所运用。

6. 建设法治中国的理论

"法治中国"是习近平同志在浙江工作时提出的"法治浙江"概念的逻辑延伸和理论升华。2013 年习近平总书记在如何做好新形势下政法工作的重要指示中，首次代表党中央提出了"建设法治中国"的宏伟目标。党的十八届三中全会首次正式使用了"法治中国"概念，明确提出了"推进法治中国建设"的战略任务。党的十八届四中全会把"向着建设法治中国不断前进"和"为建设法治中国而奋斗"作为法治建设的长期战略目标和治国理政的重大号召。

法治中国是执政党在中国特色社会主义法治理论上的重大创新，是对新起点上中国特色社会主义法治建设的科学定位、目标指引和战略谋划。法治中国是人类法治文明在当代中国的重大实践和理论创新，是传承复兴中华法文化优秀传统的历史新起点，是中国特色社会主义和中国梦的重要组成部分，是推进国家治理体系和治理能力现代化的重要内容，是对全面依法治国基本原则、基本任务和总目标的高度概括和大众化表达。法治中国与小康中国、富强中国、民主中国、文明中国、和谐中国、美丽中国、平安中国等中国梦的核心要素相辅相成，共同编织出中华民族伟大复兴的美好愿景。

---

① 习近平：《加快建设社会主义法治国家》，《求是》2015 年第 1 期。

建设法治中国，是从法律体系走向法治体系、从法律大国走向法治强国、建设法治国家的升级版，必须坚持法治普遍原则与走中国特色社会主义法治发展道路相结合，坚持党的领导、人民当家作主、依法治国有机统一，坚持科学立法、严格执法、公正司法和全民守法全面发展，坚持依法治国、依法执政、依法行政共同推进，法治国家、法治政府、法治社会一体建设，切实维护宪法和法律权威，有效规范制约权力，充分尊重保障人权，依法实现社会公平正义，为实现"两个一百年"奋斗目标提供法治引领和制度保障。

建设法治中国，是中国人民对追求民主平等、人权法治、公平正义、安全有序、尊严幸福等法治价值的庄严宣示，是党领导人民治国理政的治国目标与全面依法治国的治国过程的有机统一，是人民当家作主，依照宪法和法律管理国家、治理社会、配置资源、保障人权、驯化权力的良法善治状态。建设法治中国，是实现中国梦的必由之路。中国梦当然包括"法治中国梦"，即加快建设中国特色社会主义法治体系，建设社会主义法治国家，推进实现国家治理现代化和法治化，到新中国成立一百周年实现国家富强、人民幸福、中华民族伟大复兴中国梦时，把我国建设成为富强民主文明和谐美丽的法治国家。

7. 推进全面依法治国系统工程的理论

推进全面依法治国是一场深刻的社会变革，是一个宏大的系统工程，必须统筹兼顾、把握重点、整体谋划，在共同推进上着力，在一体建设上用劲。这个系统工程的主要内容包括以下几点。

一是全面建成小康社会、全面深化改革、全面依法治国、全面从严治党，"四个全面"一个都不能缺，共同构成党和国家工作的战略布局。

二是坚持社会主义物质文明、政治文明、精神文明、社会文明、生态文明一起抓，坚持党的领导、人民当家作主、依法治国三者有机统一，坚持依法治国与以德治国相结合，坚持依法治国与制度治党、依规治党统筹推进、一体建设，坚持美丽中国、平安中国、法治中国共同建设。

三是科学立法、严格执法、公正司法、全民守法前后衔接，相互依存，环环相扣，统筹推进，共同构成法治工作的基本格局。其中，科学立法是全面依法治国的前提条件，严格执法是全面依法治国的关键环节，公正司法是全面依法治国的重要任务，全民守法是全面依法治国的基础工程。

四是依法治国、依法执政、依法行政共同推进，法治国家、法治政府、法治社会一体建设。它们相互区别、相互联系、相辅相成，是一个统一整体，它们统一于法治中国建设的伟大实践之中，共同构成了中国特色社会主义法治体系的主要内容。在建设法治中国这个战略布局中，全面推进依法治国，目标是建设社会主义法治国家；全面推进依法执政，目标是保证党的领导，维护党的核心和权威；全面推进依法行政，目标是建成法治政府。建成法治国家与法治政府的同时，形成法治社会。

五是党坚持依法执政，领导立法、保证执法、支持司法、带头守法全面落实，实现"三统一"和"四善于"。

六是统筹建设中国特色社会主义法治体系，形成一整套系统完备、科学规范、运行有效、成熟定型的党和国家的法律规范体系、法治实施体系、法治监督体系、法治保障体系、党内法规体系。

七是加强中国特色社会主义法律体系建设，不断完善宪法及宪法相关法、行政法、民商法、经济法、社会法、刑法、诉讼与程序法等法律部门。

8. 中国特色社会主义法治道路、法治理论、法治体系、法治文化"四位一体"的理论

推进全面依法治国的一个重大战略特征，是坚持中国特色社会主义法治道路、法治理论、法治体系、法治文化"四位一体"。世界上从来没有脱离政治的法治。我们要坚持的法治道路，本质上是中国特色社会主义道路在法治领域的具体体现；我们要发展的法治理论，本质上是中国特色社会主义理论体系在法治问题上的理论成果；我们要建设的法治体系，本质上是中国特色社会主义制度的法律表现形式；我们要建设的法治文化，本质上是中国特色社会主义文化在法治范畴的具体展开。

中国特色社会主义法治道路，是社会主义法治建设成就和经验的集中体现，是建设社会主义法治国家的唯一正确道路。① 全面推进依法治国，必须走对路。十八届四中全会决定有一条贯穿全篇的红线，这就是坚持和拓展中国特色社会主义法治道路。中国特色社会主义法治道路是一个管总的东西。具体讲我国法治建设的成就，大大小小可以列举出十几条、几十条，但归结起来就是开辟了中国特色社会主义法治道路这一条。②

坚持中国特色社会主义法治道路，最根本的是坚持中国共产党的领导。依法治国是我们党提出来的，把依法治国上升为党领导人民治理国家的基本方略也是我们党提出来的，而且党一直带领人民在实践中推进依法治国。在坚持和拓展中国特色社会主义法治道路这个根本问题上，我们要树立自信、保持定力。走中国特色社会主义法治道路是一个重大课题，有许多东西需要深入探索，但基本的东西必须长期坚持。③

中国特色社会主义法治理论，是中国共产党根据马克思主义国家与法的基本原理，在借鉴吸收古今中外人类法治文明有益成果的基础上，从当代中国改革开放和社会主义现代化建设的实际出发，深刻总结中国社会主义法治建设的成功经验和沉痛教训，逐步形成的具有中国特色、中国风格、中国气派的社会主义法治理论体系。中国特色社会主义法治理论是对马克思主义法律观的继承、创新和重大发展，是推进马克思主义法学思想中国化的最新成果，是全面推进依法治国、加快建设中国特色社会主义法治体系、建设社会主义法治国家的重要理论指导、思想基础和学理支撑。

中国特色社会主义法治体系是国家治理体系的重要组成部分和骨干工程。建设中国特色社会主义法治体系，形成完备的法律规范体系、高效的法治实施体系、严密的法治监督体系、有力的法治保障体系，形成完善的党内法规

---

① 习近平：《关于〈中共中央关于全面推进依法治国若干重大问题的决定〉的说明》，载《〈中共中央关于全面推进依法治国若干重大问题的决定〉辅导读本》，人民出版社，2014，第52页。

② 习近平：《加快建设社会主义法治国家》，《求是》2015年第1期。

③ 习近平：《加快建设社会主义法治国家》，《求是》2015年第1期。

体系，是全面推进依法治国总目标的重要内容。全面推进依法治国涉及很多方面，在实际工作中必须有一个总揽全局、牵引各方的总抓手，这个总抓手就是建设中国特色社会主义法治体系。依法治国各项工作都要围绕这个总抓手来谋划、来推进。建设中国特色社会主义法治体系、建设社会主义法治国家是实现国家治理体系和治理能力现代化的必然要求，也是全面深化改革的必然要求，有利于在法治轨道上推进国家治理体系和治理能力现代化，有利于在全面深化改革总体框架内全面推进依法治国各项工作，有利于在法治轨道上不断深化改革。中国特色社会主义法治体系作为全面依法治国的核心内容，作为国家法治机器构成和运行的系统化形态，是党治国理政不可或缺的制度平台和运行机制，是党领导人民管理国家、治理社会、管理经济和文化事业的总抓手和法治保障。从党治国理政的战略高度来看，建设中国特色社会主义法治体系，必须坚持法治建设的社会主义性质和正确方向，走中国特色社会主义法治道路，围绕全面推进依法治国的总目标，尽快形成更加系统完备、更加成熟定型、更加高效权威的法治体系，为党和国家事业发展提供根本性、全局性、长期性的制度保障。

中国特色社会主义法治文化是由体现社会主义先进文化内在要求的法治价值、法治精神、法治意识、法治理念、法治思想等精神文明成果，反映中国特色社会主义民主政治本质特征的法律制度、法律规范、法治机制等制度文明成果，以及自觉依法办事和尊法信法学法用法等行为方式共同构成的一种先进法治文化现象和法治进步状态。作为社会主义精神文明成果的法治文化，它引领国家法治发展的方向，决定国家法治建设的性质和特点，作用于国家法治发展的速度和质量。作为社会主义制度文明成果的法治文化，它是法治文化建设的主干、平台和躯体，带动法治精神文明和社会法治行为向前发展。作为社会行为方式的社会主义法治文化，是法治文化建设的实践基础和实现形式。中国特色社会主义法治文化的要义是以社会主义法治精神理念为导引，以社会主义法律制度为主干，以依法办事和自觉守法为基础，以构建社会主义法治秩序为目标的法治文明状态。

全面依法治国应当坚持和拓展以坚持党的领导、坚持中国特色社会主义制度、贯彻中国特色社会主义法治理论为核心要义的中国特色社会主义法治道路，坚持和发展以习近平新时代法治思想为核心内容的中国特色社会主义法治理论，建设以法律规范体系、法治实施体系、法治监督体系、法治保障体系和党内法规体系为基本框架的中国特色社会主义法治体系，弘扬以社会主义核心价值观为灵魂，以法治精神、法治价值保障人权和中华法文明为主要内容的中国特色社会主义法治文化，把中国特色社会主义法治道路、法治理论、法治体系、法治文化整合起来，构建全面依法治国"四位一体"的战略格局，强化中国特色社会主义的法治道路自信、法治理论自信、法治体系自信和法治文化自信。

9. 加强和改进党对全面依法治国领导的理论

坚持和加强党对全面依法治国的领导，是中国特色社会主义法治理论创新发展的标志性成果和最大特色，是中国特色社会主义法治理论与西方资产阶级宪政法治理论的本质区别，是全面推进依法治国、建设法治中国必须始终坚持的首要原则。只有在党的领导下依法治国、厉行法治，人民当家作主才能充分实现，国家和社会生活法治化才能有序推进。加强和改进党对全面依法治国的领导，重点形成了以下一些新认识新理念新要求。

一是根本问题。党和法治的关系是一个根本问题，处理得好，则法治兴、党兴、国家兴；处理得不好，则法治衰、党衰、国家衰。党和法治的关系是法治建设的核心问题。全面推进依法治国这件大事能不能办好，最关键的是方向是不是正确、政治保证是不是坚强有力，具体讲就是能不能坚持党的领导，坚持中国特色社会主义制度，贯彻中国特色社会主义法治理论。

二是基本经验。党的领导是中国特色社会主义法治之魂，把坚持党的领导、人民当家作主、依法治国有机统一起来，把党的领导贯彻到依法治国全过程和各方面，是中国社会主义法治建设的一条基本经验。中国宪法以根本法的形式反映了党带领人民进行革命、建设、改革取得的成果，确立了在历史和人民选择中形成的中国共产党的领导地位。对这一点，要理直气壮讲、大张旗鼓讲。要向干部群众讲清楚中国社会主义法治的本质特征，做到正本清源、以正视听。

三是本质特征。中国宪法确立了中国共产党的领导地位，党的领导是中国特色社会主义最本质的特征，是社会主义法治最根本的保证。

四是根本要求。坚持党的领导，是社会主义法治的根本要求，是党和国家的根本所在、命脉所在，是全国各族人民的利益所系、幸福所系，是全面推进依法治国的题中应有之义。

五是党法关系。党的领导和社会主义法治是一致的，社会主义法治必须坚持党的领导，党的领导必须依靠社会主义法治；而"党大还是法大"是一个伪命题，是一个政治陷阱。

六是依法执政。要改善党对依法治国的领导，不断提高党领导依法治国的能力和水平。必须坚持党领导立法、保证执法、支持司法、带头守法；坚持依法治国与制度治党、依规治党统筹推进、一体建设，注重党内法规同国家法律的衔接和协调；党既要坚持依法治国、依法执政，自觉在宪法法律范围内活动，又要发挥好党组织和党员干部在依法治国中的政治核心作用和先锋模范作用。

七是党政关系。应当把依法治国基本方略同依法执政基本方式统一起来，把党总揽全局、协调各方同人大、政府、政协、审判机关、检察机关依法依章程履行职能、开展工作统一起来，把党领导人民制定和实施宪法法律同党坚持在宪法法律范围内活动统一起来；善于使党的主张通过法定程序成为国家意志，善于使党组织推荐的人选通过法定程序成为国家政权机关的领导人员，善于通过国家政权机关实施党对国家和社会的领导，善于运用民主集中制原则维护中央权威、维护全党全国团结统一。

八是根本保证。要健全党领导依法治国的制度和工作机制，完善保证党确定依法治国方针政策和决策部署的工作机制和程序。加强对全面推进依法治国统一领导、统一部署、统筹协调。

九是根本目的。全面依法治国，要有利于加强和改善党的领导，有利于巩固党的执政地位、完成党的执政使命，有利于实现党和国家长治久安，绝不是要削弱党的领导。

（三）习近平新时代中国特色社会主义法治思想

在新中国几代共产党人努力探索治国理政取得一系列法治经验和成果的基础上，在以习近平同志为核心的党中央领导人民推进新时代全面依法治国的新征程中，执政党高举中国特色社会主义旗帜，坚持党的领导、人民当家作主、依法治国有机统一，坚持走中国特色社会主义法治道路，坚持法治建设与改革开放和社会主义现代化建设紧密结合，坚持依法治国与以德治国、依法治国与依规治党紧密结合，坚持社会主义法治实践探索与法治理论创新紧密结合，坚持法治理论创新不忘本来、吸收外来、面向未来，加强具有中国特色、中国风格、中国气派的社会主义法治理论建设，坚持中国特色社会主义的民主自信、法治自信、人权自信和政党自信，深刻认识和把握共产党领导人民治国理政规律、社会主义法治建设规律、人类法治文明发展规律，创造性地提出了一系列中国特色社会主义法治的新论断、新概念、新命题、新观点和新战略，形成了习近平新时代中国特色社会主义法治思想。

党的十九大报告进一步丰富和发展了中国特色社会主义法治理论，是习近平新时代中国特色社会主义法治思想的最新理论成果，开启了迈向社会主义现代化强国和建设法治中国的新征程。

党的十九大报告在"不忘初心，牢记使命，高举中国特色社会主义伟大旗帜，决胜全面建成小康社会，夺取新时代中国特色社会主义伟大胜利，为实现中华民族伟大复兴的中国梦不懈奋斗"的鲜明主题下，以新时代、新思想、新矛盾、新目标、新征程等重大政治判断为战略主线，深刻阐释了推进全面依法治国的一系列新思想新理念新任务，从历史与逻辑两个大的维度，对建设法治中国做出整体设计和战略规划。一是历史维度——党的十八大以来的五年，执政党领导人民推进全面依法治国，中国特色社会主义民主法治建设迈出重大步伐，在八个方面取得显著成就①；全面依法治国是"四个全面"战略布局的重要组成部分，未来要坚定不移推进全面依法治国，深化依法治国的理论和实践，加快建设社会主义法治国家，到 2035 年基本建成法治国家、法治政府、法治社会。二是逻辑维度——实现"两个一百年"奋斗目标和"两个阶段"的战略安排，建设社会主义现代化强国，实现民族复兴的伟大梦想，必须以习近平新时代中国特色社会主义法治思想为指导思想和行动指南，坚持全面依法治国，加快建设中国特色社会主义法治体系、建设社会主义法治国家，必须把党的领导贯彻落实到依法治国全过程和各方面，坚定不移走中国特色社会主义法治道路，发展中国特色社会主义法治理论，从八个方面深化依法治国实践②，努力把中国建设成为社会主义法治强国。

党的十九大最重大的理论成果、政治成果和实践成果，是把习近平新时代中国特色社会主义思想确立为执政党的指导思想和行动指南并载入新党章。习近平新时代中国特色社会主义法治思想，是习近平新时代中国特色社会主义思想的重要组成部分，是中国特色社会主义理论体系的重要组成部分。

习近平新时代中国特色社会主义法治思想，是中国特色社会主义法治理论的灵魂。其蕴含的统筹布局的战略观、治国理政的方略观、公平正义的价值观、党法统一的政治观、人民为本的主体观、宪法至上的权威观、全面推

---

① 这八个方面的成就是：（1）积极发展社会主义民主政治，推进全面依法治国；（2）党的领导、人民当家作主、依法治国有机统一的制度建设全面加强；（3）科学立法、严格执法、公正司法、全民守法深入推进；（4）法治国家、法治政府、法治社会建设相互促进；（5）中国特色社会主义法治体系日益完善；（6）全社会法治观念明显增强；（7）国家监察体制改革试点取得实效，权力运行制约和监督体系建设有效实施；（8）行政体制改革、司法体制改革取得积极成效。

② 这八个方面的任务是：（1）推进科学立法、严格执法、公正司法、全民守法；（2）成立中央全面依法治国领导小组，加强对法治中国建设的统一领导；（3）加强宪法实施和监督，推进合宪性审查工作；（4）推进科学立法、民主立法、依法立法，以良法促进发展、保障善治；（5）建设法治政府，推进依法行政，严格规范公正文明执法；（6）深化司法体制综合配套改革，全面落实司法责任制；（7）加大全民普法力度，建设社会主义法治文化，树立宪法法律至上、法律面前人人平等的法治理念；（8）各级党组织和全体党员要带头尊学法守法用法。

进的系统观、良法善治的治理观、于法有据的改革观、依法治权的监督观、民族复兴的强国观、命运共同体的全球观等新观点新理念新思想新战略，是习近平新时代法治思想的精髓要义。

习近平新时代中国特色社会主义法治思想，是以马克思列宁主义、毛泽东思想、邓小平理论、"三个代表"重要思想、科学发展观和习近平新时代中国特色社会主义思想为指导，坚持党的领导、人民当家作主、依法治国有机统一，坚定不移走中国特色社会主义法治道路，坚决维护宪法法律权威，依法维护人民权益、维护社会公平正义、维护国家安全稳定，是为实现"两个一百年"奋斗目标、实现中华民族伟大复兴中国梦提供有力法治保障的中国特色社会主义法治理论体系。

习近平新时代中国特色社会主义法治思想，是党和人民实践经验和集体智慧的结晶，深刻阐释了新时代中国特色社会主义法治的理论依据、本质特征、指导思想、价值功能、内在要求、中国特色、基本原则、发展方向等重大问题，系统阐述了什么是新时代的社会主义法治，为什么要全面依法治国，如何推进全面依法治国、建设中国特色社会主义法治体系和法治中国，如何运用法治方式和法治思维管理国家、治理社会、管理经济文化事业等一系列根本性问题，对于推进全面依法治国、建设社会主义法治国家，推进国家治理体系和治理能力现代化，把中国建成富强民主文明和谐美丽的社会主义现代化法治强国，具有重大的理论意义、历史意义和现实价值。

习近平新时代中国特色社会主义法治思想，是中国特色社会主义理论体系的重要组成部分，是对马克思列宁主义经典作家关于国家与法学说的中国化继承和最新发展，是对毛泽东同志关于人民民主法律思想的时代化丰富和实践性深化，是对邓小平理论、"三个代表"重要思想和科学发展观关于中国特色社会主义法治观念的系统化坚持和理论化创新，是对全面依法治国和中国特色社会主义法治最新实践的科学总结和理论升华，是传承中华法文化精华、汲取全球法治精髓、借鉴国际法治经验的最新法治理论成果，是中华民族对世界法治文明和人类法治文化的原创性理论贡献，是全党全国人民为建设社会主义现代化法治强国、实现中华民族伟大复兴而奋斗的指导思想和行动指南。

三 改革与法治紧密结合的40年

（一）妥善处理改革与法治的关系

1978年中国实行改革开放以来，改革与法治的关系问题，一直是法学、政治学、经济学、社会学等学科和学界关注与争论的重点问题。争论的焦点，集中在"先变法后改革（先立后破）"、"先改革后变法（先破后立）"抑或"边改革边变法（边破边立）"等改革的策略及其方式方法上，争论的实质是某些改革决策、改革举措的合宪性与合法性问题。学者们的争论多涉及以下典型事例：1978年，安徽小岗村进行家庭联产承包责任制的改革，突破了1978年《宪法》规定的人民公社体制；1988年以前深圳等经济特区将土地使用权出租的经济体制改革，突破了1982年《宪法》关于土地不得买卖、出租的规定；1998年，四川遂宁市步云乡实行直选乡镇长的改革，突破了《宪法》《地方各级人民代表大会和地方各级人民政府组织法》关于乡镇长由间接选举产生的规定。面对改革与法治相冲突、某些改革突破宪法和法律的现象，法学界提出了"良性违宪""良性违法"的概念，用以证明改革的合宪性与合法性。他们认为，所谓良性违宪违法，就是指中央或者地方国家机关的某些改革举措，虽然违背了当时宪法和法律的个别条文规范，却有利于解放和发展社会生产力、有利于维护国家和民族的根本利益，是有利于社会文明进步的"良性"行为，因此法治应当容忍其存在，但要加以限制而不能放任自流。

为了妥善处理改革与法治的关系，执政党和国家从国情和实际出发，有针对性地采取了一些行之有效的应对措施。例如，全国人大及其常委会加快推进法律的立、改、废、释工作，尤其是全国人大及时颁布实施1982年《宪法》并于1988年、1993年、1999年、2004年和2018年先后五次及时修改完善，为许多重大改革提供了"良法善治"的重要宪法和法律依据。又如，全国人大常委会三次向国务院授权立法：1983 年，授权国务院对《国务院关于安置老弱病残干部的暂行办法》和《国务院关于工人退休、退职的暂行办法》的部分规定做必要的修改和补充；1984 年，授权国务院在实施国营企业利改税和改革工商税制的过程中，可以拟定有关税收条例；1985 年，授权国务院对于有关经济体制改革和对外开放方面的问题必要时可以根据宪法制定暂行的规定或条例。这些授权立法，为统筹改革与法治的关系提供了有效的立法规范和保障。再如，1993 年，党的十四届三中全会决定提出"改革决策要与立法决策紧密结合，立法要体现改革精神，用法律引导、推进和保障改革的顺利进行"，从党领导改革和立法的战略高度，对在改革决策阶段协调改革与法治的关系确立了重要的指导原则。全国人大常委会1995 年提出，国家立法机关要"按照立法决策和改革决策紧密结合的要求，把制定保障和促进改革开放、加快建立社会主义市场经济体制方面的法律作为立法的重点"。2004 年全国人大常委会进一步指出，立法工作要既注意及时把改革中取得的成功经验用法律形式确定下来，对现有法律中不适应实践发展的规定进行修改，为改革发展提供坚实的法制保障；又注意为继续深化改革留下空间。要坚持从中国的国情出发，始终把改革开放和现代化建设的伟大实践作为立法的基础。

2011 年 3 月，吴邦国委员长在宣布中国特色社会主义法律体系如期形成的重要讲话中指出，中国立法的重要经验之一，是正确把握改革发展稳定的关系，妥善处理法律稳定性与实践变动性的关系，确保立法进程与改革开放和社会主义现代化建设进程相适应。对实践经验比较成熟的、各方面认识也比较一致的，规定得具体一些，增强法律的可操作性；对实践经验尚不成熟但现实中又需要法律进行规范的，先规定得原则一些，为引导实践提供规范和保障，并为深化改革留下空间，待条件成熟后再修改补充；对改革开放中遇到的一些新情况新问题，用法律来规范还不具备条件的，先依照法定权限制定行政法规和地方性法规，先行先试，待取得经验、条件成熟时再制定法律。

（二）把改革决策同立法决策结合起来

1987年，党的十三大明确提出：必须一手抓建设和改革，一手抓法制。法制建设必须贯穿于改革的全过程；法制建设必须保障建设和改革的秩序，使改革的成果得以巩固。应兴应革的事情，要尽可能用法律或制度的形式加以明确。1992年，党的十四大要求：必须"加强立法工作，特别是抓紧制订与完善保障改革开放、加强宏观经济管理、规范微观经济行为的法律和法规，这是建立社会主义市场经济体制的迫切要求"。1993年，党中央在《关于建立社会主义市场经济体制若干问题的决定》中明确提出"改革决策要与立法决策紧密结合，立法要体现改革精神，用法律引导、推进和保障改革顺利进行"。1995年，中共十四届五中全会进一步要求"坚持改革开放和法制建设的统一，做到改革决策、发展决策与立法决策紧密结合"。1997年和2002年，执政党多次强调"要把改革和发展的重大决策同立法结合起来"，要"适应社会主义市场经济发展、社会全面进步和加入世贸组织的新形势，加强立法工作，提高立法质量，到2010年形成中国特色社会主义法律体系"。

全国人大也提出了"立法决策与改革决策要紧密结合"的立法原则，这是党领导立法的一条基本经验。但中国立法与改革发展紧密结合也面临某些内在矛盾难以解决：法律应当具有统一性和协调性，但中国改革发展的不平衡性特征，使改革时期的立法在有些方面难以统一和协调；法律应当具有明确性、规范性和可操作性，但中国改革发展的渐进性特征，使改革时期的立法在整体上难以做到准确、规范和可操作；法律应当具有稳定性，但中国改革发展措施的探索性和试验性特征，使改革时期的立法不仅难以固定不变，而且不得不经常修改甚至废止；法律应当具有国家强制性，但中国改革发展的一些复杂情况使立法难以相应做出强制规定。

在中国特色社会主义进入新时代的历史新起点上，坚持全面依法治国，推进民主科学立法，完全有条件把国家的立法决策、立法规划、立法项目、立法草案等与执政党的改革决策紧密结合起来，通过立法把党的重大决策及时合理地法律化、规范化和国家意志化。对于执政党的改革决策来说，应当按照依法执政和领导立法的要求，把党有关改革的决策与立法决策紧密结合，在决策过程和决策阶段就贯彻政治与法治相统一、改革决策与立法决策相结合的原则，把改革决策全盘纳入法治化轨道。

我们要加强重要领域立法，确保国家发展、重大改革于法有据，把发展改革决策同立法决策更好结合起来。① 充分发挥立法对于改革的引导、推动、规范和保障作用。为此，坚持凡属重大改革要于法有据的原则，需要修改法律的应当先修改法律，先立后改；可以通过解释法律来解决问题的应当及时解释法律，先释后改；需要废止法律的要坚决废止法律，先废后改，以保证各项改革依法有序进行。习近平总书记在讲到政府职能转变的行政体制改革与法治建设的关系时明确指出："政府职能转变到哪一步，法治建设就要跟进到哪一步。要发挥法治对转变政府职能的引导和规范作用，既要重视通过制定新的法律法规来固定转变政府职能已经取得的成果，引导和推动转变政府职能的下一步工作，又要重视通过修改或废止不合适的现行法律法规为转变政府职能扫除障碍。"②

坚持在现行宪法和法律框架内进行改革，充分利用宪法和法律预留的改革空间和制度条件，大胆探索，勇于创新。"对实践证明已经比较成熟的改革经验和行之有效的改革举措，要尽快上升为法律。对部门间争议较大的重要立法事项，要加快推动和协调，不能久拖不决。对实践条件还不成熟、需要先行先试的，要按照法定程序做出授权，既不允许随意突破法律红线，也不允许简单以现行法律没有依据为由迟滞改革。对不适应改革要求的现行法律法规，要及时修改或废止，不能让一些过时的法律条款成为改革的'绊马索'。"③

---

① 习近平：《在庆祝全国人民代表大会成立 60 周年大会上的讲话》（2014 年 9 月 5 日），人民出版社，2014，第 9~10 页。
② 习近平：《在中共十八届二中全会第二次全体会议上的讲话》（2013 年 2 月 28 日），载中共中央文献研究室编《习近平关于全面依法治国论述摘编》，中央文献出版社，2015，第 45 页。
③ 习近平：《在省部级主要领导干部学习贯彻党的十八届四中全会精神全面推进依法治国专题研讨班上的讲话》（2015 年 2 月 2 日），载中共中央文献研究室编《习近平关于全面依法治国论述摘编》，中央文献出版社，2015，第 52~53 页。

（三）在历史新起点上把握改革与法治的关系

如果说在改革开放的前期甚至中期，由于国家的许多法律尚未制定出来，无法可依是中国法治建设的主要矛盾，我们的一些改革不得不采取"良性违宪""良性违法"的方式进行，那么，经过新中国60多年尤其是改革开放40年的努力，中国特色社会主义法律体系已经如期形成，国家经济建设、政治建设、文化建设、社会建设以及生态文明建设的各个方面实现了有法可依，我们已经具备了把各项改革全面纳入法治轨道依法推进的社会条件和法治基础。尤其是，党的十八大以来，以习近平同志为核心的党中央更加重视全面推进依法治国和法治中国建设，特别强调依法治国是党领导人民治国理政的基本方略，法治是管理国家治理社会的基本方式，推进国家治理体系和治理能力现代化，重大改革要于法有据……所有这一切都表明，我们在新的历史起点上把握和处理好改革与法治的关系，不仅拥有较为完备的中国特色社会主义法律体系作为"有法可依"进行改革的法律制度基础，而且拥有中央和地方决策层以及广大公民更加重视运用法治思维和法治方式深化改革的法律理性与法治自觉。这些都是我们在宪法框架下和法治轨道上处理好改革与法治关系最重要的主客观条件。

在一个和平理性的社会，改革的表现形式和实现方式往往是"变法"。中国历史上的李悝变法、吴起变法、商鞅变法、王安石变法、戊戌变法等，都被称为"变法"。这些"变法"，实际上是通过改革当时的法律和有关制度来完善国家的各项体制，特别是政治体制。在现代法治国家，作为体制改革实施载体的"变法"，既不是急风暴雨式的革命，也不是改朝换代式的"变天"。"变法"就是改革、变革、改良、改造和创新，它是以维护现有政权基础和政治统治为前提而进行的国家法律和有关体制的主动改革与自我完善，目的是使之更好适应经济社会文化发展需要。革命则是社会政治制度的深刻质变，它往往通过造反、起义、暴动、一个阶级推翻另一个阶级的暴烈行动等暴力手段，达成推翻现政权的目标，实现国家政权的"改朝换代"，现政权的一切法律和制度都在被革命之列。在现代法治国家，改革是解放和发展生产力的积极措施，是社会充满生机与活力的集中表现，是国家与社会创新发展的不竭动力。

改革和法治如鸟之两翼、车之两轮，将有力推动全面建成小康社会事业向前发展。习近平总书记强调指出，"我们要着力处理好改革和法治的关系。改革和法治相辅相成、相伴而生。我国历史上的历次变法，都是改革和法治紧密结合，变旧法、立新法，从战国时期商鞅变法、宋代王安石变法到明代张居正变法，莫不如此。我国改革进入了攻坚期和深水区，改革和法治的关系需要破解一些新难题，也亟待纠正一些认识上的误区。一种观点认为，改革就是要冲破法律的禁区，现在法律的条条框框妨碍和迟滞了改革，改革要上路、法律要让路。另一种观点则认为，法律就是要保持稳定性、权威性、适当的滞后性，法律很难引领改革。这两种看法都是不全面的。在法治下推进改革，在改革中完善法治，这就是我们说的改革和法治是两个轮子的含义。我们要坚持改革决策和立法决策相统一、相衔接，立法主动适应改革需要，积极发挥引导、推动、规范、保障改革的作用，做到重大改革于法有据，改革和法治同步推进，增强改革的穿透力"。①

在建设法治中国的现阶段，在建设和发展中国特色社会主义的伟大实践中，相对于完成经济建设、政治建设、文化建设、社会建设和生态文明建设"五位一体"的战略任务而言，相对于实现 2020 年全面建成小康社会的战略目标而言，相对于实现国家富强、人民幸福、中华民族伟大复兴的中国梦而言，改革与法治都是手段、方法、举措和过程，两者的价值特征、本质属性和目的追求都是一致的，没有根本的内在矛盾和冲突。那些认为"改革与法治两者是相互对立排斥的""要改革创新就不能讲法治""改革要上，法律就要让""要发展就要突破法治"等观念和认识，都是有违法治思维和法治原则

① 习近平：《在省部级主要领导干部学习贯彻党的十八届四中全会精神全面推进依法治国专题研讨班上的讲话》（2015 年 2 月 2 日），载中共中央文献研究室编《习近平关于全面依法治国论述摘编》，中央文献出版社，2015，第 51～52 页。

的，对于深化改革与推进法治来说都是有害无益的。

在中国特色社会主义理论、制度和道路自信的基础上，在中国现行宪法和法律体系内在和谐统一的体制下，改革与法治之间是一种内在统一、相辅相成的关系。全面推进依法治国，实现科学立法、严格执法、公正司法、全民守法，一体推进依法治国、依法执政和依法行政，共同建设法治国家、法治政府和法治社会，法治中国建设上述任务的完成和目标的达成，既是各项体制改革的重要组成部分和主要路径依赖，也是全面深化改革的法治引领、法治促进、法治规范和法治保障。改革须臾离不开法治的引领和保障，否则就可能天下大乱；法治必须紧跟改革的进程和步伐，否则就可能被废弃淘汰。

但是，也毋庸讳言，在中国宪法和法治统一的现实条件下，在中国单一制国家政权组织形式的基础上，作为国家和社会运行发展的具体手段、方法、举措和过程，改革与法治又不可能不存在某些区别、不同甚至冲突。其中最重要的区别在于，法治作为国之重器，以守持和维护既有秩序为己任，具有较强的稳定性、规范性和保守性；而改革作为一种创新发展手段，往往以突破现有法律、制度和政策为先导，具有较强的变动性、挑战性和激进性。因此，改革的"破"与法治的"守"这两者之间，必然存在某种张力，在一定条件下两者还可能发生抵触、冲突或者矛盾。甚至可以说，任何现代国家和社会的全面深化改革，或早或晚、或多或少都必然会遭遇法治意义上的合法性、合宪性问题。改革与法治的运行指向和内在张力，决定了两者的"遭遇战"是客观必然的。决策者需要做的，是采取积极态度与正确方法去认识、把握和妥善处理两者遭遇时产生的具体矛盾和问题。在推进法治中国建设的时代背景下，"凡属重大改革都要于法有据。在整个改革过程中，都要高度重视运用法治思维和法治方式，发挥法治的引领和推动作用，加强对相关立法工作的协调，确保在法治轨道上推进改革"。[①] 坚持重大改革要于法有据，既

---

① 习近平：《在中央全面深化改革领导小组第二次会议上的讲话》（2014年2月28日），《人民日报》2014年3月1日。

是社会主义法治文明的改革观，是运用法治思维和法治方式全面深化改革的改革观，也是正确处理改革与法治关系的指导思想和基本原则。

（四）在法治轨道上推进全面深化改革

从全面推进依法治国的战略高度来看，改革与法治的关系，不仅涉及立法与改革的问题，而且涉及严格执法、公正司法和全民守法等法治环节的问题，但科学立法是两者关系的重点环节和主要方面。

坚持民主科学立法，应当把国家的立法决策、立法规划、立法项目、立法草案等与执政党的改革决策紧密结合起来。在立法层面正确处理改革与法治的关系，应当遵循以下思路。一是坚持改革决策与立法决策相统一，充分发挥立法的引导、推动、规范和保障作用。二是凡属重大改革不仅要于法有据，而且要于宪有据。三是坚持在现行宪法和法律框架内进行改革。宪法是国家的根本法，是治国安邦的总章程，如果改革决策关涉宪法规定时，应当维护宪法的权威和尊严，坚决杜绝"违宪改革"现象的发生。四是对确实需要突破现行法律规定的改革试点，如果通过解释宪法，通过法律的立、改、废、释等措施不能解决问题，也可以采取立法授权试点改革等方式，经有权机关依法授权批准，为改革试点工作提供合法依据，应当坚决避免"违宪改革""违法改革"现象的发生。

全国人大及其常委会负有监督宪法实施的职责，地方人大及其常委会负有监督和保证法律、行政法规和地方性法规实施的义务，因此，各级人大及其常委会应当把改革决策与立法决策是否紧密结合、改革与法治是否统一、改革措施与法律规定是否冲突等情况，纳入监督的范畴，一经发现问题即依法提出处置意见、建议或者采取相关措施。

在严格执法、公正司法和全民守法这几个环节，也需要正确认识和把握改革与法治的关系。法律的生命在于实施。执法、司法和守法都是贯彻实施法律的重要方式，国家行政机关通过推进依法行政和严格执法，国家司法机关通过正确适用法律和公正司法，全体公民和其他社会主体通过自觉学法、尊法、用法和守法，把体现为国家意志的法律规范付诸有效实施和具体实现。按照社会主义法治原则，在法律付诸实施过程中，所有法律关系主体都必须坚持依法办事，在法律面前人人平等，不得以任何借口或者"理由"拒不执行、适用或者遵守法律，更不能违反法律。

然而，在全面深化改革的特殊社会背景下，改革与法治事实上出现个别不和谐甚至冲突的情况时应当怎么办？应当坚持实事求是原则，具体情况具体分析和处理。一是当个别改革决策或措施与法治的冲突不可避免时，可以用"良性违宪""良性违法"的理论暂时承认这种改革的合宪性与合法性，同时尽快启动修宪、改法或者释法程序，及时消弭改革与法治的冲突。二是在具体执法、司法和守法过程中发现某项改革措施与法治相冲突，有关主体应当根据立法法等法律的规定，及时将冲突的问题和相关建议上报有权机关依法加以解决，媒体也应当加强对改革与法治冲突问题的关注和监督。三是在改革与法治冲突的具体问题没有得到解决之前，执法、司法和守法的主体是否应当继续实施有关法律？一般来讲，不允许改革突破法治，必须坚守法治原则，认真实施有关法律；但如果法律的规定明显违背改革的大政方针又没有得到及时解决，在这种极为特殊的情况下，可以暂不实施该法律的有关规定。例如，1993年党中央做出《关于建立社会主义市场经济体制若干问题的决定》后，举国上下开始了轰轰烈烈的经济体制改革，而当时中国刑法还规定有"投机倒把罪"（1997年才被取消）。在当时的情况下，执法司法机关如果按照"执法必严"的要求，对"投机倒把罪"的规定执行得越严、实施得越好，对社会主义市场经济体制建立的阻碍就越大。因此，在某些显而易见的特殊情况下，应当允许执法、司法和守法主体暂不实施某些法律规定。四是根据"法律红线不能触碰、法律底线不能逾越"的法治原则，对于那些打着改革的旗号故意规避甚至破坏法治的行为，对于那些无视中央关于"重大改革要于法有据"原则且严重违反宪法和法律的所谓改革行为，对于那些借改革之名行部门保护主义和地方保护主义之实的违法改革行为……应当坚决制止和纠正，构成犯罪的还要追究其法律责任。

在法治轨道上推进全面改革，应当用法治凝聚改革共识。习近平总书记在主持十八届中央政治局第四次集体学习时提出，要"努力以法治凝聚改革共识"。① 这既是对深化改革开放、规范发展行为、促进矛盾化解、保障社会和谐的新要求，也是在全面推进依法治国、加快建设法治中国的新起点上，对各级领导机关和领导干部提高运用法治思维和法治方式能力的新要求。1978 年以来的改革开放，是实现国家强盛、民族复兴和人民幸福的必由之路，是被实践证明了的全国人民的最大共识之一。目前，中国的改革步入"深水区"，改革面临的问题之多、困难之大、矛盾之复杂、认识之不统一，前所未有。如何深化改革，尤其是深化重要领域、难点环节、重大利益调整等方面的体制改革，既是对执政党的领导能力、执政能力、治国理政能力的严峻挑战，也是对中华民族的政治勇气、政治智慧以及中国人民当家作主能力的重大考验。这就需要以法治最大限度地凝聚改革的思想共识、价值共识、制度共识和行为共识，为深化改革奠定良好的法治基础、提供重要的法治保障。为此，我们应当更加重视发挥法治的引导功能和教化作用，在法治的框架下求大同、存小异，努力达成改革共识，依法实现利益的最大化；更加重视发挥立法"分配正义"的作用，通过民主科学立法对各种利益做出合法、公正、公平、合理的分配和处置，在立法的基础上真正达成改革认同，凝聚改革共识；更加重视发挥程序立法的"游戏规则"作用，通过程序立法等游戏规则，把利益的冲突或者失衡控制在公平正义的范围内，使多元利益的结构实现有序化，努力达成程序共识；更加注重培养各级领导机关和领导干部运用法治思维和法治方式的能力，努力掌握以法治凝聚改革共识、规范发展行为、促进矛盾化解、保障社会和谐的执政本领，带头依法办事、带头遵守法律、带头以法治思维和法治方式，通过法治程序去凝聚全社会、

---

① 习近平：《在十八届中央政治局第四次集体学习时的讲话》（2013 年 2 月 23 日），载中共中央文献研究室编《习近平关于全面依法治国论述摘编》，中央文献出版社，2015，第110 页。

全民族的改革共识，为深化改革、扩大开放、促进发展提供良好的法治环境和有力的法治保障。

四　40年改革开放和中国法治建设的基本经验

改革开放40年来，中国法治建设取得了举世瞩目的成就，积累了许多宝贵经验。

（一）坚持党的领导，走中国特色社会主义法治道路

道路决定方向，道路决定命运。中国法治40年最根本的一条经验，就是坚持中国共产党的领导，坚定不移走中国特色社会主义法治道路。全面推进依法治国，必须走对路。如果路走错了，南辕北辙了，那再提什么要求和举措也都没有意义了。习近平总书记在《关于〈中共中央关于全面推进依法治国若干重大问题的决定〉的说明》中指出，全会决定有一条贯穿全篇的红线，这就是坚持和拓展中国特色社会主义法治道路。中国特色社会主义法治道路是一个管总的东西。具体讲我国法治建设的成就，大大小小可以列举出十几条、几十条，但归结起来就是开辟了中国特色社会主义法治道路这一条。

中国特色社会主义法治道路，本质上是中国特色社会主义道路在法治领域的具体体现，其核心要义就是坚持党的领导，坚持中国特色社会主义制度，贯彻中国特色社会主义法治理论。中国特色社会主义法治道路的核心要义，规定和确保了中国特色社会主义法治体系的制度属性和前进方向，体现了全面依法治国的本质属性和中国特色。党的领导是中国特色社会主义最本质的特征，是社会主义法治最根本的保证。中国特色社会主义制度是中国特色社会主义法治体系的根本制度基础，是推进全面依法治国的根本制度保障。中国特色社会主义法治理论是中国特色社会主义法治体系的理论指导和学理支撑，是推进全面依法治国的行动指南。

习近平总书记指出，把坚持党的领导、人民当家作主、依法治国有机

统一起来是我国社会主义法治建设的一条基本经验。三者统一于中国特色社会主义民主政治的伟大实践，统一于人民代表大会制度这个根本政治制度平台，统一于推进全面依法治国的全过程和各方面。改革开放 40 年的实践证明，依法治国、走中国特色社会主义法治道路，自始至终是在党的领导下进行的，离开了党的领导这个根本前提，就无法保证法治建设保持正确方向，离开了党的领导，依法治国就会流于空谈，离开了党的领导，法治就失去了"中国特色"，党的领导始终起到为中国特色社会主义法治道路保驾护航的作用。

（二）坚持人民主体地位，尊重保障人权，保证人民当家作主

人民是国家的主人，是全面依法治国的主体。执政党始终"坚持人民主体地位，尊重保障人权，保证人民当家作主"，把"依靠谁、为了谁"放在法治建设各项工作的首位。党的十八届四中全会把"坚持人民主体地位"作为全面推进依法治国的指导原则，强调"人民是依法治国的主体和力量源泉"，"必须坚持法治建设为了人民、依靠人民、造福人民、保护人民"。党的十九大进一步强调要坚持以人民为中心。人民是历史的创造者，是决定党和国家前途命运的根本力量。深化依法治国实践，建设法治中国，必须坚持人民主体地位，坚持立党为公、执政为民，践行全心全意为人民服务的根本宗旨，把党的群众路线贯彻到治国理政全部活动之中，把人民对美好生活的向往作为奋斗目标，依靠人民创造历史伟业。切实保证和实现人民当家作主，推进民主立法和科学立法，使立法切实体现人民意志；推进依法行政和公正司法，实现执法司法为民；通过深化司法体制改革，加快建设公正高效权威的社会主义司法制度，维护人民权益，让人民群众在每一个司法案件中都感受到公平正义。

（三）坚持宪法法律至上，维护宪法法律权威，推进宪法法律实施

美国著名思想家潘恩说："在专制政府中国王便是法律……在自由国家中

法律便应该成为国王。"① 宪法和法律是法治体系的主要内容和根本支撑。因此，宪法法律强，则法治强、国家强；宪法法律弱，则法治弱、国家弱。习近平总书记在首都各界纪念现行宪法公布施行三十周年大会上的讲话中指出：30 年来，我国宪法以其至上的法制地位和强大的法制力量，有力保障了人民当家作主，有力促进了改革开放和社会主义现代化建设，有力推动了社会主义法治国家进程，有力促进了人权事业发展，有力维护了国家统一、民族团结、社会稳定，对我国政治、经济、文化、社会生活产生了极为深刻的影响。30 年来的发展历程充分证明，我国宪法是符合国情、符合实际、符合时代发展要求的好宪法。在我国，宪法和法律是党的主张和人民意志相统一并通过法定程序转化为国家意志的体现，是历史新时期党和国家的中心工作、基本原则、重大方针、重要政策在国家法制上的最高体现和集中反映，是党的路线方针政策的制度化、法律化和条文化，因此，坚持宪法法律至上，实质上是坚持党的领导至上，坚持人民意志至上。坚持宪法法律至上，不仅是一项基本法治原则，也成为一项重要的法治制度。领导干部都要牢固树立宪法法律至上、法律面前人人平等、权由法定、权依法使等基本法治观念。2016 年中共中央办公厅、国务院办公厅印发的《党政主要负责人履行推进法治建设第一责任人职责规定》第 3 条明确规定：党政主要负责人履行推进法治建设第一责任人职责，必须坚持党的领导、人民当家作主、依法治国有机统一；坚持宪法法律至上，反对以言代法、以权压法、徇私枉法。

40 年中国法治建设的实践证明，依法治国首先是依宪治国，依法执政关键是依宪执政。十八届四中全会以党的政治文件形式，首次明确了依法治国与依宪治国、依法执政与依宪执政之间的关系，规定"坚持依法治国首先要坚持依宪治国，坚持依法执政首先要坚持依宪执政"。明确依宪治国、依宪执政在推进全面依法治国中的根本地位和关键作用，对于提升宪法法律权威，促进宪法法律实施，具有重要作用。维护宪法权威和保证宪法实施是宪

---

① 〔美〕潘恩：《潘恩选集》，马清槐等译，商务印书馆，1981，第 35 ~ 36 页。

法的生命和依法治国的内在要求。维护宪法权威，就是维护党和人民共同意志的权威。捍卫宪法尊严，就是捍卫党和人民共同意志的尊严。保证宪法实施，就是保证人民根本利益的实现。只要我们切实尊重和有效实施宪法，人民当家作主就有保证，党和国家事业就能顺利发展。反之，如果宪法受到漠视、削弱甚至破坏，人民权利和自由就无法保证，党和国家事业就会遭受挫折。这些从长期实践中得出的宝贵启示，必须倍加珍惜。宪法的生命在于实施，宪法的权威也在于实施。习近平总书记在主持十九届中央政治局第四次集体学习时强调：决胜全面建成小康社会、开启全面建设社会主义现代化国家新征程、实现中华民族伟大复兴的中国梦，推进国家治理体系和治理能力现代化、提高党长期执政能力，必须更加注重发挥宪法的重要作用。要坚持党的领导、人民当家作主、依法治国有机统一，加强宪法实施和监督，把国家各项事业和各项工作全面纳入依法治国、依宪治国的轨道，把实施宪法提高到新的水平。

（四）坚持顶层设计与基层探索相结合，不断推进中国特色社会主义法治理论创新、制度创新和实践创新

全面深化改革需要加强顶层设计和整体谋划，加强各项改革的关联性、系统性、可行性研究。我们讲胆子要大、步子要稳，其中步子要稳就是要统筹考虑、全面论证、科学决策。经济、政治、文化、社会、生态文明各领域改革和党的建设改革紧密联系、相互交融，任何一个领域的改革都会牵动其他领域，同时也需要其他领域改革密切配合。如果各领域改革不配套，各方面改革措施相互牵扯，全面深化改革就很难推进下去。习近平总书记在主持十八届中央政治局第二次集体学习时指出，摸着石头过河和加强顶层设计是辩证统一的，推进局部的阶段性改革开放要在加强顶层设计的前提下进行，加强顶层设计要在推进局部的阶段性改革开放的基础上来谋划。要加强宏观思考和顶层设计，更加注重改革的系统性、整体性、协同性，同时也要继续鼓励大胆试验、大胆突破，不断把改革开放引向深入。紧紧围绕坚持党的领

导、人民当家作主和依法治国有机统 深化政治体制改革，表明全面依法治国本质上是中国在宪法框架下和法治轨道上进行的政治体制改革，必须在做好全面依法治国顶层设计的前提下，推进各个方面各个环节法治的实践进程，支持、鼓励地方与基层在法治建设和依法治理具体实践中大胆探索，不断总结地方和行业法治实践的新经验，推进法制改革。党中央做出全面依法治国的战略部署，既充分肯定中国社会主义法治建设的成就和经验，又针对现实问题提出富有改革创新精神的新观点新举措；既抓住法治建设的关键，又体现党和国家事业发展全局要求；既高屋建瓴、搞好顶层设计，又脚踏实地、做到切实管用；既讲近功，又求长效。

创新是引领法治发展的第一动力。必须把创新摆在国家发展全局的核心位置，不断推进理论创新、制度创新、科技创新、文化创新等各方面创新，让创新贯穿党和国家一切工作，让创新在全社会蔚然成风。中国法治建设的 40 年，推动了中国特色社会主义法治理论创新、制度创新和实践创新，充分发挥了法治在促进国家治理体系和治理能力现代化中的重要作用。习近平新时代中国特色社会主义法治思想的确立，是 40 年中国特色社会主义法治理论创新最重大的理论成果，是中国特色社会主义法治体系的理论指导和学理支撑，是推进全面依法治国的行动指南。在中国特色社会主义法治的运行体制机制制度建设方面，党的十八届四中全会做出全面推进依法治国的专门决定，提出坚持走中国特色社会主义法治道路、建设中国特色社会主义法治体系的重大论断，提出全面推进依法治国、加快建设社会主义法治国家的总目标。这个专门决定的做出，这个重大论断和总目标的提出，特别是建设中国特色社会主义法治体系的提出，不仅在中国共产党历史上是第一次，在世界范围内也具有独创性，是党治国理政思想和国家制度体系建设的重大创新，标志着执政党对法治文明发展规律、社会主义建设规律和共产党执政规律的认识达到了一个新的高度，标志着执政党和国家在推进中国特色社会主义法治建设的理论创新、制度创新和实践创新方面实现了新发展。

（五）坚持建设法治体系与建设法治国家相结合、依法治国与以德治国相结合、依法治国与依规治党相结合

改革开放 40 年来，在加强中国特色社会主义法治建设历史进程中，依法治国作为党领导人民治理国家的基本方略、法治作为党治国理政的基本方式，与以德治国和社会主义道德、与党内法规和党的规矩等共同构成党和国家的治理体系，在国家和社会治理现代化中发挥了重要作用。

建设中国特色社会主义法治体系与建设社会主义法治国家相结合，共同形成全面推进依法治国的总目标。这个总目标的提出，是对改革开放以来中国法治建设从形成法律体系向建设法治体系转变的基本规律的深刻把握，是对建设法治体系与建设法治国家相互关系的深刻认识，是对法治强国、建设法治中国宏伟目标的时代升华。习近平总书记在关于十八届四中全会决定的说明中指出，提出这个总目标，既明确了全面推进依法治国的性质和方向，又突出了全面推进依法治国的工作重点和总抓手：一是向国内外鲜明宣示我们将坚定不移走中国特色社会主义法治道路；二是明确全面推进依法治国的总抓手；三是建设中国特色社会主义法治体系、建设社会主义法治国家是实现国家治理体系和治理能力现代化的必然要求。

习近平总书记在主持十八届中央政治局第三十七次集体学习时指出："改革开放以来，我们深刻总结我国社会主义法治建设的成功经验和深刻教训，把依法治国确定为党领导人民治理国家的基本方略，把依法执政确定为党治国理政的基本方式，走出了一条中国特色社会主义法治道路。这条道路的一个鲜明特点，就是坚持依法治国和以德治国相结合。"法治和德治两手抓、两手都要硬，这既是历史经验的总结，也是对治国理政规律的深刻把握。法治与德治就如车之两轮、鸟之双翼，不可偏废，国家和社会治理需要法律和道德协同发力，需要法治和德治两手抓。党的十八届四中全会把"坚持依法治国和以德治国相结合"，作为全面推进依法治国的一项重要原则，强调"必须坚持一手抓法治、一手抓德治……以法治体现道德理念、强化法律对道德建

设的促进作用，以道德滋养法治精神、强化道德对法治文化的支撑作用"，实现"法安天下，德润人心"的良法善治。

依法治国与依规治党的有机结合，不仅丰富了依法治国的内涵，而且为全面从严治党提供了可靠的制度依据和法治保障。把全面依法治国放在"四个全面"的战略布局中来把握，深刻认识全面依法治国同其他三个"全面"的关系，努力做到"四个全面"相辅相成、相互促进、相得益彰。没有全面依法治国，我们就治不好国、理不好政，我们的战略布局就会落空；不全面从严治党，党就做不到"打铁还需自身硬"，也就难以发挥好领导核心作用，因此，把依法治国与依规治党紧密结合起来，实现依法治国与制度治党、依规治党共同推进、一体建设，是执政党治国理政的新理念、新实践和新经验。

在我们国家，法律是对全体公民的要求，党内法规制度是对全体党员的要求。中国共产党是中国工人阶级、中国人民和中华民族的先锋队，对党员的要求应该更严。必须努力形成国家法律法规和党内法规制度相辅相成、相互促进、相互保障的格局。应当构建以党章为根本、若干配套党内法规为支撑的党内法规制度体系，提高党内法规执行力。党章等党规对党员的要求比法律要求更高，党员不仅要严格遵守法律法规，而且要严格遵守党章等党规，对自己提出更高要求。

（六）坚持从中国国情和实际出发，学习借鉴人类法治文明有益经验

走什么样的法治道路、建设什么样的法治体系，是由一个国家的基本国情决定的。"为国也，观俗立法则治，察国事本则宜。不观时俗，不察国本，则其法立而民乱，事剧而功寡。"[1] 全面推进依法治国，必须从中国实际出发，同推进国家治理体系和治理能力现代化相适应，既不能罔顾国情、超越阶段，也不能因循守旧、墨守成规。党的十八届三中全会提出，全面深化改革，必须立足于我国长期处于社会主义初级阶段这个最大实际，坚持发展仍是解决中国所

---

[1] 《商君书·算地第六》。

有问题的关键这个重大战略判断，以经济建设为中心，发挥经济体制改革牵引作用，推动生产关系同生产力、上层建筑同经济基础相适应，推动经济社会持续健康发展。中国特色社会主义道路、理论体系、制度是全面推进依法治国的根本遵循。必须从中国基本国情出发，同改革开放不断深化相适应，总结和运用党领导人民实行法治的成功经验，围绕社会主义法治建设重大理论和实践问题，推进法治理论创新，发展符合中国实际、具有中国特色、体现社会发展规律的社会主义法治理论，为依法治国提供理论指导和学理支撑。汲取中华法律文化精华，借鉴国外法治有益经验，但决不照搬外国法治理念和模式。

坚持从实际出发，就是要突出中国特色、实践特色、时代特色。要总结和运用党领导人民实行法治的成功经验，围绕社会主义法治建设重大理论和实践问题，不断丰富和发展符合中国实际、具有中国特色、体现社会发展规律的社会主义法治理论，为依法治国提供理论指导和学理支撑。对丰富多彩的世界，我们应该秉持兼容并蓄的态度，虚心学习他人的好东西，在独立自主的立场上把他人的好东西加以消化吸收，化成我们自己的好东西，但决不能囫囵吞枣、决不能邯郸学步。照抄照搬他国的政治制度行不通，会水土不服，会画虎不成反类犬，甚至会把国家前途命运葬送掉。

全面推进依法治国，必须与时俱进、体现时代精神，借鉴国外法治有益经验。坚持从中国实际出发，不等于关起门来搞法治。法治是人类文明的重要成果之一，法治的精髓和要旨对于各国国家治理和社会治理具有普遍意义，我们要学习借鉴世界上优秀的法治文明成果。但是，学习借鉴不等于是简单的拿来主义，必须坚持以我为主、为我所用，认真鉴别、合理吸收，不能搞"全盘西化"，不能搞"全面移植"，不能照搬照抄。

五　法治中国建设前瞻

（一）确立法治中国建设的战略目标

建设法治中国，是实现"两个一百年"奋斗目标和"两个阶段"发展战略的必由之路和题中应有之义。根据党的十九大报告要求和"两个一百年"国家发展总战略、中华民族伟大复兴中国梦的总目标，全面推进依法治国，努力建设法治中国，不断推进国家治理现代化和法治化，可以确立建设法治中国"两步走"的发展战略目标，开启新时代中国特色社会主义法治建设新征程。

推进法治中国建设，到 2020 年全面建成小康社会时，应当首先实现"法治小康"。建设"法治小康"的基本目标是：科学立法、严格执法、公正司法、全民守法的基本要求得到贯彻落实，依法治国、依法执政、依法行政共同推进的国家治理体系得以初步建立，法治国家、法治政府、法治社会一体建设的主要指标基本达到，依法治国基本方略得到全面落实，中国特色法律体系更加完善，法治政府基本建成，司法公信力不断提高，人权得到切实尊重和保障，国家各项工作实现法治化。

在实现"法治小康"的基础上，再用 30 年左右的时间，实施建设法治中国"两步走"的发展战略。

建设法治中国第一步的目标，是从 2020 年全面建成小康社会到 2035 年，在基本实现社会主义现代化的同时，基本建成法治中国。到 2035 年基本建成法治中国的战略目标是：党和国家顶层设计提出的全面建设法治中国的各项战略任务和重大改革举措顺利完成，新时代中国特色社会主义的法治道路建设、法治理论建设、法治体系建设、法治文化建设和全面依法治国事业达成预定目标，一整套更加完善的制度体系基本形成，党和国家治理体系和治理能力现代化基本实现。把经济建设、政治建设、文化建设、社会建设、生态文明建设纳入法治轨道，用法治思维和法治方式推进全面深化改革、全面依法治国、全面从严治党、全面从严治军取得新成就，在基本实现社会主义现代化的同时，基本建成法治国家、法治政府、法治社会，基本建成法治中国。

建设法治中国第二步的目标，是从 2035 年到本世纪中叶中华人民共和国成立一百周年时，在把我国建成富强民主文明和谐美丽的社会主义现代化强国的同时，全面建成法治中国。本世纪中叶全面建成法治中国的战略目标是：

国家科学立法、严格执法、公正司法、全民守法、有效护法的各项制度得到全面贯彻，党领导立法、保证执法、支持司法、带头守法、监督护法的各项要求得到全面落实，依法治国、依法执政、依法行政、依法办事共同推进的现代化国家治理体系全面建成，法治国家、法治政府、法治社会、法治经济一体建设的各项指标全面达到，国家治理能力显著提高，治党治国治军的制度体系更加完善更加成熟更加定型更有效能，依法治国基本方略得到全面深入落实，法治体系、法治权威、法治秩序全面发展，法治文化、法治精神、法治思想深入人心，在把我国建成社会主义现代化强国的同时，全面建成富强民主文明和谐美丽幸福的法治中国。

（二）落实全面依法治国的阶段性安排

现阶段，将深入贯彻落实党的十九大精神，按照 2018 年 8 月 24 日习近平总书记在中央全面依法治国委员会第一次会议上的重要讲话精神和战略部署，从以下方面统筹推进中国特色社会主义法治体系和法治中国建设事业。

一是进一步深刻认识新时代推进全面依法治国的重大意义。推进全面依法治国是关系我们党执政兴国、关系人民幸福安康、关系党和国家长治久安的重大战略问题，是国家治理领域的一场深刻革命。全面依法治国具有基础性、保障性作用，在统筹推进伟大斗争、伟大工程、伟大事业、伟大梦想，全面建设社会主义现代化国家的新征程上，加强党对全面依法治国的集中统一领导，坚持以全面依法治国新理念新思想新战略为指导，坚定不移走中国特色社会主义法治道路，更好发挥法治固根本、稳预期、利长远的保障作用，具有重大现实意义和深远历史意义。

二是加强党对全面依法治国的集中统一领导。习近平总书记指出，当前我国正处于实现"两个一百年"奋斗目标的历史交汇期，坚持和发展中国特色社会主义更加需要依靠法治，更加需要加强党对全面依法治国的领导。党中央决定成立中央全面依法治国委员会，是贯彻落实党的十九大精神、加强党对全面依法治国集中统一领导的需要，是研究解决依法治国重大事项重大问题、协调推进中国特色社会主义法治体系和社会主义法治国家建设的需要，是推动实现"两个一百年"奋斗目标、为中华民族伟大复兴中国梦提供法治保障的需要。要健全党领导全面依法治国的制度和工作机制，继续推进党的领导制度化、法治化，把党的领导贯彻到全面依法治国全过程和各方面，为全面建成小康社会、全面深化改革、全面从严治党提供长期稳定的法治保障。

三是推进全面依法治国要做到"十个坚持"：（1）坚持加强党对依法治国的领导；（2）坚持人民主体地位；（3）坚持中国特色社会主义法治道路；（4）坚持建设中国特色社会主义法治体系；（5）坚持依法治国、依法执政、依法行政共同推进，法治国家、法治政府、法治社会一体建设；（6）坚持依宪治国、依宪执政；（7）坚持全面推进科学立法、严格执法、公正司法、全民守法；（8）坚持处理好全面依法治国的辩证关系；（9）坚持建设德才兼备的高素质法治工作队伍；（10）坚持抓住领导干部这个"关键少数"。

四是建设法治中国要抓好"六个方面"的工作：（1）全面贯彻实施宪法，在全社会深入开展尊崇宪法、学习宪法、遵守宪法、维护宪法、运用宪法的宣传教育活动，弘扬宪法精神，加强宪法实施和监督。（2）推进科学立法工作，围绕党的十九大做出的重大战略部署以及深化党和国家机构改革涉及的立法问题，完善全国人大常委会和国务院的立法规划，加强重点领域立法。（3）加强法治政府建设，健全依法决策机制，深化行政执法体制改革，完善党政主要负责人履行推进法治建设第一责任人职责的约束机制。（4）深化司法体制改革，深入研究司法责任制综合配套改革方案，加快构建权责一致的司法权运行新机制。（5）推进法治社会建设，依法防范风险、化解矛盾、维护权益，加快形成共建共治共享的现代基层社会治理新格局，建设社会主义法治文化。（6）加强法治工作队伍建设和法治人才培养，更好发挥法学教育基础性、先导性作用，确保立法、执法、司法工作者信念过硬、政治过硬、责任过硬、能力过硬、作风过硬。

五是充分发挥中央全面依法治国委员会对法治中国建设的领导核心作用。（1）谋划和确定中国特色社会主义法治体系建设的总体思路、重点任务，做好全面依法治国重大问题的运筹谋划、科学决策，实现集中领导、高效决策、统一部署，统筹整合各方面资源和力量推进全面依法治国。（2）推动把社会主义核心价值观贯穿立法、执法、司法、守法各环节，使社会主义法治成为良法善治。（3）支持人大、政府、政协、监察机关、审判机关、检察机关依法依章程履行职责，各有关部门要扎扎实实做好工作，形成工作合力。（4）压实地方落实全面依法治国的责任，确保党中央关于全面依法治国的决策部署落到实处。（5）加强对工作落实情况的指导督促、考核评价，及时了解进展、发现问题、提出建议。

中国宪法发展和依宪治国

翟国强　　刘志鑫[*]

导　读： 以 1978 年的改革开放作为分水岭，新中国宪法发展历程可分为前、后两个时期。1982 年《宪法》（"八二宪法"），是改革开放新时期的产物，伴随着改革开放的进程不断与时俱进。这部宪法对国家治理的基本制度体系以及政治、经济、文化和社会领域的根本性问题都做了明确的规定，是中国历史新时期治国安邦的总章程和国家根本法。这部中国特色社会主义的宪法也为中国法律体系的形成打下了坚实基础。在纪念改革开放 40 周年之际，回顾宪法发展过程，总结宪法实施经验，对于新时代弘扬宪法精神，推进宪法理论、制度与实践与时俱进都具有重要的意义。

一　改革开放以来宪法发展的重心转移

（一）宪法发展的三阶段

"八二宪法"主要分三部分，第一是总纲，第二是公民基本权利和义务，

---

*　翟国强，中国社会科学院法学研究所宪法与行政法研究室副主任、研究员；刘志鑫，中国社会科学院法学研究所博士后。

第三是国家机构。纵观各国宪法史，这三方面的发展常常并非同步，而是呈现明显的先后缓急次序。① 根据缓急次序，可以将"八二宪法"的发展过程分为三阶段。在第一阶段，无疑是国家机构的发展最为重要。经由"文化大革命"等一系列运动之后，法制遭到严重破坏，各项制度百废待兴。1982 年宪法全面修改后，其所规定的诸多国家机关迅速步入正轨，恢复正常工作。尤其是全国人大和法院、检察院开始正常运转并有序开展工作。在 20 世纪 80 年代初期和中期，全国人大及其常委会制定了一系列的法律，为经济社会发展和改革开放事业搭建了基础框架。可以说，经由党的十一届三中全会的拨乱反正，以及新宪法的生效实施，国家经济和社会秩序得以迅速夯实和稳固。

宪法发展的第二阶段，主要围绕经济建设而展开。这一阶段的宪法发展可以分为两个方面。一方面，围绕公民诸多基本权利而展开。事实上，自 1988 年《宪法修正案》改变了《宪法》第 10 条第 4 款禁止土地出租的规定，每次宪法修改都会涉及公民基本权利。例如公民的个体、私营经济自由等相继进入宪法。至今《宪法》中公民基本权利体系相比于传统社会主义宪法，相比于 1982 年《宪法》全面修改之时已经有了明显变化。诸多基本权利相互配合、互为依靠，已然形成一个具有中国特色的基本权利体系。另一方面，经过修改，社会主义市场经济体制已经在《宪法》中得以确立，诸多相关条款相辅相成，共同发挥效力，保障市场经济体制深化发展。②

相对于宪法发展的第二阶段以经济建设为中心，此时此刻正是宪法发展第三个阶段——以国家治理体系和治理能力的现代化为中心。党的十一届三中全会确定以经济建设为中心，实行改革开放。而十八届三中全会提出了国家治理体系和治理能力现代化，其背景在于，改革开放以来经济领域发展突飞猛进，然而国家治理和社会发展以及文化领域的进步相对缓慢。

---

① Konrad Hesse, § 3 Die Verfassungsentwicklung seit 1945, in: Handbuch des Verfassungsrechts, Berlin, 2. Auflage, S. 35-52.

② 陈征：《国家从事经济活动的宪法界限——以私营企业家的基本权利为视角》，《中国法学》2011 年第 1 期。

近年来经济领域发展渐趋稳定，进入新常态，但是经济建设发展所带来的诸多社会问题日益凸显。许多社会任务本应由国家完成，但常常效果不佳或没有完成，严重损害了公民个体的诸多基本权利和公共利益。如果参照《宪法》第 2 条所划分的"国家、社会、经济和文化"四个领域，那么就能看出，之前的宪法发展侧重于经济领域的发展。同时，依据"国家、社会、经济和文化"这一经典划分可见国家治理是相对于经济建设、社会文化发展而言的，其所关注的是国家权力本身运作的原则和效果。

（二）从经济建设到国家治理

经济领域与国家治理领域奉行不同的逻辑、理念、原则和机制。经济建设所奉行的逻辑只关注成本和收益，不同于国家治理所依凭的政治逻辑和法律原则。经济高速发展给社会带来诸多问题。国家不能继续只重视经济建设，不能再以经济利益最大化为政府行为准则；国家应重新调整其与经济建设的关系，应更关注自身内部的运作，即国家治理。① 简言之，在宪法发展的第三阶段所加速的国家治理现代化实际上就是国家权力现代化，具体可分为以下两方面。

一方面，以国家治理现代化为目标的宪法发展与以往的以经济制度改革为目标的宪法发展有明显差异。宪法发展只依靠经济发展显然是不够的。在第三阶段，宪法所追求的发展，是平衡、全面、有机统一的发展，不只是经济，社会、文化和国家这三个领域都应该同步发展。其中尤其值得强调的是，依法治国或法治是国家治理的基本模式。按照这一观点，就应依照依法治国原则，将国家治理体系转化为法律原则和规则，将国家治理能力转化为规范性的标准或准则。许多学者主张，国家治理就是治国理政；国家治理体系，就是治国理政体系的总和。宪法要求国家相对超脱于经济建设，不能再以

---

① "国家治理"这一表述已经在政治学、社会学甚至财政学等学科领域被深入研究，并取得了如"项目治国"等研究成果。然而，中国法学界对"国家治理"一词的理解多限于"依法治国"，虽然也开始针对地方立法权等问题展开讨论，但相较社会学、政治学等学科仍稍显狭窄。因此有必要对"国家治理体系"与"国家治理能力"进一步做法学意义上的转化，尤其是宪法学上的提炼。

GDP 为唯一指标，而应切换为治理逻辑，以最广大人民的公共利益为目标。就此而言，强调国家治理现代化，就是在用法律给经济理性划界限。[1]

另一方面，在国家治理体系和治理能力中，除了学界广为讨论的监察制度，中央与地方财政关系也是一个重要指标。此处之所以以中央与地方财政关系为抓手，乃是因为这一关系前系国家与公民的税收关系，后连政府的支出责任和事权，事关中央和地方国家机关的权力划分。早在 1994 年的"分税制"改革就重构了中央、地方政府关系以及各自治理能力。[2] 具体来说，可把"两个比重"作为判断国家治理能力的量化依据。所谓"两个比重"，即财政收入占国内生产总值的比重和中央财政收入占财政总收入的比重。[3] 但是宪法发展进入第三阶段，表现在宪法要求国家不仅需要承担保持政治稳定、保卫国家安全、维护社会基本秩序的任务，还需要调控和引导经济发展，更需要承担市场经济和科技发展所带来的诸多社会任务，如社会保险和环境保护。这些新增加的国家任务必然需要巨额财政收入，否则难以想象如何完成宪法赋予国家的繁重复杂任务。有学者直接指出，以往的财税体制改革，多是作为经济体制改革的组成部分；然而自十八届三中全会起，财税体制改革不再着重于经济领域，而是回归于国家治理现代化。[4]

二 转型时期的宪法修改和宪法变迁

（一）关于宪法修改的理论

在宪法学理论中，宪法发展不仅指宪法的实施，还包括宪法解释、宪法修改和宪法变迁。其中的宪法修改也被有些学者称为形式性的宪法发展。相

---

[1] 李林：《依法治国与推进国家治理现代化》，《法学研究》2014 年第 5 期；张文显：《法治与国家治理现代化》，《中国法学》2014 年第 4 期。

[2] 周雪光：《权威体制与有效治理：当代中国国家治理的制度逻辑》，《开放时代》2011 年第 10 期。

[3] 周飞舟：《分税制十年：制度及其影响》，《中国社会科学》2006 年第 6 期。

[4] 高培勇：《论国家治理现代化框架下的财政基础理论建设》，《中国社会科学》2015 年第 12 期。

对而言，宪法变迁和宪法解释则被称为实质性的宪法发展。当然，相较于静默悄然的宪法变迁，宪法修改更引人关注，因此许多宪法学者围绕之前四次宪法修改分别做了深入阐述。

中国宪法学上的主流学说一般都采用"宪法制定前的制宪权"和"宪法制定后的修宪权"这一两分法，并基于这一划分进而主张修宪权是有限制的。[①]然而，总结、归纳这四次宪法修改的过程和结构，却可以看到以下三点。第一，"八二宪法"本身是对之前宪法的全面修改。第二，"八二宪法"至今已经完成了从计划经济到市场经济的修改。第三，我国宪法已然具备一种多元复合结构[②]，甚至可以说有兼容并包、海纳百川的气势。这三方面都是幅度极大的修改和变化，绝非照搬西方的制宪和修宪学说就可以解释清楚，因此还有待于学者深入研究，进而提升到相关理论并总结经验，依此发展出充满中国特色社会主义的宪法修改理论学说。

（二）社会转型、经济体制改革和宪法修改

不应忘记的是，改革开放40年来中国仍然处于社会转型时期。从社会背景来看，"八二宪法"是与社会转型这一历史进程相伴随的。这一历史进程有三个基本特征。第一，中国的改革开放是一种自上而下的转型。第二，这种改革是由作为执政党的中国共产党所主导的有序可控的改革。第三，这种改革的特点在于以市场化改革为先导。即是说，以经济改革带动政治体制改革。苏东剧变的惨剧清楚地告诉我们，在社会主义国家进行市场化改革的风险很大。因此执政党一直坚持采取类似经验主义的做法，即试图进行一种有序可控的改革，以此来尽量降低改革成本，避免社会动荡，保持社会稳定，确保宪法和法律体系的有效运作。[③]

上述关于社会和政治稳定的诉求直接影响了宪法修改。1998年12月，

① 韩大元：《试论宪法修改权的性质与界限》，《法学家》2003年第5期。
② 翟志勇：《八二宪法的生成与结构》，《华东政法大学学报》2012年第6期。
③ 林来梵：《转型期宪法的实施形态》，《比较法研究》2014年第4期。

时任全国人大常委会委员长的李鹏在修改宪法征求专家意见座谈会上指出："修改宪法事关重大，这次修改只对需要修改的并已经成熟的部分内容进行修改，可不改和有争议的问题不改。"1999 年 3 月《第九届全国人民代表大会第二次会议主席团关于中华人民共和国宪法修正案（草案）审议情况的说明》指出："属于可改可不改的内容，可以不作修改。"2004 年 3 月《关于〈中华人民共和国宪法修正案（草案）〉的说明》也指出："这次修改宪法不是大改，而是部分修改，对实践证明是成熟的、需要用宪法规范的、非改不可的进行修改"。回顾历次宪法修改，可以发现其中一贯的基本态度就是坚持宪法修改的"绝对必要性原则"，最大可能地维护和实现政治和法律格局的有序稳定，这种对于宪法修改的谨慎态度已经成为指导历次宪法修改的一个主流宪法观念。

对于修宪的态度逐渐形成社会共识，进而决定了中国宪法的修改更多是以"小步快跑"的方式来逐步推进的。通过考察改革开放以来经济体制改革和宪法修改之间的关系，就会发现宪法修改比经济体制改革相对延迟，甚至滞后于一般法律的修改。因而有学者将这一独特的现象称为所谓"良性违宪"。然而，如果关注从经济体制改革到国家治理现代化这一转变过程，不难发现宪法修改的"相对延迟"现象也在发生改变，总的趋势很可能由过去的"后置"和"确认"变为"紧随"甚至"引导"。在这种形势下，如何妥当而精准地把握宪法修改的"幅度"？如何在一脉相承和与时俱进之间妥当地实现宪法修改？对此，应充分吸取经济体制改革过程中所获得的经验，应更谨慎分析宪法修改、宪法变迁和既有宪法条款之间"变与不变"的复杂关系。

十分清楚的是，中国的转型过程长期以经济改革为中心。与之相适应的是，中国宪法中诸多经济条款长期都是修改的重点。翻看 1982 年之后的宪法修正案，清晰可见建立市场经济体制是宪法修改的核心任务和目标。其方法主要是通过宪法修改确立经济关系的变化。为了维护政治秩序稳定，这些宪法修改更多地体现为对经济体制改革的确认，保持政治制度不变。这也是中国模式的经济改革没有引发政治动荡的原因。另一方面，经济基础的变化也会进一步影响宪法制度的转型。宪法并非单向度地接受、认可已然发生的改革。

在市场化改革尚未完成前，宪法修改以经济体制为主。一旦市场化改革基本完成，宪法修改的内容就不限于经济体制，也逐渐包括其他领域。回顾现行宪法前四次修改，大致符合这种逻辑。1997年，党的十五大提出了"依法治国"方略。据此，中共中央提出应当以党的十五大报告为依据，对宪法部分内容做相应修改。1999年，第九届全国人民代表大会第二次会议通过《宪法修正案》，将"依法治国，建设社会主义法治国家"写进《宪法》。全国人大常委会副委员长田纪云在《宪法修正案》的说明中指出：依法治国是中国共产党领导人民治理国家的基本方略，是国家长治久安的重要保障；将"依法治国，建设社会主义法治国家"写进《宪法》，对于坚持依法治国的基本方略，不断健全社会主义法制，发展社会主义民主政治，促进经济体制改革和经济建设，具有重要的意义。

（三）尚待激活的宪法解释

相对于持续且频率稳定的宪法修改，宪法解释的频率明显很低。1999年九届全国人大二次会议在宪法修改的审议过程中，有些人大代表对《宪法修正案（草案）》提出了一些修改建议。对此，大会主席团认为这些建议可以通过宪法解释得以彰显。在2004年宪法修改过程中，这种对于宪法解释和宪法修改之间关系的思考得到延续。全国人大常委会副委员长王兆国在《关于〈中华人民共和国宪法修正案（草案）〉的说明》中指出："这次修改宪法不是大改，而是部分修改，对实践证明是成熟的、需要用宪法规范的、非改不可的进行修改，可改可不改的，可以通过宪法解释予以明确的不改。"值得强调的是，宪法实施与宪法修改、宪法变迁，是相辅相成、紧密联系的。"八二宪法"的发展过程中，中国的政治、社会和经济关系有了翻天覆地的变化，国家机关职权范围做了相应调整，不同法律相互影响，公民基本权利和义务获得显著发展。中国宪法在形式层面的发展十分清晰，甚至有某种节奏感，但是相较而言，以宪法解释为主的实质层面上的宪法发展，却显得有些过于安静。有些学者认为，宪法解释和宪法变迁所促成的乃是宪法的实质发展，而宪法修改仅仅是形式上、文本上的变化。宪法频繁修改，常与之相伴随的是宪法解释的消极和沉默。这种观点甚至认为，涉及基本权利等核心条文的宪法发展，主要是以宪法解释等方式来实现，而宪法修改的角色和作用相对较少。[①]

三　通过立法推动宪法实施

（一）立法与宪法

宪法是一个国家的根本大法，将宪法实施、贯彻于整个法律体系是建设法治国家的首要任务。党的十八届三中全会提出要"全面贯彻实施宪法"。党的十八届四中全会对贯彻实施宪法做了进一步的部署。伴随着中国市场经济体制的不断发展和完善，宪法修改中对经济体制进行的实质性修正条款逐渐减少，其他方面的内容逐渐增加。与之相应的是，1999年《宪法修正案》第13条将法治国家确立为宪法原则之后，要实现法治国家所要求的"有法可依"，急需完善各项具体法律制度，因此如何完善法律制度成为宪法实施的主要任务。在此背景下，立法成为宪法实施的主要方式。在全国人大主导下，中国各级立法机关积极完善各个不同领域的法律制度，逐渐形成了富有中国特色的社会主义法律体系。

（二）宪法上的国家发展条款

现行宪法是具有中国特色的社会主义宪法，例如其中规定了大量的国家发展任务。宪法规定的这些国家发展任务，不是直接赋予公民请求国家履行

[①] Hasso Hofmann, Die Entwicklung des Grundgesetzes von 1949 bis 1990, Handbuch des Staatsrechts, Band I, §9 Rn.275ff.

特定发展任务的基本权利，也不是赋予国家向公民施加特定义务的权力，而是赋予立法机关建立相应法律制度的任务或义务。因此，中国宪法学意义上的宪法发展，主要指的是立法机关通过立法工作，制定合乎宪法的法律法规，通过再分配、引导、调控、计划等不同方式影响和介入社会等不同领域，从而具体落实宪法所规定的大量国家发展任务，如司法和诉讼制度、教育法等。① 推动中国宪法发展的重要路径正是立法机关主导下的立法。尤其是近年来，立法机关加强了社会法等领域的立法工作，制定了劳动法、社会保险法等一系列法律制度，以保障公民的基本权利和基本生活。②

对此，主流政治话语中的表述是"通过（制定）完备的法律推动宪法实施"。③ 比如，针对民法典起草工作，全国人大常委会副委员长李建国明确指出："民法总则要体现宪法精神，贯彻宪法原则，从民法角度保护宪法规定的公民的权利和自由，落实宪法规定的社会主义初级阶段基本经济制度和相关制度。"中国立法机关制定法律时通常会在总则中做出"依据宪法，制定本法"的规定。这种表述在国外立法中并不多见。从宪法实施以来的立法统计数据来看，大多数立法都是对宪法规定进行具体化的结果。④ 立法实施的主要方式包括将宪法确立的制度进一步具体化、体系化，通过立法来

---

① 具体可以有以下形式。第一，通过框架性立法来实施宪法，将宪法规定的各种国家权力运作的组织规范和程序规范具体化。这种框架性立法不同于根据宪法上的立法权限进行的一般立法，甚至被认为是具有准宪法性质的法律规范。第二，可以将抽象的基本权利具体法定化为不同类型的法律权利，在公法和私法体系中分别设定不同的法律制度：一方面，通过立法设定保障权利并限制权力的公法制度，如行政许可法、行政强制法、行政处罚法等；另一方面，通过立法确认私法制度，界定平等主体之间的权利义务关系。第三，通过立法完善基本权利的积极保障制度。具体而言，通过具体的立法来对基本权利保障所必需的法律制度进行确认，比如，社会保障制度。第四，设定基本权利保障的法律界限。宪法规定的基本权利只只是一种原则性的宣示，因此需要立法对各种基本权利的具体行使范围进行法律上的界定。但由于缺乏法律的合宪性审查，这种法律上的限制是否具有正当性仍缺乏宪法上的判断标准。

② 凌维慈：《比较法视野中的八二宪法社会权条款》，《华东政法大学学报》2012 年第 6 期。

③ 参见习近平《在首都各界纪念现行宪法公布施行 30 周年大会上的讲话》（2012 年 12 月 4 日），张德江《在全国人大常委会立法工作会议上的讲话》（2013 年 10 月 30 日）。

④ 参见全国人大常委会法工委立法规划室编《中华人民共和国立法统计》（2008 年版），中国民主法制出版社，2008，第七章。

具体化宪法的组织规范和权利规范体系，以及确立基本权利的各种保障制度等。①

（三）作为宪法实施方式之一的合宪性审查

中国的宪法实施模式与西方国家的宪法实施模式有许多不同点。其中最大差异在于合宪性审查还未成为中国宪法实施的主要方式。事实上，中国司法机关不像西方国家的司法机关那样能根据宪法条文直接去审查法律的合宪性。而全国人大常委会作为有权审查的国家机关，至今也没有做出过宪法解释或宪法判断。这是中国宪法实施的真实状况。伴随着法治化进程，中国的宪法实施将逐渐由单一依靠政治化实施扩展到法律化实施，进而从立法逐渐扩展到合宪性审查。就此而言，宪法的法律化实施还将是以积极性实施为主、消极性实施为辅的多元实施机制。② 党的十九大报告明确指出："加强宪法实施和监督，推进合宪性审查工作，维护宪法权威。"2018 年 3 月的宪法修改，将全国人大"法律委员会"更名为"宪法和法律委员会"，明确了该机构在继续承担统一审议法律案工作的基础上，负有推动宪法实施、开展宪法解释、推进合宪性审查、加强宪法监督等新的职责。这是新时代赋予宪法和法律委员会的新职责、新使命。通过这一制度安排，合宪性审查工作有了明确的组织机构保障。

四 从确认改革到规范改革

依宪治国是依法治国的核心。而依宪治国的核心就在于将宪法看作一种

---

① 比如《民族区域自治法》规定："《中华人民共和国民族区域自治法》是实施宪法规定的民族区域自治制度的基本法律。"从比较法的角度看，中国宪法更多的是一个原则性的组织程序结构，而不是一个分权制衡结构。Jianfu Chen, *Chinese Law: Context and Transformation*, Leiden: Martinus Nijhoff Publishers, 2008, p.78.

② 宪法实施作为一个具有中国特色的宪法学基本范畴，其与宪法发展的关系还有待进一步讨论。翟国强：《中国语境下的"宪法实施"：一项概念史的考察》，《中国法学》2016 年第 2 期。

应然规范，而不仅仅是对现实的确认或者对未来的预期。尽管这一观念上的变化并不如宪法修改本身引人注目，却极为重要，影响极为深远，故有必要从源头做相应梳理。

（一）新中国成立初期的宪法观：现在与未来

新中国成立以来执政党的宪法观念一直发展，在执政过程中逐渐深刻地认识到依宪治国的重要性和必然性。从宪法学的既有研究，尤其是 1954 年宪法制定之前斯大林的相关建议来看，斯大林的宪法观念对于中国"五四宪法"的发展有一定的影响。不同于西方宪法以应然与实然的区分作为基本出发点，社会主义宪法有其鲜明的特点，即着重区分现在和未来。斯大林的宪法观念就尤其强调现在。他对于宪法的一个论断清楚表明了这一特点。"纲领和宪法有重大的差别。纲领上说的是还没有的东西，是要在将来获得和争取到的东西，相反，宪法上应当说的是已经有的东西，是现在已经获得和已经争取到的东西。纲领主要是说将来，宪法却是说现在。"[1]

中国共产党第一代领导人不仅强调现在，也看重未来。在 1954 年宪法的起草过程中，毛泽东就明确提出应该将过渡时期的总路线和任务写入宪法。在谈到这个问题时毛泽东说："一般地说，法律是在事实之后，但在事实之前也有纲领性的。一九一八年苏维埃俄罗斯宪法就有纲领性的。后头一九三六年斯大林说，宪法只能承认事实，而不能搞纲领。我们起草宪法那个时候，乔木称赞斯大林，我就不赞成，我就赞成列宁。我们这个宪法有两部分，就是纲领性的。国家机构那些部分是事实，有些东西是将来的，比如三大改造之类。"[2]而刘少奇在有关宪法草案的说明中，非常谨慎地指出宪法应具有纲领性的原因："宪法不去描画将来在社会主义社会完全建成以后的状况，但是为了反映现在的真实状况，就必须反映正在现实生活中发生着的变化以及这种

① 《斯大林选集》下卷，人民出版社，1979，第 398 页。
② 《毛泽东在中共中央政治局扩大会议上的讲话记录》（1959 年 3 月 1 日），载中共中央文献研究室编《毛泽东传（1949—1976）》上，中央文献出版社，2003，第 322 页。

变化所趋向的目标。如果不指明这个目标，现实生活中的许多事情就不可理解。我们的宪法所以有一部分条文带有纲领性，就是由于这个原因。"①

强调现在和未来的区分，这种富有社会主义特色的宪法观念，同样决定了 1982 年以来的五次宪法修改的重心在于确认事实上的社会变迁，确认既发的制度改革，确认经济制度的改革，确认一般法律制度的修改。因此，有中国学者将这种有中国特色的宪法修改称为"确认式修宪"。②受这种确认式宪法修改方式的影响，中国宪法对于社会变迁的回应可能会滞后于一般法律的变迁。比如，1997 年刑法修改将"反革命罪"改为"危害国家安全罪"后，1999 年的《宪法修正案》第 17 条才将"反革命活动"修改为"危害国家安全的犯罪活动"。这也被有些学者称为"符合法律的宪法修改"。上述基于某种事实论的宪法修改理念，让宪法的变迁滞后于法律的变迁，更滞后于社会的变迁，因此也就无法解释所谓"良性违宪"的悖论。③综上所述，不论是单纯的肯定事实，即"向后看"，还是预期未来，即"向前看"，这两种宪法观念虽有所不同，但方法论却是一致的。

改革开放以来，学界围绕所谓"摸着石头过河"展开了丰富的研究，都赞同应该不断进行探索、试错，然后再对改革的结果进行制度化。许多学者进而主张改革过程中的法治建设的整体思路采取的是一种经验主义的方法。中央层面的立法大多是以地方的立法经验为基础，等制度试验完成后再从地方和局部上升到国家层面。因此，宪法修改更多的是对改革成果的法律确认。

（二）应然与实然

值得注意的是，"摸着石头过河"这一表述同时也暗含三个应然要求。第一，应该过河；第二，应该摸着石头；第三，应该总结归纳摸石头的过河经

---

① 刘少奇：《关于中华人民共和国宪法草案的报告》（1954 年 9 月 15 日）。
② 翟国强：《中国宪法实施的双轨制》，《法学研究》2014 年第 3 期。
③ 有关"良性违宪"的讨论，参见郝铁川《论良性违宪》，《法学研究》1996 年第 4 期；童之伟《"良性违宪"不宜肯定——对郝铁川同志有关主张的不同看法》，《法学研究》1996 年第 6 期。

验。事实上，有些学者虽然也认可，上述宪法的确认功能无疑是宪法诸多重要功能之一，但过于强调这一确认功能，很可能忽略宪法更为重要的规范功能。事实上，宪法对于公权力的规范功能，乃是宪法最为核心的功能和主要作用。宪法是"治国安邦的总章程"，宪法的制定和修改不仅要"向前看"，为未来提供规范和指引，还要逐渐明确哪些是"应该"，哪些是"不应该"。事实上，在"八二宪法"的修改过程中，上述事实论的宪法观念逐渐被调适，规范论的宪法观念逐渐成为社会共识。这尤其体现在2004年的《宪法修正案》所引入的人权和法治条款。随着法治进程的不断深化，在宪法和法律的轨道上进行改革逐渐成为主流的宪法观念。宪法修改逐渐开始发挥一些"前瞻性"的功能。值得强调的是，这种"前瞻性"的功能不仅仅是对未来的预期，还是对"应该"和"不应该"的说明，即对社会的价值共识进行法律确认，形塑根本规范并提供规范性指引。

（三）依宪治国与依法治国

执政党也深刻意识到，依宪治国的核心就是执政党依宪、依法执政，即处理好"党法"与国法、党权与国权、党员责任与公民义务等关系。1997年党的十五大报告指出，依法治国就是广大人民群众在党的领导下，依照宪法和法律规定，通过各种途径和形式管理国家事务，管理经济文化事业，管理社会事务，保证国家各项工作都依法进行，逐步实现社会主义民主的制度化、法律化，使这种制度和法律不因领导人的改变而改变，不因领导人看法和注意力的改变而改变。1999年《宪法修正案》更是将"依法治国，建设社会主义法治国家"写进宪法。2004年胡锦涛在纪念全国人大成立50周年大会上的讲话中明确提出："依法治国首先是依宪治国，依法执政首先是依宪执政。"2012年习近平在纪念现行宪法正式施行30周年大会上重申："依法治国，首先是依宪治国；依法执政，关键是依宪执政。"尤其是在社会转型过程中，执政党必须主动、积极增强自身依宪执政的宪法思维和能力，必须充分认识到宪法更是一种规范。社会的不断分化和利益的重新分配使得执政环境愈发错综复杂，各种公共利益愈加分化。坚持把宪法看作规范，坚持依宪治国，执政党才能以不变应万变，面对复杂环境做出合乎宪法的判断和决定。

（四）宪法宣誓与宪法观念

为了深化国家机关工作人员对宪法的认识和理解，宪法宣誓制度迅速被推广并实施。改革开放40年以来，执政党对于宪法的理解在不断深入。同时，国家机关工作人员对于宪法的理解也在不断加强。十八届四中全会提出设立国家宪法日和宪法宣誓制度。2016年7月20日，国务院常务会议通过《国务院及其各部门任命的国家工作人员宪法宣誓组织办法》。这是根据全国人大常委会于2015年7月1日通过的《关于实行宪法宣誓制度的决定》，旨在激励和教育政府公职人员忠于宪法、遵守宪法、维护宪法、依法履职尽责，推进法治政府建设。2015年国务院首次举行宪法宣誓仪式，李克强总理监誓，来自38个部门的55名负责人宣誓：忠于中华人民共和国宪法，维护宪法权威，履行法定职责，忠于祖国、忠于人民，恪尽职守、廉洁奉公，接受人民监督，为建设富强民主文明和谐美丽的社会主义现代化强国努力奋斗！2018年的宪法修正案更是明文规定了宪法宣誓。可以想见，宪法宣誓这一制度的形式功能和实质作用将更加丰富。

纵观"八二宪法"对于人民形象的设定，可见其中蕴含着一个要求，即保证宪法的实施，必须依靠人民群众的力量。立宪者期望通过人民理解宪法，推动宪法的贯彻实施，因为人民才是宪法发展的根本动力。从"八二宪法"总纲的多个条款可见，宪法上的人民并非等同于消极的、个体分立的公民，在相当程度上乃是一种特殊的国家机关，不仅参加选举、监督人大代表，还有权向国家机关及其工作人员提出意见和批评。因此，提高人民大众的宪法观念和宪法意识具有特别重要的意义。党的十八届四中全会审议通过的《中共中央关于全面推进依法治国若干重大问题的决定》指出，将每年12月4日定为国家宪法日，并在全社会普遍开展宪法教育，弘扬宪法精神。为了增强全社会的宪法意识，弘扬宪法精神，加强宪法实施，全面推进依法治国，根据决定提出的建议，第十二届全国人民代表人会常务委员会第十一次会议决定将 12 月 4 日设立为国家宪法日。设定国家宪法日的目的是增强宪法观念，提高宪法意识。通过国家设立节日的方式来纪念、庆祝、宣传宪法有助于社会各界深化对宪法内容和含义的直观认识。① 通过这些具体的手段和措施，可以提高宪法作为根本法的受关注程度，使宪法观念深入人心，也使社会各界更加重视宪法权威、宪法实施等问题。因此，设定国家宪法日有助于提高宪法观念，保障宪法实施。全国人大常委会决定设立国家宪法日是通过法定程序对政治仪式的一种法律确认。②

然而，中国社会整体尚未完全接受依宪治国的价值理念，社会各界对宪法的认同仍然有待提高。许多国家机关工作人员并未能深刻认识宪法这一根本大法的主要功能在于限制权力和保障权利。因此通过各种方式共同促进宪法认同有重要意义。但是必须承认的是，宪法认同不可能仅仅依靠宣传教育，最为重要的其实是通过专门法律机构来保障宪法的实施。③

五　合宪性审查稳步推进

（一）宪法的规范功能

尽管改革开放以来社会各界都反复强调宪法作为国家的根本法，具有最高法律效力，然而不可否认的是，这个具有最高法律效力的宪法却有其自身的弱点。我们知道刑法等法律背后是国家强制力，因此违法犯罪等行为都会

① 从世界范围内看，设定宪法日并非中国独创，世界上很多国家也都设有宪法日。作为一种法定国家节日，宪法日的设定具有重要的象征意义。从政治社会学的角度看，宪法也是一种政治象征，发挥着凝聚社会价值共识的重要功能。这种功能的发挥可以通过一些具体的措施来实现，比如设定有关宪法的特定政治和法律仪式，十八届四中全会提出的设定国家宪法日、建立宪法宣誓制度等措施都属于这种仪式。
② 近年来，在国家宪法日当天，全国各地都会组织各种宪法宣传和教育活动。这些举措，有助于提高社会各界的宪法观念和宪法意识，促进"全国各族人民、一切国家机关和武装力量、各政党和各社会团体、各企业事业组织"主动以宪法为活动准则，在宪法范围内活动，保证宪法的实施，维护宪法权威。这是中国宪法实施的一种政治保障。
③ 翟国强：《中国语境下的"宪法实施"：一项概念史的考察》，《中国法学》2016 年第 2 期。

受到不同程度的惩罚或强制。然而，宪法的核心内涵在于设立并限制权力。那么当某一国家机关在行使职权时违反了宪法相关条文，此时并没有一个更高位阶的权力来保障宪法，强制执行宪法的相应要求。① 通过新中国成立以来的宪法实践可见，这一弱点并没能通过"议行合一"的全国人民代表大会制度得以克服。简言之，宪法最重要的规范功能，绝非一蹴而就，而是需要极其复杂的民主制度为基础方可能实现。因此，中国宪法作为一种根本性的法律，只发挥了相对有限的规范功能。宪法监督制度能否进一步发挥其应有作用，值得期待和关注。自"八二宪法"生效以来，合宪性审查一直是中国宪法学界的重要研究范畴。

（二）备案审查制度

2015 年，全国人大常委会法工委督促最高人民法院改正其司法解释。根据法工委研究室的报告，2015 年法工委对司法解释逐件进行主动审查研究，发现司法解释存在与法律规定不一致问题的，第一次以书面形式将研究意见函送最高人民法院，督促其研究纠正。② 根据全国人大常委会有关宪法监督工作的规划，2016 年宪法监督工作主要任务如下：进一步加强备案审查制度和能力建设，对新制定的行政法规、司法解释逐件进行主动审查研究。督促最高人民法院、最高人民检察院进一步依法规范司法解释工作，确保司法解释不同宪法法律相抵触，不随意对法律规定做扩大或限缩性解释。围绕常委会工作重点和立法工作情况，有重点地探索对地方性法规的主动审查，继续推动地方建立健全法律制定或者修改后地方性法规的常规清理机制。认真做好对国家机关和社会团体、企事业组织以及公民提出的审查建议的研究处理工作。研究建立健全备案审查工作中的调查研究论证、沟通协商、纠错工作

---

① Dieter Grimm, Ursprung und Wandel der Verfassung, Handbuch des Staatsrechts, Band I, § 1 Rn. 34.
② 全国人大常委会法制工作委员会研究室：《紧紧围绕中央部署，扎实推进立法工作》，《中国人大》2016 年第 4 期。

机制。

2017 年 12 月 24 日，全国人大常委会法制工作委员会将《关于十二届全国人大以来暨 2017 年度备案审查工作情况的报告》提请十二届全国人大常委会第三十一次会议审议。由此可以看到，近年来全国人大常委会围绕"加强备案审查制度和能力建设"这一任务，积极开展了相应的工作，备案审查工作逐步有序加强。数据显示，十二届全国人大以来，常委会办公厅共接收报送备案的规范性文件 4778 件。其中，2017 年共接收报送备案的规范性文件 889 件。备案审查机制逐渐完善，备案审查力度不断加大，备案审查工作也走向透明化，逐渐与百姓生活息息相关。① 这是 2004 年 5 月全国人大常委会在法制工作委员会内设立法规备案审查室以来，首次公布对行政法规、地方性法规、司法解释的备案审查成绩单。全国人大常委会法工委主任沈春耀做报告时表示，对行政法规、地方性法规、司法解释开展备案审查，是宪法法律赋予全国人大常委会的一项重要职权，是全国人大常委会履行宪法法律监督职责的一项重要工作。中国共产党十九大报告中首次明确提出合宪性审查。

通过备案审查来判断下位法是否符合上位法，是宪法法律赋予全国人大及其常委会的重要职权，也是全国人大及其常委会履行宪法监督职责的重要工作。作为中国一项重要的宪法制度，备案审查被认为是"人大监督职权中最有力度、最有深度，也最有广度的重要抓手之一"。这项制度旨在使已有的法律体系更加完善，可以说是中国特色社会主义法治体系的一种内在优化机制，对全面推进依法治国，建设中国特色社会主义法治体系具有重要的意义。这在中国法学界，尤其是宪法学界，引起剧烈且积极的反响。他们普遍认为，备案审

---

① 需要指出的是，目前的备案审查制度还主要停留在内部运作层面，对公众参与缺乏有效的反馈程序。但是一旦引入广泛的公众参与机制，审查主体面对数量较大的公众或其他法定主体提出的申请如何进行筛选、鉴别，是摆在备案审查机关面前的首要问题。如果进一步扩大公众参与，可以借鉴国外有关经验，设立必要的门槛，对审查的启动要件进行明确规定，将那些不符合法律要件的申请排除在法律程序之外。否则，备案审查机构可能会不堪重负。此外，对于那些可以进入审查程序中的申请和诉求，如何审查相关的法律规范是否违反上位法，依据什么样的标准，运用什么法律方法来审查，如何处理那些经过审查后与上位法不符合的法律规范，都需要认真研究。

查工作情况提请全国人大常委会审议，这是新时代加强备案审查工作的一项新举措。[①] 可以预见的是，合宪性解释将长期是中国宪法学界的热点问题。[②]

（三）备案审查与合宪性审查

中国的备案审查制度建立的时间不长、经验不足，需要一个相当长的完善过程，不可能一蹴而就。就中国的法治发展状况和备案审查制度的现状而言，一方面是建立公开机制，逐步公开备案数量、审查建议提请数量、处理情况等相关信息。选取一些符合条件的申请，进行审查形成法律意见，进行公开的反馈。另一方面，应该加强备案审查工作力度，切实做到"有备必审，有错必纠"，同时对不违反上位法的法律规范需要进行合法性认定，消除社会各界疑虑，维护宪法和法律权威。还需要强调的是，应该依法逐步有序引入公众参与，聚民意、集民智，调动各方面力量，不断完善以宪法为核心的中国特色社会主义法律体系。需要指出的是，加强备案审查不能以合法性审查来淡化或弱化合宪性审查。备案审查的根本依据是宪法，在强化备案审查的基础上，必须同步推进合宪性审查。唯如此，才能让备案审查成为推动全面依法治国向纵深推进的重要抓手。

[①] 备案审查作为一项正式法律制度，在中国宪法和法律中早有明确规定，特别是《各级人民代表大会常务委员会监督法》和《立法法》中对此有许多具体明确的规定。2004 年，全国人大常委会在法工委下正式设立法规备案审查室，并于 2005 年年底修订《法规备案审查工作程序》和《司法解释备案审查工作程序》。备案审查专门机构成立以来，通过沟通协商、不断督促制定机关纠正法规、司法解释，发挥了实实在在的功效。但长期以来，备案审查的具体工作和实践一直是内部运作。全国人大法律委员会主任委员乔晓阳曾把这项工作形容为"鸭子浮水，脚在下面动，上面没有看出来"。

[②] 夏正林：《"合宪性解释"理论辨析及其可能前景》，《中国法学》2017 年第 1 期。他不赞同近些年许多学者所主张的，由法院在裁判过程中对相关法律进行合乎宪法的解释。他强调，应该由全国人大常委会进行合宪性审查。针对同一个问题，朱福惠虽然也强调，合宪性解释应该适应中国的法律解释体制与实践，但在具体制度构建上却有不同观点。他认为，全国人大常委会和最高人民法院都有法律合宪性解释的必要与可能，应该妥当安排全国人大常委会与最高人民法院在法律合宪性解释方面的分工与合作。唯有如此，法律合宪性解释才能在司法实践中发挥实效。朱福惠：《法律合宪性解释的中国语境与制度逻辑——兼论我国法院适用宪法的形式》，《现代法学》2017 年第 1 期。

六 结语：新时代宪法的与时俱进

　　宪法同中国共产党带领中国人民所进行的艰苦奋斗以及所创造的辉煌成就紧密相连，宪法同中国共产党带领中国人民所开辟的前进道路以及所积累的宝贵经验紧密相连。因此，随着中国共产党领导中国人民建设中国特色社会主义实践的发展，中国宪法在不断完善发展。这是中国宪法发展的一个显著特点，也是一条基本规律。中国现行宪法是 1982 年由五届全国人大五次会议通过并公布施行的。此后，根据中国改革开放和社会主义现代化建设的实践和发展，在党中央领导下，全国人大于 1988 年、1993 年、1999 年、2004 年先后四次对 1982 年《宪法》的个别条款和部分内容做出必要的也是十分重要的修改。自 2004 年宪法修改以来，社会主义现代化事业又有了许多重要发展变化。特别是党的十八大以来，以习近平同志为核心的党中央团结带领全国各族人民毫不动摇坚持和发展中国特色社会主义，统筹推进"五位一体"总体布局、协调推进"四个全面"战略布局，推进党的建设新的伟大工程，形成一系列治国理政新理念新思想新战略，推动党和国家事业取得历史性成就、发生历史性变革，中国特色社会主义进入了新时代。

　　中国特色社会主义进入新时代，这是中国发展新的历史方位。中国共产党十九大在新的历史起点上对新时代坚持和发展中国特色社会主义做出重大战略部署，提出了一系列重大政治论断，确立了习近平新时代中国特色社会主义思想在全党的指导地位，确定了新的奋斗目标，对党和国家事业发展具有重大指导和引领意义。根据新时代坚持和发展中国特色社会主义的新形势、新实践，在总体保持中国宪法连续性、稳定性、权威性的基础上，2018 年十三届全国人大一次会议通过了《宪法修正案》，把中国共产党和人民在实践中取得的重大理论创新、实践创新、制度创新成果通过国家根本法确认下来，使之成为全国各族人民共同遵循的行为准则，成为国家各项事业的工作准则。新时代的宪法修改对于全面贯彻党的十九大精神、广泛动员和组织全国各族人民为夺取新时代中国特色社会主义伟大胜利而奋斗具有十分重大的意义。这次修宪是新时代首次宪法修改，是党和国家政治生活中的一件大事，是以习近平同志为核心的党中央从新时代坚持和发展中国特色社会主义全局和战略高度做出的重大决策，是推进全面依法治国、推进国家治理体系和治理能力现代化的重大举措。

在中国共产党领导下，通过历次宪法修改实践，符合宪法精神、行之有效的修宪工作程序和机制已然形成。这次修宪是决胜全面建成小康社会、开启全面建设社会主义现代化国家新征程中的一次宪法修改。中国共产党十九大所确定的重大理论观点和重大方针政策，特别是习近平新时代中国特色社会主义思想载入国家根本法，对于保持中国宪法连续性、稳定性、权威性，对于推动宪法与时俱进、完善发展，对于新时代坚持和发展中国特色社会主义，对于实现"两个一百年"奋斗目标和中华民族伟大复兴中国梦，具有重大现实意义和深远历史意义。

中国立法改革和法律体系构建

李　林　刘小妹 *

导　读：改革开放 40 年，中国法律体系建设经过了初步形成社会主义法律体系、基本形成、形成和发展完善中国特色社会主义法律体系四个阶段。其间，中国建立了“统一、分层次”的立法体制，享有立法权的主体范围不断扩大，科学民主的立法工作机制更加健全，立法程序和立法技术日趋完善，立法数量快速增长，立法质量不断提高。党的十八大以来，立法改革重点着力于加强党对立法工作的领导、发挥人大在立法工作中的主导作用、坚持立法和改革决策相衔接、加强备案审查维护法制统一等方面，形成了中国特色立法经验，以宪法为核心的中国特色社会主义法律体系更加完善，为推进全面依法治国提供了良法基础。

一　中国特色社会主义法律体系的形成、发展和完善

改革开放 40 年来，中国立法在数量和频率上都超越了古今中外。40 年里，

---

* 李林，中国社会科学院学部委员，法学研究所原所长、研究员；刘小妹，中国社会科学院国际法研究所研究员。

中国从"无法可依",到"初步形成以宪法为基础的社会主义法律体系""初步构成社会主义市场经济法律体系框架""初步形成中国特色社会主义法律体系""基本形成中国特色社会主义法律体系""形成中国特色社会主义法律体系",再到"完善发展中国特色社会主义法律体系",立法工作取得了卓著成效,为改革开放和社会主义现代化建设提供了有力的法治保障。

从不同的角度,40 年立法可以划分为不同的阶段。以党和国家指导思想和中心工作为主线,立法大致经历了四个发展阶段:1978~1982 年,立法的全面恢复和发展;1983~1992 年,有计划商品经济背景下的立法;1993~2002年,建立社会主义市场经济体制背景下的立法;2003 年至今,全面贯彻落实科学发展观背景下的立法。[1] 本文以中国特色社会主义法律体系的发展历程为主轴,将立法大致划分为四个发展阶段:1978~1987 年,初步形成以宪法为基础的社会主义法律体系;1988~2002 年,初步形成中国特色社会主义法律体系;2003~2010 年,形成中国特色社会主义法律体系;2011 年至今,发展完善中国特色社会主义法律体系。

(一)1978~1987年,初步形成以宪法为基础的社会主义法律体系

1978 年 12 月,以党的十一届三中全会为起点,中国进入了改革开放和社会主义现代化建设的新时期。在改革开放初期,"法律很不完备,很多法律还没有制定出来"[2]是最现实的问题。为改变"无法可依"的状况,十一届三中全会明确提出了"加强社会主义民主,健全社会主义法制"的目标,提出了"有法可依,有法必依,执法必严,违法必究"的社会主义法制建设十六字方针,并强调"从现在起,应当把立法工作摆到全国人民代表大会及其常务委员会的重要议程上来"。[3] 从此,立法进入全面恢复和快速发展的重要

---

[1] 李林:《改革开放 30 年与中国立法发展(上)》,《北京联合大学学报》(人文社会科学版)2009 年第 1 期。

[2]《邓小平文选》第二卷,人民出版社,1994,第 146 页。

[3]《中国共产党第十一届中央委员会第三次全体会议公报》(1978 年 12 月 22 日)。

时期。

首先是从 1978 年到 1982 年的社会主义法制恢复期。这一时期主要是从三个方面共同着力，快速解决了"无法可依"的问题，为经济发展、改革开放和社会主义民主建设提供基本的法制保障。一是，集中力量制定最急需的法律法规。其中标志性的立法，就是 1979 年 7 月五届全国人大二次会议审议通过了《刑法》《刑事诉讼法》《地方各级人民代表大会和地方各级人民政府组织法》《全国人民代表大会和地方各级人民代表大会选举法》《法院组织法》《检察院组织法》《中外合资经营企业法》等 7 个重要法律，为建立安定团结的政治局面提供了必要保障。二是，赋予地方立法权，中央和地方共同致力于社会主义法制建设。据统计，从 1979 年《地方各级人大和地方各级人民政府组织法》（简称《地方组织法》）授予省级地方立法权，至 1982 年 12 月 4 日现行《宪法》颁布实施，这一期间省级地方人大及其常委会制定了大量的立法、决议和决定。三是，重申新中国成立以来制定的法律、法令继续有效。1980 年，彭真副委员长在五届全国人大常委会第十五次会议的报告中重申，新中国成立以来制定的法律、法令，除同第五届全国人大和全国人大常委会制定的宪法、法律、法令相抵触的以外，继续有效。

党的十一届三中全会为新时期法制建设扫除了思想障碍，亟须全面修改宪法。在充分发扬民主的基础上，1982 年 12 月 4 日五届全国人大五次会议通过了新宪法。"八二宪法"确立了现行的中央和地方适当分权的立法体制，是新中国立法史上的重要里程碑，为新时期法制建设的全面展开和加快立法步伐奠定了根本法律基础。据统计，在 1979 年至 1982 年间，全国人大及其常委会共通过法律 37 件，其中全面修改宪法 1 件，宪法修正案 2 件，法律 34 件，[①]34 件法律中现行有效的法律 21 件，[②] 包括宪法性法律 7 件，民商法 3 件，

---

① 朱恒顺：《人大立法 30 年：成绩、回顾与展望》，《人大研究》2009 年第 4 期。

② 根据国务院新闻办公室 2008 年 2 月 29 日发布的《中国的法治建设》白皮书，其中 23 件是 1979~1982 年制定的；根据 2013 年《全国人大常委会关于废止劳动教养法律规定的决定》，1979 年《全国人民代表大会常务委员会批准国务院关于劳动教养的补充规定的决议》及《国务院关于劳动教养的补充规定》已废止。

行政法 5 件，经济法 2 件，社会法 2 件，刑法 1 件，诉讼与非诉讼程序法 1 件。

其次是从 1982 年到 1987 年的大规模立法期。在 1982 年《宪法》的基础上，中国立法进入了快速发展时期。这一时期立法的两个突出特点，一是立法数量大，二是以经济立法为重心。六届全国人大及其常委会任期五年内，审议通过了 37 件法律，10 件补充修改法律的决定，16 件有关法律问题的决定，共 63 件。这一时期的立法工作，适应并作用于党的十二大、十二届三中全会确立的经济体制改革决定，服务于"以经济建设为中心"的方针，按照"国家立法机关要加快经济立法"① 的部署和要求，一直把制定有关经济方面的法律作为立法工作的重点。在已经制定的 37 件法律中，有关经济方面的法律 22 件，有关对外开放的法律 10 件。这些法律对于促进社会主义有计划的商品经济的发展，对于肯定改革的成功经验、巩固和发展改革的成果，对于吸引外资、发展对外经济技术交流与合作，提供了法律依据和保障，发挥了重要作用。②

此外，1987 年全国人大常委会对新中国成立以来至 1978 年底制定的法律、法令进行了一次全面清理，清理结果表明，1949 年 9 月至 1978 年底，由中国人民政治协商会议第一次会议、中央人民政府委员会、全国人民代表大会及其常务委员会制定或者批准的法律共有 134 件，其中已经失效的有 111 件，继续有效或者继续有效正在研究修改的有 23 件，几乎仅剩 1/6 的法律被沿用。③

综上，从 1982 年全国人大常委会工作报告中提出，要"按照社会主义法制原则，逐步建立有中国特色的独立的法律体系"④ 的目标，到 1987 年立法工作取得重大进展，中国在国家政治生活、经济生活、社会生活的基本方面，

① 《中共中央关于经济体制改革的决定》（1984 年）。
② 陈丕显：《全国人民代表大会常务委员会工作报告》（1988 年）。
③ 赵晓耕、沈玮玮：《专业之作：中国三十年（1979—2009）立法检视》，《辽宁大学学报》（哲学社会科学版）2010 年第 5 期。
④ 杨尚昆：《全国人民代表大会常务委员会工作报告》（1982 年）。

已经不再是无法可依，而是有法可依。以宪法为基础的社会主义法律体系已经初步形成。[1]

（二）1988~2002年，初步形成中国特色社会主义法律体系

1988年宪法修改，肯定了私营经济的地位，允许土地使用权依法转让，对中国改革开放和经济建设产生了积极的影响。1992年初，邓小平南方谈话将建立社会主义市场经济体制的任务提上了党和国家工作的重要议事日程。1992年10月12日，党的十四大报告提出经济体制改革的目标是"建立和完善社会主义市场经济体制"。1993年宪法再次修改，规定"国家实行社会主义市场经济"，"国家加强经济立法，完善宏观调控"，为建立和发展社会主义市场经济提供了宪法依据。

建立社会主义市场经济体制必须有比较完备的法制做保障，由此七届全国人大和八届全国人大始终把制定有关经济建设和改革开放方面的法律作为立法工作的重点。经过十年的努力，1997年社会主义市场经济法律体系框架已初具规模。其间，七届全国人大及其常委会通过了宪法修正案和59个法律，27个关于法律问题的决定，共计87个，其中包括关于经济方面的法律21个；[2]八届全国人大及其常委会共审议法律和有关法律问题的决定草案129个，通过法律85个、有关法律问题的决定33个，共计118个。[3]这些立法，包括规范市场经济主体和市场行为、维护市场秩序、加强宏观调控、完善社会保障制度、振兴基础产业和支柱产业、促进对外开放等各个方面，大体形成了社会主义市场经济法律体系的框架。

九届全国人大及其常委会把加强立法工作、提高立法质量作为首要任务，共审议通过1个宪法修正案和124件法律、法律解释和有关法律问题的决定

① 陈丕显：《全国人民代表大会常务委员会工作报告》（1988年）。
② 彭冲：《全国人民代表大会常务委员会工作报告》（1993年）。
③ 田纪云：《全国人民代表大会常务委员会工作报告》（1998年）。

草案。① 其中，1999 年 3 月九届全国人大二次会议通过的《宪法修正案》，把依法治国基本方略、国家现阶段基本经济制度和分配制度以及非公有制经济的重要作用等写进了宪法，为建立社会主义市场经济体制、发展人民民主、推进依法治国基本方略实施，进一步完善社会主义市场经济立法，提供了宪法依据和保障。

这一时期，立法不仅数量多，质量也有所提高。到 2002 年底，构成中国特色社会主义法律体系的各个法律部门齐全，每个法律部门中的主要法律已经基本制定出来，加上国务院制定的行政法规和地方人大制定的地方性法规，以宪法为核心的中国特色社会主义法律体系已经初步形成。② 这就为依法治国、建设社会主义法治国家，实现到 2010 年形成中国特色社会主义法律体系的目标，打下了坚实基础。

（三）2003~2010年，形成中国特色社会主义法律体系

2003 年 3 月，十届全国人大提出，本届全国人大及其常委会立法工作的目标是"基本形成中国特色社会主义法律体系"。所谓"基本形成"，就是在"初步形成"的基础上，将每个法律部门中支架性的、现实急需的、条件成熟的法律制定和修改完成。形成中国特色社会主义法律体系，应该达到以下基本标准。第一，法的门类要齐全（即宪法及宪法相关法、民法商法、行政法、经济法、社会法、刑法、诉讼与非诉讼程序法等不应当有缺项）。第二，不同法律部门内部基本的、主要的法律规范要齐备。第三，法律体系内部不同的法律门类之间、不同法律规范（如民事的、刑事的、行政的等）之间、不同层次法律规范（宪法、法律、行政法规、地方性法规和自治条例、单行条例等）之间，要做到逻辑严谨、结构合理、和谐统一。

2007 年，党的十七大报告宣布，中国特色社会主义法律体系基本形成。2008 年 3 月，全国人大常委会委员长吴邦国在十一届全国人大一次会议上指

---

① 李鹏：《全国人民代表大会常务委员会工作报告》（2003 年）。
② 李鹏：《全国人民代表大会常务委员会工作报告》（2003 年）。

出，中国特色社会主义法律体系，是以宪法为核心、法律为主干，由宪法及宪法相关法、民法商法、行政法、经济法、社会法、刑法、诉讼与非诉讼程序法 7 个法律部门和法律、行政法规、地方性法规三个层次规范构成的统一整体。在前几届全国人大及其常委会立法工作的基础上，经过十届全国人大及其常委会的不懈努力，截至 2007 年底，中国现行有效的法律共 229 件，现行有效的行政法规近 600 件、地方性法规 7000 多件，构成中国特色社会主义法律体系的各个法律部门已经齐全，各个法律部门中基本的、主要的法律及配套规定已经制定出来，中国特色社会主义法律体系已基本形成，国家经济、政治、文化、社会生活的各个方面基本实现了有法可依。①

2010 年是形成中国特色社会主义法律体系的收官之年。2011 年 3 月 10 日，吴邦国委员长向十一届全国人民代表大会四次会议做全国人大常委会工作报告时庄严宣布：一个立足中国国情和实际、适应改革开放和社会主义现代化建设需要、集中体现党和人民意志的，以宪法为统帅，以宪法相关法、民法商法等多个法律部门的法律为主干，由法律、行政法规、地方性法规等多个层次的法律规范构成的中国特色社会主义法律体系已经形成。②

（四）2011年至今，发展完善中国特色社会主义法律体系

2011 年以来，立法工作围绕"五位一体"总体布局和"四个全面"战略布局，加快推进支架性立法、基础性立法、重点领域立法，填补空白立法，加快构建国家安全法律制度体系，不断完善社会主义市场经济法律制度，统筹推进社会、文化、生态等方面法律制度建设，积极落实"税收法定原则"，坚持立、改、废、释、授权并举，规范和推进设区的市地方立法工作，立法效果显著，社会主义法律体系不断完善。

具体而言，法律体系的完善发展体现在以下几个方面。

---

① 吴邦国：《全国人民代表大会常务委员会工作报告》（2008 年）。
② 吴邦国：《全国人民代表大会常务委员会工作报告》（2011 年）。

一是与时俱进修改宪法，发挥宪法在法律体系中的统帅作用。2018 年 3 月 11 日，十三届全国人大一次会议审议通过《宪法修正案》，及时将重大思想、理念和制度纳入宪法，及时将改革成果和重大部署制度化、法律化，既符合宪法体现时代精神、反映现实需求、与时俱进发展完善的内在要求，又将为新时代坚持和发展中国特色社会主义、实现"两个一百年"奋斗目标和中华民族伟大复兴的中国梦提供有力宪法保障。

二是加强民商经济立法，完善社会主义市场经济法律体系。经济体制改革是全面深化改革的重点，必须进一步加强市场经济法治建设，包括：制定《民法总则》，推进民法典编纂，促进社会主义市场经济健康发展；适应转变政府职能，推进简政放权的行政体制改革需要，协调推进相关的立改废工作，进一步激发市场活力；健全以公平为核心原则的产权保护制度，推进产权保护法治化，依法保障各类市场主体合法权益；加强知识产权保护，健全社会信用体系，建设法治化经营环境；等等。

三是深化文化体制改革，统筹推进社会文化立法。相继制定《慈善法》《红十字会法》《公共图书馆法》《公共文化服务保障法》《电影产业促进法》《中医药法》《志愿服务条例》等重要法律法规，为加强和创新社会治理、促进文化发展提供法治保障。

四是着力环境立法，建设美丽中国。党的十八大以来，中央高度重视生态环境制度建设，全国人大及其常委会和国务院加强了环境立法，共修订包括《环境保护法》（2014 年）、《大气污染防治法》（2015 年）、《水污染防治法》（2017 年）等在内的 8 部法律，推进完成了 9 部环保行政法规和 23 件环保部门规章的制定与修订。[①] 这一系列重要环境立法，确立了"经济社会发展与环境保护相协调"的理念，完善了环境监测和环境影响评价、污染物总量控制、排污许可证等环保基本制度，建立了更为严格的环境保护标准和责任体系。

① 陈媛媛：《严格监管　推进环境与经济协调发展——党的十八大以来环境法治建设述评》，《中国环境报》2017 年 10 月 13 日。

五是加强国家安全立法，构建国家安全法律体系基本框架。党的十八大以来，以习近平同志为核心的党中央高度重视国家安全工作。党的十八届四中全会对构建国家安全法律制度体系提出明确要求，中国的国家安全立法工作稳步推进。与此相应，十二届全国人大及其常委会将建立和完善国家安全法律体系、依法维护国家安全，作为立法的重点领域，相继出台《反间谍法》《国家安全法》《反恐怖主义法》《网络安全法》《国防交通法》《境外非政府组织境内活动管理法》《国家情报法》《核安全法》等一系列维护国家安全的法律，国务院配套制定《反间谍法实施细则》等行政法规，填补了国家安全领域的立法空白，为维护国家核心利益和其他重大利益提供了坚实的法制保障。

六是落实税收法定原则，税收立法迈出重要步伐。税收法定是一项重要的法治原则，2015年3月税收法定原则先后写入《贯彻落实税收法定原则的实施意见》和《立法法》，税收立法权回归全国人大及其常委会。2016年12月25日，全国人大常委会审议通过《环境保护税法》，该法是党的十八届三中全会提出"落实税收法定原则"之后，全国人大常委会制定的第一部税收立法。2017年，全国人大常委会稳步推进税收立法，修改《企业所得税法》，将国务院制定的《烟叶税暂行条例》《船舶吨税暂行条例》规定的税制和税率上升为法律，成为根据税收法定原则，第一批由税收暂行条例上升为税收法律的税收立法项目。

七是推进反腐败立法，将反腐纳入法治轨道。形成严密的法治监督体系是建设中国特色社会主义法治体系、全面推进依法治国的重要指标和内容。[1]2016年11月，中共中央办公厅印发了《关于在北京市、山西省、浙江省开展国家监察体制改革试点方案》。2016年12月，全国人大常委会表决通过《关于在北京市、山西省、浙江省开展国家监察体制改革试点工作的决定》，授权北京、山西、浙江及所辖县、市、市辖区设立监察委员会，行使监

---

[1]《中共中央关于全面推进依法治国若干重大问题的决定》，《人民日报》2014年10月29日，第3版。

察职权。2017 年 10 月 18 日，党的十九大报告进一步明确要"深化国家监察体制改革，将试点工作在全国推开"；10 月 29 日，中共中央办公厅印发《关于在全国各地推开国家监察体制改革试点方案》，部署在全国范围内深化国家监察体制改革的探索实践。2017 年 11 月，全国人大常委会通过《关于在全国各地推开国家监察体制改革试点工作的决定》，试点工作在全国各地推开。2018 年 3 月，十三届全国人大一次会议通过《宪法修正案》和《国家监察法》，将监察体制改革和反腐败纳入法治轨道。

综上可见，随着中国经济社会体制改革的不断深化和社会主义民主法治建设的不断发展，我们对法律体系的认识也在不断提高。从"建立有中国特色的独立的法律体系"发展为"社会主义法律体系初步形成"，从"形成社会主义市场经济法律体系框架"发展为"建立社会主义市场经济法律体系"，从"建立社会主义法律体系"发展为"形成中国特色社会主义法律体系"，从"初步形成""基本形成"发展为"形成"，所有这些变化，都彰显了中国对立法工作的认识不断提高，对法律体系的认识不断完善，对形成中国特色社会主义法律体系实践过程的认识不断深化。

二 推进立法体制机制改革，立法质量不断提高

改革开放以来，根据《宪法》《立法法》《地方组织法》等关于制定法律、行政法规、地方性法规以及规章的规定，中国逐渐构建起统一而又分层次的立法体制。党的十八大以来，在改革进入攻坚区和深水区的历史新阶段，如何更好地发挥立法的引领和推动作用，关系到全面深化改革能否顺利推进，更关系到改革的成果能否巩固和持久。一方面，按照社会经济发展的趋势，不断调整和优化立法体制，包括加强党对立法工作的领导；发挥人大在立法工作中的主导作用；实现立法和改革决策相衔接，将改革渐次纳入法治轨道。另一方面，回应人民群众的最大需求，创新和完善立法机制，推进科学立法、民主立法、依法立法；坚持立、改、废、释、授权并举，使立法更加符合经

济社会发展实际；加强备案审查，维护社会主义法制统一。① 总之，立法体制机制的改革与完善，是提高立法质量，完善中国特色社会主义法律体系的重要保证。

（一）"统一、分层次"立法体制不断完善

"统一、分层次"的立法制度，其中"统一"是指社会主义法制的统一。具体在中央立法与地方立法的关系上，"统一"是单一制国家结构形式的必然要求，是社会主义法制一致性的体现，它要求的是地方立法不得与国家宪法、法律和行政法规相抵触、下位阶的立法不得与上位阶的立法相抵触。"分层次"是指在宪法之下，中央和地方（民族自治地方）、权力机关和行政机关依法享有制定法律、行政法规、地方性法规、规章、自治条例和单行条例的权力，这些法律规范共同构成中国特色社会主义法律体系，是全面推进依法治国的基础和前提。

1. 改革开放以来，中央和地方的立法权划分历经了两个阶段

第一个阶段是从 1979 年《地方组织法》通过至 1982 年现行《宪法》颁行前的省级地方立法探索阶段，初步形成了中央立法与省级地方立法并存的二元立法体制。1979 年以前，中国实行的是高度集中的管理体制，国家立法也不例外。实践中，作为宪法规定的唯一立法机构，全国人大在 25 年的时间里，只是一届全国人大期间开展过立法工作，从 1959 年到 1966 年未立一法。1978 年 12 月，邓小平在党的十一届三中全会上发表了《解放思想，实事求是，团结一致向前看》的重要讲话，率先提出了地方立法的概念，他说："现在立法的工作量很大，人力很不够，因此法律条文开始可以粗一点，逐步完善。有的法规地方可以先试搞，然后经过总结提高，制定全国通行的法律。"②

1979 年 7 月五届全国人大二次会议通过了《地方组织法》，第一次明确

---

① 冯玉军：《完善以宪法为核心的中国特色社会主义法律体系——习近平立法思想述论》，《法学杂志》2016 年第 5 期。

② 《邓小平文选》第二卷，人民出版社，1994，第 147 页。

规定"省、自治区、直辖市的人民代表大会根据本行政区域的具体情况和实际需要，在和国家宪法、法律、法规、政策、法令不抵触的前提下，可以制定和颁布地方性法规，并报全国人民代表大会常务委员会和国务院备案"。从而赋予了省、自治区、直辖市人大及其常委会制定地方性法规的权力。与此同时，为了尽快恢复社会主义法制，五届全国人大二次会议还通过了《关于修正〈中华人民共和国宪法〉若干规定的决议》，审议并通过《全国人民代表大会和地方各级人民代表大会选举法》《人民法院组织法》《人民检察院组织法》《刑法》《刑事诉讼法》《中外合资经营企业法》等重要法律。

1979 年的大规模立法，拉开了新时期法治建设的序幕，也引发了地方立法的新实践。为落实中共中央《关于坚决保证刑法、刑事诉讼法切实实施的指示》（中发〔1979〕64 号文件），推进五届全国人大二次会议通过的 7 部重要法律在地方的实施，履行《地方组织法》赋予的立法职权，从 1980 年开始，广东、贵州、新疆、山东、辽宁、广西、河南、黑龙江、北京、吉林、浙江、江苏、安徽、内蒙古、宁夏、江西、甘肃、陕西、天津等省（自治区、直辖市）的人大常委会先后开始制定地方性法规及大量的决议和决定，据统计，这一期间省级地方人大及其常委会共制定 42 件立法（含决议和决定）。[1]

第二个阶段是从 1982 年《宪法》颁布至今的"统一、分层次"的立法体制。1982 年《宪法》肯定了 1979 年以来的地方立法实践和立法体制，其第 62、67 条和第 100 条分别规定了全国和省级人大及其常委会的法定立法权。1982 年宪法的颁行，奠定了中国现行的中央与地方分享立法职权体制的宪法基础，基本上构建了从中央到地方、从权力机关到行政机关行使立法职权的立法体制。这一立法体制采取了立法集权的分权体制，其特点是在中央对立法的集中统一领导的前提下，适当地赋予地方以一定的立法职权，以作为对

---

[1] 刘小妹：《省级地方立法研究报告——地方立法双重功能的实效》，中国社会科学出版社，2016，第 11 页。

中央立法的补充和具体化。①

1982 年 12 月，五届全国人大五次会议对《地方组织法》进行修改，其中第 27 条增加规定，省、自治区的人民政府所在地的市和经国务院批准的较大的市的人民代表大会常务委员会，可以拟订本市需要的地方性法规草案，提请省、自治区的人民代表大会常务委员会审议制定，并报全国人民代表大会常务委员会和国务院备案。1986 年《地方组织法》第二次修改，进一步把制定地方性法规的权限扩大到省、自治区人民政府所在地的市和经国务院批准的较大的市。其第 7 条规定，省、自治区的人民政府所在地的市和经国务院批准的较大市的人民代表大会，可以制定地方性法规，报省、自治区的人大常委会批准后施行。之后，全国人大及其常委会又先后授权作为经济特区的海南省、深圳市、厦门市、珠海市、汕头市的人大及其常委会制定法规权。至此，中央、省级和较大市"分层次"的立法体制就基本形成了。经过多年的地方立法实践，2000 年颁布的《立法法》，确认了"较大的市"的地方立法权。

2013 年 11 月，党的十八届三中全会通过《中共中央关于全面深化改革若干重大问题的决定》，提出要"逐步增加有地方立法权的较大的市数量"。2015 年 3 月，《立法法》修改，将有地方立法权的主体扩展为"设区的市"，进一步完善了中国的立法体制。2018 年 3 月，《宪法修正案》第 47 条规定："宪法第一百条增加一款，作为第二款：'设区的市的人民代表大会和它们的常务委员会，在不同宪法、法律、行政法规和本省、自治区的地方性法规相抵触的前提下，可以依照法律规定制定地方性法规，报本省、自治区人民代表大会常务委员会批准后施行。'"中央、省级和设区的市"分层次"的立法体制得到宪法的确认和保障。

此外，根据《宪法》《立法法》《民族区域自治法》的规定，中国实行民族区域自治制度，民族自治地方的人民代表大会可以根据当地民族的政治、

---

① 李林：《新中国立法 60 年》，载李林主编《新中国法治建设与法学发展 60 年》，社会科学文献出版社，2010。

经济、文化特点，制定自治条例和单行条例。自治条例与单行条例与一般地方立法的"不抵触"原则不同，其可以变通国家法律和法规。

2. 改革开放以来，在最高国家权力机关和行政机关之间的立法权划分方面，呈现出国务院及其部门制定行政法规和规章的权限先扩大再收紧的发展特点

根据 1954 年《宪法》的规定，国务院不能制定行政法规，其部门也不能制定规章。但党的十一届三中全会后，这一规定既不能适应全国人大及其常委会与国务院之间权限明确、分工合作、互相配合的需要，也不能适应单一制大国中法律规定相对原则，难以适用于全国，须由中央行政机关制定实施细则的需要。[1] 由此，1982 年《宪法》第 89 条明确规定，国务院有权根据宪法和法律制定行政法规；第 90 条规定，国务院的各部、委员会可以根据法律和行政法规发布规章。1982 年《宪法》颁行后不久，经济体制改革和对外开放领域遇到的许多问题，都需要制定法律，但条件又不成熟。在这一背景下，彭真创造性地主导全国人大及其常委会对国务院连续进行了三次授权立法。即 1983 年，六届全国人大常委会第二次会议授权国务院对职工退休退职办法的部分规定进行必要的修改和补充；1984 年，六届全国人大常委会第七次会议授权国务院在实施国营企业利改税和改革工商税制的过程中，拟定有关税收条例，以草案的形式发布试行；1985 年，六届全国人大第三次会议授权国务院对于有关经济体制和对外开放方面的问题，可以制定暂行的规定或者条例。[2] 这三个授权决定使得国务院不仅直接从宪法规定中获得了独立的行政法规制定权，还从全国人大及其常委会那里获得了对应当制定法律的事项制定行政法规的相当广泛的权力。

随着国务院及其部门制定行政法规和规章权限的获得和不断扩大，特别是随着数量庞大的行政法规和规章对经济社会生活影响的日益深广，对"行

---

① 参见彭真《论新时期的社会主义民主与法制建设》，中央文献出版社，1998，第 64、246 页。
② 许安标：《论我立法权限的划分》，《中国法学》1996 年第 3 期。

政立法权"①的法治约束也提上日程。《立法法》对授权立法从法律保留原则和授权立法规范上，对国务院的行政立法权进行了约束。特别是为了防范"一揽子授权"和"无限期授权"，2015年修改后的《立法法》规定，授权立法应当明确授权的目的、事项、范围、期限、被授权机关实施授权决定的方式和应当遵循的原则等；授权的期限不得超过五年；被授权机关应当在授权期限届满六个月前，向授权机关报告授权决定实施的情况，并提出是否需要制定有关法律的意见；需要继续授权的，可以提出相关意见，由全国人大及其常委会决定。

（二）加强党对立法工作的领导

党的十八届四中全会通过的《中共中央关于全面推进依法治国若干重大问题的决定》提出要"加强党对立法工作的领导，完善党对立法工作中重大问题决策的程序。凡立法涉及重大体制和重大政策调整的，必须报党中央讨论决定"。习近平总书记指出："各有关方面都要从党和国家工作大局出发看待立法工作，不要囿于自己那些所谓利益，更不要因此对立法工作形成干扰。要想明白，国家和人民整体利益再小也是大，部门、行业等局部利益再大也是小。"②2016年初，党中央出台了《关于加强党领导立法工作的意见》，明确要求有立法权的地方党委领导本地立法工作，并提出党领导立法工作的指导思想、基本原则、方式方法和组织保障等内容。

坚持党对立法工作的领导，要全面贯彻落实党中央确定的立法工作目标任务，严格落实立法工作向党中央和省区市党委请示报告制度。需要党中央和省区市党委研究的重大立法事项，法律规章起草及审议中涉及的重大体制、重大政策调整问题等事项，中央和地方立法机关党组应及时向党中央和同级

---

① 严格地说，只有在授权立法的情况下，才可以说行政机关具有所谓"行政立法权"。参见刘松山《国家立法三十年的回顾与展望》，《中国法学》2009年第1期。
② 习近平：《在十八届中央政治局第四次集体学习时的讲话》（2013年2月23日），中共中央文献研究室编《习近平关于全面依法治国论述摘编》，中央文献出版社，2015，第54页。

党委请示报告，把党的领导贯彻到立法工作的全过程和各个方面。中央和地方立法机关党组，应当在所在单位发挥领导核心作用，认真履行政治领导责任，做好理论武装和思想政治工作，负责学习、宣传、贯彻执行党的理论和路线方针政策，贯彻落实党中央和上级党组织的决策部署，发挥好把方向、管大局、保落实的重要作用。①

2016 年以来，全国人大常委会认真贯彻落实经党中央批准调整的立法规划，严格落实立法工作向党中央请示报告制度，坚持和体现了党对立法工作的领导。改革开放以来的立法实践证明：只有充分发挥党委凝聚各方智慧、协调各方力量的作用，立法工作中的重大问题才能得到有效解决；只有坚持党的领导，才能保证党的理论和路线方针政策贯彻执行。

（三）发挥人大在立法工作中的主导作用

发挥人大在立法中的主导作用，是新形势下加强和改进立法工作的一个重要着力点，也是充分发挥立法引领和推动作用的必然要求。党的十八届四中全会决定提出，要"健全有立法权的人大主导立法工作的体制机制，发挥人大及其常委会在立法工作中的主导作用"。这是第一次正式以中央文件形式就人大在立法工作中发挥主导作用做出明确规定。2015 年 3 月《立法法》修改，其第 51 条明确规定："全国人民代表大会及其常务委员会加强对立法工作的组织协调，发挥在立法工作中的主导作用。"党的十八大以来，全国人大以及有立法权的地方人大积极创新立法工作体制机制，不断加强对立法工作的组织协调和综合指导，积极发挥人大在立法工作中的主导作用。全国人大及其常委会积极组织起草综合性、全局性、基础性等重要法律草案；加强与中央全面深化改革领导小组办公室等有关方面的沟通协调，及时落实推进改革的立法项目。地方人大及其常委会有的通过主导年度立法计划编制，变"等米下锅"为"点菜上桌"，把握法规立项和法案起草主导权；有的建立"立项

---

① 冯玉军：《完善以宪法为核心的中国特色社会主义法律体系——习近平立法思想述论》，《法学杂志》2016 年第 5 期。

通知书"机制，向起草部门明确起草重点和要求，规范起草标准；有的建立立法联席会议制度，对立法工作实施全程"领跑"。①

（四）实现立法和改革决策相衔接

改革与法治是驱动中国发展的"车之两轮，鸟之两翼"，因此立法决策必须与改革决策相一致，立法既要适应、服务改革需要，又要发挥引领和推动作用。习近平总书记强调："我们要着力处理好改革和法治的关系。改革和法治相辅相成、相伴而生。"② "凡属重大改革都要于法有据。在整个改革过程中，都要高度重视运用法治思维和法治方式，发挥法治的引领和推动作用，加强对相关立法工作的协调，确保在法治轨道上推进改革。"③应该以法治推动改革，用法治规范改革，推进全面深化改革和法治建设同步、有序、健康发展。具体说来，"要实现立法和改革决策相衔接，做到重大改革于法有据、立法主动适应改革发展需要。在研究改革方案和改革措施时，要同步考虑改革涉及的立法问题，及时提出立法需求和立法建议。实践证明行之有效的，要及时上升为法律。实践条件还不成熟、需要先行先试的，要按照法定程序做出授权。对不适应改革要求的法律法规，要及时修改和废止"。④2015年修改后的《立法法》明确以"发挥立法的引领和推动作用"为宗旨，规定"全国人民代表大会及其常务委员会可以根据改革发展的需要，决定就行政管理等领域的特定事项授权在一定期限内在部分地方暂时调整或者暂时停止适用法律的部分规定"。

实现立法和改革决策相衔接，一方面，党中央做出的改革决策与现行法

---

① 李适时：《进一步加强和改进地方立法工作》，《中国人大》2016年第18期。

② 习近平：《在省部级主要领导干部学习贯彻党的十八届四中全会精神全面推进依法治国专题研讨班上的讲话》（2015年2月2日），载中共中央文献研究室编《习近平关于全面依法治国论述摘编》，中央文献出版社，2015，第51页。

③ 习近平：《在中央全面深化改革领导小组第二次会议上的讲话》（2014年2月28日），《人民日报》2014年3月1日。

④ 习近平：《在中央全面深化改革领导小组第六次会议上的重要讲话》（2014年10月27日），《人民日报》2014年10月28日。

律规定不一致的，应及时修改法律适应改革的需要。2016 年，全国人大常委会贯彻落实党中央关于民办学校分类管理改革的决策部署，修改《民办教育促进法》；为给行政审批制度改革和政府职能转变提供法律支持，统筹修改部分法律中同类或者相关的规定，先后审议通过关于修改《节约能源法》等 6 部法律的决定、关于修改《外资企业法》等 4 部法律的决定、关于修改《对外贸易法》等 12 部法律的决定；落实"推动环境保护费改税"、落实"税收法定原则"等改革任务，对《环境保护税法（草案）》进行了审议。2017 年，为给行政审批制度改革和政府职能转变提供法律支持，国务院制定《无证无照经营查处办法》《融资担保公司监督管理条例》，修订《建设项目环境保护管理条例》，并先后三次审议通过《国务院关于修改部分行政法规的决定》，对《城市绿化条例》等 53 部行政法规的部分条款予以修改；围绕"放管服"改革，全国人大常委会亦集中修改了《法官法》等 8 部法律，统筹修改了《招标投标法》《计量法》；为推进税制改革，全国人大常委会制定了《烟叶税法》《船舶吨税法》，国务院修订了《增值税暂行条例》；为总结司法改革试点经验，巩固司法改革成果，全国人大常委会审议《法官法》《检察官法》修订草案和《人民陪审员法（草案）》，听取和审议"两高"刑事案件认罪认罚从宽制度试点工作情况的中期报告。

另一方面，重要改革举措需要得到法律授权的，全国人大常委会及时按照法律程序予以授权。目前，全国人大常委会以授权决定形式支持相关改革试点工作已逐步形成制度。2016 年全国人大常委会通过了《关于授权最高人民法院、最高人民检察院在部分地区开展刑事案件认罪认罚从宽制度试点工作的决定》《关于在北京市、山西省、浙江省开展国家监察体制改革试点工作的决定》《关于授权国务院在部分地区和部分在京中央机关暂时调整适用〈中华人民共和国公务员法〉有关规定的决定》《全国人民代表大会常务委员会关于授权国务院在河北省邯郸市等 12 个试点城市行政区域暂时调整适用〈中华人民共和国社会保险法〉有关规定的决定》《全国人民代表大会常务委员会关于军官制度改革期间暂时调整适用相关法律规定的决定》5 项授权决定来支持相关改革试点工作。2017 年全国人民代表大会常务委员会按照党中央的决策部署，先后做出了《关于延长人民陪审员制度改革试点期限的决定》《关于增加〈中华人民共和国香港特别行政区基本法〉附件三所列全国性法律的决定》《关于增加〈中华人民共和国澳门特别行政区基本法〉附件三所列全国性法律的决定》《关于中国人民武装警察部队改革期间暂时调整适用相关法律规定的决定》《关于延长授权国务院在北京市大兴区等 33 个试点县（市、区）行政区域暂时调整实施有关法律规定期限的决定》《关于在全国各地推开国家监察体制改革试点工作的决定》《关于延长授权国务院在北京市大兴区等 232 个试点县（市、区）、天津市蓟州区等 59 个试点县（市、区）行政区域分别暂时调整实施有关法律规定期限的决定》等 7 项授权决定，以确保在法治轨道上推进改革。

（五）立法程序和立法技术日趋完善

中国的立法程序和立法技术是在改革开放以来的立法实践中逐渐建立健全和不断发展完善起来的。改革开放初期，"宪法和全国人民代表大会组织法对立法程序有一些规定，但比较简单"。[①]1987 年《全国人民代表大会常务委员会议事规制》和 1989 年《全国人民代表大会议事规制》，对全国人民代表大会及其常务委员会的包括法律制定程序在内的议事活动程序和规则，用程序法的形式做了比较具体、明确的规定。2000 年《立法法》颁布，从根本上健全和完善了中国的立法程序，标志着中国立法制度建设进入一个新层次。

根据《立法法》和有关法律的规定，全国人大及其常委会制定法律，包括法律案的提出、法律案的审议、法律案的表决、法律的公布四个阶段。

一是提出立法议案的程序。有权向全国人大提出法律案的主体包括全国人大主席团、全国人大常委会、国务院、中央军委、最高人民法院、最高人民检察院、全国人大各专门委员会，以及一个代表团或者 30 名以上代表联名。

---

① 吴大英等：《中国社会主义立法问题》，群众出版社，1984，第 174 页。

国家机关提出的法律案，直接由主席团决定列入会议议程。代表团或者代表联名提出的法律案，由主席团决定是否列入会议议程，或者先交有关的专门委员会审议，提出是否列入会议议程的意见，再决定是否列入会议议程。《立法法》规定，向全国人大提出的法律案，在全国人大闭会期间，可以先向全国人大常委会提出，经常委会会议审议后，决定提请全国人大审议。有权向全国人大常委会提出法律案的主体包括委员长会议、国务院、中央军委、最高人民法院、最高人民检察院、全国人大各专门委员会，以及常委会组成人员10人以上联名。委员长会议提出的法律案，可直接列入常委会议程；委员长会议之外的机构提出的法律案，由委员长会议决定列入常委会会议议程，或者先交有关的专门委员会审议、提出报告，再决定列入常委会会议议程。常委会组成人员联名提出的法律案，由委员长会议决定是否列入常委会会议议程，或者先交有关的专门委员会审议、提出是否列入会议议程的意见，再决定是否列入常委会会议议程。提出法律议案的单位要根据每届的常委会立法规划和每年的常委会立法工作计划确定的立法项目，提出有关法律案。七届全国人大常委会加强了立法工作的计划性。1988年制定了五年立法规划，1991年又修订了立法规划。[1] 此后，每届全国人大届初都编制本届常委会立法规划。总体上看，五年立法规划和年度立法工作计划的编制对于增强立法工作的计划性以及推进重点立法项目的进程，起到了重要作用。从完成率看，每届常委会立法规划的一类项目完成率在60%~70%。[2]

二是法律案的审议程序。审议法律案，是立法程序中最重要的环节。全国人大及其常委会审议法律案的过程，实质是充分发扬民主、集思广益和凝聚共识的过程。首先，建立了全国人大常委会法律案的三审制。1983年3月以前，全国人大常委会通过的法律全部实行的是一审制。[3]《立法法》规定，

① 彭冲：《全国人民代表大会常务委员会工作报告》（1993年）。
② 李适时：《关于全国人大常委会的立法工作——十二届全国人大常委会组成人员履职学习第三讲》（2013年6月25日）。
③ 朱恒顺：《人大立法30年：成绩、回顾与展望》，《人大研究》2009年第4期。

列入常委会会议议程的法律案，一般应当经二次常委会会议审议后再交付表决，同时规定了一次审议、两次审议、多次审议和终止审议的例外情况。但是，全国人大审议法律案，一般经过一次会议审议后即交付表决。实践证明，实行三审制，对于充分发扬民主，保证常委会组成人员有充分的时间对法律案进行深入审议，提高立法质量，十分重要。近年来，由于立法的难度越来越大，一部新的法律案审议的次数超过三次的屡见不鲜，比如，《物权法》常委会审议了7次才提交大会审议，《行政强制法》审议了6次，《证券法》审议了5次，《食品安全法》《监督法》《社会保险法》《国家赔偿法》《侵权责任法》等法律审议了4次。这些法律涉及问题都比较复杂，与人民群众利益密切相关，所以审议极为慎重，反复修改研究。① 其次，建立法律委员会统一审议法律案的制度。1982年《全国人大组织法》第37条规定："法律委员会统一审议向全国人民代表大会或者全国人民代表大会常务委员会提出的法律草案；其他专门委员会就有关的法律草案向法律委员会提出意见。"七届全国人大常委会履新伊始，一些专门委员会不赞成法律委员会统一审议法律草案。理由有二：一是各专门委员会对它工作范围内的法律草案更熟悉，应当由该专门委员会为主审议；二是如果由法律委员会统一审议，使法律委员会地位高于其他专门委员会，把专门委员会分为三六九等。八届全国人大期间再次提出同样的问题。经过研究讨论，九届全国人大常委会明确提出，"需要有一个立法综合部门对法律草案进行统一审议，使制定的法律与宪法保持一致，与有关法律相衔接，以保持法制的统一。法律委员会实际上就是这样一个立法综合部门"。② 《立法法》第18条、第31条对法律委员会统一审议法律草案做了明确规定。实践证明，这个制度既有利于对法律案所涉及的专业问题进行深入研究，也有利于统一立法技术规范，统一协调解决重点难点问题，维护法制的统一。最后，建立关于广泛听取各方面意见的制度，体现民

---

① 李适时：《关于全国人大常委会的立法工作——十二届全国人大常委会组成人员履职学习第三讲》（2013年6月25日）。

② 《王汉斌访谈录》，中国民主法制出版社，2012，第224～225页。

主立法的要求。在立法过程中，除了人大代表和常委会组成人员参加审议讨论、提出意见，还要认真广泛听取各个方面的意见。《立法法》总结实践经验，对此做了比较全面的规定。主要包括：书面征求意见、座谈会、论证会、听证会、向社会公布法律草案公开征求意见等。其中，书面征求意见是立法过程中的必经程序。法律草案提交常委会审议后，由法制工作委员会向各地方、各部门和有关研究机构、院校发函征求意见，一般针对每一个法律草案要发 200 多家地方和中央单位征求意见。

三是法律案的表决程序。列入全国人大会议审议的法律案，由全体代表的过半数通过。宪法的修改，由全体代表的三分之二以上的多数通过。列入全国人大常委会审议的法律案，由常委会全体组成人员的过半数通过。全国人大、全国人大常委会表决法律草案一般都采用按电子表决器的方式，宪法修正案的表决必须采用无记名投票的方式。

四是法律的公布程序。法律的公布，是立法的最后一道程序。《宪法》规定，中华人民共和国主席根据全国人大和全国人大常委会的决定，公布法律。签署公布法律的主席令载明该法律的制定机关、通过和施行日期。

此外，立法后评估制度、专家参与立法制度、立法信息公开制度、立法技术规范等中央和地方立法机制创新，也极大保障了科学立法、民主立法，进一步提高了立法质量。

（六）加强备案审查工作，维护社会主义法制统一

十二届全国人大以来，全国人大常委会将开展备案审查作为履行宪法监督职责的重要工作，建立健全备案审查工作机制和衔接联动机制，开通运行全国统一的备案审查信息平台，依申请审查 1206 件行政法规、地方性法规、司法解释，依职权审查 60 件行政法规、128 件司法解释，专项审查规定自然保护区的 49 件地方性法规，并对审查中发现与法律相抵触或者不适当的问题做出了积极稳妥的处理。其中，2017 年全国人大常委会的备案审查工作力度大大加强，法制工作委员会共收到公民、组织提出的各类审查建议 1084 件，

依职权主动审查 14 件行政法规、17 件司法解释、150 余件地方性法规，指导地方人大对涉及自然保护区、环境保护和生态文明建设的地方性法规进行全面自查和清理，总共已修改、废止相关地方性法规 35 件，拟修改、废止 680件。[①]2017 年 12 月 24 日，全国人大常委会还首次听取审议了法制工作委员会关于备案审查工作情况的报告。综上可见，十二届全国人大高度重视备案审查工作，大力推进了备案审查制度和能力建设，积极发挥了备案审查维护宪法法律尊严、保障宪法法律实施、保证国家法制统一的重要制度功能。

三　改革开放40年中国立法经验总结

伴随着中国改革开放 40 年的成功推进，立法工作也得到不断加强和发展。中国特色的立法体制和法律体系逐步形成。反思立法进程，总结立法经验，就是要坚持中国共产党的领导、人民当家作主和依法治国的有机统一；坚持从国情出发，走中国特色社会主义立法发展道路；坚持以人为本，切实尊重和保障人权；坚持以宪法为依据，使每一项立法都符合宪法精神；坚持立法和改革决策相衔接，将改革纳入法治轨道；坚持民主立法、科学立法、依法立法，提高立法质量。

（一）坚持中国共产党的领导、人民当家作主和依法治国的有机统一

坚持中国共产党的领导、人民当家作主和依法治国有机统一是发展中国特色社会主义民主政治最重要、最根本的原则，也是中国立法工作取得的最重要、最根本的经验。共产党的领导是人民当家作主和民主立法、科学立法、高质立法的根本保证；人民当家作主是社会主义民主政治和民主立法、科学立法、高质立法的本质要求；依法治国是党领导人民治理国家的基本方略，

---

① 数据来源于《全国人民代表大会常务委员会法制工作委员会关于十二届全国人大以来暨 2017 年备案审查工作情况的报告》（2017 年 12 月 24 日），中国人大网，http://www.npc. gov.cn/npc/xinwen/2017-12/27/content_2035723.htm。

有法可依则是依法治国的前提条件。在中国，法律是实践证明正确的、成熟的、需要长期执行的党的路线方针政策的具体化、规范化和法律化，立法则是把党的路线方针政策法律化的过程。党制定的大政方针，提出的立法建议，需要通过法定程序，才能成为国家意志，成为全社会一体遵循的行为规范和准则。立法要坚持正确的政治方向，把党的领导、人民当家作主和依法治国有机统一起来，从制度上法律上保证党的路线方针政策的贯彻实施。在全面推进立法工作、完善中国特色社会主义法律体系的实践进程中，只有坚持这三者的有机统一，才能保证立法工作始终坚持正确方向，实现人民立法和立法为民。

（二）坚持从国情出发，走中国特色社会主义立法发展道路

立法工作是依法治国和社会主义民主政治建设的有机组成部分，是中国特色社会主义的重要内容。因此，立法必须从中国社会主义初级阶段的基本国情出发，深刻认识和正确把握中国发展的阶段性特征，紧紧围绕国家的奋斗目标、根本任务、政策方略、中心工作来开展立法，促进各项事业的顺利发展。当然，立足中国国情，不排除认真研究和借鉴国外立法的有益经验，但不能照抄照搬别国的立法模式。党的十九大的召开，标志着中国进入了新时代，未来的立法工作应围绕"五位一体"总体布局和"四个全面"战略布局，服务于新发展理念，为实现"两个一百年"奋斗目标和中华民族的伟大复兴提供有力的法治保障。

（三）坚持以人为本，切实尊重和保障人权

中国的立法是反映人民意志、体现人民利益的立法，实现好、维护好、发展好最广大人民的根本利益是一切立法工作的出发点和落脚点。立法必须坚持以人为本，尊重人民主体地位，发挥人民首创精神，保障人民各项权益，走共同富裕道路，促进人的全面发展，做到立法为了人民、立法依靠人民、立法保障人民共享发展成果。为此，立法必须致力于消灭贫穷落后，让每个

人享有充分的人权，坚持生存权、发展权的首要地位，同时不断发展公民的政治、经济、社会、文化权利，努力实现人的全面发展。2004 年《宪法修正案》确立了国家尊重和保障人权的原则，完善了土地征收征用制度，完善了对公民私有财产权和继承权的规定，增加了国家建立健全同经济发展水平相适应的社会保障制度的规定；此外，全国人大常委会以改善民生为重点，统筹推进经济、社会、文化、生态领域的立法，人权的法治保障水平不断提高。

（四）坚持以宪法为依据，使每一项立法都符合宪法精神

宪法是治国安邦的总章程，是国家的根本法，具有最高法律效力，一切立法必须以宪法为根本法律依据，不得同宪法精神、宪法原则以及宪法条文相抵触。坚持依宪立法，这既是依法治国的内在要求，也是保证法治统一和权威的重要前提。只有以宪法为依据，才能使制定的法律符合中国社会发展的规律，符合改革和建设的需要。① 在立法过程中，必须严格按照宪法的原则和精神，保障公民的各项权利，合理划分国家机构的权限，规范国家机关及其工作人员的行为，正确处理人民群众依法行使权利和国家机关依法管理的关系。立法立足于维护最大多数人的最大利益，注意防止不适当地扩大部门的权力和利益或损害公民的合法权益，努力使制定的法律符合各族人民的根本利益和国家的整体利益，有利于保护和促进生产力的发展。②

坚持依宪立法，应当正确处理中央和地方、全局和局部、长远和当前、发达地区和欠发达地区的利益关系，维护好国家的整体利益和人民的根本利益；应当坚持统筹兼顾，正确认识不同利益诉求，正确处理权力与权利的关系，保证公民、法人和其他组织的合法权益不受侵害。既给予行政机关必要的手段，以确保行政权力依法有效行使，又注意对行政权力进行规范、制约和监督，促进行政机关正确行使权力，保持权力与权利之间的平衡；正确处理权力与权力的关系，坚持权力与责任相统一，体现权力与责任紧密挂钩、

① 田纪云：《第八届全国人大第四次会议全国人大常委会工作报告》（1996 年）。
② 田纪云：《第九届全国人大第一次会议全国人大常委会工作报告》（1998 年）。

权力与利益彻底脱钩的原则；正确处理权利与权利的关系，统筹兼顾各方面的利益诉求，促进社会和谐稳定。

坚持依宪立法，必须健全宪法监督机制。党的十八届四中全会决定提出，"完善全国人大及其常委会宪法监督制度，健全宪法解释程序机制。加强备案审查制度和能力建设，把所有规范性文件纳入备案审查范围，依法撤销和纠正违宪违法的规范性文件，禁止地方制发带有立法性质的文件"。2014 年、2015 年全国人大常委会相继通过《关于设立国家宪法日的决定》《关于实行宪法宣誓制度的决定》，与此同时，合宪性审查再被提上议事日程。党的十九大报告提出，加强宪法实施和监督，推进合宪性审查工作，维护宪法权威。2018 年 3 月《宪法修正案》将全国人民代表大会下设的"法律委员会"修改为"宪法和法律委员会"，为建立健全对立法的事前备案审查与事后合宪性、合法性审查相结合的宪法监督机制提供了宪法依据。

（五）坚持立法和改革决策相衔接，将改革纳入法治轨道

立法要适应并服务于经济社会发展和改革开放的需要，是中国立法的一条基本经验，包括坚持立法与改革发展和现代化建设进程相适应，为改革发展和现代化建设创造良好的法治环境；认真总结改革开放和现代化建设的基本经验，把实践证明是正确的经验用宪法法律确认下来，巩固改革开放和现代化建设的积极成果，保障和促进经济社会又好又快地发展，为改革发展和现代化建设创造良好的法治环境。对于立法中遇到的问题，要区别不同情况做出处理：改革开放实践经验比较成熟的，通过立法加以深化、细化，做出具体规定；改革开放实践经验尚不成熟，又需要做规定的，立法做出原则规定或授权决定，为进一步改革发展留下空间；对于实践经验缺乏，各方面意见又不一致的，暂不规定，待条件成熟时再行立法。

（六）坚持民主立法、科学立法、依法立法，提高立法质量

民主立法是人民当家作主的内在要求，是把人民的利益诉求和意志主张

在民主法治框架下充分表达出来、有效汇集起来，通过立法程序上升为国家意志的重要途径。改革开放以来，在中国立法工作中，立法民主化、发扬立法民主等理念早已有所体现，但"民主立法"这个提法却是在进入21世纪后才正式使用的。九届全国人大四次会议的常委会工作报告提出："力争做到立法决策的民主化、科学化。"十届全国人大以来，第二次会议的常委会工作报告提出"坚持立法为民"，第四次会议的常委会工作报告要求"立法民主化迈出新步伐"，第五次会议的常委会工作报告使用了"科学立法、民主立法继续推进"的提法。党的十七大进一步明确提出"要坚持科学立法、民主立法"。可见，民主立法在实践中已逐步成为中国立法工作的基本要求和应当长期坚持的重要经验。

坚持科学立法是中国立法的基本要求。毛泽东说过，"搞宪法是搞科学"。实现科学立法，要求立法工作应当秉持科学立法的精神、采用科学立法的方法、符合科学立法的规律、遵循科学立法的程序、完善科学立法的技术。坚持科学立法应当尊重立法工作自身的规律，立法工作既着眼于法律的现实可行性，又注意法律的前瞻性；既着眼于通过立法肯定改革成果，又注意为深化改革留有空间和余地；既着眼于加快国家立法的步伐，又注意发挥地方人大依法制定地方性法规的积极性；既着眼于立足于中国国情立法，又注意借鉴国外立法的有益做法。努力使法律内容科学规范，相互协调。[①]

坚持依法立法是保障法制统一的关键，其核心要求就是依照法定的权限和程序立法。党的十九大报告提出，加强宪法实施和监督，推进合宪性审查工作，维护宪法权威；推进科学立法、民主立法、依法立法，以良法促进发展、保障善治。这是"合宪性审查"和"依法立法"作为维护社会主义法制统一的重要机制和原则，首次在中央文件中被提出。把依法立法与科学立法、民主立法并列为立法原则，这是立法原则上的一大变化，其核心问题就是要解决法出多门、通过法来逐利、部门利益和地方保护主义法律化等问题。

---

① 李鹏：《第十届全国人大第一次会议全国人大常委会工作报告》（2003年）。

改革开放 40 年的立法实践证明，只有坚持民主立法，才能保证人民意志、党的意志和国家意志的有机统一；只有坚持科学立法，才能保证立法符合自然规律、中国社会发展规律和立法自身规律的科学要求；只有坚持依法立法，才能保障社会主义法制的统一；只有坚持民主立法、科学立法、依法立法，才能从根本上保证立法质量的提高。

中国行政体制改革与法治政府建设

李洪雷[*]

导　读：改革开放 40 年来，中国行政体制改革与法治政府建设经过了四个发展阶段，行政管理体制和行政组织法制日趋完善，初步实现了行政管理的规范化、程序化与法治化，有效加强了对公民权利的保护和对行政活动的监督。但是，中国行政体制改革和法治政府建设也存在很多缺陷，需要大力推进行政体制改革，建设法治政府。

一　改革开放以来行政体制改革与法治政府建设的主要阶段

（一）恢复发展期（1978~1989年）

　　1978 年 12 月召开了党的十一届三中全会。会议公报中提出，全党工作的着重点应该转移到社会主义现代化建设上来。为了保障人民民主，必须加强社会主义法制，做到有法可依、有法必依、执法必严、违法必究。十一届三中全会的召开为行政体制的健全和行政法制的恢复发展提供了重要政治保障。1982 年《宪法》的颁布，则为行政体制改革和行政法制建设提供了宪法

---

　　[*]　李洪雷，中国社会科学院法学研究所宪法与行政法研究室主任、研究员，中国社会科学院文化法制研究中心副主任。

保障。其中对于行政管理活动基本原则的规定，对于国家行政机关组织、基本工作制度和职权的规定，对于公民基本权利和义务的规定，一方面构成了行政法最高位阶的法律渊源，另一方面指导了此后的行政体制改革和行政法制建设。

1982 年国务院进行了改革开放以后第一轮机构改革，改革随后在地方各级行政机构展开。这次改革最主要的成绩是精简了各级领导班子，加快了干部队伍年轻化建设步伐。但改革未能触动高度集中的计划经济管理体制，未将政府职能转变作为自己的目标和任务。1988 年七届全国人大一次会议通过了《国务院机构改革方案》，启动了第二轮的机构改革。这次改革是在深化经济体制改革、推动政治体制改革的大背景下出现的，首次提出了"转变政府职能是机构改革的关键"，强调政府的经济管理部门要从直接管理为主转变为间接管理为主，强化宏观管理职能，淡化微观管理职能。改革的内容主要是合理配置职能，科学划分职责分工，调整机构设置，转变职能，改变工作方式，提高行政效率，完善运行机制，加速行政立法。改革的重点是那些与经济体制改革关系密切的经济管理部门。由于后来发生的政治风波以及治理、整顿，改革目标未能完全实现。

在行政法制建设方面，这一时期既制定了《治安管理处罚条例》《环境保护法》《文物保护法》《食品卫生法（试行）》《森林法》等大量的部门行政法律、法规，也制定了《国务院组织法》《地方组织法》等一般性的行政法律、法规。这一时期行政法制建设的主导观念是"行政管理法制化"，强调按照稳定性的法律规则来对公共事务进行管理，重点放在依法治事、依法管理老百姓，对于保障公民权利、控制政府权力，尽管已经有所认识和落实，但还没有成为主导。

（二）加速发展期（1989~1997年）

1989 年 4 月《行政诉讼法》颁布，标志着中国行政体制改革和行政法制建设进入了一个新的阶段。这一时期，社会主义市场经济体制被确立为经济改革方向，这为行政法制建设提出了新的要求。依法行政、推进社会主义法制建设得到了最高决策层日益增多的强调。

1992 年 10 月，党的十四大明确提出经济体制改革的目标，即要建立社会主义市场经济体制，使市场在国家宏观调控下对资源配置起基础性作用。十四大报告中指出，党政机构臃肿，层次重叠，许多单位人浮于事，效率低下，脱离群众，已经到了非改不可的地步。要按照政企分开和精简、统一、效能的原则，下决心对现行行政管理体制和党政机构进行改革。1993 年 3 月，党的十四届二中全会讨论通过了机构改革方案。随后，八届全国人大一次会议审议通过了《国务院机构改革方案》，启动了第三轮机构改革。这次会议上通过的《政府工作报告》中正式提出了依法行政的原则，强调各级政府都要依法行政、严格依法办事，一切公职人员都要带头学法懂法，做执法守法的模范。

这一时期，除了《行政诉讼法》，还颁布了《国家赔偿法》《行政复议条例》《行政监察条例》《行政监察法》《审计法》《行政处罚法》《国家公务员暂行条例》等多部重要的一般性行政法律、法规。这些法律、法规一方面强化了对公民权利的救济和对行政权的监督，另一方面强化了对行政权行使过程和程序的规范和控制，并且初步建立了现代公务员制度。此外，这一时期部门行政法律、法规的数量倍增，制定了《税收征收管理法》《律师法》等多部重要的法律、法规。这一时期的行政法制建设，在强调行政管理法制化的同时，更加关注对公民权利的保障和对行政权行使的规范制约。

（三）全面发展期（1997~2012年）

1997 年党的十五大报告再一次提出要"推进机构改革"，认为当时机构庞大、政企不分、官僚主义严重，直接阻碍改革的深入和经济的发展，影响党和群众的关系。要按照社会主义市场经济的要求，转变政府职能，实现政企分开，把企业生产经营管理的权力切实交给企业；根据精简、统一、效能的原则进行机构改革，建立办事高效、运转协调、行为规范的行政管理体系，提高为人民服务水平；把综合经济部门改组为宏观调控部门，调整和减少专业经济部门，加强执法监管部门，培育和发展社会中介组织。深化行政体制改革，实现国家机构组织、职能、编制、工作程序的法定化，严格控制机构膨胀，坚决裁减冗员。深化人事制度改革，引入竞争激励机制，完善公务员制度，建设一支高素质的专业化国家行政管理干部队伍。1998 年 3 月九届全国人大一次会议审议通过了《关于国务院机构改革方案的决定》，启动了第四轮机构改革。改革的目标是：建立办事高效、运转协调、行为规范的政府行政管理体系，完善国家公务员制度，建设高素质的专业化行政管理队伍，逐步建立适应社会主义市场经济体制的有中国特色的政府行政管理体制。这次机构改革取得了很大的成绩。至 2003 年 6 月，经过机构改革，全国各级党政群机关共精简行政编制 115 万个，市县乡政府清退超编人员 43 万人。干部队伍结构得以趋向合理。

2002 年党的十六大报告提出了深化行政管理体制改革的任务，要求进一步转变政府职能，改进管理方式，推行电子政务，提高行政效率，降低行政成本，形成行为规范、运转协调、公正透明、廉洁高效的行政管理体制。依法规范中央和地方的职能和权限，正确处理中央垂直管理部门和地方政府的关系。按照精简、统一、效能的原则和决策、执行、监督相协调的要求，继续推进政府机构改革，科学规范部门职能，合理设置机构，优化人员结构，实现机构和编制的法定化，切实解决层次过多、职能交叉、权责脱节和多重多头执法等问题。按照政事分开原则，改革事业单位管理体制。2003 年 3 月10 日，十届全国人大一次会议通过了《关于国务院机构改革方案的决定》，启动了第五轮机构改革。这次改革的重点是，深化国有资产管理体制改革，完善宏观调控体系，健全金融监管体制，继续推进流通体制改革，加强食品安全和安全生产监管体制建设。这次改革适应了中国加入 WTO 的形势变化，抓住当时社会经济发展阶段的突出问题，进一步转变了政府职能。

2007 年党的十七大报告要求加快行政管理体制改革，建设服务型政府。报告提出，行政管理体制改革是深化改革的重要环节。要抓紧制定行政管理体制改革总体方案，着力转变职能、理顺关系、优化结构、提高效能，形成权责一致、分工合理、决策科学、执行顺畅、监督有力的行政管理体制。健全政府职责体系，完善公共服务体系，推行电子政务，强化社会管理和公共服务。加快推进政企分开、政资分开、政事分开、政府与市场中介组织分开，规范行政行为，加强行政执法部门建设，减少和规范行政审批，减少政府对微观经济运行的干预。规范垂直管理部门和地方政府的关系。加大机构整合力度，探索实行职能有机统一的大部门体制，健全部门间协调配合机制。精简和规范各类议事协调机构及其办事机构，减少行政层次，降低行政成本，着力解决机构重叠、职责交叉、政出多门问题。统筹党委、政府和人大、政协机构设置，减少领导职数，严格控制编制。加快推进事业单位分类改革。2008 年 2 月，党的十七届二中全会研究了深化行政管理体制改革问题，通过了《关于深化行政管理体制改革的意见》。《意见》提出，深化行政管理体制改革的总体目标是，到 2020 年建立起比较完善的中国特色社会主义行政管理体制。要通过改革，实现政府职能向创造良好发展环境、提供优质公共服务、维护社会公平正义的根本转变，实现政府组织机构及人员编制向科学化、规范化、法制化的根本转变，实现行政运行机制和政府管理方式向规范有序、公开透明、便民高效的根本转变，建设人民满意的政府。今后 5 年，要加快政府职能转变，深化政府机构改革，加强依法行政和制度建设，为实现深化行政管理体制改革的总体目标打下坚实基础。2008 年 3 月 15 日，十一届全国人大一次会议通过了《关于国务院机构改革方案的决定》，启动了第六轮机构改革。这次改革突出了三个重点：一是加强和改善宏观调控，促进科学发展；二是着眼于保障和改善民生，加强社会管理和公共服务；三是按照探索职能有机统一的大部门体制要求，对一些职能相近的部门进行整合，实行综合设置，理顺部门职责关系。

1997 年党的十五大报告中提出"依法治国，建设社会主义法治国家"的治国方略，这是中国共产党治国理政从理念到方式的革命性变化，是中国法治建设中的一项标志性事件，具有划时代的重要意义。1999 年九届全国人大二次会议将"依法治国，建设社会主义法治国家"载入宪法，使依法治国基本方略得到国家根本法的保障。依法行政是依法治国的重要组成部分，对依法治国基本方略的实行在很大程度上具有决定性的意义。为贯彻依法治国基本方略，1999 年国务院颁布《关于全面推进依法行政的决定》，要求各级政府和政府各部门的工作人员特别是领导干部，"全面、深刻地领会依法行政的精神实质，充分认识依法行政的重大意义，增强依法行政的自觉性，不断提高依法行政的能力和水平"。这是中国历史上第一份关于推进依法行政的中央政府文件，意义重大。2004 年 3 月，国务院在政府工作报告中第一次明确提出了建设"法治政府"的目标，随后国务院颁布《全面推进依法行政实施纲要》，作为指导各级政府依法行政、建设法治政府的纲领性文件，其中提出经过十年左右坚持不懈的努力，基本实现建设法治政府的目标，并且明确了此后十年全面推进依法行政的指导思想、基本原则、基本要求、主要任务和保障措施。市县两级政府处在政府工作的第一线，是国家法律法规和政策的重要执行者，2008 年颁布了《国务院关于加强市县政府依法行政的决定》，就加强市县政府依法行政提出具体要求和举措。2010 年颁布《国务院关于加强法治政府建设的意见》，要求"以增强领导干部依法行政的意识和能力、提高制度建设质量、规范行政权力运行、保证法律法规严格执行为着力点"，全面推进依法行政。此外，2003 年 10 月党的十六届三中全会提出科学发展观、2004 年 9 月党的十六届六中全会提出构建社会主义和谐社会，为行政法制建设注入了新的价值元素，提供了新的动力和要求。

这一时期，一方面，行政领域立法工作步伐加快，质量不断提高，愈加以人为本、重视人权，颁布了《行政复议法》《行政复议法实施细则》《行政许可法》《立法法》《政府信息公开条例》等重要法律、法规，以及《道路交通安全法》《居民身份证法》《工伤保险条例》《城市生活无着的流浪乞讨人员救助管理办法》等。另一方面，行政执法体系逐步健全，执法力度加大，保证了法律法规的贯彻实施；行政管理体制改革稳步推进，政府职能和管理方式逐步转变，行政监督制度不断完善；各级行政机关工作人员特别是领导干部依法行政意识增强，依法行政能力有了很大提高。

（四）深化发展期（2012~2018年）

2012年党的十八大报告强调，要深化行政体制改革，要求按照建立中国特色社会主义行政体制目标，深入推进政企分开、政资分开、政事分开、政社分开，建设职能科学、结构优化、廉洁高效、人民满意的服务型政府。深化行政审批制度改革，继续简政放权，推动政府职能向创造良好发展环境、提供优质公共服务、维护社会公平正义转变。稳步推进大部门制改革，健全部门职责体系。优化行政层级和行政区划设置，有条件的地方可探索省直接管理县（市）体制改革，深化乡镇行政体制改革。创新行政管理方式，提高政府公信力和执行力，推进政府绩效管理。严格控制机构编制，减少领导职数，降低行政成本。推进事业单位分类改革。完善体制改革协调机制，统筹规划和协调重大改革。2013年3月14日第十二届全国人大第一次会议通过了《关于国务院机构改革和职能转变方案的决定》，启动了改革开放以来的第七次国务院机构改革，重点围绕转变职能和理顺职责关系，稳步推进大部门制改革，实行铁路政企分开，整合加强卫生和计划生育、食品药品、新闻出版和广播电影电视、海洋、能源管理机构。2015年12月《中共中央国务院关于深入推进城市执法体制改革改进城市管理工作的指导意见》发布，以城市管理现代化为指向，以理顺体制机制为途径，将城市管理执法体制改革作为推进城市发展方式转变的重要手段，与简政放权、放管结合、转变政府职能、规范行政权力运行等有机结合，构建权责明晰、服务为先、管理优化、执法规范、安全有序的城市管理体制，推动城市管理走向城市治理，促进城市运行高效有序，实现城市让生活更美好。

2017年党的十九大报告提出，要深化机构和行政体制改革。要统筹考虑各类机构设置，科学配置党政部门及内设机构权力、明确职责。统筹使用各类编制资源，形成科学合理的管理体制，完善国家机构组织法。转变政府职能，深化简政放权，创新监管方式，增强政府公信力和执行力，建设人民满意的服务型政府。赋予省级及以下政府更多自主权。在省市县对职能相近的党政机关探索合并设立或合署办公。深化事业单位改革，强化公益属性，推进政事分开、事企分开、管办分离。2018 年 2 月，党的十九届三中全会通过了《关于深化党和国家机构改革的决定》，对深化党和国家机构改革做出了统一部署和顶层设计。2018 年 3 月 17 日第十三届全国人民代表大会第一次会议通过了《关于国务院机构改革方案的决定》。这次改革是改革开放以来第八次机构改革，也是力度最大的一次机构改革。这次改革总的考虑是，着眼于转变政府职能，坚决破除制约使市场在资源配置中起决定性作用、更好发挥政府作用的体制机制弊端，围绕推动高质量发展，建设现代化经济体系，加强和完善政府经济调节、市场监管、社会管理、公共服务、生态环境保护职能，结合新的时代条件和实践要求，着力推进重点领域和关键环节的机构职能优化和调整，构建起职责明确、依法行政的政府治理体系，提高政府执行力，建设人民满意的服务型政府。这次改革适应新时代中国社会主要矛盾变化，聚焦发展所需、基层所盼、民心所向，按照优化协同高效的原则，既立足当前也着眼长远，优化了国务院机构设置和职能配置，理顺了职责关系。改革后，国务院正部级机构减少 8 个，副部级机构减少 7 个。通过改革，国务院机构设置科学合理，更加符合实际，更有效率，必将为全面贯彻落实党的十九大部署的各项任务提供有力组织保障。

党的十八大以来，党中央进一步强调依法治国是坚持和发展中国特色社会主义的本质要求和重要保障，是实现国家治理现代化的必然要求，事关党和国家长治久安。中国依法行政和法治政府建设也进入了一个全新的阶段。十八大报告明确提出法治是治国理政的基本方式，强调加快建设社会主义法治国家，全面推进依法行政，并给出了具体的时间表，也即到 2020 年，"依法治国基本方略全面落实，法治政府基本建成，司法公信力不断提高，人权得到切实尊重和保障"。党的十八届三中全会决定把全面深化改革与法治建设紧密结合，提出建设法治中国，必须坚持依法治国、执法执政、依法行政共同推进，坚持法治国家、法治政府、法治社会一体建设，努力推进国家治理体系和治理能力现代化。党的十八届四中全会决定对全面推进依法治国做出了总体部署和系统谋划，阐明了全面推进依法治国的指导思想、基本原则、总目标、总抓手和基本任务以及法治工作的基本格局。这是中国共产党历史上第一次就法治建设专门做出决议，具有重要的里程碑意义。十八届四中全会决定用了较大的篇幅对"深入推进依法行政，加快建设法治政府"进行论述。为实现十八大提出的 2020 年法治政府基本建成的战略目标，并落实十八届四中全会决定对依法行政、法治政府建设提出的具体要求，2015 年中共中央、国务院印发了《法治政府建设实施纲要（2015—2020 年）》，这是中国历史上第一次以中共中央、国务院文件的形式，对法治政府建设做出重大部署，明确了法治政府建设的总体目标，也即到 2020 年基本建成职能科学、权责法定、执法严明、公开公正、廉洁高效、守法诚信的法治政府，确立了法治政府建设的衡量标准，即政府职能依法全面履行，依法行政制度体系完备，行政决策科学民主合法，宪法法律严格公正实施，行政权力规范透明运行，人民权益切实有效保障，依法行政能力普遍提高，并部署了相关的主要任务和具体措施。2016 年 2 月，中共中央办公厅、国务院办公厅发布的《关于全面推进政务公开工作的意见》强调，公开透明是法治政府的基本特征。

这一阶段的行政领域立法工作覆盖面更广，通过制定《国家安全法》《公共文化服务保障法》《电影产业促进法》《中医药法》等，全面修订《环境保护法》，及时修订《食品安全法》，为维护国家核心利益和其他利益，促进经济社会文化各领域全面发展，提供了重要法制保障；"放管服"改革持续推进，清单管理全面实行，政府法律顾问制度普遍建立，行政决策科学化、民主化、法治化水平进一步提高，"双随机、一公开"全面推行，事中事后监管不断加强，行政执法体制改革深入推进，严格、规范、公正、文明执法水平明显提升，法治政府建设考核评价制度正在建立，督促检查力度显著加强。推进依法行政进入"快车道"，法治政府建设展现出前所未有的"加速度"。加快建设法治政府进入新阶段。

在这一阶段，中国法治政府建设的一大特点，在于党中央、国务院加强了对依法行政、法治政府建设的顶层设计，对依法行政和法治政府建设的总体目标、基本要求、衡量标准、推进机制等进行了统筹规划，将依法行政、法治政府建设纳入国家治理体系和治理能力现代化的大局中进行考量和推进；更加强调重大改革要于法有据，必须在法治的轨道上进行改革；更加强调"放管服"相结合，充分激发市场和社会活力。

二 政府机构改革与行政组织法治

行政组织法调整行政机关的机构设置、职能和权限分配、人员编制和管理等，是行政法制的重要组成部分，其发展完善程度对于行政的规范运行和效能效率具有重要影响。

（一）行政机构改革与行政机关组织法

改革开放以来，中国先后开展了八次政府机构改革（1982、1988、1993、1998、2003、2008、2013、2018），政府职能不断转变，政府组织不断优化，政企分开、政事分开初步得以实现；撤销工业经济部门，加强了市场监管部门；科学划分部门职能分工，调整部门管理体制。与行政改革相适应，中国的行政组织法治也有了很大的发展。现有的行政组织法除宪法关于国家机构的有限规定外，主要由三部分构成。第一部分是法律，包括《国务院组织法》《地方组织法》《公务员法》《中国人民银行法》《行政监察法》等。第二部分是单行法律中关于国家权力配置与行政组织设置的规定，例如《土地管理法》中关于土地管理机关的规定。第三部分是有关国家组织的行政法规。如《国务院行政机构设置和编制管理条例》《地方各级人民政府机构设置和编制管理条例》《公安机关组织管理条例》等。总体而言，行政机关组织法和编制法仍然是中国法治政府建设的一个薄弱环节，许多重要的行政组织法律法规尚未出台，已有的法律比较简陋，规范的事项非常有限，相关事务主要依赖于政策文件。未来还需要更加充分地发挥权力机关在解决行政组织设置和编制管理等方面的作用，对于行政组织设置和编制管理的重大问题应由法律加以规范。要通过立法明确中央政府的结构和规模、地方政府的法律地位和组织构造、中央与地方的关系。[①] 2013 年十八届三中全会决定提出，推进机构编制管理科学化、规范化、法治化。2014 年十八届四中全会决定要求，完善国家机构组织法，推进机构、职能、权限等的法定化，推进各级政府事权的规范化和法律化，完善不同政府特别是中央和地方政府事权法律制度。2017 年党的十九大报告进一步要求完善国家机构组织法。

（二）干部人事制度改革与公务员法

中国公务员制度是对传统干部人事制度的改革与发展。1987 年，在党的十三大上，党中央正式提出了建立国家公务员制度的要求："进行干部人事制度的改革，就是要对'国家干部'进行合理分解，改革集中统一管理的现状，建立科学的分类管理体制；改变用党政干部的单一模式管理所有人员的现状，形成各具特色的管理制度；改变缺乏民主法制的现状，实现干部人事的依法管理和公开监督"，"当前干部人事制度改革的重点，是建立国家公务员制度"。1993 年国务院发布《国家公务员暂行条例》，在各级国家行政机关中建立和推行公务员制度，这标志着中国公务员制度的初步建立。为解决《国家公务员暂行条例》立法层次低、公务员范围过窄等问题，同时改进现行的公务员管理制度，2005 年 4 月十届全国人大常委会第十五次会议通过了《公务员法》（2006 年施行），作为中国公务员管理的基础性法律。《公务员法》制定后，中央公务员主管部门就考核、培训、奖励、处分、公开遴选、调任、

---

① 李洪雷：《地方自治与中国地方政府法》，载应松年、马怀德主编《当代中国行政法的源流》，中国法制出版社，2006；李洪雷：《转型时期的中国地方制度——特点、缺陷与改革》，载〔美〕汤姆·帕尔默、冯兴元、毛寿龙编《通往和谐发展之路：国民利益政策报告》，电子工业出版社，2012。

职务任免与升降、任职与定级等制定了相关规定。2009 年中共中央办公厅、国务院办公厅发布《关于实行党政领导干部问责的暂行规定》，对担任领导职务公务员的问责制度做了规定。

三 行政管理方式改革与行政行为法治

行政行为是行政管理方式的具体体现，是行政机关行政权的外化形式，与行政相对人权益密切相关，是法治政府建设的重心所在。40 年来，中国行政管理方式不断改进，行政行为法治建设有了长足的进展，不断规范行政行为，健全行政程序，并探索新的更加灵活的行政管理方式。

（一）行政立法和行政规定

行政立法（行政法规和行政规章）是中国社会主义法律体系的重要组成部分。改革开放以来，中国行政立法迅猛发展，对行政管理的规范化、法治化发挥了重要作用。截至 2014 年 9 月，中国已制定现行有效的行政法规 737 件，国务院部门规章 2856 件，地方政府规章 8909 件。2000 年 3 月 15 日九届全国人大三次会议通过的《立法法》，对行政立法的基本制度做了规定，明确了行政立法的权限划分，完善了程序规定，健全了监督机制。[1]2015 年十二届全国人大三次会议通过修正后的《立法法》，将制定地方政府规章的主体扩大到所有设区的市，并进一步明确了规章的制定权限。国务院还于 2001 年颁布《行政法规制定程序条例》（2017 年修订），2002 年颁布《规章制定程序条例》（2017 年修订），对行政立法程序做了具体规定。

行政规定，也称（其他）规范性文件，是行政机关制定的除行政法规和规章之外具有普遍约束力的政令。这些行政规定虽然不是法，但在实践中发挥着重要的作用，直接指导着行政机关的行政管理活动，对行政相对人也有

---

① 袁曙宏、李洪雷：《新世纪我国行政立法的发展趋势》，《行政法学研究》2002 年第 3 期。

重要的影响。2015 年《法治政府建设实施纲要（2015 2020 年）》要求，完善规范性文件制定程序，落实合法性审查、集体讨论决定等制度，实行制定机关对规范性文件统一登记、统一编号、统一印发制度。规范性文件不得减损公民、法人和其他组织合法权益或者增加其义务。加强备案审查制度和能力建设，把所有规范性文件纳入备案审查范围。此外，要建立行政法规、规章和规范性文件清理长效机制，实行目录和文本动态化、信息化管理。完善行政规定（规范性文件）相关程序和监督制度的一个前提，是对中国实践中行政规定的性质、效力和类型等有准确的把握。目前中国行政法学界在这方面的研究尚不充分。①

（二）行政决策

决策是行政权力运行的起点，规范决策行为特别是重大决策行为，是规范行政权力的重点，也是法治政府建设的重点。由于行政决策跨越内部行政和外部行政、抽象行政和具体行政，规范难度也很大。近年来，各地方、各部门在促进科学决策、民主决策、依法决策方面，探索了很多好的做法和经验，行政决策的规范化和法治化水平日益提高。2004 年国务院发布《全面推进依法行政实施纲要》，要求建立健全科学民主决策机制，涵盖公众参与、专家论证、合法性论证、决策公开、决策跟踪反馈和责任追究等方面。2010 年《国务院关于加强法治政府建设的意见》要求，把公众参与、专家论证、风险评估、合法性审查和集体讨论决定作为重大决策的必经程序，并提出完善行政决策风险评估机制。2014 年十八届四中全会决定明确提出，要把公众参与、专家论证、风险评估、合法性审查、集体讨论决定确定为重大行政决策法定程序，确保决策制度科学、程序正当、过程公开、责任明确。2015 年《法治政府建设实施纲要（2015—2020 年）》中对重大行政决策程序的要求予以进一

---

① 代表性的成果，参见朱芒《论行政规定的性质——从行政法规范体系的角度》，《中国法学》2003 年第 1 期。

步明确和细化。目前，中国已有 17 个省级政府和 23 个较大市的政府出台了规范重大行政决策程序的规章，[①]一些地方的行政程序规定中也专门就行政决策程序做了规定。2017 年 6 月，国务院法制办起草的《重大行政决策程序暂行条例（征求意见稿）》向社会公布，并征求意见。

（三）行政执法[②]

行政机关实施行政处罚、行政强制、行政征收、行政收费、行政检查、行政许可等执法行为，是履行政府职能的重要方式。中国 80% 的法律、90% 的地方性法规以及几乎所有的行政法规和规章是由行政机关执行的，行政执法是建设法治政府的中心环节，需要着力加以规范。

一是推进行政执法体制改革，推进综合执法，促使执法重心下移。1996 年《行政处罚法》规定了相对集中行政处罚权，2004 年《行政许可法》规定了相对集中行政许可权。十八届四中全会决定要求，大幅减少市县两级政府执法队伍种类，推行综合执法，支持有条件的领域推行跨部门综合执法。2015 年《法治政府建设实施纲要（2015—2020 年）》要求，根据不同层级政府的事权和职能，按照减少层次、整合队伍、提高效率的原则，合理配置执法力量。推进执法重心向市县两级政府下移，把机构改革、政府职能转变调整出来的人员编制重点用于充实基层执法力量。完善市县两级政府行政执法管理，加强统一领导和协调。大幅减少市县两级政府执法队伍种类，重点在食品药品安全、工商质检、公共卫生、安全生产、文化旅游、资源环境、农林水利、交通运输、城乡建设、海洋渔业、商务等领域内推行综合执法，支持有条件的领域推行跨部门综合执法。

二是健全行政执法人员管理制度。《国务院关于全面推进依法行政的决定》要求，要进一步整顿行政执法队伍，对聘用从事行政执法的合同工、临

---

① 国务院法制办《关于〈重大行政决策程序暂行条例（征求意见稿）〉的说明》（2017 年）。
② 关于行政执法概念的梳理，参见姜明安《行政法》，北京大学出版社，2017，第 281 页以下。

时工，要尽快清退。《全面推进依法行政实施纲要》中提出，实行行政执法人员资格制度，没有取得执法资格的不得从事行政执法工作。《关于加强法治政府建设的意见》要求，加强行政执法队伍建设，严格执法人员持证上岗和资格管理制度。根据《法治政府建设实施纲要（2015—2020年）》部署，2016年底前，各地区各部门对行政执法人员进行一次严格清理，未经执法资格考试合格，不得授予执法资格，不得从事执法活动。

三是明确行政执法的标准，规范行政执法程序。《行政处罚法》《行政许可法》《行政强制法》这"行政三法"是规范行政执法行为的通则性法律。十八届四中全会决定、《国务院关于加强法治政府建设的意见》、《法治政府建设实施纲要（2015—2020年）》均要求，完善执法程序，明确操作流程，建立健全行政裁量权基准制度。十八届四中全会决定还提出要"建立执法全过程记录制度""严格执行重大执法决定法制审核制度""推行行政执法公示制度"（简称为三项制度）。2017年2月国务院办公厅印发了《推行行政执法公示制度执法全过程记录制度重大执法决定法制审核制度试点工作方案》。

四是健全执法经费由财政保障制度。执法经费是行政执法的重要物质基础，是依法行政能力的重要保障。1996年《行政处罚法》即确立了做出罚款决定的行政机关与收缴罚款的机构相分离（第46条）和"收支两条线"（第53条），但在实施中还存在一些问题。近年来中央一再要求，要切实贯彻"收支两条线"。

五是建立健全行政执法责任制。行政执法责任制是规范和监督行政执法活动、促进行政机关依法行政的一项长期性的制度保障。1997年十五大报告中即提出实行执法责任制和评议考核制，2005年7月，《国务院办公厅关于推行行政执法责任制的若干意见》发布，对行政执法责任制做了全面部署，要求依法确定执法职权，按照确定的执法职权标准进行考核评议，根据考核评议追究相关人员的责任。十八届四中全会决定和《法治政府建设实施纲要（2015—2020年）》要求，全面落实行政执法责任制。

（四）行政许可^①

行政许可也称行政审批，是指行政机关根据公民、法人或者其他组织的申请，经依法审查，准予其从事特定活动的行为。行政许可在中国行政管理实践中经常被称为行政审批。为了适应中国市场经济转型和加入 WTO 对政府转变职能的需要，国务院从 2001 年 10 月开始部署行政审批制度改革工作。全国人大常委会于 2003 年通过的《行政许可法》对各类行政许可应当遵循的共通性制度做了规定。《行政许可法》针对现实中行政许可过多过滥、实施不规范等问题，在行政设定、程序、监督与责任等方面进行了诸多的制度创新，确立了市场优先、个人自治优先、自律机制优先、事后手段优先等原则。《行政许可法》于 2003 年制定尤其是于 2004 年实施后，大量的法律、法规、规章和其他规范性文件按照《行政许可法》的规定和精神做了清理和修改，政府职能有了很大转变，行政许可实施的规范化程度得到大幅提升。2013 年第十二届全国人大产生新一届国务院组成机构后，国务院把着眼于简政放权、放管结合、优化服务的行政审批制度改革，作为推进全面深化改革的"先手棋"和转变政府职能的"当头炮"。国务院部门行政审批事项累计取消下放 618 项，提前两年完成削减 1/3 的任务。对 453 项非行政许可审批事项进行了全面分类清理，让"非行政许可审批"这一概念成为历史。2013 年印发了《国务院关于严格控制新设行政许可的通知》，对新设行政许可的标准、审查程序和监督等做了更为具体严格的规定。但《行政许可法》在实施中也遭遇了很多的挑战。应当系统反思并有效应对《行政许可法》实施中存在的问题，从机构设置、规则细化和体制完善等方面，采取有力措施。^②

---

① 行政许可属于行政执法的一种类型，但考虑到其与政府职能转变和市场经济建设关系密切，因此对其加以特别介绍。
② 李洪雷：《〈行政许可法〉的实施：困境与出路》，《法学杂志》2014 年第 5 期。

（五）行政程序

程序正当是法治政府的重要要求，行政程序法是现代行政法的重要组成部分。合理的程序设置，一方面对于实体目标的实现具有工具价值，例如提高行政决定的质量，密切政府与公民之间的联系；另一方面也具有其自身的内在价值，它通过要求向相对人解释其为何受到不利的对待并为其提供参与决定过程的机会，体现了对行政相对人主体性的尊重。2004 年国务院发布的《全面推进依法行政实施纲要》中对程序正当做了具体要求：行政机关实施行政管理，除涉及国家秘密和依法受到保护的商业秘密、个人隐私外，应当公开，注意听取公民、法人和其他组织的意见；要严格遵循法定程序，依法保障行政管理相对人、利害关系人的知情权、参与权和救济权。行政机关工作人员履行职责，与行政管理相对人存在利害关系时，应当回避。2008 年《湖南省行政程序规定》开启了中国统一行政程序地方立法的进程。目前，除湖南外，山东、江苏和宁夏等制定了省级统一行政程序规定。在设区的市一级，汕头、西安、海口、兰州等地制定了统一的行政程序规定。在中央层面，《行政处罚法》、《行政许可法》和《行政强制法》本质上也是行政程序法，但统一的行政程序立法进程目前处在停滞状态。近年来在中国的行政审判实践中，正当程序原则也经常被直接或间接地适用。[①]

（六）政府信息公开

政府信息，是指行政机关在履行职责过程中制作或者获取的，以一定形式记录、保存的信息。中央政府近年来对政府信息公开工作高度重视，采取多种方式部署、推动政务公开工作。2004 年国务院发布的《全面推进依法行政实施纲要》明确要求推行政府信息公开。2002 年成立的国务院信息

---

① 最高人民法院行政审判庭编《中国行政审判案例》（第 3 卷），中国法制出版社，2013，第 118 页。

办、2003 年成立的全国政务公开领导小组一直将政府信息公开制度的建立作为其工作的一个重点内容。一些地方，如广东、上海等地也制定了适用于本地方的信息公开规定。为了统一规范政府信息公开工作，强化行政机关公开政府信息的责任，明确政府信息的公开范围，畅通政府信息的公开渠道，完善政府信息公开工作的监督和保障机制，国务院制定了《政府信息公开条例》，明确了行政机关依法公开政府信息的义务，规定了政府信息公开的范围、方式和程序，该《条例》于 2008 年 4 月 5 日公布，于 2008 年 5 月 1 日起施行。为正确审理政府信息公开行政案件，最高人民法院审判委员会于 2010 年 12 月通过《最高人民法院关于审理政府信息公开行政案件若干问题的规定》。《政府信息公开条例》对于打造透明政府和阳光政府，转变政府行政管理方式，建立反腐倡廉长效机制，保障公民知情权、监督权和参与权具有重要意义。但是现行条例在实施过程中遇到一些新的问题。为此，国务院办公厅、法制办起草了《中华人民共和国政府信息公开条例（修订草案征求意见稿）》。① 由于《政府信息公开条例》的层级为行政法规，为了保障其规定的实效，未来还应提高立法层级，同时考虑到推进政务公开的需要，应当制定政务公开法，切实推进决策公开、执行公开、管理公开、服务公开、结果公开，落实以公开为常态、不公开为例外的原则②。此外，随着大数据的发展，数据开放的重要性也日益凸显，国务院也要求，在依法加强安全保障和隐私保护的前提下，稳步推动公共数据资源开放，③ 方便全社会开发利用。未来应制定统一的数据开放法或数据开放条例。

---

① 关于《政府信息公开条例》修订中的重要问题，参见后向东《论我国政府信息公开制度变革中的若干重大关系》，《中国行政管理》2017 年第 7 期。

② 中共中央办公厅、国务院办公厅《关于全面推进政务公开工作的意见》，国务院办公厅《〈关于全面推进政务公开工作的意见〉实施细则》。

③ 国务院办公厅《关于运用大数据加强对市场主体服务和监管的若干意见》，《国务院关于印发促进大数据发展行动纲要的通知》。

四 行政责任和救济法治

有权必有责、用权受监督，是法治的基本原理，对行政机关的行政活动进行监督，对违法行政追究责任，对权益受损的行政对人提供救济，是依法行政的必然要求，也是法治政府建设的重要内容。

（一）行政诉讼

新中国成立以后，由于历史的原因，行政诉讼制度长期没有建立起来。1982 年 3 月通过的《民事诉讼法（试行）》第 3 条规定："法律规定由人民法院审理的行政案件，适用本法规定。"这是中国法律中第一次明确行政诉讼案件的审理程序。1989 年 4 月 4 日七届全国人大二次会议通过了《行政诉讼法》，1990 年 10 月 1 日起施行。《行政诉讼法》的制定和实施，是中国社会主义法治建设的重要里程碑，对于贯彻执行宪法，保障公民、法人和其他组织的合法权益，促进和监督行政机关依法行使行政职权具有极为重要的意义。全国人大常委会于 2014 年 11 月对《行政诉讼法》进行了修改，旨在解决行政诉讼实践中"立案难、审理难、执行难"等突出问题。2017 年 6 月，在检察机关提起行政公益诉讼试点的基础上，全国人大常委会对《行政诉讼法》再次进行了修改，将检察机关提起行政公益诉讼明确规定在法律之中。中国现行行政诉讼制度，在审判体制改革、受案范围、审查强度、举证责任等方面，还有完善的空间。①

（二）行政复议

行政复议制度既是行政系统内部自我纠正错误的重要监督制度，也是保护公民、法人和其他组织合法权益的行政救济制度。党的十一届三中全会以

---

① 李洪雷：《中国行政诉讼制度发展的新路向》，《行政法学研究》2013 年第 1 期。

来，随着中国行政法治建设的发展，特别是《行政诉讼法》的颁布和实施，行政复议制度也得到了迅速发展。1990 年 12 月 24 日国务院发布《行政复议条例》，改变了中国行政复议立法的分散和不协调的状况，行政复议制度得到了进一步的规范、健全和发展。1999 年 4 月九届全国人大常委会第九次会议又通过了《行政复议法》。《行政复议法》实施后，县级以上各级人民政府及其部门积极履行行政复议职责，全国平均每年通过行政复议这个制度平台解决行政争议 8 万多起。在行政复议实践中，各地积累了一些经验，也发现了一些具体制度上需要进一步完善的问题，为了在新形势下进一步发挥行政复议制度的作用，有必要总结行政复议实践经验，把《行政复议法》规定的各项制度具体化，进一步增强行政复议制度的可操作性。为此，国务院于 2007 年制定了《行政复议法实施条例》，对《行政复议法》的规定做了细化，增强了相关规定的可操作性，改进了行政复议的程序，强化了行政复议机关及行政复议机构的责任。2011 年 3 月，胡锦涛在十七届中央政治局第二十七次集体学习时发表的讲话中明确提出，"要完善行政复议制度，加大复议纠错力度，完善行政应诉制度，充分发挥行政复议作为解决行政争议主渠道的作用"。党的十八届三中全会决定要求，"改革行政复议体制，健全行政复议案件审理机制"。目前的改革有行政复议委员会和行政复议局（浙江义乌）等形式。中国行政复议制度的完善，需要对行政复议行政化和司法化的利弊得失加以权衡，并且需要协调不同专业领域行政化复议制度的统一性和多元性的关系以及本级政府集中管辖与各个行政职能部门分散管辖等关系。①

（三）行政赔偿

为了保障公民、法人和其他组织的合法权益，促进国家行政机关依法行使职权，有必要建立国家赔偿制度，对于国家行政机关工作人员违法侵犯私人合法权益的行为由国家负责赔偿。现行《宪法》第 41 条第 3 款规定："由于

---

① 李洪雷：《行政复议改革应处理好四组关系》，《法学研究》2003 年第 4 期。关于中国行政复议制度的完善，参见杨小君《我国行政复议制度研究》，法律出版社，2002。

国家机关和国家工作人员侵犯公民权利而受到损失的人，有依照法律规定取得赔偿的权利。"但由于缺乏具体化的法律，在 1986 年《中华人民共和国民法通则》颁布之前法院没有审理过国家赔偿案件。《民法通则》第 121 条规定："国家机关或者国家机关工作人员在执行职务中，侵犯公民、法人的合法权益造成损害的，应当承担民事责任。"自此，受侵害的公民、法人才有了要求国家赔偿的具体法律依据。此后，一些法律法规中也对行政赔偿做出了规定。1989 年《行政诉讼法》第九章初步建立了行政侵权国家赔偿制度，确立了行政机关及其工作人员的具体行政行为侵犯私人的合法权益由国家负责赔偿的原则。1994 年 5 月 12 日八届全国人大会常委会第七次会议通过了《国家赔偿法》，全面建立了中国的国家赔偿制度，该法成为一部重要的人权保障法。《国家赔偿法》在实施中暴露出了很多问题，如赔偿程序的设计不尽合理，有的规定比较原则，对赔偿义务机关约束不够；有的地方赔偿经费保障不到位，赔偿金支付机制不尽合理；国家负责赔偿的侵权行为范围过窄，国家赔偿标准过低，赔偿项目的规定难以适应变化了的情况。为纠正这些缺陷，全国人大常委会于 2012 年对《国家赔偿法》进行了修改，主要是完善了国家赔偿办理程序，明确了双方举证义务，明确了精神损害赔偿，保障了国家赔偿费用的支付。为正确适用修改后的《国家赔偿法》，中国行政赔偿的范围和标准还有进一步提升的空间。[1]

五 中国行政体制改革与法治政府建设的展望

经过 40 年的努力，中国的行政体制不断优化，法治政府建设取得了长足进展。依法行政制度体系更加完备，行政决策的科学化、民主化和法治化程度日益提高，行政执法体制向着权责统一、权威高效的方向持续迈进，对行政权运行的监督制约机制更加有效，各级行政机关及其工作人员的依法行

---

[1] 关于中国国家赔偿（含补偿）制度的完善，详见马怀德主编《完善国家赔偿立法基本问题研究》，北京大学出版社，2008。

政水平和观念有了很大提高。这些重大成就的取得，可以归纳为如下几个方面的经验。其一，坚持党的领导。中国特色社会主义最本质的特征是党的领导，最大的优势也是党的领导。党在整个国家治理中处于总揽全局、协调各方的领导核心地位。中国共产党决定了中国行政体制改革和法治政府建设的总体方向和重大举措。党的领导是行政体制改革和法治政府建设顺利进行最重要的政治保障。其二，坚持服务于国家的改革开放事业。政府职能的转变，行政权力的规范运行，对公民、组织合法权益的保障，这些是行政体制改革和法治政府建设的核心要义，其实也是中国经济体制改革和政治体制改革的重要内容，是随着改革开放和社会主义现代化建设的发展而持续推进和不断深化的。其三，坚持以人民为中心。为人民服务是各级政府的根本宗旨。中国行政体制的改革和法治政府的建设，之所以能取得成绩、持续推进，极为关键的原因在于自始至终将保护人民、造福人民、保障人民根本权益作为根本目标，从而能取得人民群众的拥护、各方面力量的支持。其四，坚持从中国实际出发。40 年来，我们在借鉴行政管理和行政法治建设有益经验的同时，坚持不照搬外国管理和法治的理念和模式，坚持从中国的基本国情出发，坚持与经济、社会、文化和生态文明等领域改革的不断推进相适应，坚持不断总结我们自己的经验教训，使得中国的行政体制改革和法治政府建设能够真正符合自己的实际、回应自己的问题、实现自己的目标。

尽管中国行政体制改革和法治政府建设的成就巨大，但我们也应清醒认识到，与在新时代全面推进依法治国、实现国家治理体系和治理能力现代化的任务相比，中国的行政体制和法治政府建设还存在不少问题，主要是：其一，行政组织法律制度尚不完善，行政职能、机构、权限等未能实现法定化，中央与地方关系尚不协调，各级政府事权划分不合理、事权和财权不匹配，政府与企业、市场、社会的基本关系尚未理顺，履行政府职能不够全面，职能越位、错位、缺位的情况同时存在，政府对具体经济社会事务的干预仍然过多。党政领导分工交叉，多头管理，效率低下；机构臃肿，影响职能部门作用的发挥。其二，行政立法质量不高，在民主性与科学性上有欠缺，解决焦点和关键问题的能力不足，一些立法存在部门保护和地方保护倾向；行政决策机制和程序尚不健全，违法决策、专断决策、不当决策等仍较为常见。其三，行政执法体制不够协调统一，执法程序不够规范，程序空转现象较为突出，执法的权威性和公正性不足。其四，对行政权运行的制约和监督机制尚不健全，各项监督未能完全发挥实效，尤其是对行政行为司法审查的权威性、独立性、公正性尚有很大不足。其五，一些行政机关工作人员的法治观念还比较淡薄，存在人治思想和长官意识，认为依法行政条条框框多、束缚手脚，依法行政的思维、能力和水平有待提高。

改进中国现行行政体制和法治政府建设中的不足，加强建设法治、廉洁、高效政府，是中国社会主义政治文明建设的必然要求和重要内容，未来需要下大力气进行推进。其一，要把加快政府职能转变作为行政体制改革的重点。要充分发挥市场在资源配置中的决定性作用，有效发挥社会力量在管理社会事务中的重要作用，更好发挥政府作用，保证政府依法全面履行宏观调控、市场监管、社会管理、公共服务、环境保护等职责。要顺应世界经济向信息化、自由化与全球化发展的趋势，合理确立政府职能，完善治理结构，创新公共组织的形态。要进一步理顺国家和社会、中央和地方、党和政的关系。习近平总书记指出："政府职能转变到哪一步，法治建设就要跟进到哪一步"。要完善行政机构组织法和编制法。其二，要将严格规范公正文明执法作为建设法治政府的重点。习近平总书记指出："全面推进依法治国的重点应该是保证法律严格实施"。行政执法是法律实施的关键环节，是建设法治政府的重中之重。要以建立权责统一、权威高效的行政执法体制为目标，不断深化行政执法体制改革。纵向上，适当减少执法层级，合理配置执法力量，推进执法重心向市县两级政府下移，加强重点领域基层执法力量。横向上，整合执法主体，精简执法机构，相对集中行政执法权，深入推进综合执法，实现行政执法和刑事司法有效衔接。要进一步完善执法程序，改进执法方式，创新执法技术，规范裁量行为，严格责任追究。行政执法公示、执法全过程记录、重大执法决定法制审核"三项制度",要在全国范围内全面推广。^① 要塑造一个多元、立体的行政管理模式,行政机关除采用传统的强制性行政手段外,还可以依法采用非强制性方式,如行政合同、行政指导等实施管理,并强化公民参与。其三,要不断改进和创新法治政府建设的领导和推进机制。要切实加强各级党委对法治政府建设的领导,充分发挥各级党委的领导核心作用,把法治政府建设真正摆在全局工作的突出位置,全力抓好《法治政府建设实施纲要(2015—2020年)》的贯彻落实。要强化党政主要负责人作为推进法治建设第一责任人的责任,党政主要负责人统一领导,定期部署本地区、本部门推进法治政府建设工作,及时解决法治政府建设中存在的突出问题;加大对法治政府建设工作的考核力度,将主观指标和客观指标、内部评审和外部评审有机结合,制定科学的法治政府建设考核指标体系。

---

① 袁曙宏:《建设法治政府》,载《党的十九大报告辅导读本》,人民出版社,2017,第285~291页。

中国经济体制改革和法治经济建设

陈 甦[*]

导 读： 本文是以经济体制改革与法治经济建设的互动关系为阐释主线，梯次深入展开论述改革开放 40 年来中国经济法治的体系化、机制化、能动化的历史过程与现实成就。其要点是：经济体制改革的阶段性深入与法治经济建设的机制性提高之间，经济体制改革的目标、措施与经济法治建设的任务、路径之间，具有明显的对应关系和互动关系；经济法治的体系结构及对经济体制改革的功能作用不断科学化与合理化，由法治保障改革向法治引领改革转换；新时代经济法治建设进一步体现了改革与法治的辩证关系及建构特点，要达致全面深化经济体制改革的目标，必须通过推进经济法治建设的方式来实现；要达致全面推进经济法治建设的目标，也必须通过深化经济体制改革的路径来实现。

改革开放 40 年来，中国的经济体制改革与对外开放百折不挠、砥砺前行，不断攻坚克难，取得了一个又一个举世瞩目的伟大成就。与社会主义市

---

* 陈甦，中国社会科学院法学研究所所长，研究员。

场经济迅速发展的成就相得益彰，社会主义经济法治同样取得了重大成就，使中国的市场经济成为体现中国特色社会主义本质和中国特色社会主义法治体系有机结合的法治经济。中国经济体制改革所逐步确立的经济运行机制，使得经济法治成为调整经济关系、规范经济活动、维持经济秩序的法治保障，经济法治建设成为经济体制改革不可或缺的重要内容，并成为当前经济体制改革不断深化的重要规范手段和引领机制。

一 改革开放初创时期的经济法治建设

召开于 1978 年的党的十一届三中全会做出了把党和国家工作重心转移到经济建设上来、实行改革开放的历史性决策。自此至 1992 年社会主义市场经济体制确立之时，可以视为改革开放的初创时期。这一时期明显体现出经济体制改革过程的阶段性快速变革：1978 年至 1982 年，是在计划经济体制下实行对外开放、对内搞活；1982 年提出计划经济为主、市场调节为辅的改革方针，市场经济因素开始引入经济过程；1984 年，党的十二届三中全会通过了《关于经济体制改革的决定》，提出社会主义经济是以公有制为基础的有计划的商品经济；1987 年党的十三大进一步提出，社会主义有计划商品经济的体制，应该是计划与市场内在统一的体制；1989 年党的十三届四中全会后，开始建立适应有计划商品经济发展的计划经济与市场调节相结合的经济体制和运行机制。与经济体制的改革步伐紧密相随，规范经济组织与经济活动的法律也不断形成与改进。

（一）农村联产承包责任制既是改革发端亦是法治肇始

从 1979 年春开始，各种形式的生产责任制在中国各地农村中兴起，最终形成了以联产承包责任制为主要形式的农村生产经营方式。这种发生于农村、主体为农民的革命性举措，其变革影响并不限于三农领域而是及于整个社会。1982 年 1 月 1 日，中共中央批转的《全国农村工作会议纪要》（首个"一号文件"），为土地承包经营的正当性提供了政策基础。1982 年 11 月，中国农村实行联产承包责任制的生产队达到了 99.5%。^①1983 年 1 月 2 日，中共中央第二个"一号文件"《当前农村经济政策的若干问题》进一步肯定了联产承包责任制，指出它是在党的领导下中国农民的伟大创造，是马克思主义农业合作化理论在中国实践中的新发展。

联产承包责任制不仅是一种农业生产经营方式，更重要的是一种财产权利和法律关系的安排，农民个人或其家庭据此拥有了农业经营的自主权利和生产资料的财产权利。其意义不限于中国的农村地区，而且成为城市地区改革的示范，尤其是联产承包责任制当中的财产权利义务安排，使得以法律规范财产关系及生产关系成为经济社会运行的重要机制模式，成为整个经济法治的重要生长点。

（二）国营企业改革成为企业法制的生长点

作为这一时期城市改革重点的国有企业改革，以政企分开、扩大企业自主权为基本方向。1979 年，国务院下发《关于扩大国营工业企业经营管理自主权的若干规定》等文件，并在少数国营工业企业组织试点。当时国营企业改革的重要理论依据，是具有鲜明的政治经济学色彩与法理色彩的所有权与经营权分离理论。贯彻两权分离的理论，在实践上更多地是确认国营企业的经营自主权。这一阶段的国营企业立法，呈现出以确认、扩大和保护国营企业经营自主权为核心的倾向。

为推进国有企业改革，中国颁布一系列有关国有企业的法规，为国企的市场退出机制提供了法律依据。在总结改革的实践经验基础上，针对中国当时 9 万多个（总产值占全国工业总产值的 70% 以上）全民所有制工业企业的实际情况和改革需要，于 1988 年颁布了《全民所有制工业企业法》。^②《全民所有制工业企业法》在法律上否定了政企不分，确立了企业的自主权；通过

---

① 参见罗汉平《农村人民公社史》，福建人民出版社，2003，第 387~400 页。
② 参见吕东在第七届全国人民代表大会第一次会议上做的《关于〈全民所有制工业企业法（草案）〉的说明》（1988 年 3 月 31 日）。

所有权与经营权分离的原则，确定了全民所有制企业的独立财产；同时克服了企业吃国家"大锅饭"的弊端。①

在这一时期出现了一个引人瞩目的经济现象，就是中国证券市场的正式出现。1984年11月，上海飞乐音响公司推出中国改革开放后第一只公开发行的股票。1986年9月，中国工商银行上海信托投资公司开办第一家股票交易柜台。1990年12月，上海证券交易所成立。接着在1991年7月，深圳证券交易所成立。至此，中国的证券市场得以形成，并随之得到迅速发展。②

（三）促进和保障对外开放的经济法治建设

1979年7月15日，中央决定在深圳、珠海、汕头和厦门试办特区。1980年正式将"特区"定名为"经济特区"。1980年8月，五届全国人大常委会第十五次会议批准了《广东省经济特区条例》，从而在广东省深圳、珠海、汕头三市分别建立经济特区。同年10月，国务院批准福建省厦门市也建立经济特区。从此在法律上确立了具有中国特色的经济特区制度。

为吸引外商投资，扩大国际经济合作和技术交流，国家自1979年起逐步制定了《中外合资经营企业法》及其《实施条例》、《中外合资经营企业登记管理办法》等法律法规，允许外国公司、企业和其他经济组织或个人，在中国境内同中国的公司、企业或其他经济组织共同举办合营企业，确立合营企业的法律主体地位，依法保护外国合营者按照经中国政府批准的协议、合同、章程，在合营企业的投资、应分得的利润和其他合法权益。为进一步改善投资环境，丰富外资企业组织的法律形式，以吸引更多的外来投资，中国于1986年颁布了《外资企业法》，于1988年颁布了《中外合作经营企业法》，并在1990年对《中外合资经营企业法》进行了修改，由此健全了外资企业体系。到了1986年底，中国已经有中外合资企业3000多家。③

---

① 参见王家福主编《经济法》，中国经济出版社，1988，第34~36页。
② 见周友苏主编《新证券法论》，法律出版社，2007，第12~13页。
③ 王家福主编《经济法要义》，中国财政经济出版社，1988，第605页。

（四）依法进行金融与财税体制改革

1983 年国务院对银行体制进行改革，决定由中国人民银行专门行使中央银行职能。同时成立中国工商银行，承担原来由中国人民银行办理的工商信贷和储蓄业务。中国工商银行、中国农业银行、中国银行、中国人民建设银行、中国人民保险公司，作为国务院直属局级经济实体。

为深化财政体制改革，确立以间接管理为主的宏观经济调控体系，国务院决定从 1985 年起，对各省、自治区、直辖市一律实行"划分税种、核定收支、分级包干"的新的财政管理体制。与新的财政管理体制相适应，国家同时加强了税收立法和修订工作，自 1985 年 2 月起，先后颁行或修订了一系列税收法律法规，根据公平税负、促进竞争和体现产业政策的原则，合理设置税种、确定税率。

1992 年 9 月《税收征收管理法》的颁行，标志着中国税制改革已经迈入新的历史阶段。其对税务管理、税款征收以及税务检查等明确而具体的规定，不但加强了国家的税收征收管理力度，保障了国家税收收入，而且保护了纳税人的合法权益。

（五）环境资源立法取得初步成效

在经济体制改革之前，中国还没有明确提出现代环境保护和环境法概念。[1]与很多人的想象不同，中国在经济体制改革初创时期，并不是采取"先发展，后治理"的环境政策，而是在实行经济改革、促进经济发展的同时，就特别加强了环境保护的法治建设。环境立法在数量上明显高于其他领域的立法，例如，1979 年的《环境保护法（试行）》，1982 年的《海洋环境保护法》和《征收排污费暂行办法》，1983 年的《海洋石油勘探开发环境保护管理条例》和《防止船舶污染海域管理条例》，1984 年的《水污染防治法》，1985 年的

---

[1] 马骧聪、蔡守秋：《中国环境法制通论》，学苑出版社，1990，第 42~43 页。

《草原法》，1986 年的《土地管理法》、《渔业法》和《矿产资源法》，1987 年的《大气污染防治法》，1988 年的《水法》，1988 年的《野生动物保护法》，1991 年的《水土保持法》。可以说，自然资源与环境保护法是经济法治中最先实现制度体系化的法律部门。

当然无可讳言的是，由于立法上不够完备和执法上不够严格，这些已经初步体系化的自然资源与环境保护法律制度，并没有在这一时期的经济活动中得以充分实施。

二 市场经济体制下的经济法治建设

1992 年党的十四大确定中国经济体制改革的目标是建立社会主义市场经济体制，以利于进一步解放和发展生产力。1993 年 3 月通过的《宪法修正案》第 7 条明确规定，将宪法第 15 条修改为："国家实行社会主义市场经济。"此次修宪，标志着社会主义市场经济体制在中国得到了法治的确认与保障。2003 年十六届三中全会通过了《关于完善社会主义市场经济体制若干问题的决定》，进一步明确了完善社会主义市场经济体制的目标和任务。

在社会主义市场经济体制确立以后，不仅改革开放进入快车道，经济法治建设也进入了快车道，在很短的时间内就取得了法治史上前所未有的成就。这一时期的经济法治建设紧跟经济改革的步伐，做到了经济体制改革到了哪里，相关的经济法治建设就发展到哪里。除此之外，这一时期的经济法治建设还呈现出这样一些特点。其一，经济法治建设注重立法民主化，特别是进入 21 世纪以来，中国的一些重大经济立法采取了向各个部门、领域以及全社会征求意见的做法。其二，经济法治建设注重体系化，提出要到 2010 年形成有中国特色社会主义法律体系，包括七个法律部门，即宪法及宪法相关法、民商法、行政法、经济法、社会法、刑法、诉讼与非诉讼程序法。其三，法学理论研究开始对法治建设产生直接而重大的影响。例如，中国社会科学院法学研究所在法学界率先提出，"社会主义市场经济是法治经济"，要建立社会主义市场经济法律体系，并具体阐述了社会主义市场经济法律体系的建构理念和基本结构，[①] 为中国后来的经济法治建设提供了理论先导和对策建议。

（一）现代企业法律制度得以系统建立

中国进入改革开放后的企业立法以两条逐渐清晰的立法轨迹展开。一是按照企业的所有制性质进行分类并分别立法，如《全民所有制工业企业法》（1988）、《乡村集体所有制企业条例》（1990）、《城镇集体所有制企业条例》（1991）、《私营企业暂行条例》（1988）、《中外合资经营企业法》（1979）、《外资企业法》（1986）、《中外合作经营企业法》（1988），这些法律都是在确立市场经济体制之前制定的，虽然至今仍为有效，但是其适用范围与适用效力已经逐渐萎缩。[②] 二是按照企业组织形式和投资者责任形式进行分类并分别立法，如《公司法》（1993）、《合伙企业法》（1997）、《个人独资企业法》（1999）。随着经济体制改革的深入和对企业法律功能认识的提高，这些法律至今已经成为规范企业组织形式与经营活动的主要法律。在1992年中国确立社会主义市场经济体制之前，着重按照企业所有制的性质进行企业立法，从而使中国企业法律体系的所有制属性十分明显；在确立社会主义市场经济体制之后，则着重按照企业组织形式和投资者责任形式进行企业立法。

在企业法律体系中，《公司法》的制定与修订是企业法律制度演变的典型。1993年通过了《公司法》，规定公司包括有限责任公司和股份有限公司两种形式，公司享有由股东投资形成的全部法人财产权，具有企业法人资格，并以其全部法人财产承担责任。1997年2月《合伙企业法》出台，规范了合

---

① 参见中国社会科学院法学研究所课题组《建立社会主义市场经济法律体系的理论思考和对策建议》，《法学研究》1993年第6期。

② 例如，对于国有企业实行公司制改造以建立现代企业制度，是1992年之后国有企业改革的主要方向与措施（见1993年《中共中央关于建立社会主义市场经济体制若干问题的决定》）。改制为公司的国有企业主要适用《公司法》来规范。有学者指出，对于尚未改制的国有企业，从法律上说仍适用《全民所有制工业企业法》及其配套法规，但随着资本关系从公司向其他各种企业辐射，这些法律法规已基本上处于名存实亡状态了。见史际春主编《经济法》，中国人民大学出版社，2005，第162页。

伙企业的内部与外部关系。1999 年 8 月颁布了《个人独资企业法》，使个人投资设立企业的行为有了法律保障。

为适应市场经济发展对公司治理的制度需要，规制市场主体的组织形式和行为规范的法律不断修改完善，以适应市场经济发展对主体法律形式的需要，方便投资者根据其经营能力与偏好选择企业种类。2005 年对《公司法》的第三次修改删去了 46 条，增加了 41 条，修改的条文数达到 137 条，只有 10% 的条文没有改动。2006 年 8 月废止了《企业破产法（试行）》，颁布了新《企业破产法》，全面整理细化了企业破产程序，并在适用范围上覆盖了所有的企业法人。在 2006 年，《合伙企业法》进行了重大修改。为了适应风险投资的需要，《合伙企业法》增加了有限合伙企业制度和普通合伙企业制度。

在这一时期，中国公有制经济在改革中继续得到发展，但是不再选择单纯追求企业数量和经营规模的传统国有企业发展政策，而是选择了追求企业治理质量和经营能力的发展政策。为了保障国有资产权益，发挥国有经济在国民经济中的主导作用，促进社会主义市场经济发展，中国于 2008 年制定了《企业国有资产法》。随着中国经济体制改革的深入和市场经济的发展，法律对待非公有制经济的态度不断改进。1999 年的《宪法修正案》，将原来规定的"私营经济是社会主义公有制经济的补充"，修改为"在法律规定范围内的个体经济、私营经济等非公有制经济，是社会主义市场经济的重要组成部分"。[1] 2004 年的《宪法修正案》，又将原来规定的"对个体经济、私营经济实行引导、监督和管理"，修改为"国家鼓励、支持和引导非公有制经济的发展"。[2] 清理和修订限制非公有制经济发展的法律法规和政策，消除体制性障碍，成为中国鼓励非公有制经济发展的政策措施之一。[3] 中国的经济法制充分发挥了保护和鼓励非公有制经济发展的功能，引导和促进了非公有制企业的发展。

---

① 1999 年《宪法修正案》第 16 条。
② 2004 年《宪法修正案》第 21 条。
③ 参见《中共中央关于完善社会主义市场经济体制若干问题的决定》（2003 年 10 月 14 日）。

（二）经济法治的制度体系逐渐完备

在这一阶段，有关商事行为的法律也相继出台。1995 年 6 月颁布了《担保法》《票据法》《保险法》，1998 年 12 月颁布了《证券法》，2001 年 4 月颁布了《信托法》。可以说，市场经济法律中的商法体系框架，在此阶段已经基本成型。

随着社会主义市场经济体制的确立，国家监管经济活动和维持经济秩序的方式与机制也相应发生改变，具体表现为维护市场经济秩序的法律迅速出台。1993 年 2 月《产品质量法》颁布；同年 9 月颁布的《反不正当竞争法》，对不正当竞争行为进行禁止和制裁。1993 年 10 月颁布的《消费者权益保护法》，规定了保障消费者的安全权、知情权、公平交易权、结社权等九大权利，规定了经营者保证安全、提供真实信息等十项义务。

在这一阶段另外一个有重要意义的立法，就是于 2007 年颁布的《反垄断法》。此前，中国的《反不正当竞争法》（1993）、《价格法》（1997）、《招标投标法》（1999）、《电信条例》（2000）等有关法律、行政法规中一些防止和制止垄断行为的规定，已经不能完全适应中国发展社会主义市场经济和参与国际竞争的需要。[1] 因为散见于其他法律中的反垄断规范缺乏完整的体系，对限制竞争行为制裁不力，并且缺乏独立和权威的反垄断执法机关，发挥不了其应有的作用。[2] 经过十多年的反复研究、论证和修改，中国于 2007 年颁布了《反垄断法》，规定了垄断协议、滥用市场支配地位、经营者集中、滥用行政权力排除、限制竞争以及对涉嫌垄断行为的调查等内容。《反垄断法》的颁行，对于预防和制止垄断行为，保护市场自由公平竞争，提高经济运行效率，维护消费者利益和社会公共利益，促进社会主义市场经济健康发展，具有重要的作用和深远的意义。

---

[1] 参见曹康泰在第十届全国人民代表大会常务委员会第二十二次会议上做的《关于〈反垄断法（草案）〉的说明》（2006 年 6 月 24 日）。

[2] 参见王晓晔《竞争法学》，社会科学文献出版社，2007，第 195~197 页。

（三）进一步加强金融市场的法制建设

1992 年以来，中国的金融管理体制也几经变化。根据 1993 年国务院做出的《关于金融体制改革的决定》，建立了独立执行货币政策的中央银行宏观调控体系；建立了政策性金融与商业性金融分离，以国有商业银行为主体、多种金融机构并存的金融组织体系；建立了统一开放、有序竞争、严格管理的金融市场体系。1995 年国家相继出台《中国人民银行法》《商业银行法》，确立了中央银行和商业银行各自的法律地位和行为规范。

在 1994 年之前，除了中国证券监督管理委员会承担了部分证券市场管理职责之外，中国人民银行是中国金融机构和金融市场的管理机构。[1]中国在 1998 年对金融监管体制进行了重大改革，开始建立分业监管体制，中国人民银行将对证券公司的监管权移交给中国证券监督管理委员会，对保险公司的监管权移交给中国保险监督管理委员会，从而形成金融业分业经营、分业监管的体制格局。2003 年中国再次对金融体制进行了改革，修改《中国人民银行法》，明确中国人民银行的职责是保证国家货币政策的正确制定和执行，建立和完善中央银行宏观调控体系，维护金融稳定。[2]同时，制定《银行业监督管理法》，明确规定银行业监督管理机构负责对全国银行业金融机构及其业务活动进行监督管理。[3]

这些金融市场法律的制定与实施，极大地保障和促进了金融市场的发展，例如，到 2006 年 9 月底，中国境内共有上市公司 1396 家，证券市场总市值为 52282.79 亿元人民币，投资者开户数为 7615.68 万户，已经是亚洲第三大证券市场。[4]

（四）依法进行财税金融体制深入改革

在税收征管制度方面，2001 年 4 月修改的《税收征收管理法》对制止和

[1] 胡滨、全先银主编《中国金融法治报告（2009）》，社会科学文献出版社，2009，第5页。
[2] 《中国人民银行法》第1条。
[3] 《银行业监督管理法》第1条。
[4] 陈洁：《证券法》，社会科学文献出版社，2006，第25页。

惩处税收违法行为、完善税务机关的执法手段、保护纳税人权利等发挥了重要作用。其新确立的税收优先权制度、税收保全制度等无论是对税法理论还是税收实践都产生了深远影响。

在税收体制方面，1993 年《国务院关于实行分税制财政管理体制的决定》颁行，根据事权与财权相结合原则，将税种统一划分为中央税、地方税和中央地方共享税，并建立中央税收和地方税收体系，分设中央与地方两套税务机构分别征管。

在 2007 年新的《企业所得税法》颁布之前，根据全国企业所得税税源调查资料测算，内资企业平均实际税负为 25% 左右，外资企业平均实际税负为 15% 左右，内资企业高出外资企业近 10 个百分点，企业要求统一税收待遇、公平竞争的呼声较高。[①]2007 年 3 月颁布的新《企业所得税法》，结束了多年来中国内资企业与外商投资企业和外国企业分别适用两套所得税制的历史。在税率上，其基本税率显著降低，优惠税率政策导向性更切合实际，其中基本税率由过去的 33% 降为 25%，优惠税率则分为 15% 和 20% 两档。这些税制改革有利于统一企业税收待遇，实现公平竞争。2001 年修订了《税收征收管理法》，进一步完善了税收管理制度。

（五）加强市场经济体制下对外开放的法律保障

中国于 2001 年 12 月 11 日正式加入世界贸易组织，可谓是中国迈入新世纪后的重大历史事件，标志着对外开放进入一个新阶段。加入世界贸易组织，不但有力助推了中国改革开放的历史进程，而且显著强化了中国经济立法的市场化定位。从某种意义上说，"入世"标志着中国开始冲破禁锢经济发展的百年贸易歧视，全面融入世界经济体系，展现了致力于共同创建一个和谐、互利、共赢的国际贸易环境的发展中大国的坚定姿态。

加入世界贸易组织后，中国遵照世界贸易组织规则和所做的承诺，系统

---

① 参见第十届全国人民代表大会第五次会议上《关于〈中华人民共和国企业所得税法（草案）〉的说明》（2007 年 3 月 8 日）。

全面地清理了现存经济领域的法律、行政法规和部门规章。到 2005 年底，中国制定、修改、废止了 2000 多部法律、法规和部门规章，覆盖了货物贸易、服务贸易、与贸易有关的知识产权保护以及贸易政策的统一实施等各个方面。

在利用外资方面，中国开始由过去追求"绝对量"向现在严格"规定质"转变。2002 年 2 月 11 日，国务院发布《指导外商投资方向规定》，将外商投资项目分为鼓励、允许、限制和禁止四类。属于鼓励类、限制类和禁止类的外商投资项目，列入《外商投资产业指导目录》；不属于鼓励类、限制类和禁止类的外商投资项目，为允许类外商投资项目，不列入《外商投资产业指导目录》。为进一步完善外商市场准入制度，相应制定和修订了大量的行政法规和部门规章。

（六）继续完善环境保护法律体系

在发展市场经济的同时，中国并没有忽略与经济建设密切相关的环境法制建设，制定或者修订了大量的环境保护法律法规。例如《大气污染防治法》（2000 年、2015 年两次修订）、《固体废弃物污染环境防治法》（1995 年颁布，2004 年修订）、《环境噪声污染防治法》（1996）、《防沙治沙法》（2001）、《环境影响评价法》（2002）、《清洁生产促进法》（2002）、《水污染防治法》（1984 年通过，2008 年修订）等，已经形成了较为全面的环境保护法律体系。在科学发展观的指导下，社会主义市场经济体制下的中国正进一步处理好经济建设和环境保护的关系，努力建设具有高度生态文明的环境友好型社会。①

三　进入新时代的经济法治建设

党的十八大召开以后，中国进入新时代，经济体制改革与经济法治建设呈现出前所未有的新局面。2013 年党的十八届三中全会通过了《中共中央关

---

① 参见蔡守秋、王欢欢《论加强环境法治文化建设的重要性和迫切性》，载《中国环境法治》（2007 年卷），法律出版社，2008，第 27~33 页。

于全面深化改革若干重大问题的决定》（以下称"全面深化改革决定"），指出，"改革开放是党在新的时代条件下带领全国各族人民进行的新的伟大革命，是当代中国最鲜明的特色"，而"经济体制改革是全面深化改革的重点"。2014 年党的十八届四中全会通过了《中共中央关于全面推进依法治国若干重大问题的决定》（以下称"全面依法治国决定"），指出"社会主义市场经济本质上是法治经济"，要求"完善社会主义市场经济法律制度"。这些论断清晰地阐明了经济体制改革与经济法治建设的关系，确立了更为科学的深化经济体制改革和推进经济法治建设的新理念新方略新路径。在新时代新形势下，全面深化经济体制改革的目标，必须通过推进经济法治建设的方式来实现；全面推进经济法治建设的目标，也必须通过深化经济体制改革的路径来实现。

（一）确立中国特色市场经济法治理念

"全面依法治国决定"指出，"使市场在资源配置中起决定性作用和更好发挥政府作用，必须以保护产权、维护契约、统一市场、平等交换、公平竞争、有效监管为基本导向，完善社会主义市场经济法律制度"。中国特色社会主义市场经济法治建设即按照这些基本导向系统展开。

其一，保护产权。在社会主义市场经济法治建设中，"产权制度是社会主义市场经济的基石，保护产权是坚持社会主义基本经济制度的必然要求。有恒产者有恒心，经济主体财产权的有效保障和实现是经济社会持续健康发展的基础"。[1] 健全产权保护制度应以公平为核心原则，强调对产权的平等保护。在十八届三中、四中全会的决定中，产权的平等保护得到了前所未有的强调与部署，"全面深化改革决定"强调"公有制经济财产权不可侵犯，非公有制经济财产权同样不可侵犯"。"全面依法治国决定"进一步提出，要"健全以公平为核心原则的产权保护制度，加强对各种所有制经济组织和自然人财产权的保护，清理有违公平的法律法规条款"。

---

[1]《中共中央、国务院关于完善产权制度依法保护产权的意见》（2016 年 11 月 4 日）。

其二，维护契约。在社会主义市场经济体制中，契约精神与合同制度依然是维护市场经济运行的重要基础。维护契约，一是要尊重市场交易主体的意思自治，依法保障契约自由；二是要保障合同依法履行，确保市场主体的合同目的得以实现。"全面依法治国决定"明确部署，要"加强社会诚信建设，健全公民和组织守法信用记录，完善守法诚信褒奖机制和违法失信行为惩戒机制，使尊法守法成为全体人民共同追求和自觉行动"。在 2016 年，国务院办公厅发布了《关于加强个人诚信体系建设的指导意见》，目的是"弘扬诚信传统美德，增强社会成员诚信意识，加强个人诚信体系建设，褒扬诚信，惩戒失信，提高全社会信用水平，营造优良信用环境"。

其三，统一市场。"建设统一开放、竞争有序的市场体系，是使市场在资源配置中起决定性作用的基础。"① 为此在经济法治建设中，将关系全国统一市场的管理等作为中央事权，以利于统一市场机制的形成与运行。例如在市场准入方面，要"实行统一的市场准入制度"；在市场监管方面，要"实行统一的市场监管，清理和废除妨碍全国统一市场……的各种规定和做法"。特别是在立法体制上坚持维护市场统一性，规定要"明确立法权力边界，从体制机制和工作程序上有效防止部门利益和地方保护主义法律化"；在执法体制上，规定要"坚决排除对执法活动的干预，防止和克服地方和部门保护主义"。②

其四，平等交换。坚持和实现市场交易活动中的平等交换，是"使市场在资源配置中起决定性作用"规则的体现，也是中国经济法治建设的基本导向。要实现平等交换，就必须坚持权利平等、机会平等和规则平等。"全面深化改革决定"提出，"国家保护各种所有制经济产权和合法利益，保证各种所有制经济依法平等使用生产要素、公开公平公正参与市场竞争、同等受到法律保护"。

其五，公平竞争。在中国的经济法治建设中，特别注重公平价值的实现。"全面依法治国决定"要求"加快完善体现权利公平、机会公平、规则公平的法律制度"。因市场主体所有制性质不同而适用不同的市场准入条件，因地

---

① 《中共中央关于全面深化改革若干重大问题的决定》（2013 年 11 月 12 日）。
② 《中共中央关于全面推进依法治国若干重大问题的决定》（2014 年 10 月 23 日）。

方保护而割裂市场并阻碍外来市场主体平等交易，因市场主体采取不公平竞争行为而扰乱市场竞争秩序，等等，都是社会主义市场经济法治所要禁止或消除的负面现象。"全面深化改革决定"强调要建设竞争有序的市场体系，建立公平开放透明的市场规则。"全面依法治国决定"则进一步强调，要"反对垄断，促进合理竞争，维护公平竞争的市场秩序"。

其六，有效监管。在社会主义市场经济法治建设中，要更好发挥政府作用，重要的就是要更好地发挥政府运用法治手段对市场运行实行有效监管的作用。在社会主义市场经济运行机制中，对市场主体、市场行为、市场活动的监管，始终是最为重要的有机构成。随着社会主义市场经济体制不断发展，监管理念及其制度体现也不断优化，例如：在监管模式上，由机构监管向功能监管转化；在监管范围上，由全面监管向重点监管转化；在监管理念上，由严格监管向有效监管转化。在当前的经济法治建设中，对市场监管方面的立法既要解决政府监管过多的问题，也要解决监管不到位的问题。

（二）科学建构市场与政府的关系

"在政府与市场关系视阈观察与解析下的我国经济体制改革过程，就是一个不断调整政府与市场关系并将其调整结果予以体制化机制化的过程。"[1] "全面深化改革决定"阐明，"经济体制改革是全面深化改革的重点，核心问题是处理好政府和市场的关系，使市场在资源配置中起决定性作用和更好发挥政府作用"。这一科学认识摆正了政府与市场的关系，为全面深化改革的核心问题提供了最根本的解决方案。"必须积极稳妥从广度和深度上推进市场化改革，大幅度减少政府对资源的直接配置，推动资源配置依据市场规则、市场价格、市场竞争实现效益最大化和效率最优化。政府的职责和作用主要是保持宏观经济稳定，加强和优化公共服务，保障公平竞争，加强市场监管，维护市场秩序，推动可持续发展，促进共同富裕，弥补市场失灵"。

---

[1] 陈甦：《商法机制中政府与市场的功能定位》，《中国法学》2014年第5期。

在"市场在资源配置中起决定性作用和更好发挥政府作用"的关系中，发挥政府作用的目的是更好地促进和保障市场发挥决定性作用。要在根本上持续有效地处理好政府与市场的关系，必须通过经济法治机制，科学合理地确定政府的权限及其行使权限的程序，既要解决政府过度干预的问题，也要解决有效监管不足的问题。

首先是简政放权，政府不应干预市场能够解决、能够决定的问题。例如《国务院关于促进市场公平竞争维护市场正常秩序的若干意见》中规定，要"简政放权。充分发挥市场在资源配置中的决定性作用，把该放的权力放开放到位，降低准入门槛，促进就业创业"。其次是放宽市场准入条件。实施依法治国战略至今，中国在经济全球化背景下对市场准入条件不断放宽，不断适应世界经济发展的全球治理趋势，为不断深化的中国改革与开放提供了法律制度保障。例如在公司资本制度方面，以注册资本认缴制替代实缴制；在证券发行制度中，以注册制替代核准制等。再次，实行负面清单管理。在市场管理方面，做到"法不禁止的，市场主体即可为；法未授权的，政府部门不能为"。实行统一的市场准入制度，在制定负面清单基础上，各类市场主体可依法平等进入清单之外领域，对外商投资实行准入前国民待遇加负面清单的管理模式。最后，强化宏观调控的法治化水平。"科学的宏观调控，有效的政府治理，是发挥社会主义市场经济体制优势的内在要求。"[1] 对中国社会主义市场经济依法进行调控，是因应经济体制改革和经济法治建设的现实诉求。宏观调控立足于社会整体利益，通过综合运用经济、法律和行政等手段，在充分发挥市场机制优化资源配置作用的同时，注重利用政府的"有形之手"来弥补"市场失灵"。总之，市场信用与风险识别上，政府由监护功能转向服务功能；在市场主体优胜劣汰的选择上，政府由主导作用转向辅助作用；在经济活动规制上，政府由管制方略转向治理方略；在经济运行调控上，政府由采用直接手段为主转向采用间接手段为主。[2]

---

[1] 《中共中央关于全面深化改革若干重大问题的决定》（2013年11月12日）。
[2] 参见陈甦《商法机制中政府与市场关系的功能定位》，《中国法学》2014年第5期。

（三）开展自贸区改革试点

2013 年，党中央、国务院决定设立中国（上海）自由贸易试验区（以下简称"上海自贸区"），并在外商投资、服务贸易、金融制度、行政监管等方面推行全面改革措施。上海自贸区的建立，是党中央、国务院的重大决策，是新形势下推进改革开放的重大举措，对于加快政府职能转变、积极探索管理模式创新、促进贸易和投资便利化具有重要意义，可以为全面深化改革和扩大开放探索新途径、积累新经验。这一举措顺应了全面深化改革的时代要求，拓展了进一步对外开放的实践视野。

自贸区建设具有以下意义：一是加大投资领域开放，消除外商投资审批的弊端；二是促进贸易转型升级，推动贸易发展方式转变；三是加强金融制度创新，促进金融市场改革深化；四是实现政府职能转变，加速政府管理模式改革。

上海自贸区的推出就是为了实现上述目的而采取的重要措施，以使中国的经济发展能够更好适应全球经济发展的新形势，使得对内改革对外开放相互促进、引进来和走出去更好结合，促进国际国内要素有序自由流动、资源高效配置、市场深度融合，进而加快培育国际经济合作竞争新优势。

上海自贸区率先以负面清单制为依据，对于负面清单制之外的外商投资不再实施核准制，从而给予外商投资机构准入前国民待遇；对于负面清单之内的外商投资则实行核准制，同时进行国家安全审查。通过这种改革，推动投资领域进一步开放，使得更多的外国投资者能够到中国投资，消除现行外商投资审批制度的弊端。建立与自贸区相适应的外汇管理体制，全面实现贸易投资便利化。自贸区内鼓励企业充分利用境内外两种资源、两个市场，实现跨境融资自由化。自贸区还需深化外债管理方式改革，促进跨境融资便利化。上海自贸区的建设必须改革既有政府管理模式，积极探索建立与国际高标准投资和贸易规则相适应的行政管理体系，推进政府管理由注重事先审批转化到注重事中、事后监管。

上海自贸区建设以形成可复制可推广的改革经验为目标，有力地推进了改革开放向纵深发展。截至 2017 年，中国已经建立了 11 个自贸区。

（四）进一步深化国企改革

在全面深化改革的战略布局中，进一步深化国企改革是重中之重。2015年8月，中共中央、国务院联合发布《关于深化国有企业改革的指导意见》；同年9月，国务院发布《关于国有企业发展混合所有制经济的意见》；11月，国务院又发布了《关于改革和完善国有资产管理体制的若干意见》，国务院办公厅发布了《关于加强和改进企业国有资产监督防止国有资产流失的意见》；12月，国务院国资委、财政部和国家发改委联合发布《关于国有企业功能界定与分类的指导意见》。这些规范性意见和政策指针为新阶段国企改革确立了目标，部署了方针，制定了措施。坚持社会主义市场经济改革方向，坚持增强活力与强化监管相结合，坚持党对国有企业的领导，坚持分类改革分类推进，是毫不动摇地巩固和发展公有制经济，发挥国有经济主导作用，深化国有企业改革所需遵循的重要原则。

深化国有企业改革，要积极发展混合所有制经济。国有资本、集体资本、非公有资本等交叉持股、相互融合的混合所有制经济，是基本经济制度的重要实现形式，有利于国有资本放大功能、保值增值、提高竞争力，有利于各种所有制资本取长补短、相互促进、共同发展。

（五）依法深入推进财税体制改革

财政是国家治理的基础和重要支柱，在资源配置、收入分配和调控经济等方面发挥着举足轻重的作用。实施依法治国战略以来，中国的财税体制改革明显提速，公共财政体系不断完善，财税调控经济的功能不断增强，税收法治理念日益深入人心。目前，中国已经建立包含《预算法》《企业所得税法》《个人所得税法》《车船税法》《环境保护税法》《税收征收管理法》等在内的税收法律体系。

2014年全国人大常委会通过了修改《预算法》的决定，秉承现代预算的理念，围绕建立健全现代预算制度，着力推进预算治理、引领预算改革、强化预算约束。该法对规范政府行为、推进财税体制改革、强化权力制约和监督、促进国家治理体系和治理能力现代化具有重要而深远的意义。2016 年，国务院印发了《关于推进中央与地方财政事权和支出责任划分改革的指导意见》，为理顺中央与地方政府间财政关系明确了时间表和路线图。

党的十八届三中全会提出了落实税收法定原则的明确要求，2015 年《立法法》修改时，在第 8 条只能制定法律的事项中对"税收法定"问题专设了一项，规定税种的设立、税率的确定和税收征收管理等税收基本制度只能制定法律，从而迈出了全面落实税收法定原则实施依法治税的重要一步。

值得一提的是行为税改革中新开征的环境税。2016 年全国人大常委会审议通过的《环境保护税法》，开启了"以税治污"新路径，改用税收手段来控制和减少污染物排放，保护和改善生态环境。这部税法是党的十八届三中全会提出"推动环境保护费改税""落实税收法定原则"要求后，全国人大常委会审议通过的第一部单行税法，也是中国第一部专门体现"绿色税制"、推进生态文明建设的单行税法。

（六）切实保护消费者权益

党的十九大报告指出，"中国特色社会主义进入新时代，我国社会主要矛盾已经转化为人民日益增长的美好生活需要和不平衡不充分的发展之间的矛盾"。在社会主义市场经济发展过程中，切实保护消费者权益是重要目标。随着经济社会不断发展，中国消费方式、消费结构和消费理念发生了很大变化，在消费者权益保护领域出现了不少新情况新问题。2013 年修订的《消费者权益保护法》适应网络社会电子商务发展的需要，对网络购物等新的消费方式予以规范，同时明确了个人信息保护，强化了经营者义务，并且建立了消费公益诉讼制度，加大了惩罚性赔偿力度等。新的《消费者权益保护法》实施后，上海、黑龙江、辽宁、安徽等地对相应的地方性法规相继进行了修改，从而使中国各地消费者权益保护法律制度得到了进一步发展和完善。

健康是促进人的全面发展的必要保障，也是经济社会持续发展的基础条件。全国人大常委会于 2015 年对《食品安全法》做出重大修订。该法被称为"史上最严"的新法，从法律上明确由食品药品监管部门统一监管食品生产经营活动，明确特殊医学用途配方食品、婴幼儿配方乳粉的产品配方实行注册制度，着力强化政府的监管职责和食品生产经营者的义务，尤其是强化了互联网食品交易监管，着力增强法律规定的可操作性、可执行性，从民事责任和刑事责任等方面强化了对食品安全违法行为的惩处力度。

广告业是现代服务业和文化产业的重要组成部分，对引导消费、扩大内需具有积极作用，深刻影响着百姓的日常生活。2015 年全国人大常委会系统修改了《广告法》：一是完善了保健食品、药品、医疗、医疗器械、教育培训、招商投资、房地产、农作物种子等广告的准则，使原来只有 7 种商品和服务的广告准则一下子增加到了 19 种；二是明确定义了虚假广告，明确广告不得含有虚假或者引人误解的内容，不得欺骗、误导消费者；三是约束了广告代言人，广告代言人在广告中对商品、服务做推荐、证明时，应当符合《广告法》和有关法律、行政法规规定；四是禁止发布烟草广告，强调禁止在大众传播媒介或者公共场所、公共交通工具、户外发布烟草广告，禁止向未成年人发送任何形式的烟草广告；五是规范了互联网广告，即利用互联网发布、发送广告，不得影响用户正常使用网络；六是加强了对媒体的监管，对发布广告的媒体和平台做了严格规定，并且加大了处罚力度；七是鼓励和支持公益广告，大众传播媒介有义务发布公益广告，传播社会主义核心价值观，倡导文明风尚。

（七）大力推进大众创业、万众创新

促进创新与就业，也是有关宏观调控的经济法治的重要任务。如 2015 年修订的《就业促进法》第 1 条即明确规定，其立法目的是"促进就业，促进经济发展与扩大就业相协调，促进社会和谐稳定"；2002 年颁行的《中小企业促进法》第 1 条也规定，该法的宗旨是"为了改善中小企业经营环境，促进中小企业健康发展，扩大城乡就业，发挥中小企业在国民经济和社会发展中的重要作用"。

大众创业、万众创新是进入经济新常态后中国社会生产力的又一次大解放。推进大众创业、万众创新，对于推动中国经济结构调整、打造发展新引擎、增强发展新动力、走创新驱动发展道路具有重要意义，它有助于充分发挥市场在资源配置中的决定性作用和更好发挥政府作用，加大简政放权力度，放宽政策、放开市场、放活主体，以创业带动就业，以创新促进发展。

2015年6月，国务院发布了《关于大力推进大众创业万众创新若干政策措施的意见》。该《意见》指出，推进大众创业、万众创新，是培育和催生经济社会发展新动力的必然选择，是扩大就业、实现富民之道的根本举措，是激发全社会创新潜能和创业活力的有效途径。该《意见》突出重点，明确了推进大众创业、万众创新的具体举措，包括：（1）要创新体制机制、实现创业便利化；（2）要优化财税政策，强化创业扶持；（3）要搞活金融市场、实现便捷融资；（4）要扩大创业投资，支持创业起步成长；（5）要发展创业服务，构建创业生态；（6）要建设创业创新平台，增强支撑作用；（7）要激发创造活力，发展创新型创业；（8）要拓展城乡创业渠道，实现创业带动就业。

2017年7月，国务院又印发了《关于强化实施创新驱动发展战略进一步推进大众创业万众创新深入发展的意见》，指出大众创业、万众创新深入发展是实施创新驱动发展战略的重要载体。该《意见》聚焦于加快科技成果转化、拓展企业融资渠道、促进实体经济转型升级、完善人才流动激励机制以及创新政府管理方式的具体政策措施，推进大众创业、万众创新深入发展。"大众创业、万众创新"成为国家战略后，在全国范围内掀起了一股创业创新的热潮，反映了当代信息化条件下高技术应用所带来的深刻变化。

在大众创业、万众创新的经济发展新态势下，经济法治起到了重要的引领、规范和保障作用，已经在实践层面彰显了积极的法治效果。例如在2016年首批56个双创示范基地建设中，全国共建立双创示范基地28个，其中区域示范基地17个，高校和科研院所示范基地4个，企业示范基地7个；2017年建立第二批双创示范基地92个，其中区域示范基地45个，高校和科研院所示范基地26个，企业示范基地21个。

（八）设立金融法院

2018 年 3 月 28 日，中央全面深化改革委员会审议通过了《关于设立上海金融法院的方案》。设立上海金融法院，目的是完善金融审判体系，营造良好金融法治环境。要围绕金融工作服务实体经济、防控金融风险、深化金融改革的任务，发挥人民法院的职能作用，对金融案件实行集中管辖，推进金融审判体制机制改革，提高金融审判专业化水平，建立公正、高效、权威的金融审判体系。2018 年 4 月 27 日，第十三届全国人民代表大会常务委员会第二次会议通过了《全国人民代表大会常务委员会关于设立上海金融法院的决定》。

设立上海金融法院，有助于完善金融审判体系，营造良好金融法治环境，推进金融法治建设，补齐金融法治的司法短板。

四 经济法治建设的未来展望

党的十九大报告指出："我国经济已由高速增长阶段转向高质量发展阶段，正处在转变发展方式、优化经济结构、转换增长动力的攻关期，建设现代化经济体系是跨越关口的迫切要求和中国发展的战略目标。必须坚持质量第一、效益优先，以供给侧结构性改革为主线，推动经济发展质量变革、效率变革、动力变革，提高全要素生产率，着力加快建设实体经济、科技创新、现代金融、人力资源协同发展的产业体系，着力构建市场机制有效、微观主体有活力、宏观调控有度的经济体制，不断增强我国经济创新力和竞争力。""经济体制改革必须以完善产权制度和要素市场化配置为重点，实现产权有效激励、要素自由流动、价格反应灵活、竞争公平有序、企业优胜劣汰。"

在经济体制改革与经济法治建设实践中构建两者之间应有的关系，应从经济体制改革的发生与运作机制的重构入手，在经济体制改革的观念创新、政策设计、组织实施以及评估调整等各个环节，有机地融入法治思维和法治方式，以便形成能够更好地发挥法治引领和规范作用的改革新常态。在经济法治建设中，要坚持"使市场在资源配置中起决定性作用和更好发挥政府作用"，要着力解决市场体系不完善、政府干预过多和监管不到位问题，运用法治思维和法治方式做好稳增长、促改革、调结构、惠民生、防风险的有机统一。我们需要用法治思维和法治方式正确处理经济体制改革与经济法治建设的关系，依靠法治的引领和规范作用强化对改革的全程控制以实现有序改革，使中国社会在深刻变革中既生机勃勃又井然有序。①

在经济法治建设中，立法机关将日益重视经济立法和经济改革决策相统一、相衔接的问题。要"实现立法和改革决策相衔接，做到重大改革于法有据、立法主动适应改革和经济社会发展需要"。具体表现在：一是对重大经济体制改革措施，要用现行立法予以规范和引领，使经济体制改革能够在法治机制中有序有效进行；二是在改革策略上需要先行先试的领域，要依法做出授权决定，为先行先试提供法律依据；三是要及时总结改革试点经验，及时修改完善涉及经济改革的法律，做出有关经济改革试点和推广的决定，保证经济改革和经济法治相辅相成、相互促进。

展望未来，中国经济法治需要在与经济改革的双向互动中，紧紧围绕党和国家工作大局，统筹推进"五位一体"总体布局，协调推进"四个全面"战略布局，适应把握引领经济发展新常态，坚持以提高发展质量和效益为中心，坚持以推进供给侧结构性改革为主线，扎实推进政府部门依法监管、依法服务和依法调控。在经济法治建设中，坚持经济改革决策与经济立法决策相统一，一方面使全面依法治国有效地引领、促进、规范和保障经济改革；另一方面使全面深化经济改革成为经济法治发展的内在动力。只有在深化改革中系统完善经济法律体系和经济法律制度，才能充分挖掘和彰显经济法治的机制动能，更好地落实新时代的新发展理念、新改革机制和新建设方略。

---

① 参见陈甦《构建法治引领和规范改革的新常态》，《法学研究》2014 年第 6 期。

中国创新驱动发展和知识产权法治建设

李明德 *

导　读： 1978 年中国实行改革开放政策以来，为了适应对外开放和对内改革的需要，引进了知识产权制度，制定了《商标法》、《专利法》、《著作权法》和《反不正当竞争法》。随着中国特色社会主义市场经济的不断发展，来自西方工业文明的知识产权制度也得以在中国生根、开花、结果。近年来中国确立了创新驱动发展的基本国策。与此相应，以保护创新成果为宗旨的知识产权制度，在中国经济社会的发展中扮演了更为重要的角色。随着中国知识产权保护理论、制度和实践的发展，知识产权立法机关、司法机关、行政机关和专家学者，在积极推进中国特色知识产权法律制度不断完善的进程中，为国际知识产权规则的发展做出了应有贡献。

一　改革开放与知识产权法治建设

中国现代的知识产权法治建设，大体可以划分为两个阶段。第一个阶段

---

* 李明德，中国社会科学院法学研究所研究员，中国社会科学院知识产权中心主任。

是 1978 年改革开放到 2001 年 12 月中国加入世界贸易组织。在这个阶段，中国围绕改革开放的需要，尤其是对外开放的需要，进行了知识产权法治建设。第二个阶段是 2002 年到现在，主要是围绕建设创新型国家的战略目标，积极推动了知识产权法治建设。

中国于 1978 年开始实施对内改革和对外开放的国策。无论是对内改革，还是对外开放，都需要知识产权法治的建设。然而，在当时的历史条件下，中国还处于计划经济向市场经济过渡的阶段，内在的知识产权保护需求并不很强。在这种情况下，适应对外开放的需要，就成了中国知识产权法治建设的主要动力。在这方面，让知识产权保护的规则与国际规则接轨，也成了中国知识产权法治建设的鲜明特征。

促使中国认真考虑知识产权法治建设的事件发生于 1979 年。当年，中美两国谈判签订两个协定——《中美高能物理协定》和《中美贸易协定》。在谈判中，中方关注的是贸易方面的优惠条件，而美方所关注的则是知识产权保护的条款。美方代表还宣称，按照美国总统的指示，不含知识产权保护条款的科技、文化及贸易的双边协定，他们无权签署。[1] 当年签订的《中美贸易协定》第 6 条规定"缔约双方承认在其贸易关系中有效保护专利、商标和版权的重要性"，还对商标、专利、版权的获得和保护做了原则规定。根据《协定》，双方的法人和自然人可在互惠的基础上，依据对方的法律和规章申请商标注册，并获得商标专用权。双方应对对方法人和自然人的商标和专利提供相当于对本国国民的保护。双方的公司、商号和贸易组织应依据合同保护工业产权，并应依据各自的法律，对未经授权使用此种权利而进行不公正的竞争活动加以限制。双方应对对方法人和自然人的版权提供保护，其保护程度相当于对本国公民的保护。[2]

其实，不仅是中美两国的贸易关系中涉及了知识产权保护的问题，与其他国家的贸易关系中也涉及了知识产权保护的问题。为了适应对外开放的需

---

[1] 郑成思：《世界贸易组织与贸易有关的知识产权》，中国人民大学出版社，1996，第 7 页。
[2] 参见《中华人民共和国和美利坚合众国贸易关系协定》（1979 年 7 月 7 日），第 6 条。

要，同时也是为了保护本国国民的智力活动成果，中国开始了制定现代商标法、专利法、著作权法、反不正当竞争法的工作。[①]《商标法》于 1982 年制定，《专利法》于 1984 年制定，《著作权法》于 1990 年制定，《反不正当竞争法》于 1993 年制定。在中国于 2001 年 12 月加入世界贸易组织之前，《专利法》于 1992 年、2000 年进行了两次修正，《商标法》于 1993 年、2001 年进行了两次修正，《著作权法》于 2001 年进行了修正。下面分别论述。

（一）《商标法》的制定与修正

中国现代《商标法》自 1979 年开始起草，1982 年 8 月全国人大常委会审议通过了《商标法》，于 1983 年 3 月开始实施。在《商标法》实施的同时，国务院还颁布了《商标法实施条例》，进一步细化了《商标法》的一些原则性规定。

1982 年《商标法》共分八章，分别是总则，商标注册的申请，商标注册的审查和核准，注册商标的续展、转让和使用许可，注册商标争议的裁定，商标使用的管理，注册商标专用权的保护以及附则。其中的第 1 条规定："为了加强商标管理，保护商标专用权，促使生产者保证商品质量和维护商标信誉，以保障消费者的利益，促进社会主义商品经济的发展，特制定本法。"

从保护商标专用权、将商标专用权当作私权的角度来看，1982 年《商标法》采纳了自愿注册的原则。根据这个原则，企业和个人对于其使用的商标，可以申请商标注册，也可以不申请商标注册。但是，只有申请并获准注册的商标，才可以获得专用权的保护。[②] 此外，1982 年《商标法》还规定，注册商标的所有人，既可以向他人发放商标使用的许可，也可以向他人转让自己的商标。[③] 这也体现了商标专用权是一种私权，注册商标所有人可以自由处置。

[①] 中国在清朝末年和中华民国时期，已经制定过有关著作权、商标权和专利权的法律。所以，这里所讨论的是"现代"的知识产权法律。
[②] 参见 1982 年《商标法》第 3 条和第 4 条。
[③] 参见 1982 年《商标法》第 25 条和第 26 条。

1993 年，中国《商标法》进行第一次修正，主要增加了两方面的规定。第一，增加了服务商标的注册和保护。从某种意义上说，1982 年的《商标法》是一部"商品商标法"。因为可以申请和获准注册的商标都是使用在商品上的商标，不包括服务商标。然而，随着中国市场经济的不断发展，服务业迅速崛起成为一个重要的产业部门。在这种情况下，将服务商标的注册和保护纳入《商标法》之中，既反映了服务业发展的现实，又促进了服务业的持续发展。[①] 第二，增加了商标不当注册的撤销程序。1982 年《商标法》继承了欧洲大陆法系的传统，过于强调"注册在先"的原则。商标一旦获准注册，即使存在问题，也很难撤销。针对现实中发生的一些不当注册的问题，1993 年《商标法》第 27 条规定，已经注册的商标，如果违反《商标法》的相关规定，或者是以欺骗手段或者其他不正当手段取得注册的，由商标局撤销该注册商标。其他单位或者个人，也可以请求商标评审委员会撤销该注册商标。

2001 年 10 月，全国人大常委会又对《商标法》进行了修正，主要有以下几个方面。第一，扩大了商标的构成要素。按照原来的规定，可以申请注册的商标应当由文字、图形或者其结合而构成。2001 年《商标法》则在第 8 条规定，任何能够将商品或者服务区别开来的可视性标志，包括文字、字母、数字、图形、三维标志和颜色组合，以及上述要素之组合，都可以作为商标申请注册。这样，与原有的文字、图形相对比，至少增加了三维商标和颜色组合商标。第二，明确规定了对于驰名商标的保护和认定原则。根据第 13 条，就相同或者类似商品申请注册的商标是复制、摹仿或者翻译他人未在中国注册的驰名商标，容易导致混淆的，不予注册并禁止使用；就不相同或者不相类似的商品申请注册的商标是复制、摹仿或者翻译他人已经在中国注册的驰名商标，误导公众，致使该驰名商标注册人的利益可能受到损害的，不予注册并禁止使用。第三，规定了诉前的责令停止侵权、证据保全、

---

① 参见 1993 年《商标法》第 4 条第 3 款。

财产保全，从而加大了对于注册商标的保护力度。① 除此之外，2001 年修订的《商标法》还明确规定了对于集体商标、证明商标的保护，对于地理标志的保护，以及商标评审委员会所做出的不予注册、撤销注册的决定应当接受司法复审。

（二）《专利法》的制定与修正

中国现代专利法的起草工作，自 1979 年开始。为了加快《专利法》的起草工作，同时也是为了《专利法》实施后处理有关专利申请、审查和无效宣告的工作，国务院在 1980 年成立了国家专利局（1998 年改名为国家知识产权局）。1984 年 3 月，全国人大常委会通过了《专利法》，于 1985 年 4 月开始实施。在《专利法》实施之前，国务院还发布了《专利法实施细则》，对于《专利法》中的一些原则性规定做了细化。

1984 年《专利法》共有八章，分别是总则，授予专利权的条件，专利的申请，专利申请的审查和批准，专利权的期限、终止和无效，专利实施的强制许可，专利权的保护，以及附则。根据规定，《专利法》的立法宗旨是："保护发明创造专利权，鼓励发明创造，有利于发明创造的推广应用，促进科学技术的发展，适应社会主义现代化建设的需要。"② 依据这个宗旨，1984 年《专利法》不仅规定了专利保护的客体、获得专利的条件和侵犯专利权的法律救济，而且规定了专利申请、审查、授权和无效宣告的程序。

1984 年《专利法》参照世界各国的专利法和相关的国际公约，规定了对于发明、实用新型和工业品外观设计的保护。例如，依据《保护工业产权巴黎公约》，规定了专利申请和保护方面的国民待遇原则、优先权原则和专利独立原则。又如，1984 年《专利法》还参照世界各国的专利制度，规定了专利的保护条件，规定了专利的申请、审查、授权和无效宣告制度，以及专利权的保护期限。应该说，1984 年《专利法》的最大特点是考虑到中国当时的科

---

① 参见 2001 年《商标法》第 57 条和第 58 条。
② 参见 1984 年《专利法》第 1 条。

学技术发展水平，不仅规定了对于发明专利的保护，而且规定了对于实用新型专利和外观设计专利的保护，统称为专利权。^①而在世界其他国家，专利法通常只保护发明专利，实用新型和外观设计则由其他法律，例如实用新型法、外观设计法予以保护。^②

1984 年《专利法》虽然参考了世界各国的专利制度和相关的国际公约，但是在专利保护的水平上，仍然与国际标准存在一定的差距。1992 年 1 月，中美两国达成了第一个《关于保护知识产权的谅解备忘录》，中国政府承诺对于药品和化学品提供产品专利的保护，将方法专利的保护延及直接用该方法获得的产品，同时将发明专利的保护期延长为 20 年，自申请之日起算。^③为了落实承诺，中国于 1992 年 9 月修正《专利法》，不仅提供了对于药品和化学品的产品专利保护，而且提供了对于食品、饮料和调味品的专利保护。同时还规定，方法专利的保护延及使用该方法直接获得的产品。除此之外，专利权人所享有的权利，不仅包括制造、使用和销售的权利，而且增加了进口权。同时，将发明专利的保护期由原来的 15 年延长为 20 年，将实用新型和外观设计专利的保护期限由原来的 5 年延长为 10 年。^④

2000 年在中国即将加入世界贸易组织的前夕，又依据《与贸易有关的知识产权协定》，修正了《专利法》。这次修正的重点，在于进一步加强了对于专利权的保护。例如，专利权人或者利害关系人有证据证明他人正在实施或者即将实施侵犯其专利权的行为，如不及时制止将会使其合法权益受到难以弥补的损害的，可以在起诉前向人民法院申请采取责令停止有关行为和财产保全的措施；为了制止专利侵权，在证据可能灭失或者以后难以取得的情况下，专利权人或者利害关系人可以在起诉前向人民法院申请保全证据。又如，涉及实用新型专利侵权纠纷的，人民法院或者管理专利工作的部门可以要求

---

① 参见 1984 年《专利法》第 2 条。
② 例如，德国和日本等国分别制定了《专利法》、《实用新型法》和《外观设计法》。
③ 参见《中国政府与美国政府关于保护知识产权的谅解备忘录》（1992 年 1 月），第 1 条。
④ 参见 1992 年《专利法》第 45 条。

专利权人出具由国务院专利行政部门做出的检索报告。再如，申请人对于国务院专利行政部门不授予专利的决定不服的，可向专利复审委员会请求复审，对复审决定不服的，可以向人民法院提起诉讼。①

（三）《著作权法》的制定与修正

中国现代著作权法起草，开始于 1979 年。1985 年，为了加快《著作权法》的制定工作，国务院还设立了国家版权局。1990 年 9 月，在经过了长达 11 年的起草和讨论之后，七届全国人大常委会第十五次会议通过了《著作权法》。当《著作权法》于 1991 年 6 月开始实施之时，国务院还发布了《著作权法实施条例》，就《著作权法》中的一些原则规定做了细化的便于操作的规定。

1990 年《著作权法》共有六章，分别是总则，著作权，著作权许可使用合同，出版、表演、录音录像、播放，法律责任，附则。根据第 1 条，《著作权法》的宗旨是："保护文学、艺术和科学作品作者的著作权，以及与著作权有关的权益，鼓励有益于社会主义精神文明、物质文明建设的作品的创作和传播，促进社会主义文化和科学事业的发展与繁荣。"这个宗旨，大体体现了保护作者、传播者和社会公众利益的原则。在此基础之上，1990 年《著作权法》规定了作者享有的精神权利和经济权利，规定了表演者、录音制作者和广播组织享有的相关权，规定了体现社会公众利益的权利的限制与例外。

相对于《商标法》和《专利法》来说，《著作权法》是制定较晚的知识产权法律。就在《著作权法》通过之时，关贸总协定"乌拉圭回合"谈判已经就知识产权的保护达成了初步意向，并且形成了《与贸易有关的知识产权协定（草案）》。与此相应，1990 年《著作权法》不仅依据《保护文学艺术作品伯尔尼公约》规定了著作权保护方面的国民待遇原则、自动保护原则和权利独立原则，而且依据《与贸易有关的知识产权协定（草案）》的精神，规定了

---

① 参见 2000 年《专利法》第 41 条。

对于计算机软件的保护。①《著作权法》通过之后，国务院又于1991年6月发布了《计算机软件保护条例》，规定了软件应当作为文档和程序获得保护。

1992年1月，中美两国达成第一个《关于保护知识产权的谅解备忘录》，中国政府就著作权或者版权保护做出了一系列承诺。②1992年10月，中国加入了《保护文学艺术作品伯尔尼公约》和《世界版权公约》。1993年4月，中国又加入了《保护录音制品制作者防止未经授权复制其制品公约》（简称《日内瓦公约》）。而且，在加入《伯尔尼公约》之前，国务院还在1992年10月发布了《实施国际著作权条约的规定》，就中国《著作权法》中与相关国际公约规定的不同之处做了澄清，甚至规定了一些《著作权法》中没有的内容。

2001年10月，七届全国人大常委会第十五次会议对《著作权法》一次修订了。这次修正主要是让《著作权法》的相关规定与世界贸易组织《与贸易有关的知识产权协定》一致起来，为中国加入世界贸易组织扫清障碍。在这方面，2001年《著作权法》主要做了以下明确规定。一是规定电影作品、计算机软件和录音制品的权利人享有出租权，可以通过出租的方式获得经济利益。③二是规定数据库在符合汇编作品要求的前提下，可以作为汇编作品获得保护。④三是规定了诉前的责令停止侵权、财产保全和证据保全。根据规定，如果有证据证明他人正在实施或者将要实施侵权行为，权利人可以在诉前向人民法院申请采取责令停止有关行为和财产保全的措施。又据规定，在侵权证据可能灭失或者以后难以取得的情况下，权利人可以申请法院保全证据。⑤

当然，2001年《著作权法》还针对中国著作权保护实践中出现的一些问题做了必要的规定。例如，更加明确而详细地规定了外国人作品的保护问题，在著作权的客体中增加了杂技艺术作品、建筑作品、模型作品等。又如，进一步规定了著作权的许可使用合同和转让合同，规定了著作权集体管理组织

---

① 参见1990年《著作权法》第2条、第3条。
② 参见《中国政府与美国政府关于保护知识产权的谅解备忘录》（1992年1月），第2条。
③ 参见2001年《著作权法》第10条。
④ 参见2001年《著作权法》第14条。
⑤ 参见2001年《著作权法》第49条、第50条。

的地位、作用和特征。此外，2001 年《著作权法》还充分考虑了信息技术和网络技术对于著作权制度的挑战，参照国际条约，规定了信息网络传播权和对于技术措施、权利管理信息的保护。在这方面，国务院还依据《著作权法》的授权，于 2006 年颁布了《信息网络传播权保护条例》，就信息网络传播权的保护、权利的限制与例外、技术措施的保护、权利管理信息的保护、网络服务商的责任，以及相应的法律救济做了规定。

（四）《反不正当竞争法》的制定

在中国知识产权法律体系的建立过程中，《反不正当竞争法》是最后制定和实施的法律。早在 1987 年，国务院就提出了制定《反不正当竞争法》的计划，但进展比较迟缓。1992 年 1 月，中美两国达成第一个《关于保护知识产权的谅解备忘录》，中国政府承诺将依据《巴黎公约》第 10 条之二关于制止不正当竞争的规定，提供对于商业秘密的保护。[①] 随后，《反不正当竞争法》的制定工作加快进行，于 1993 年 9 月由全国人大常委会通过，于当年 12 月开始实施。该法共有五章，分别是总则、不正当竞争行为、监督检查、法律责任、附则。根据规定，《反不正当竞争法》的宗旨是"保障社会主义市场经济健康发展，鼓励和保护公平竞争，制止不正当竞争行为，保护经营者和消费者的合法权益"。该法第 2 条规定："经营者在市场交易中，应当遵循自愿、平等、公平、诚实信用的原则，遵守公认的商业道德。"[②]

按照相关的国际公约和世界主要国家的法律，反不正当竞争属于知识产权的范畴。例如，《建立世界知识产权组织公约》第 2 条规定，知识产权应当包括与以下内容相关的权利，例如作品、发明、工业品外观设计、商业标识，以及"对于制止不正当竞争的保护"。[③] 又如，《保护工业产权巴黎公约》第 1 条规定，"工业产权"的客体包括专利、实用新型、外观设计、商标、服务

---

① 参见《中国政府与美国政府关于保护知识产权的谅解备忘录》（1992 年 1 月），第 4 条。
② 参见 1993 年《反不正当竞争法》第 1 条、第 2 条。
③ 参见《建立世界知识产权组织公约》（1967 年），第 2 条。

标记、厂商名称、货源标记或者原产地标记，以及制止不正当竞争；第 10 条之二则进一步规定，成员应当确保各成员的国民享有制止不正当竞争的有效保护。同时规定，工商业活动中违反诚实信用的所有行为，均构成不正当竞争；成员尤其应当制止仿冒、商业诋毁和虚假宣传等不正当竞争行为。^① 再如，世界贸易组织《与贸易有关的知识产权协定》，不仅将《保护工业产权巴黎公约》中有关制止不正当竞争的规定纳入了自身的范围，而且在制止不正当竞争的框架下，规定了对于商业秘密的保护。^② 除此之外，美国、英国、德国、日本等国的反不正当竞争法，也都规定了制止仿冒、商业诋毁、虚假宣传、窃取他人商业秘密的条文。^③

事实上，中国 1993 年《反不正当竞争法》也是在参考《保护工业产权巴黎公约》和《与贸易有关的知识产权协定（草案）》的基础上，规定了对于仿冒（第 5 条）、虚假宣传（第 9 条）、商业诋毁（第 14 条）的制止，以及对于窃取他人商业秘密的制止（第 10 条）。这样，中国的《反不正当竞争法》一经制定实施，就达到了相关国际公约规定的最低要求，实现了与国际规则的全面接轨。与此相应，在中国加入世界贸易组织之前，虽然对于《专利法》《著作权法》《商标法》进行了修订，但是并未修订《反不正当竞争法》。

然而，限于当时对于"反不正当竞争"认识上的原因，以及规范现实经济活动的需要，1993 年《反不正当竞争法》还规定了 5 个关于垄断行为的条文，1 个关于商业贿赂的条文，1 个有关有奖销售的条文。^④ 这样，如何处理《反不正当竞争法》与《反垄断法》的关系，与反商业贿赂法的关系，与《消费者权益保护法》的关系，就成了摆在立法机关面前的一个任务。

除了《商标法》《专利法》《著作权法》的制定和修正以及《反不正当竞争法》的制定之外，国务院还在 1997 年颁布了《植物新品种保护条例》，于

---

① 参见《保护工业产权巴黎公约》（1967 年斯德哥尔摩文本）第 2 条和第 10 条之二。

② 参见《与贸易有关的知识产权协定》第 2 条和第 39 条。

③ 参见李明德《关于反不正当竞争法修订的几点建议》，《知识产权》2017 年第 6 期。

④ 参见 1993 年《反不正当竞争法》第 6 条、第 7 条、第 8 条、第 11 条、第 12 条、第 13 条和第 15 条。

2001 年颁布了《集成电路布图设计保护条例》。大体说来，在中国 2001 年加入世界贸易组织之前，随着《商标法》《专利法》《著作权法》的制定和修正，随着《反不正当竞争法》《植物新品种保护条例》《集成电路布图设计保护条例》的制定，中国的知识产权法律体系已经与相关的国际规则全面接轨，基本完成了知识产权法治建设中的对外开放的任务。

二 创新驱动发展与知识产权法治建设

中国自 1978 年实施改革开放的基本国策。在改革开放之初，中国社会经济的发展主要是依赖于丰富的自然资源、廉价的劳动力，以及外国投资。随着社会经济的进一步发展，改变发展模式，实现产业升级，通过创新实现社会经济的可持续发展，就成了摆在社会各界面前的重大问题。在这方面，中国的理论界和实务界于世纪之交曾经广泛讨论过"知识经济"的概念。①2002 年 10 月，党的十六大报告提出了"科教兴国战略"和"可持续发展战略"。2007 年 10 月，党的十七大报告提出了建设创新型国家的战略。2012 年 10 月，党的十八大报告则提出了提高自主创新能力，实施创新驱动发展战略。2017 年 10 月，党的十九大报告再次指出，要加快建设创新型国家。创新是引领发展的第一动力，是建设现代化经济体系的战略支撑。加强国家创新体系建设，强化战略科技力量。倡导创新文化，强化知识产权创造、保护和运用。

在这样一个背景之下，如何保护智力创新成果，促进创新成果的运用，进而提升企业和国家的核心竞争力，就成了立法、行政和司法机关必须回答的问题。一方面是行政机关不断出台纲领性文件，积极推动专利、版权和商标的管理工作。另一方面则是立法机关积极修订《专利法》《商标法》《反不正当竞争法》《著作权法》。与此同时，为了强化对知识产权的保护，全国人

---

① 这个讨论主要是基于经济合作与发展组织 1996 年的报告《以知识为基础的经济》。

大常委会还做出决定，在北京、上海和广州设立专门的知识产权法院。下面分别论述。

（一）行政机关的纲领性文件

国务院于 2005 年 1 月做出决定，制定国家知识产权战略。来自国务院 28 个部委和中国科学院、中国工程院、中国社会科学院，以及最高人民法院和最高人民检察院的领导和相关的专家学者，从不同的层面参与了战略的制定工作。2008 年 6 月 5 日，国务院颁布《国家知识产权战略纲要》（以下简称《纲要》），要求各省、自治区、直辖市人民政府和国务院各部委、各直属机构认真贯彻实施。[①]

《纲要》在"序言"中明确指出："实施国家知识产权战略，大力提升知识产权创造、运用、保护和管理能力，有利于增强我国自主创新能力，建设创新型国家；有利于完善社会主义市场经济体制，规范市场秩序和建立诚信社会；有利于增强我国企业市场竞争力和提高国家核心竞争力；有利于扩大对外开放，实现互利共赢。"为了实施国家知识产权战略，《纲要》提出了"激励创造、有效运用、依法保护、科学管理"的十六字方针，确立了国家知识产权战略的 5 个重点，即完善知识产权制度、促进知识产权创造和运用、加强知识产权保护、防止知识产权滥用、培育知识产权文化。

《纲要》以 2008 年为起点，提出了国家知识产权战略的中长期目标。《纲要》提出，到 2020 年，把中国建设成为知识产权创造、运用、保护和管理水平较高的国家。知识产权法制环境进一步完善，市场主体创造、运用、保护和管理知识产权的能力显著增强，知识产权深入人心，自主知识产权的水平和拥有量能够有效支撑创新型国家建设，知识产权制度对经济发展、文化繁荣和社会建设的促进作用充分显现。

为了实现上述目标，《纲要》从专利、商标、版权、商业秘密、植物新品

---

① 参见国务院《关于印发〈国家知识产权战略纲要〉的通知》（2008 年 6 月 5 日）。

种、特定领域知识产权（地理标志、遗传资源、传统知识、民间文艺）和国防知识产权的角度，规定了相应领域的专项任务。同时，《纲要》还从9个方面提出了一系列战略举措，以实现国家知识产权战略的中长期目标。这9个方面是：提升知识产权创造能力，鼓励知识产权转化运用，加快知识产权法制建设，提高知识产权执法水平，加强知识产权行政管理，发展知识产权中介服务，加强知识产权人才队伍建设，推进知识产权文化建设，以及扩大知识产权对外交流合作。

《纲要》发布实施之后，中国社会经济迅速发展，对于知识产权的创造、运用和保护又提出了新的要求。在此背景之下，国务院于2015年12月发布了《关于新形势下加快知识产权强国建设的若干意见》（以下简称《意见》）。

《意见》明确提出，要把中国建设成为知识产权强国，并由此调整了国家知识产权战略的目标。具体说来，到2020年，在知识产权重要领域和关键环节改革上取得决定性成果，知识产权授权确权和执法保护体系进一步完善，基本形成权界清晰、分工合理、责权一致、运转高效、法治保障的知识产权体制机制，知识产权创造、运用、保护、管理和服务能力大幅提升，创新创业环境进一步优化，逐步形成产业参与国际竞争的知识产权新优势，基本实现知识产权治理体系和治理能力现代化，建成一批知识产权强省、强市，知识产权大国地位得到全方位巩固，为建成中国特色、世界水平的知识产权强国奠定坚实基础。

针对创新驱动发展战略的需要，《意见》明确提出"实行严格的知识产权保护"，包括加大知识产权侵权行为惩治力度，加大知识产权犯罪打击力度，建立健全知识产权保护预警防范机制，加强新业态新领域创新成果的知识产权保护，以及规制知识产权滥用行为。在加大侵权惩治力度方面，则具体提出应当提高法定赔偿上限，对恶意侵权行为实施惩罚性赔偿，由侵权人承担权利人为了维权而实际发生的合理开支，等等。

针对中国企业走向海外和参与"一带一路"建设的需要，《意见》提出了"加强重点产业知识产权海外布局和风险防控"，包括加强重点产业知识产权海外布局规划，拓展海外知识产权布局渠道，完善海外知识产权风险预警体系，提升海外知识产权风险防控能力，以及加强海外知识产权维权援助。在中国已经积极参与知识产权国际事务，并且具有一定话语权的背景之下，《意见》还提出应当提升知识产权对外合作水平，包括推动构建更加公平合理的国际知识产权规则，加强知识产权对外合作机制建设，加大对发展中国家知识产权援助力度，拓宽知识产权公共外交渠道。

大体说来，2008 年的《纲要》确立了国家知识产权战略的指导思想和目标，确定了国家知识产权战略的重点，勾画了中国知识产权战略的蓝图。2015 年的《意见》，又在《纲要》的框架之内，提出了知识产权强国建设的目标，强调了严格保护知识产权，重点产业知识产权海外布局和风险防控。显然，这两个文件不仅指导了政府部门的工作，而且为知识产权的立法和司法提供了重要参考，具有非常重要的意义。

（二）知识产权法律的修正

中国于 2001 年 12 月加入世界贸易组织，建立了与国际规则接轨的知识产权制度。随后，中国针对知识产权保护实践中的突出问题，开始了新一轮的知识产权法律的修改，其目的是更好地保护创新成果，保障创新驱动发展战略的实施。

1. 《专利法》的修正

《专利法》的第三次修正于 2006 年启动，先是由国家知识产权局起草了修改的"送审稿"，然后是国务院提交了"修订草案"。2008 年 12 月，全国人大常委会通过了对《专利法》的修正的决定，于 2009 年 10 月开始实施。此次修正《专利法》，主要有三个方面的显著变化。第一，以绝对新颖性取代了原来的相对新颖性。按照原来的相对新颖性，申请专利的发明创造，应是在申请日以前没有在"国内外"的出版物上公开过，也没有在"国内"公开使用过或者以其他方式为公众所知。其中的出版物的标准是全世界的，而公知公用的标准则是国内的。而依据 2008 年的《专利法》，授予专利权的发明、实用新型和外观设计，应当不属于现有技术或者现有设计。其中的现有技术和现有设计，是指申请日以前在"国内外"为公众所知的技术或者外观设计。这表明，无论是出版物还是公知公用，其标准都是全世界的。这个修改，反映了中国专利授权标准的提高。[①] 第二，针对冗长的专利确权程序，2008 年的《专利法》规定了现有技术的抗辩。按照规定，如果被控侵权人可以证明自己所使用的是现有技术或者现有设计，法院可以判定被告没有侵犯原告的专利权。[②] 与此相应，被控侵权人可以免于走专利权无效宣告的程序，从而有利于迅速解决相关的纠纷。第三，加大了侵权赔偿的力度。根据 2008 年的《专利法》，侵犯专利权的损害赔偿，以权利人的损失，或者侵权人的利益所得，或者专利许可费用的倍数加以确定。如果上述三种方式难以确定，则可以判给法定损害赔偿，其数额为 1 万元以上 100 万元以下。[③]

国家知识产权局于 2011 年再次启动了修改工作。在修改论证工作中，国家知识产权局将目前专利保护中的问题归纳为"举证难、周期长、成本高、赔偿低、效果差"，并由此提出了一些修改建议。2013 年 1 月，国家知识产权局向国务院提交了《专利法修订草案（送审稿）》，修改建议主要集中在专利权的保护方面，例如改进专利无效宣告程序、减轻权利人的举证负担、提高损害赔偿的数额。[④] 正当国务院法制办讨论这个"送审稿"的时候，国家知识产权局又启动了对于《专利法》的全面修改工作。其理由在于，创新驱动发展战略的实施，对于专利制度提出了更高的要求。2015 年 7 月，国家知识产权局再次向国务院上报了《专利法修订草案（送审稿）》，不仅涉及专利权的保护，还涉及促进专利的转化运用、提升专利质量和完善专利代理等等。[⑤] 目前，这个"送审稿"仍然在国务院层面上进行讨论。

---

① 参见 2008 年《专利法》第 22 条。
② 参见 2008 年《专利法》第 62 条。
③ 参见 2008 年《专利法》第 65 条。
④ 参见国家知识产权局《关于提请审议〈专利法修订草案（送审稿）〉的请示》（2013 年 1 月）。
⑤ 参见国家知识产权局《关于提请审议〈专利法修订草案（送审稿）〉的请示》（2015 年 7 月）。

2. 《商标法》的修正

《商标法》的第三次修改工作，早在 2003 年就在国家工商行政管理总局商标局启动。经过若干年的调研和论证，国家工商行政管理总局于 2009 年 11 月向国务院提交了《商标法修订草案（送审稿）》。随后，国务院于 2012 年 10 月向全国人大常委会提交了《商标法修订草案》。2013 年 8 月，全国人大常委会通过了《商标法修订草案》。

2013 年《商标法》，一个突出之处是规定了商标侵权的标准，即消费者混淆的可能性。根据规定，未经商标注册人许可，在同一种商品上使用与其注册商标近似的商标，或者在类似商品上使用与其注册商标相同或者近似的商标，容易导致混淆的，构成商标侵权。[①] 除了直接侵权，还规定了帮助侵权的责任。根据规定，故意为侵犯他人商标专用权行为提供便利条件，帮助他人实施侵犯商标专用权行为的，构成商标侵权。[②] 同时，2013 年《商标法》还引入了惩罚性损害赔偿制度，并且大幅度提高了法定赔偿数额。根据规定，侵犯商标权的损害赔偿，可以按照权利人的损失，或者侵权人的利益所得，或者许可使用费的倍数合理确定。对恶意侵犯商标权情节严重的，可以在上述方法确定的数额的基础上，确定 1 倍以上 3 倍以下的赔偿数额。又据规定，权利人损失、侵权人利益所得和许可费用难以确定的，可以根据侵权行为的情节给予 300 万元以下的赔偿。[③] 而按照原来的规定，法定赔偿的数额是 50 万元以下。除了侵权构成和损害赔偿方面的修订，2013 年《商标法》还着力减轻了权利人的举证责任。根据规定，人民法院为确定赔偿数额，在权利人已经尽力举证，而与侵权行为相关的账簿、资料主要由侵权人掌握的情况下，可以责令侵权人提供；侵权人不提供或者提供虚假账簿、资料的，人民法院可以参考权利人的主张和提供的证据判定赔偿数额。[④]

---

① 参见 2013 年《商标法》第 57 条。
② 参见 2013 年《商标法》第 57 条。
③ 参见 2013 年《商标法》第 63 条。
④ 参见 2013 年《商标法》第 63 条。

3. 《反不正当竞争法》的修改

《反不正当竞争法》自 1993 年制定后，到 2015 年 12 月，国家工商行政管理总局向国务院提交了《反不正当竞争法修订草案（送审稿）》，就该法的修改提出了一系列建议性条文。随后，国务院经过研究讨论，于 2016 年 12 月向全国人大常委会提交了修订草案。2017 年 11 月，全国人大常委会经过进一步修改，通过了新的《反不正当竞争法》。

鉴于已经在 2007 年 8 月制定了《反垄断法》，2017 年《反不正当竞争法》删除了有关垄断行为的 5 个条文，即公用事业单位排除竞争的行为、行政垄断的行为、低价倾销的行为、搭售商品或者附加其他不合理条件的行为，以及串通招投标的行为。这样，新修改的《反不正当竞争法》就成了单纯的规范市场主体私权利的法律，不再有公权力机关介入的反垄断规定。然而在另一方面，2017 年《反不正当竞争法》在对于相关条文做了必要的修订之后，仍然保留了有关商业贿赂和有奖销售的规定。事实上，中国《刑法》已经在 11 个条文中，对于商业贿赂做了非常详尽的规定。同时，有奖销售的规定，也可以纳入《消费者权益保护法》，而没有必要规定在《反不正当竞争法》中。这样，删除有关商业贿赂和有奖销售的规定，恐怕就要留待《反不正当竞争法》的下一次修改了。

2017 年《反不正当竞争法》第 6 条规定了对于商业标识仿冒的制止，第 8 条规定了对于虚假宣传的制止，第 9 条规定了对于窃取他人商业秘密的制止，第 11 条规定了对于商业诋毁的制止。这几个条文，与 1993 年《反不正当竞争法》相比，虽然有一些文字上的变化，但制止仿冒、虚假宣传、商业诋毁和保护商业秘密的实质没有变化。具有实质性的变化在于，加大了对相关侵权行为的打击力度。例如，2017 年《反不正当竞争法》第 17 条规定，经营者违反本法规定，给他人造成损害的，应当承担法律责任。其中的损害赔偿责任，按照权利人的损失、侵权人的利益所得确定。损害赔偿的数额，还应当包括经营者为制止侵权行为所支付的合理开支。又据该条的规定，在假冒他人商业标识或者窃取他人商业秘密的情况下，如果权利人的损失和侵权人的利益所得难以确定，可以处以 300 万元以下的损害赔偿。①

2017 年《反不正当竞争法》修改的一个争议之处是制定了一个"互联网条款"即第 12 条："经营者不得利用技术手段，通过影响用户选择或者其他方式，实施下列妨碍、破坏其他经营者合法提供的网络产品或者服务正常运行的行为：（一）未经其他经营者同意，在其合法提供的网络产品或者服务中，插入链接、强制进行目标跳转；（二）误导、欺骗、强迫用户修改、关闭、卸载其他经营者合法提供的网络产品或者服务；（三）恶意对其他经营者合法提供的网络产品或者服务实施不兼容；（四）其他妨碍、破坏其他经营者合法提供的网络产品或者服务正常运行的行为。"

对于这样一个条文，无论是国家工商行政管理总局还是国务院，都是作为一个亮点予以说明的。② 然而在笔者看来，这个规定至少存在两个问题。第一，反不正当竞争法是对智力活动成果的保护，而非对技术措施的保护。如果说知识产权包括制止不正当竞争的权利，产生于智力活动成果，由市场主体所设定的技术措施，显然不会产生知识产权。第二，这个规定违反了知识产权立法中的"技术中立"原则。例如，1996 年世界知识产权组织制定了《版权条约》和《表演与录音制品条约》，虽然是要规范作品、表演和录音制品在网络环境中的传播，但是并未使用"数字"和"互联网络"一类的术语，而是使用了"向公众传播权"和"向公众提供权"的法律术语。③ 显然，2017 年《反不正当竞争法》的这个规定，使用了互联网技术发展到目前的一系列术语，例如"插入链接""目标跳转""关闭""卸载""不兼容""网络产品"等，是不恰当的。互联网技术仍然在日新月异地迅速发展，技术术语也在不断更新。如果其中的有些技术术语一旦过时，立法机关就会面临再次修法的问题。

---

① 参见 2017 年《反不正当竞争法》第 17 条。
② 参见张茅 2017 年 2 月 22 日在第十二届全国人大常委会第二十六次会议上《关于〈中华人民共和国反不正当竞争法（修订草案）〉的说明》。
③ 参见〔匈〕米哈依·菲舍尔《版权法与因特网》，郭寿康等译，中国大百科全书出版社，2009，第 199~368 页。

4. 《著作权法》的修正

《著作权法》于1990年制定后，于2001年中国加入世贸组织之前进行了第一次修正。2009年1月，世界贸易组织的争端解决小组裁定，中国《著作权法》第4条第1款规定的"依法禁止出版、传播的作品，不受本法保护"，不符合《与贸易有关的知识产权协定》和《伯尔尼公约》，建议中国加以修订。[①] 随后，全国人大常委会于2010年2月修改《著作权法》，一方面删除了原来的第4条第1款，另一方面又加上了"国家对作品的出版、传播依法进行必要的监督"。此外，还增加了一个第26条，规定了著作权质押的登记。[②] 这属于第二次修正。

2011年7月，国家版权局启动了《著作权法》的第三次修正，委托中国社会科学院知识产权中心、中南财经政法大学知识产权研究中心、中国人民大学知识产权学院分别起草《著作权法》第三次修正的专家建议稿。在上述三个专家建议稿的基础上，国家版权局形成了自己的修改草案，于2012年12月向国务院提交了《著作权法修订草案（送审稿）》。目前，《著作权法》的修改仍然停留在国务院的层面上。

根据"送审稿"，《著作权法》的修改主要是强化了对于权利人的保护。例如，将法定赔偿的数额由原来的50万元以下，提高到100万元以下。又如，对于两次以上故意侵犯著作权或者相关权的，人民法院可以在权利人损失、侵权人利益所得、许可费用的合理倍数和法定损害赔偿数额的基础上，确定二至三倍的赔偿数额。再如，判给权利人的赔偿数额，应当包括权利人为制止侵权行为所支付的合理开支。除此之外，还规定了举证责任的转移，即人民法院为确定赔偿数额，在权利人已经尽力举证，而与侵权行为相关的账簿、资料主要由侵权人掌握的情况下，可以责令侵权人提供，侵权人不提供或者提供虚假的账簿、资料的，人民法院可以根据权利人的主张判定侵权赔偿

[①] Report of the Panel, China—Measures Affecting the Protection and Enforcement of Intellectual Property Rights, WT/DS362/R, 26 January 2009.

[②] 参见2010年《著作权法》第4条和第26条。

数额。①

大体说来，自 2001 年 12 月加入世界贸易组织以后，中国针对知识产权保护实践中出现的突出问题，应对建设创新型国家和创新驱动发展的需要，着力修改完善了相关的知识产权法律。随着《专利法》《商标法》《著作权法》《反不正当竞争法》的修改完成，中国的知识产权法治建设已经进入了一个新的发展时代。

（三）知识产权法院与司法改革

现代中国的知识产权司法保护，同样开始于 20 世纪 80 年代。随着《商标法》《专利法》《著作权法》《反不正当竞争法》的颁布实施，各级人民法院开始审理有关知识产权纠纷的案件。不过在一开始，能够胜任知识产权审判的法官并不很多。于是，北京、上海等地的法院，通常是将审理知识产权案件的法官集中在一个审判庭，边学习边研究，边审理知识产权案件。1993 年 8 月，北京市中级人民法院和高级人民法院率先设立知识产权审判庭。随后，全国各地的一些中级人民法院和高级人民法院也纷纷设立了知识产权审判庭。在此背景之下，最高人民法院在 1996 年 10 月也设立了知识产权审判庭。截至目前，全国四级法院之中，大约有 420 个知识产权审判庭。② 由此可以看出，中国的知识产权司法审判，从一开始就走了一条专门化的道路。

在知识产权的专门审判之中，还有另一个更为专门的审判方向，这就是最高人民法院指定了少数中级人民法院和基层人民法院，管辖有关专利、植物新品种和集成电路布图设计的一审案件。截至 2013 年底，全国共有 87 个中级人民法院可以管辖专利的一审案件，45 个中级人民法院可以管辖植物新品种的一审案件，46 个中级人民法院可以管辖集成电路布图设计的一审案件，以及 7 个基层法院可以管辖实用新型专利和外观设计专利的一审案件。③ 根据

① 参见国家版权局《著作权法修订草案（送审稿）》（2013 年 12 月）。
② 参见最高人民法院《中国知识产权司法保护纲要（2016—2020）》（2017 年 4 月 24 日）。
③ 参见最高人民法院《中国法院知识产权司法保护状况（2013 年）》（2014 年 4 月 21 日）。

《民事诉讼法》的相关规定，当事人对于基层法院的判决不服的，可以上诉到相应的中级人民法院，对于中级人民法院的判决不服的，可以上诉到相应的高级人民法院。至于最高人民法院，则可以在必要的时候提审高级人民法院判决的案件。

知识产权法律是对创新成果提供保护的法律。解决相关的法律纠纷，对于创新成果的保护至关重要。就法官的职业技能来说，审理有关著作权、商标和反不正当竞争的案件，相对来说比较容易一些。但是审理有关专利、植物新品种和集成电路布图设计的案件，甚至是有关技术秘密和计算机软件的案件，对于法官的职业技能则会有更高的要求。正是由此出发，国际上出现了设立专门的审判机构审理有关技术类案件的趋势。例如，美国于1982年设立联邦巡回上诉法院，统一受理来自全国各地的专利纠纷上诉案件。又如，日本于2004年设立知识产权高等法院，统一受理有关专利、实用新型、外观设计、植物新品种、集成电路布图设计和计算机软件的二审案件。在这方面，欧盟也自2006年开始，探索有关专利的统一上诉法院。①

顺应国际知识产权保护的趋势，同时也是为了实施创新驱动发展战略，全国人大常委会于2014年8月31日通过了《关于在北京、上海和广州设立知识产权法院的决定》（以下简称《决定》）。随后，最高人民法院又于2014年10月27日发布了《关于北京、上海、广州知识产权法院案件管辖的规定》（以下简称《规定》）。此后，北京知识产权法院于2014年11月6日成立，广州知识产权法院于2014年12月16日成立，上海知识产权法院于2014年12月28日成立，开始受理有关的案件。根据全国人大常委会的《决定》和最高人民法院的《规定》，知识产权法院有下列三个特点。

第一个特点是集中审理技术类知识产权案件。按照《决定》和《规定》，知识产权法院管辖专利、植物新品种、集成电路布图设计、技术秘密和计算机软件等技术类知识产权的第一审民事案件和行政案件。同时，当事人不服

---

① 参见中国社会科学院知识产权中心编《中国知识产权保护体系改革研究》，知识产权出版社，2008，第188~191页。

国务院行政部门裁定或者决定而提起的第一审知识产权授权确权行政案件，由北京知识产权法院管辖。其中的国务院行政部门做出的裁定或者决定，通常是指专利复审委员会关于不授予专利权或者专利权有效与否的决定、商标评审委员关于不予商标注册或者撤销商标注册的决定，以及农林部门关于植物新品种权利的决定。

第二个特点是知识产权法院是中级人民法院。根据《决定》，对于知识产权法院做出的一审判决或者裁定，如果当事人不服，可以上诉到相应的高级人民法院，如北京市、上海市或者广东省高级人民法院。同时，知识产权法院所在市的基层人民法院做出的有关著作权、商标等知识产权民事判决、裁定的上诉案件，由知识产权法院审理。

第三个特点是跨区域管辖技术类案件。根据《决定》，知识产权法院对专利等技术类案件实行跨区域管辖。在知识产权法院设立的三年内，可以先在所在省（直辖市）实行跨区域管辖。按照这个规定，知识产权法院设立三年以后，可以跨越省份或者直辖市，管辖专利等技术类案件。

在北京、上海和广州设立知识产权法院，属于一项试点。根据规定，全国人大常委会的《决定》实行满三年，最高人民法院应当报告《决定》的实施情况。2017年8月，最高人民法院周强院长向全国人大常委会报告了《决定》实施的情况。根据报告，在过去的三年里，三个知识产权法院的运行取得了显著的成绩。例如，通过一系列典型案例，着力解决了侵权成本低、维权成本高的问题，彰显了激励和保护创新的态度。又如，通过推进审判机构专门化、审判人员专职化和审判工作专业化，统一裁判标准，提高审判效率，对于提升全国法院知识产权纠纷审判水平发挥了引领示范作用。再如，推进司法责任制、人员分类管理和职业保障改革落实，探索技术调查官制度，充分发挥了司法体制改革排头兵的作用。针对《决定》实施过程中存在的问题，周强院长也提出了一系列建议。例如，对简单的一审民事、行政案件实行主审法官独任审理试点，促进案件繁简分流。又如，研究建立国家层面知识产权案件上诉审理机制，实现知识产权案件审理专门化、管辖集中化、程序集约化和人员专业化。再如，总结推广北京、上海、广州知识产权法院经验，适时增设知识产权法院，进一步健全符合知识产权司法保护规律的专门化审判体系，更好地满足科技创新对知识产权专门化审判的司法需求。①

事实上，有关知识产权法院体系的建设，已经按照中央的部署稳步推进。例如，最高人民法院于 2017 年 1 月宣布，在成都、武汉、南京和苏州的中级人民法院中，设立了四个知识产权法庭。②2018 年 1 月，经过最高人民法院批复，又在济南、青岛、杭州、宁波、合肥、福州、深圳、天津、郑州、长沙、西安建立了 11 个知识产权法庭。按照这样一个部署，大体可以看出，中国将设立 5 到 8 个知识产权法院。而在每个知识产权法院之下，又会设立若干个派出法庭，作为知识产权法院的分支机构。同时，在 5 至 8 个知识产权法院之上，设立一个全国性的知识产权高等法院，主要审理不服各地知识产权法院判决的上诉案件。在必要的时候，则由最高人民法院通过再审的方式，解释明确一些重大的法律问题。

三 知识产权法治建设的未来

总结过去，中国自 1978 年改革开放以来，在知识产权法治建设方面取得了举世瞩目的成绩。一方面，顺应改革开放的需要，在 2001 年 12 月加入世界贸易组织之前，建立了一个与国际规则接轨的知识产权法律体系。另一方面，自加入世界贸易组织以后，为了实现建设创新型国家的战略目标，为了适应创新驱动发展战略的需要，又在知识产法治建设方面，采取了一系列措施。例如，国务院于 2008 年发布《国家知识产权战略纲要》，于 2015 年发布《关于新形势下加快知识产权强国建设的若干意见》，不仅勾画了中国知识产权法治建设的宏伟蓝图，而且提出了严格保护知识产权、保障创新驱动发

① 参见周强《最高人民法院关于知识产权法院工作情况的报告》（2017 年 8 月 29 日）。
② 参见最高人民法院《中国知识产权司法保护纲要（2016—2020）》（2017 年 4 月 24 日）。

展战略的基本原则。又如，中国于 2008 年修改了《专利法》，于 2013 年修改了《商标法》，于 2017 年修改了《反不正当竞争法》，并且正在进行修改《著作权法》和再次修改《专利法》的工作。上述知识产权法律的修改，不仅解决了中国知识产权保护实践中的一些问题，而且进一步强化了对于创新成果的保护。再如，全国人大常委会还在 2014 年做出了《关于在北京、上海和广州设立知识产权法院的决定》，专门管辖专利、植物新品种、集成电路布图设计、技术秘密和计算机软件的一审案件，以求统一裁判尺度，最大限度地保护市场主体在相关技术领域中的创新成果。

当然，中国知识产权法治建设仍然面临着一系列挑战。例如在 2016 年，中国的专利申请数量达到了 3465000 件，其中发明专利申请 1339000 件，实用新型专利申请 1476000 件，外观设计专利申请 650000 件。中国的发明专利申请量连续 6 年位居世界第一。[①] 在这种情况下，更多地关注专利的质量，而非专利的数量，就成了摆在我们面前的重大课题。又如在 2016 年，中国的商标注册申请量是 3691400 件，商标累计注册申请量是 22094100 件，有效商标注册量是 12376400 件。在注册商标的申请量和有效注册的保有量方面，中国连续 15 年位居世界第一。[②] 在这种情况下，更多地强调注册商标的使用，强调商标的品牌建设，也是我们应当着力解决的一个问题。再如，中国知识产权保护中，一直存在着侵权成本低、维权成本高的问题。要解决这一问题，就需要市场主体、行政机关、法院和律师充分认识知识产权的市场价值，大幅度提高知识产权损害赔偿的数额，向全社会传递知识产权是一项高价值权利的信号，进而鼓励市场主体从事相关的创新活动。

在未来几年里，中国知识产权法院体系的建设，也是一个需要高度关注的问题。按照知识产权法院目前的发展状况，一方面要在北京、上海和广州

---

① 国家知识产权局：《二〇一六年中国知识产权保护状况》，http://www.sipo.gov.cn/gk/zscqbps/201704/P020170425580002993482.pdf。

② 国家知识产权局：《二〇一六年中国知识产权保护状况》，http://www.sipo.gov.cn/gk/zscqbps/201704/P020170425580002993482.pdf。

三个知识产权法院的基础上，按照地域需要的原则，增设三到五个知识产权法院。另一方面，同样是按照地域需要的原则，设立更多的知识产权法庭，作为知识产权法院的派出机构。同时，还需要依据全国人民代表大会的授权，设立全国性的知识产权高等法院，受理来自全国各地的有关专利、植物新品种、集成电路布图设计、技术秘密和计算机软件的二审案件。毫无疑问，知识产权法院体系的建设和完善，必将对市场主体的技术类创新成果提供更加强有力的保护，进而推动市场主体从事相应的创新活动。

最后，对外开放仍然是未来中国知识产权法治建设的一个重要方面。改革开放以来，在知识产权的规则方面，中国一直是一个进口者或者"拿来者"。然而，随着中国社会经济的迅速发展，随着技术创新水平的不断提高和商业模式的变化，中国的司法、行政和立法机关在着手解决自身所面临问题的同时，开始在知识产权规则方面有所创新。从这个意义上说，中国有可能成为某些知识产权规则的出口者或者"贡献者"。事实上，自 2001 年加入世界贸易组织以后，中国企业开始了"走出去"的历史性转变。2013 年，中国政府提出了"一带一路"倡议，鼓励企业参与"一带一路"沿线国家的经济建设。在这种情况下，中国政府和企业应当积极参与知识产权国际规则的协调和制定，以求最大限度地保护自己的创新成果，并且对于知识产权保护的国际规则有所贡献。

中国民事权利保障和民事法治建设

谢鸿飞 *

导　读：1978 年改革开放以前，中国民法主要局限于婚姻家庭和继承领域。中国民法是和改革开放同步发展繁荣的。1986 年颁行的《民法总则》使中国民法在法律体系中获得了应有地位，标志着中国民法进入一个全新的时代。1992 年后，中国各个领域的民事单行法粲然大备，包括《担保法》《合同法》《物权法》《侵权责任法》等；民事司法解释也主题多元，内容丰富。2014 年党的十八届四中全会决定编纂民法典，中国民法进入了民法典时代。2017 年《民法总则》的颁行，标志着中国民法典编纂完成了最重要的一步，民法典分则正在紧锣密鼓地制定。整个民法典预计将于 2020 年完成，届时中国民法将更为完善。

1978 年改革开放至今，中国的一个重要变化是，社会领域不断蓬勃发展，国家不再包揽社会领域的全部事务，国家权力从民事领域不断撤离。在民事领域，市场逐渐形成并不断扩大其范围，技术革新不断翻新交易模式；私人

---

* 谢鸿飞，中国社会科学院法学研究所民法研究室主任，研究员。

财产的合法性被认可，财产数量和种类都与日俱增；民众公共精神的兴起催生了众多非营利组织，它们在社会公共事务领域厥功至伟；民众的权利意识复苏和勃兴，对权利救济和保障的需求日益高涨……社会领域尤其是民事领域的这些变化，大致可以分为三个阶段。一是 1978~1992 年，通过法律助力培育社会的政策目标。以 1986 年颁行的《民法通则》为标志，国家开始容让社会，承认国家之外的社会领域，公民（自然人）也享有类型丰富的民事权利。二是 1992~2007 年，在这一阶段，市场经济不断向纵深方向发展，民众的经济自由空间得到实质性突破，1999 年统一《合同法》的颁行确认和巩固了市场改革成果，并推进了市场经济的完善。市场经济体制的践行，使个人财富的数量激增，类型多元，保护产权的诉求日益强烈。《物权法》的颁行是中国民事权利保护的另一高峰。三是 2007 年至今，中国民事法治进入佳境。全面依法治国的政治意愿、多年的民事法治理论积累、丰富的司法实践经验和交易实践，为中国民法典的编纂提供了强有力的支撑。具有里程碑意义的是，2017 年中国通过了《民法总则》，这预示着中国民法典编纂迈出了最为重要的一步，中国即将拥有自己的民法典，中国的"民法典梦"也即将成真。

40 年中国的民事法治是包括立法、司法、法律文化等领域在内的一个复杂系统。其中，立法和司法解释是最为直观的因素，因此本书主要以它们为中心展开。民法首先是上层建筑对经济关系的反映，脱离经济关系的民法没有用武之地；但民法通过确立市场经济和其他社会领域的运行规则，也可反过来促进经济和社会的发展。中国民事法治充分体现了上层建筑与经济基础的复杂关系：经济发展急需法律回应，法律反过来促进了经济发展。

一 民事基本法——《民法通则》的颁行

改革开放伊始，中国即着手编纂民法典。1979 年 11 月，全国人大常委会法制工作委员会成立了主要由民法学者组成的"民法起草小组"，开始新中国第三次民法起草，以 1962 年的《苏联民事立法纲要》、1964 年的《苏俄民法典》和 1978 年修订的《匈牙利民法典》为蓝本。此后立法机关考虑到经济体制改革刚刚开始，社会生活处在变动之中，一时难以制定一部完善的民法典，决定解散民法起草小组，暂停民法典起草工作，改采先分别制定单行法，待条件具备时再制定民法典的方针。[①] 之后，在经过学界沸沸扬扬的民法和经济法的大论战后，中国即开始了《民法通则》的起草工作。

1986 年 4 月 12 日，第六届全国人民代表大会第四次会议通过《民法通则》，它于 1987 年 1 月 1 日起施行。《民法通则》是从中国的实际需要出发，在研究改革、开放、搞活的新情况、新问题和新经验并总结和借鉴历史的和外国的经验基础上制定出来的中国民事活动共同遵循的准则。它反映了中国社会主义经济的特色，是一部具有中国特色的法律。[②]

《民法通则》共 9 章 156 条，其结构为：第一章"基本原则"、第二章"公民（自然人）"、第三章"法人"、第四章"民事法律行为和代理"、第五章"民事权利"、第六章"民事责任"、第七章"诉讼时效"、第八章"涉外民事关系的法律适用"、第九章"附则"。第五章"民事权利"是最引人注目的章节，它赋予了公民（自然人）丰富的财产权和人格权。为防止十年浩劫践踏人格权的悲剧重演，它专设第四节明文规定公民（自然人）享有"生命健康权"（第 98 条）、"姓名权"（第 99 条）、"肖像权"（第 100 条）、"名誉权"和"人格尊严"（第 101 条）。为充分保障民事权利，它还在第六章第三节明文规定侵害财产权的侵权责任（第 117 条），侵害生命健康权的侵权责任（第 119 条），侵害姓名权、肖像权、名誉权的侵权责任（第 120 条）及国家机关或者国家机关工作人员侵犯人民合法权益的民事责任（第 121 条）。《民法通则》的这些内容表明，它承担了确认民事权利和保障民事权利的两大基本功能，这也使它真正成为一部"权利法"。因此，它被称为中国的"人权

---

① 梁慧星主编《中国民法典草案建议稿附理由》，法律出版社，2013，序言。
② 余能斌：《论我国民法通则的特点》，《法学评论》1986 年第 4 期；赵中孚：《〈中华人民共和国民法通则〉的社会主义特色》，《法律学习与研究》1986 年第 6 期。

宣言""权利的播种机"。

《民法通则》在中国法制史上的意义在于,它改变了中国没有民法的历史。因为在此之前,《婚姻法》被认为是一个独立的部门法,《经济合同法》被认为属于经济法,都不属于民法。① 学界对《民法通则》做了极高的评价。"它不仅为我国社会主义商品经济关系的法律调整提供了最基本的原则和制度,而且对于社会主义民主与法制的建设,对于社会主义精神文明的建设具有重要意义。"② 《民法通则》的诞生,是我国社会主义法制建设历史上的一个重要里程碑,是实现邓小平同志的'一手抓建设、一手抓法制'这一战略思想的重大措施,是我国经济体制改革胜利成果的记录,又是经济体制改革深入进行的法律保障。历史的发展将会进一步证明,《民法通则》的基本原则和基本制度,不仅将在中国产生深远的重大影响,而且将成为世界人民的共同财富。"③ 《民法通则》的通过"是我国政治生活和经济生活中的一件大事。它必将对我国社会主义现代化建设事业产生不可估量的积极作用,大大推动社会主义商品经济向前发展"。④

事实也证明,《民法通则》不仅推动了中国经济和社会的发展,激发了中国人的权利意识,而且为中国民事司法提供了一般规则,很大程度上统一了民事案件的裁判规则。作为微缩版的"民法典",它也为后来的民事单行立法提供了诸多方面的支持。2017 年通过的《民法总则》也是以《民法通则》为蓝本制定的。

《民法通则》作为民事领域的一般法和基本法,只有 156 条,面对复杂的社会生活和经济、社会和技术的急速发展,难免捉襟见肘。早在 1988 年 1 月 26 日,最高人民法院为统一裁判规范,通过发布了《关于贯彻执行〈中华人民共和国民法通则〉若干问题的意见(试行)》,共 200 条,内容涉及《民法通则》的众多制度和规则,在民事审判中发挥了重要作用。

---

① 谢怀栻:《正确阐述民法通则以建立我国的民法学》,《法律学习与研究》1987 年第 4 期。
② 佟柔:《民法通则——我国民主与法制建设的一个重要里程碑》,《河北法学》1986 年第 4 期。
③ 杨振山:《〈民法通则〉诞生的历史条件及意义》,《政法论坛》1986 年第 3 期。
④ 王家福:《一部具有中国特色的民法通则》,《法学研究》1986 年第 3 期。

二 民事财产法治的发展

（一）合同法治的发展

商品经济需要三个要素：主体、所有权和交易规则。主体方面的法律主要是各种企业法，所有权方面的法律是物权法，而交易规则方面的法律主要是合同法。因此，要发展市场经济，完善的合同法治是不可或缺的。

1981 年 12 月，中国颁布了《经济合同法》，它适用于"平等民事主体的法人、其他经济组织、个体工商户、农村承包经营户相互之间，为实现一定经济目的，明确相互权利义务关系而订立的合同"。但整体上它呈现的不是契约自由，而更倾向于运用国家权力对合同进行管制。如它要求"任何单位和个人不得利用合同进行违法活动，扰乱社会经济秩序，损害国家利益或社会公共利益，牟取非法收入"（第 4 条）；"国家根据需要向企业下达指令性计划的，有关企业之间应当依照有关法律、行政法规规定的企业的权利和义务签订合同"（第 11 条）。尽管如此，作为中国第一部合同领域的法律，它对商品经济的发展还是起到了积极作用。1985 年颁布《涉外经济合同法》，包括：第一章"总则"、第二章"合同的订立"、第三章"合同的履行和违反合同的责任"、第四章"合同的转让"、第五章"合同的变更、解除和终止"、第六章"争议的解决"、第七章"附则"，共 43 条。由对外经济贸易关系的特殊性质所决定，该法不可能以苏联经济法理论为根据。除法律名称保留了"经济合同"概念，留有一点苏联经济法理论的痕迹外，整部法律的结构、基本原则和内容，主要是参考英美契约法和《联合国国际货物销售合同公约》（CISG），是中国民法继受英美法和国际公约的开端。[①] 1987 年 6 月 23 日，第六届全国人民代表大会常务委员会通过了《技术合同法》。它适用于法人之间，法人和公民之间，公民之间就技术开发、技术转让、技术咨询和技术

---

① 梁慧星主编《中国民法典草案建议稿附理由》，法律出版社，2013，序言。

服务所订立的确立民事权利与义务关系的合同。但是，当事人一方是外国的企业、其他组织或者个人的合同除外。其立法目的主要是规范技术领域的合同，促进技术发展。这就形成了合同法律领域《经济合同法》《技术合同法》《涉外经济合同法》三足鼎立的法律格局，它们分别调整不同领域的合同、不同主体订立的合同。更重要的是，它们体现了计划经济体制时期的理念，对合同的行政干预和管制过多，背离了合同运行的基本规律，一直为理论界和实务界诟病。

1999 年颁行的统一《合同法》包括总则 8 章、分则 15 章，共 23 章 428 条。这部法律采用了典型的德国民法的概念体系，许多原则、制度和条文，直接采自德国民法、日本民法和我国台湾地区民法，一些重要的制度直接采自《国际商事合同通则》(PICC)、《联合国国际货物销售合同公约》、《欧洲合同法原则》(PECL) 和英美契约法。①

统一《合同法》是中国民法和市场经济的里程碑。之所以称为"统一"，是因为它统一了中国之前的散乱、零碎的合同立法，为合同领域确立了统一的法律规范。作为一部统一的、较为完备的合同法典，《合同法》对有关合同的共性问题做了统一规定，将原来比较原则的规定具体化，并尽量吸收行之有效的有关合同的行政法规和司法解释，保持了法律的稳定性和连续性。同时，在继承原三部合同法的基础上，它破旧立新之处甚多。② 此外，它在 1999 年通过，主要在 21 世纪生效和实施，因此，它面向的是未来，而不是当时的经济转轨时期，③ 其预定的社会土壤也是全面的市场经济社会。

1949 年至改革开放以前，中国社会的特征可概括为"总体性社会"，即国家权力弥漫社会诸领域及角落，这种社会构成导致契约自由在中国长期沉默。《合同法》在理念上最大的进步，就是确立了合同自由原则，即只要不

---

① 梁慧星主编《中国民法典草案建议稿附理由》，法律出版社，2013，序言。
② 石宏：《〈中华人民共和国合同法〉与原三部合同法之比较研究》，《中国人大》1999 年第 1 期。
③ 梁慧星：《合同法的成功与不足》，《中外法学》1999 年第 2 期。

违反法律的禁止性规定和社会公共利益，当事人通过合意达成的合同就当然地具有法律效力。契约自由的内容包括缔约的自由、选择相对人的自由、决定合同内容的自由、变更或解除合同的自由和选择合同形式的自由。①《合同法》确立的合同当事人平等和自愿原则，大量的任意性规范，都使《合同法》更接近于一部专家建议稿，在很大程度上接近"契约胜法律"（*Convetio vicit legem*）的观念。

与契约自由相应的是，《合同法》明确规定了契约严守原则。这是契约自由的必然结果，也是市场经济形成的一个重要前提。市场经济必然建立在非人身性的、时空分离的信用经济基础上。市场经济的一个特征是有全国性的、大规模的社会市场，而且，很多交易是复杂的，在未来履行的，如果没有法律上的信用关系，这些交易就无法完成。《合同法》第8条规定：依法成立的合同，对当事人具有法律约束力。当事人应当按照约定履行自己的义务，不得擅自变更或者解除合同。这就确立了信用的法律保障机制，承认了契约严守原则。

中国《合同法》相当重要的一个理念是鼓励交易。立法者认为，对国家、社会和合同主体而言，成功的交易越多越有利。国家可以借此增加其财政税收；财货因为合同得到了充分流转，资源实现了其最充分的运用；合同主体也可以通过合同获取利益。《合同法》的出发点就是鼓励交易，即鼓励当事人尽可能多地订立合同，并使合同得以生效和全面履行。鼓励交易体现在很多法律制度和规则上，如合同的成立可以采取书面形式、口头形式和行为形式（通过行为成立合同），尽量限制无效和可撤销合同的范围，限制合同解除的适用范围等。

《合同法》规定了市场经济和社会生活常见的15种类型，囊括了市场经济中商品和服务交易的主要类型，如买卖合同、承揽合同、运输合同、行纪合同、技术合同等。同时，它还采民商合一的机制，规定了融资租赁合同、

---

① 参见崔建远主编《合同法》（第5版），法律出版社，2010，第18~19页。

建设工程施工合同等商事合同类型。在制定过程中，立法者也广泛参酌了合同交易领域的国际惯例，引入了比较法上被反复证明行之有效的规则，确立了符合合同运行规律的、相对完善的规则体系。

为了回应互联网时代对合同交易的影响，中国于 2004 年颁布了《电子签名法》。它承认电子签名的效力，明确规定当事人约定使用电子签名、数据电文的文书，不得仅因为其采用电子签名、数据电文的形式而否定其法律效力，承认了新技术对合同成立的影响。

在《合同法》施行的当年，最高人民法院就发布了《关于适用〈中华人民共和国合同法〉若干问题的解释（一）》。不仅涉及《合同法》溯及力等法律适用问题，而且包括对具体规则尤其是新规则的解释，如债权人的代位权和撤销权。此后，最高人民法院陆续发布了具体合同领域的司法解释，如《关于审理商品房买卖合同纠纷案件适用法律若干问题的解释》（2003）、《关于审理建设工程施工合同纠纷案件适用法律问题的解释》（2004）、《关于审理技术合同纠纷案件适用法律若干问题的解释》（2004）、《关于审理涉及国有土地使用权合同纠纷案件适用法律问题的解释》（2005）、《关于审理城镇房屋租赁合同纠纷案件具体应用法律若干问题的解释》（2009）。其中最为重要的是 2009 年《关于适用〈中华人民共和国合同法〉若干问题的解释（二）》。它结合司法实践，回应了现实交易对合同规范的要求，创设了情势变更、合同解除异议等新制度。

最高人民法院的司法解释不仅完善了合同规则，而且还结合社会、经济的发展，巧妙地回避了某些不合理的行政管制对经济生活的影响，扩大了契约自由的适用范围。最典型的例子是 2015 年的《关于审理民间借贷案件适用法律若干问题的规定》。它从司法审判角度将民间借贷予以一定程度的合法化，并间接确认了中国非正式金融的部分合法性。基于各种社会政策的考虑，它对民间借贷利息采取了"二线三区"（年利率 24% 和 36%）的客观主义调整方法。它尽可能纾解了中国改革开放以来就存在的两大痼疾：居民储蓄高，投资无门；中小企业融资难、融资成本高。其第 1 条认可了自然人、法人、其他组织之间借贷及其相互之间借贷行为的合法性。但允许企业之间借贷融资，绝非意味着对企业之间的借贷完全放开，法人之间、其他组织之间以及其相互之间的借贷合同生效的前提是"为生产、经营需要"，即为解决资金困难或生产急需偶然为之的借贷。这一限制依然是以金融业的准入管制为前提的，若企业以借贷为其持续性的营业，其经营范围明显违反特许经营的管制规范，自然无效。这种限制的具体目的，一方面是解决借款企业融资难和贷款企业闲散资金的问题，即社会上大量存在的"投资难"问题；另一方面，也使企业无须通过虚构交易（如虚构买卖以掩盖借贷）、委托贷款、信托等迂回方式暗度陈仓，使借贷关系合法化，有助于减少企业的交易成本，强化企业民间借贷合法的预期。

（二）土地承包法治的发展

农村土地承包可谓中国农村最重要的问题之一，尽管中国宪法和其他法律都规定了农村土地承包制度，但一直缺乏详细的法律规范予以调整。在实践中，农民的土地承包权无法得到有效保护，甚至被任意侵犯的情形并不鲜见。为解决这一难题，中国于2002年颁布了《农村土地承包法》。它以法律形式赋予农民长期而有保障的农村土地承包经营权，对土地承包的诸多细节问题做了规定，体现了党的十五届三中全会决定精神。它对切实保护农民的合法权益，进一步调动农民的积极性，促进农业和农村经济发展，维护农村社会稳定，具有重大的现实意义和深远的历史意义。[①]

《农村土地承包法》第4条第1款明确规定：国家依法保护农村土地承包关系的长期稳定。第20条规定：耕地的承包期为30年；草地的承包期为30年至50年；林地的承包期为30年至70年，特殊林木的林地承包期，经国务院林业行政主管部门批准可以延长。同时，针对农村土地承包中侵害妇女权利的违法现象，其第6条专门规定：农村土地承包，妇女与男子享有平等的

[①] 《依法保障土地承包当事人的合法权益保持党在农村基本政策的长期稳定——农业部副部长刘坚就农村土地承包法有关问题答本刊记者问》，《农村工作通讯》2002年第1期。

权利。承包中应当保护妇女的合法权益，任何组织和个人不得剥夺、侵害妇女应当享有的土地承包经营权。为了确保农村的土地承包经营权，它还明确规定了发包方和承包方的权利和义务，明确了承包方自承包合同生效时取得土地承包经营权；承包期内，发包方不得收回承包地，也不得调整承包地。

但是，《农村土地承包法》并没有明确农民的土地承包经营权的性质到底是一种物权还是一种债权，这一问题被其后的《物权法》解决。

（三）物权法治的发展

《物权法》的出台是 2007 年中国民事法治最具标志性的事件。在其颁行过程中，社会各界产生了极大的争议，甚至有人上书中央，认为草案违宪。尽管"有恒产者有恒心""仓廪实而知礼节"之类的观念已深入人心，产权界定对国家、社会和个体的重要性也为公众认同，但《物权法》的制定暴露了中国改革开放以来的诸多社会矛盾和不同利益集团的诉求，围绕草案，赞成派和反对派形成了激烈的交锋。[①]《物权法》也创造了新中国立法史上审议次数的纪录：全国人大常委会对《物权法（草案）》审议了七次，加上全国人大审议一次，共审议八次。立法机关充分协调各方意见，全国人大也进行了充分审议，修改共有 70 多处。[②]《物权法》对完善中国市场经济规则、强化对私有财产的保护、推进全面依法行政，促进政治文明建设都具有重要意义，也有助于推进民法典的出台。

《物权法》共 5 编 19 章，247 条。它调整的是因物的归属和利用而产生的民事关系，大到山脉、草原、江河湖海和地下矿藏的归属，小到居民住宅的停车位、电梯、水电管线的归属和维护，均在其调整范围。

《物权法》最大的亮点在于它强化了对私人所有权的保护。首先，它明确了产权平等保护原则："国家、集体、私人的物权和其他权利人的物权受法律

① 相关争议，见童之伟《〈物权法（草案）〉该如何通过宪法之门——评一封公开信引起的违宪与合宪之争》，《法学》2006 年第 3 期。
② 陈丽平：《物权法在举世关注的目光中走来》，《中国人大》2017 年第 4 期。

保护，任何单位和个人不得侵犯。""国家巩固和发展公有制经济，鼓励、支持和引导非公有制经济的发展。国家实行社会主义市场经济，保障一切市场主体的平等法律地位和发展权利。"（第3条第3款、第4条）其次，它明确将物权界定为具有支配性和排他性的权利。"排他性"意味着权利人不仅有权排除其他民事主体的干涉，而且可以排除国家的干涉。物权的排他性不仅在民法上具有重大意义，在刑法和程序法上也具有重大意义。物权确定了公权与私权的边界，也确定了政治国家与市民社会在财产关系方面的楚河汉界，为个人划定了自由的空间。再次，它明确规定了征收和征用制度。只有为了公共利益的需要，依照法律规定的权限和程序才可以征收集体所有的土地和单位、个人的房屋及其他不动产。征收集体所有的土地，还应当依法足额支付土地补偿费、安置补助费、地上附着物和青苗的补偿费等费用，安排被征地农民的社会保障费用，保障被征地农民的生活，维护被征地农民的合法权益（第42条）。最后，它还专门规定了私人所有权，尤其是第六章明确规定了业主的建筑物区分所有权，包括建筑物的单独所有部分、共同所有部分和小区车位、车库、绿地和道路的归属。

《物权法》明确了物权法定原则。首先，其第5条规定，物权的种类和内容，由法律规定。其核心目的在于保障交易安全，避免因当事人任意设定具有排他性效力的物权影响第三人的利益。但是，法定主义毕竟限制了当事人的自由，因此，《物权法》也尽可能兼顾了当事人的自由空间，尤其是在地役权和担保物权领域。其次，《物权法》还明确规定了物权公示原则。它要求物权变动必须通过特定的外观表示出来，以达到公众"知道"的目的。其第6条规定，不动产物权的设立、变更、转让和消灭，应当依照法律规定登记。动产物权的设立和转让，应当依照法律规定交付。因为不动产是不能移动的，当事人进行交易时，通过查阅不动产登记机关的不动产登记簿就可以非常清楚地知道不动产上的权利；动产可以任意移动，而且动产基本上是批量生产的，必须通过占有来公示。

在《物权法》制定前，关于不动产登记存在"多头执政"的局面，而且其依据的法律也不同。如《担保法》第 42 条就规定了多个不动产登记部门，如土地管理部门、房地产管理部门、森林行政管理部门等。这种做法很不利于确立良好的物权秩序，保障交易安全。因此，《物权法》借鉴世界各国的一般做法，确立了不动产统一登记制度。其第 10 条专门规定了不动产登记制度："不动产登记，由不动产所在地的登记机构办理。国家对不动产实行统一登记制度。统一登记的范围、登记机构和登记办法，由法律、行政法规规定。"它还明确规定了更正登记、异议登记和预告登记。为规范不动产登记机构登记收费，保障登记权利人的利益，其第22条专门规定，不动产登记费按件收取，不得按照不动产的面积、体积或者价款的比例收取。具体收费标准由国务院有关部门会同价格主管部门规定。

在中国《物权法》中，物权的体系是：（1）所有权，包括国家所有权、集体所有权和私人所有权；（2）用益物权，包括农村土地承包经营权、宅基地使用权、国有土地建设用地使用权、地役权；（3）担保物权，包括抵押权、质押权、留置权；（4）占有，是占有人对动产或不动产的实际控制，是一种受到法律保护的客观事实状态。在现代化的市场经济条件下，资金和土地财产的使用关系最为重要。其中，所有权是最基本的物权，其权能可以与所有权分离，形成用益物权和担保物权。前者调整的主要是市场经济中的土地要素；后者主要调整市场经济中的资金要素，即为资金使用提供保障。

《物权法》在用益物权和担保物权领域也做了较大的革新。它首次明确了农村土地承包经营权是一种物权。其第 125 条规定，土地承包经营权人依法对其承包经营的耕地、林地、草地等享有占有、使用和收益的权利，有权从事种植业、林业、畜牧业等农业生产。同时第 132 条明确规定，承包地被征收的，土地承包经营权人有权获得相应补偿。这就强化了土地承包经营权的效力。其次，在建设用地使用权方面，它要求工业、商业、旅游、娱乐和商品住宅等经营性用地以及同一土地有两个以上意向用地者的，应当采取招标、拍卖等公开竞价的方式出让（第 137 条），以确保国有建设用地使用权公开、公平和公正地转让。建设用地使用权期间届满前，因公共利益需要提前收回该土地的，应当依照本法第 42 条的规定对该土地上的房屋及其他不动产给予补偿，并退还相应的出让金（第 148 条）；住宅建设用地使用权期间届满的，自动续期（第 149 条）。这些规定都强化了对建设用地使用权人的权益保护。最后，在担保物权领域，它强化了当事人意思自由的空间，规定当事人可以约定担保物权实现的事由；为提高担保物权实现的效率，它许可抵押权人直接请求法院拍卖、变卖抵押财产，而无须通过诉讼程序。

《物权法》通过后，最高人民法院于 2009 年先后制定出 2 件正式司法解释，阐明建筑物区分所有权纠纷及关联的物业服务纠纷裁判中的重要法律适用问题。《关于审理建筑物区分所有权纠纷案件具体应用法律若干问题的解释》的目的是调整城市小区物业中的法律关系。它规定，业主基于对住宅、经营性用房等专有部分特定使用功能的合理需要，可以无偿利用屋顶以及与其专有部分相对应的外墙面等共有部分，除非违反法律、法规、管理规约，损害他人合法权益；建设单位按照配置比例将车位、车库，以出售、附赠或者出租等方式处分给业主的，就可以认定为"首先满足业主的需要"。《关于审理物业服务纠纷案件具体应用法律若干问题的解释》则为审理物业管理纠纷提供了法律基础。如它规定业主大会可以依据决议，任意解聘物业服务企业。

2016 年，在历经 9 年的酝酿和沉淀后，最高人民法院通过了《关于适用〈中华人民共和国物权法〉若干问题的解释（一）》。它是《物权法》实施以来司法经验与实践理性的结晶，消除了各类物权案件裁判中的模糊或歧见。解释的内容涵盖物权制度的诸多方面，如异议登记与预告登记的效力、物权的法定变动、物权的变动要件、优先购买权以及善意取得制度等。如其第 2 条明确规定，当事人有证据证明不动产登记簿的记载与真实权利状态不符、其为该不动产物权的真实权利人，可以请求确认其享有物权。这就改变了实践中将不动产登记簿等于确权唯一依据的错误做法。

《物权法》虽然规定了不动产统一登记制度，但因为不动产统一登记涉及行政管理体制等，推行过程中遇到诸多困难，实践中一直进展缓慢。为彻底解决不动产的统一登记问题，建立统一登记机关、统一登记依据、统一登记簿等，国务院于2014年发布了《不动产登记暂行条例》。它将不动产登记界定为不动产登记机构依法将不动产权利归属和其他法定事项记载于不动产登记簿的行为。不动产包括土地、海域以及房屋、林木等定着物。明确规定国家实行不动产统一登记制度。不动产登记遵循严格管理、稳定连续、方便群众的原则。不动产登记包括首次登记、变更登记、转移登记、注销登记、更正登记、异议登记、预告登记、查封登记等。需要进行不动产登记的权利包括：集体土地所有权；房屋等建筑物、构筑物所有权；森林、林木所有权；耕地、林地、草地等土地承包经营权；建设用地使用权；宅基地使用权；海域使用权；地役权；抵押权；法律规定需要登记的其他不动产权利。不动产统一登记由国土行政管理部门实施。目前，中国城市房产不动产统一登记已基本完成。

尽管《物权法》规定了产权保护原则，但在实践中，产权保护尤其是对私人财产权的保护存在保护不足（尤其是被国家权力不当侵害的情形频发）、平等保护未被落实等问题。为此，2016年11月4日，中共中央、国务院发布了《关于完善产权保护制度依法保护产权的意见》。它明确指出，产权制度是社会主义市场经济的基石，保护产权是坚持社会主义基本经济制度的必然要求。有恒产者有恒心，经济主体财产权的有效保障和实现是经济社会持续健康发展的基础。要求进一步完善现代产权制度，推进产权保护法治化，在事关产权保护的立法、执法、司法、守法等各方面各环节体现法治理念。对产权保护，它提出如下基本原则。（1）坚持平等保护。健全以公平为核心原则的产权保护制度，毫不动摇巩固和发展公有制经济，毫不动摇鼓励、支持、引导非公有制经济发展，公有制经济财产权不可侵犯，非公有制经济财产权同样不可侵犯。（2）坚持全面保护。保护产权不仅包括保护物权、债权、股权，也包括保护知识产权及其他各种无形财产权。（3）坚持依法保护。不断完善社会主义市场经济法律制度，强化法律实施，确保有法可依、有法必依。（4）坚持共同参与。做到政府诚信和公众参与相结合，建设法治政府、责任政府、诚信政府，增强公民产权保护观念和契约意识，强化社会监督。（5）坚持标本兼治。着眼长远，着力当下，抓紧解决产权保护方面存在的突出问题，提高产权保护精准度，加快建立产权保护长效机制，激发各类经济主体的活力和创造力。同时，它专门强调要完善平等保护产权的法律制度，加快推进民法典编纂工作，完善物权、合同、知识产权相关法律制度，清理有违公平的法律法规条款，将平等保护作为规范财产关系的基本原则。它不仅要求贯彻实施《物权法》确定的平等保护原则，还将保护的范围从物权扩大到包括股权、知识产权等财产权；它不仅要求产权保护应从制度建构和实施方面推进，还要求建立有利于产权保护的社会文化。相信它的实施将促进和提升中国的产权保护水平。

（四）侵权法治的发展

侵权行为是指行为人因故意或过失，非法侵害他人的人身或财产，依法应当承担民事责任的行为，以及依法律特别规定应当承担民事责任的其他损害行为。《侵权责任法》制定之前，《民法通则》有关侵权行为的规定是侵权法领域的主要裁判依据。

2001 年最高人民法院通过的《关于确定民事侵权精神损害赔偿责任若干问题的司法解释》第一次确认了中国民法中的精神损害赔偿，尽管是通过司法解释的形式，但它明确规定了人格生命权、健康权、身体权、姓名权、肖像权、名誉权、荣誉权、监护权、人格尊严权、人身自由权被侵害时，受害人可以请求精神损害赔偿。它还规定了精神损害的赔偿对象、损害程度、赔偿方式、赔偿数额与减轻赔偿的情形等内容。2003 年，最高人民法院发布了《关于审理人身损害赔偿案件适用法律若干问题的解释》，为人身损害赔偿提供了较为详细的裁判规则。它第一次明确了残疾赔偿金和死亡赔偿金并非精神损害赔偿金，而是对财产损害的赔偿。其第 25 条和第 29 条规定，按照受诉法院所在地上一年度城镇居民人均可支配收入或者农村居民人均纯收入标准，确定残疾赔偿金和死亡赔偿金。因为这些规定区分了城镇居民和农村居民，导致了同一损害的不同受害人可能因为其身份不同，所获得的赔偿额也不同，所以在实务中引发了沸沸扬扬的"同命同价"和"同命不同价"的争论。

2009 年，第十一届全国人民代表大会常务委员会第十二次会议通过了《侵权责任法》，这是中国民事侵权领域的第一部单行法。它的颁布也意味着中国民事法制的基本体系已经建成。

侵权法的出发点是矫正正义（corrective justice）。这一定义来自亚里士多德。他认为，正义是美德，违法和不均是不正义的，而合法和均等就是正义的。均等的正义包括分配正义和矫正正义。前者根据各自所值的原则，按照各自的价值分配；后者也是交往中的正义，是在非自愿交往中的所得与损失的中庸，交往以前和交往以后所得相等。① 在现代社会中，矫正正义面临的最重要的问题是，如何妥当平衡行为自由和权益保障。② 一方面，现代法律赋予民事主体各种各样的权利，作为授权法，民法是以权利为中心设计的，近代民法主要是以财产权为中心建构的；在现代民法中，个人的权利更加细密和周全，法律规定了众多民事权利，最为明显的是人身权的种类大量增加。任何一个社会要存续，都必然赋予主体各种权利并且保护这些权利，否则社会将不可能存在。另一方面，一个社会要有生机和活力，要有所发展，就必然要赋予个体以行动自由。相对而言，近代法更强调行动自由，以促进经济和社会的全面发展。"让损害停留在它发生的地方"也因此成为近代侵权法的一个基本原则，损害原则上是得不到赔偿的，除非有特别归责的理由。美国著名法官霍姆斯就说："良好的政策应当让损害停留在其所发生之处，除非另有干预的理由存在。"③ 因此，近代侵权法以过错原则为侵权法的唯一归责原则。

---

① 〔古希腊〕亚里士多德：《尼各马科伦理学》，载《亚里士多德全集》第 8 卷，中国人民大学出版社，1994，第 101 页。

② 参见张新宝《侵权责任立法的利益衡量》，《中国法学》2009 年第 4 期；王利明《侵权法一般条款的保护范围》，《法学家》2009 年第 3 期；王泽鉴《侵权行为》，北京大学出版社，2010，第 67 页。

③ O .W .Holmes, *The Common Law*, Little Brown and Company, 1881, p.50. 这句名言的原文为：Sound policy lets losses lie where they fall except where a special reason can be shown for interference.

《侵权责任法》顺应现代社会的发展需要，确认了过错原则是侵权行为的基本归责原则，同时对侵权法上的"损害"做了必要的限制，以保障行动自由。同时它又强化了对民事权利的保障。首先，它将生命权、健康权、姓名权、名誉权、荣誉权、肖像权、隐私权、婚姻自主权、监护权、所有权、用益物权、担保物权、著作权、专利权、商标专用权、发现权、股权、继承权等 18 种人身、财产权益纳入保护范围，而且用"等"字表明，它未列举的其他合法民事权益，也可能受侵权法保护。同时，为了保障受害人权益，它还确立了民事责任优先于公法责任的原则："侵权人因同一行为应当承担行政责任或者刑事责任的，不影响依法承担侵权责任。因同一行为应当承担侵权责任和行政责任、刑事责任，侵权人的财产不足以支付的，先承担侵权责任。"（第 4 条）其次，它将无过错责任同样确认为侵权法的基本原则。这一原则的根源在于现代技术的两面性：一方面，技术对经济和社会的发展功不可没，已经成为现代社会生活不可或缺的一部分；另一方面，它也导致工业灾害频生、交通事故骤增、公害严重等恶果。基于报偿理念、风险与收益一致原则、危险控制理论，现代侵权法确认了无过错责任。《侵权责任法》中的无过错责任体现为三个层次：一是确认了无过错原则，将其与过错原则并列（第 7 条）；二是规定了无过错原则适用的一般条款，即第 69 条"从事高度危险作业造成他人损害的，应当承担侵权责任"；三是确立了无过错责任适用的具体情形，包括民用核设施发生核事故（第 70 条），民用航空器造成他人损害（第 71 条），占有或者使用易燃、易爆、剧毒、放射性等高度危险物造成他人损害（第 72 条），从事高空、高压、地下挖掘活动或者使用高速轨道运输工具造成他人损害（第 73 条）等。

《侵权责任法》的一个重要技术特征是，它规定了诸多具体侵权行为的类型，如网络侵权（第 36 条）、违反安全保障义务的侵权（第 37 条）、交通事故侵权（第六章）、医疗侵权（第七章）等。其目的在于为法院提供明确的裁判规则。这是中国的侵权法和传统民法典的侵权法在立法技术上的重大差异，后者往往只通过几个一般性条款规定侵权行为。

《侵权责任法》制定之后，最高人民法院于 2010 年通过了《关于适用〈中华人民共和国侵权责任法〉若干问题的通知》，阐明司法实践中应如何适用《侵权责任法》。此后，最高人民法院出台了一系列司法解释，阐明特殊侵权纠纷的裁判规则。如《关于审理旅游纠纷案件适用法律若干问题的规定》（2010）、《关于审理铁路运输人身损害赔偿纠纷案件适用法律若干问题的解释》（2010）、《关于审理船舶油污损害赔偿纠纷案件若干问题的规定》（2011）、《关于审理道路交通事故损害赔偿案件适用法律若干问题的解释》（2012）、《关于审理利用信息网络侵害人身权益民事纠纷案件适用法律若干问题的规定》（2014）和《关于审理环境侵权责任纠纷案件适用法律若干问题的解释》（2015）。另外，针对新《民事诉讼法》规定的公益诉讼，最高人民法院通过了《关于审理环境民事公益诉讼案件适用法律若干问题的解释》（2015）和《关于审理消费民事公益诉讼案件适用法律若干问题的解释》（2016）。

三 人身关系法治的发展

（一）婚姻法治的发展

1949 年后，婚姻法是中国民事法制中最先制定的法律。自 20 世纪 50 年代以来，中国的《婚姻法》就确立了婚姻自由、男女平等、一夫一妻等理念，而且其实施效果良好。1980 年的新《婚姻法》分为"总则"、"结婚"、"家庭关系"、"离婚"和"附则"五章。它重申了婚姻自由、一夫一妻、男女平等的立法理念，同时明确规定保护妇女、儿童和老人的合法权益的原则和实行计划生育的基本国策。2001 年，为回应社会发展对婚姻的影响，中国修改了《婚姻法》。修改的重点包括以下几方面。第一，明确了婚姻无效和可撤销的情形，包括：重婚的；有禁止结婚的亲属关系的；婚前患有医学上认为不应当结婚的疾病，婚后尚未治愈的；未到法定婚龄的。第二，完善了夫妻财产制度。首先，它明确了夫妻单独财产的范围，包括：一方的婚前财产；一方因身体受到伤害获得的医疗费、残疾人生活补助费等费用；遗嘱或赠与合同中确定只归夫或妻一方的财产；一方专用的生活用品；其他应当归一方的财产。其次，明确规定了夫妻约定财产制度，规定夫妻可以约定婚姻关系存续期间所得的财产以及婚前财产归各自所有、共同所有或部分各自所有部分共同所有。约定应当采用书面形式。夫妻对婚姻关系存续期间所得的财产以及婚前财产的约定，对双方具有约束力。为保障第三人的利益和交易安全，它规定，若夫妻对婚姻关系存续期间所得的财产约定归各自所有的，夫或妻一方对外所负的债务，第三人知道该约定的，以夫或妻一方所有的财产清偿。第三，完善了离婚制度的规定，较为详细地列举了离婚的法定理由。

在司法解释方面，最高人民法院发布了三件有重要影响的司法解释。

《关于适用〈中华人民共和国婚姻法〉若干问题的解释（一）》（2001）是《婚姻法》实施20年后进行的首次系统性裁判经验总结，集中解释案件审理中的主要法律适用问题。它对"家庭暴力""有配偶者与他人同居""胁迫""不能独立生活的子女"等概念进行了界定，如将"家庭暴力"界定为行为人以殴打、捆绑、残害、强行限制人身自由或者其他手段，给其家庭成员的身体、精神等方面造成一定伤害后果的行为。持续性、经常性的家庭暴力，构成虐待。"有配偶者与他人同居"的情形，是指有配偶者与婚外异性，不以夫妻名义，持续、稳定地共同居住。此外，它对若干制度和规则的适用条件及适用后果进行细化，如婚姻登记的效力、婚姻的无效与撤销、准予或限制离婚的情形、离婚后的子女抚养与探望等。值得一提的是，它规定了事实婚姻即未按《婚姻法》规定办理结婚登记而以夫妻名义共同生活的婚姻的法律效力：1994年2月1日民政部《婚姻登记管理条例》公布实施以前，男女双方已经符合结婚实质要件的，按事实婚姻处理；《婚姻登记管理条例》公布实施以后，男女双方符合结婚实质要件的，人民法院应当告知其在案件受理前补办结婚登记，未补办结婚登记的，按解除同居关系处理。

2003年，最高人民法院发布《关于适用〈中华人民共和国婚姻法〉若干问题的解释（二）》，它立足于家事审判中更具代表性的法律争议，也尝试回应社会变迁给法律适用带来的新挑战，进一步明确了婚姻的无效、夫妻共同财产认定、离婚时的财产分割和债务处理等问题。如对彩礼返还诉讼，它规定，在如下情形，当事人可以请求返还按照习俗给付的彩礼：双方未办理结婚登记手续的；双方办理结婚登记手续但确未共同生活的；婚前给付并导致给付人生活困难的。它还进一步明确，在婚姻关系存续期间，夫妻共同财产还包括：一方以个人财产投资取得的收益；男女双方实际取得或者应当取得的住房补贴、住房公积金；男女双方实际取得或者应当取得的养老保险金、破产安置补偿费。

2011 年，最高人民法院发布了《关于适用〈中华人民共和国婚姻法〉若干问题的解释（三）》，规定了亲子鉴定问题、生育权问题、婚内借款或财产分割，夫妻或父母购买不动产的权属认定问题等。对亲子关系的认定，它规定，夫妻一方起诉请求确认亲子关系不存在，并已提供必要证据予以证明，另一方没有相反证据又拒绝做亲子鉴定的，法院可以推定请求确认亲子关系不存在一方的主张成立；一方起诉请求确认亲子关系，并提供必要证据予以证明，另一方没有相反证据又拒绝做亲子鉴定的，法院可以推定请求确认亲子关系一方的主张成立。值得一提的是其第 7 条规定，婚后由一方父母出资为子女购买的不动产，产权登记在出资人子女名下的，可视为只对自己子女一方的赠与，该不动产应认定为夫妻一方的个人财产；由双方父母出资购买的不动产，产权登记在一方子女名下的，该不动产可认定为双方按照各自父母的出资份额按份共有，但当事人另有约定的除外。这一规定引起了沸沸扬扬的争议，其中一个反对理由是，这一规定违反了中国人的婚姻家庭观念："人伦亲情比一纸协议更可靠，几千年来形成的天经地义的东西比法律更长久。"[1]

最高人民法院还发布了具有司法解释性质的其他规范性文件。其中最多的是有关夫妻共同债务的文件，因为夫妻共同债务的认定不仅是关系夫妻双

---

① 赵晓力：《反哺模式与婚姻法》，《法制日报》2011 年 8 月 20 日，第 7 版。

方，还牵扯夫妻关系之外的第三人，法律关系上更加复杂，利益辐射范围更广。《关于婚姻关系存续期间夫妻一方以个人名义所负债务性质如何认定的答复》（2014）、《关于夫妻一方对外担保之债能否认定为夫妻共同债务的复函》（2015）和《关于依法妥善审理涉及夫妻债务案件有关问题的通知》（2017）均涉及这一问题。此外，为保护弱势群体的利益，最高人民法院发布了《关于充分发挥民事审判职能，依法维护妇女、儿童和老年人合法权益的通知》（2012）和《关于依法处理监护人侵害未成年人权益行为若干问题的意见》（2014）。

（二）收养法治的发展

1991 年，中国制定了《收养法》，确立了收养应有利于未成年人的抚养和成长等原则，并为收养关系提供了法律依据。1998 年，中国修改了《收养法》。修改的重点内容是：其一，增加了保障被收养人和收养人合法权益的原则。其二，增加了收养人"未患有在医学上认为不应当收养子女的疾病"的条件，并将收养人的年满 35 周岁的要求修改为年满 30 周岁。其三，放宽了收养三代以内同辈旁系血亲的子女的条件。其四，扩大了不受收养人无子女和收养一名的限制的适用范围，将其扩大为孤儿、残疾儿童或者社会福利机构抚养的查找不到生父母的弃婴和儿童。其五，要求所有的收养都应当向县级以上人民政府民政部门登记，并明确规定收养关系自登记之日起成立。

四 民法典编纂的进展与《民法总则》的通过

1949 年后，中国曾先后四次启动民法典编纂，均因条件不成熟宣告失败。从比较法的经验看，民法典编纂至少需要政治意愿、市场经济、权利文化和民法理论支撑，否则即使勉强出台民法典，也难以真正践行。随着社会主义市场经济的发展和全面依法治国的推进，党的十八届四中全会提出"编纂民法典"的立法任务。2015 年开始，中国启动了《民法总则》的编纂。2017 年，民法典编纂的奠基之作——《民法总则》颁行。这预示着中国即将进入民法典时代，泱泱大国没有民法典的年代一去不返。

在民法典各编中，《民法总则》是民法典的开篇之作，在民法典中起统领性作用。《民法总则》编纂难度最大，因为它提炼的是民法典分则各编的共同规则，其内容最为抽象，其体系最为精致。它规定民事活动必须遵循的基本原则和一般性规则，统领民法典各分编；各分编在总则的基础上对各项民事制度做具体可操作的规定。它以 1986 年制定的《民法通则》为基础，采取"提取公因式"的办法，将民事法律制度中具有普遍适用性和引领性的内容规定纳入。① 此外，它还集中表述整部民法典的价值理念和基本原则，构成整个民法典的基石。在《民法通则》等单行法的基础上，《民法总则》顺应中国改革开放以来国家和社会双重转型的社会现实，满足了中国国家和社会治理的新要求，回应了科技和经济发展对法律的新挑战，在价值理念和制度设计上都有诸多推陈出新的亮点。

《民法总则》彰显了中国社会的重要时代特征，体现了立法者回应社会需求的努力。首先，它突出了中国民法典制定时代的互联网社会特征。如针对实践中频发的个人信息侵权问题，其第 111 条明确规定，自然人的个人信息受法律保护。任何组织和个人需要获取他人个人信息的，应当依法取得并确保信息安全，不得非法收集、使用、加工、传输他人个人信息，不得非法买卖、提供或者公开他人个人信息。第 127 条还规定了数据、网络虚拟财产的保护。其次，它回应了中国社会从乡土社会向市场经济社会过渡的现实，在立法技术上强调民商合一。如成人商业惯例可以成为法律渊源的一种，将法人的分类确定为营利法人和非营利法人等。最后，它回应了中国 1978 年以来国家和社会双重转型后国家和社会都强大的社会现实，更强调对弱势群体如未成年人、不能完全判断或不能判断自己行为的成年人的法律保护，如在监

---

① 李适时：《民法总则是确立并完善民事基本制度的基本法律》，《中国人大》2017 年第 4 期。

护领域将悯孤恤老作为国家和社会的救助义务。

在价值理念上，它以保障私权、尊崇自治、呵护弱势、敬畏道德和关爱环境为基本理念，一定程度上突破了传统私法的价值体系，为整个民法典奠定了价值基础。其中，最值得一提的有两个方面。

1. 私权保障

《民法总则》的保障私权理念首先体现为立法宗旨和基本原则。它以"保护民事主体的合法权益"为立法宗旨（第1条）；第3条进一步明确了私权保障原则，即"民事主体的人身权利、财产权利以及其他合法权益受法律保护，任何组织或者个人不得侵犯"。《民法总则（草案）》第四次审议稿将该原则置于第9条，在第十二届全国人民代表大会第五次会议审议时，有代表提出，保障私权是民法的基本精神，应突出其地位。[①]《民法总则》遂将私权保障原则作为民法典的首要原则，揭示了私权保障是民法的基本精神，也表明它是民法的基本构成原理之一。

《民法总则》还沿袭《民法通则》，专设"民事权利"章，详细规定民事主体的各种权利，以建构完整的民事权利体系，包括各项人格权、物权、债权、知识产权、继承权和基于亲属关系产生的权利。与《民法通则》相比，《民法总则》对民事权利的规定更为周全：在人格权领域，它规定了自然人的一般人格权，即人身自由和人格尊严（第109条），在《民法通则》的基础上增加了身体权、隐私权等特别人格权。值得一提的是，它首次将自然人的信息权作为一种独立的民事权利。在财产权领域，它首次将数据和虚拟财产作为独立的财产权，同时还纳入知识产权、股权和其他投资性权利。这既使民事权利的内容更为丰满，也突出了民法典作为私法基本法的地位。

《民法总则》不仅扩大了民事权利的范围，而且增加了民事权利的保护强度。首先，第113条在《物权法》的基础上明确规定，民事主体的财产权利受法律平等保护。这就使不同民事主体享有的物权、股权和知识产权等财产

---

① 杨立新：《民法总则：当代法治精神的鲜明体现》，《北京日报》2017年3月20日，第013版。

权不存在等级秩序，处于法律同等保护之下，可纾解国有产权、集体产权和私人产权法律地位不平等的痼疾，深化对私人产权的保护，促进尊重财富的产权文化的形成。其次，对民事权利的保护强度也在民事单行法的基础上有所增加。第130条规定，民事主体按照自己的意愿依法行使民事权利，不受干涉。"不受干涉"既包括不受其他民事主体的干涉，也包括不受公权力的干涉。又如第179条第2款规定，法律规定惩罚性赔偿的，依照其规定。这是我国法律首次对惩罚性赔偿做出一般规定，为民法典分则设置更多惩罚性赔偿规则预留了法律空间。它可以充分发挥遏制故意侵害民事权利的功能，也体现了现代民法强调预防功能的新理念。而在其他成文法国家，惩罚性赔偿突破了民事责任的"填平观念"（即赔偿范围取决于法律上损失的范围）。最后，第187条重申了"民事责任优位"的理念。它包括两方面的内容：一是民事主体因同一行为应同时承担民事责任和公法责任时，承担公法责任并不免除其民事责任；二是民事主体的财产不足以支付的，优先用于承担民事责任。

为强化私权保障，《民法总则》还专章规定民事责任，将其作为民事权利的救济方式。中国民法也因此是以法律关系为核心构建的，其逻辑主线是"民事权利—民事义务—民事责任"。[1] 这种体例明确了不履行民事义务和侵害权利的后果，有助于增加行为人对自己行为的可预测性，从而使其放弃违反义务或侵害他人权利的行为。

2. 生态保护

传统民法一大沉疴痼疾是不仅疏于对生态的保护，而且作为自由资本主义的法律基础，其契约自由观念和尊重物权的观念，还形成了鼓励追逐利润、从环境中攫取更多资源的社会风气。可以说，以自由主义为基础的传统民法是无法容纳生态保护观念的。正因为此，学界有人主张"环境公民权"的概念，并将其置于自由主义政治理论尤其是当代世界性政治自由主义的视野中，

---

① 魏振瀛：《我们需要什么样的民法总则——与德国民法比较》，《北方法学》2016年第3期。

以矫正因自由主义无法容纳的环境保护问题。①传统民法对环境保护唯一的手段是将侵害环境的行为界定为侵权行为，并明确行为人的损害赔偿责任。

《民法总则》一个重大创新是规定了生态保护原则，其第9条规定："民事主体从事民事活动，应当有利于节约资源、保护生态环境。"此外，第179条虽然未将草案规定的"恢复生态环境"单列为一种民事责任方式，但立法者的意图是将其纳入"恢复原状"的责任方式。

在内容上，它从分则提取最大公约数，构成民法典大厦的塔基。它从《民法通则》、民事单行法和人类共同法律文化成果出发，精心参酌中国的社会、经济和文化情势，新增个人信息权、数据、网络虚拟财产权等权利，建构了一个综合的、具有一定开放性的民事权利体系。它还确立了诸多具有中国元素的制度，如国家监护制度、营利法人和非营利法人的分类等，既反映当下的迫切需求，又为未来的变革预留法律空间。它在法律渊源、自然人、营利法人和非营利法人的分类、民事权利体系、法律行为和诉讼时效等制度方面都做了诸多重要制度变革，促进了国家和社会的沟通，平衡了当事人之间的利益结构。

有理由相信，《民法总则》的施行对中国的国家和社会治理、经济和社会状况、权利观念都将产生积极影响，在宪法秩序下建构民法社会是未来中国的发展方向之一。

五 中国民事法治的总结与展望

经过40年的发展，中国民法已相对完善，无论立法、司法、法学教育和研究、民事权利意识都如此。这些进步不仅体现在法律的体系化和科学化、司法裁判尺度的统一、法学理论的长足进步和权利意识的勃兴，而且也体现在中国民法配合并促进了40年来中国国家和社会的变迁与转型。

---

① 〔英〕德里克·贝尔：《正义、民主和环境：一种自由主义的环境公民权概念》，杨晓燕译，《南京工业大学学报》（社会科学版）2013年第1期。

中国民法 40 年变迁和发展最值得一提的经验是，国家尽可能为社会成员提供更多更大的自由空间，尤其是在经济领域。其目的是创设一个可以容纳甚至激发所有民事主体创造性的法律环境。美国著名法律史家赫斯特所说，在美国经济发展黄金时期，法律的作用是促进"能量的释放"。从《民法通则》开始，中国民法发展的一个不变路径是，不断从各种管制中争取自治的空间：《合同法》尽可能扩张了契约自由的适用空间，压缩了国家对合同的管制空间；《物权法》对国家、集体和私人所有权采纳平等保护原则，扩大了个人的所有权自由；《侵权责任法》较好地平衡了个人行动自由和权利保护的冲突；《民法总则》进一步拓展了民事主体结社权的范围……这种努力与中国 40 年来国家权力的变迁是一致的，即国家逐渐退出纯粹市场经济领域，国家的归国家、社会的归社会的格局渐露端倪。

未来中国民事法治的发展方向或可归纳为：首先，编纂一部体系化、科学化、切合中国国情的民法典，为民事活动提供明确和稳定的裁判规则；其次，总结社会生活的典型事实尤其是新科技和商业形态发展产生的新型事实，妥当解释和适用法律，保障法律适用的统一性，确保"同案同判，类案类判"；最后，将经济领域的私法自治原则拓展到非经济的社会领域，使社会成员能充分享有结社权，弘扬公共精神，实现社会的自我治理目标，最终使国家、社会和个人都能良性发展。

中国劳动和社会保障法治建设

谢增毅 [*]

导　读：1978 年中国开始实行改革开放政策，伴随着经济体制改革以及国家实施依法治国的基本方略，中国劳动和社会保障法治也不断探索完善，劳动和社会保障制度成为中国特色社会主义法律体系的重要组成部分，劳动和社会保障法治取得了巨大成就，为改革、发展和稳定，尤其是保障和改善民生，维护社会和谐稳定，满足人民对美好生活的需要提供了重要保障。1997 年，党的十五大提出"依法治国，建设社会主义法治国家"的治国理政基本方略以来，劳动和社会保障法治得到了巨大发展。党的十八大以来，中国全面推进依法治国，切实加强人权的法治保障，劳动和社会保障法治建设也不断发展完善。

一　劳动法治40年

1978 年 12 月党召开了十一届三中全会，中国进入了改革开放新时期。

---

* 　谢增毅，中国社会科学院法学研究所科研处处长，研究员。

十一届三中全会明确提出了把党的工作重点转移到社会主义现代化建设上来。党和国家政策的转变推动了劳动法治的发展，40 年来中国劳动法治取得了巨大的进步。根据中国劳动立法的发展状况，十一届三中全会以来，中国劳动法治的发展进程大致可以分为三个阶段。

（一）劳动法治初创阶段（1978~1996年）

这一阶段中国劳动法治的主要任务是改革计划经济时期的劳动用工制度，探索建立符合市场经济要求的现代劳动法律制度。这一阶段可分为两个时期。

1. 市场经济体制确立前

这一阶段，中国劳动立法和劳动工作，从整顿工作制度入手，以服务于恢复和发展生产为目的，而后以经济体制改革为依托，着力改革劳动管理和工资制度。

（1）整顿劳动纪律。为了加强劳动纪律、整顿生产制度，改变生产管理混乱的状况，党中央在许多文件中提出要加强和整顿劳动纪律。国务院于1982 年 4 月发布了《企业职工奖惩条例》。1986 年 7 月发布了《国营企业辞退违纪职工暂行规定》。1988 年 4 月通过的《全民所有制工业企业法》再次规定应遵守劳动纪律和执行奖惩制度。

（2）实行劳动合同制，改革劳动管理制度。20 世纪 50 年代以后，中国逐步形成固定工制度，企业用工只许进不许出，不许流动，职工无择业权利，企业无用工自主权。在经济体制改革中，改革僵化的用工制度成为一项重要内容。1980 年 8 月，中共中央召开劳动就业会议，确定了新的就业方针：劳动部门介绍就业、自愿组织起来就业和自谋职业相结合。1982 年 2 月，劳动人事部发布了《关于积极试行劳动合同制的通知》，使劳动合同制有了很大的发展。劳动合同明确规定用人单位与劳动者的权利义务，有利于减少劳动纠纷，促进生产的发展。1986 年 7 月，国务院发布了《国营企业实行劳动合同制暂行规定》，首先在新招工人中实行劳动合同制。具体在招工方面，相应地逐步实行公开招考、择优录用的方法。1986 年 10 月，国务院发布《国营企业招用工人暂行规定》，进一步废除"子女顶替"和"内招"办法，实行公开招用制度。

在加强民主管理方面，国家非常重视职工代表大会制度，1981年7月，中共中央、国务院转发了《国营工业企业职工代表大会暂行条例》，确保了中国职工代表大会制度的恢复和发展。1987年，国务院颁布《国营企业劳动争议处理暂行规定》，正式恢复已中断30年的劳动争议处理制度。1993年7月，国务院发布了《企业劳动争议处理条例》，建立起中国的劳动争议仲裁制度。

（3）改革工资制度。为了实现工资制度的改革，1985年1月，国务院颁发了《关于国营企业工资改革问题的通知》，1985年6月劳动人事部、财政部颁布了《关于国家机关和事业单位工作人员工资制度改革后奖金、津贴、补贴和保险福利问题的通知》，1985年7月国务院颁布了《国营企业工资调节税暂行规定》。这些法规的实施大大促进了工资制度的改革。

（4）加强劳动保护。1982年国务院颁布了《锅炉压力容器安全监察暂行条例》、《矿山安全条例》和《矿山安全监察条例》。劳动安全监察工作得到很大加强，并逐步形成了国家监察、行业管理和群众监督相结合的体制。1984年7月国务院发出《关于加强防尘防毒工作的决定》，1987年12月国务院发布《尘肺病防治条例》。1989年3月国务院颁布了《特别重大事故调查程序暂行规定》，专门规定了对特别重大事故的调查办法。1992年颁布了《矿山安全法》。1988年国务院发布了《女职工劳动保护规定》，这是中国首次系统规定女职工劳动保护的专门法规，就女职工的招收、禁忌从事的劳动、产假及其待遇、有关保护设施等问题做了全面规定。

总之，这一时期，中国经济体制改革刚刚开始，劳动法制处于恢复和全面改革时期。由于市场经济体制尚未确立，加上所有制结构比较单一，劳动关系并不清晰，这一时期中国劳动法整体上处于初创阶段，国家尚未建立起现代的、系统的劳动法律制度，劳动法律的内容也带有从计划经济向市场经济过渡的色彩，在体系上也比较零散。

2. 市场经济体制确立后

进入 20 世纪 90 年代，尤其是党的十四大召开以后，社会主义市场经济发展速度加快，外商投资企业、私营企业数量增多，劳动关系出现多样化、复杂化的形势，劳动者权利受侵犯的情况层出不穷，客观上迫切需要制定一部系统的劳动法。1994 年 3 月 2 日，《劳动法（草案）》的说明提到："事实上，近些年来由于缺少比较完备的对劳动者合法权益加以保护的法律，在一些地方和企业，特别是在有些非公有制企业中，随意延长工时、克扣工资、拒绝提供必要的劳动保护，甚至侮辱和体罚工人的现象时有发生，以至酿成重大恶性事件。有的外商投资企业公开以中国没有劳动法为由损害劳动者利益，恶化劳动关系，影响了社会安定。历次人大、政协会议都有许多代表、委员提出议案、建议，要求加快制定《劳动法》。"1994 年 7 月八届全国人大常委会第八次会议通过了《劳动法》。《劳动法》的通过对市场经济的培育和发展，对劳动力市场的建立和完善，对保护劳动者的合法权益具有十分重要的意义。《劳动法》对促进就业和劳动关系调整中的各方面内容做了规定。《劳动法》明确了其立法宗旨是"保护劳动者的合法权益"。由于在劳动关系中，劳动者相对于用人单位一方往往处于弱势地位，《劳动法》的立法目的是校正这种不平衡状况，使劳动关系能在和谐状态下得到合理、稳定的发展。《劳动法》还扩大了其适用范围，除了中国境内的企业、个体经济组织和与之形成劳动关系的劳动者适用《劳动法》，国家机关、事业组织、社会团体和与之建立劳动合同关系的劳动者也依照该法执行。《劳动法》坚持社会主义市场经济体制改革的方向，系统建立了中国的劳动法律制度，其主要内容包括：（1）规定了政府在促进就业中的责任，要求地方各级政府采取措施，发展多种类型的职业介绍机构，提供就业服务。禁止就业歧视，规定劳动者不因民族、种族、性别、宗教信仰不同而受歧视。规定了国家在提供职业培训方面的责任。（2）专章规定了劳动合同和集体合同，要求建立劳动关系应当订立劳动合同。规定了劳动合同的形式和条款、合同期限、试用期、合同的终止和解除条件、用人单位裁员的条件和程序、用人单位解除劳动合同的经济补偿责任。（3）规定了国家实行劳动者每日工作时间不超过 8 小时、平均每周不超过 44 小时的工时制度。规定了延长工作时间的限制、程序和报酬。（4）规定了工资分配的基本原则，即按劳分配和同工同酬，确立了最低工资保障制度以及最低工资的制定标准。（5）规定了劳动安全卫生的要求，要求用人单位必须建立健全劳动安全卫生制度，建立劳动安全卫生设施，为劳动者提供劳动安全卫生条件和必要的劳动防护用品。国家建立伤亡事故和职业病统计报告和处理制度。（6）规定了对女职工和未成年工的特殊保护制度。（7）规定劳动者在退休、患病、负伤，因工伤残或者患职业病、失业、生育时可以享受社会保险待遇。（8）确立了中国劳动调解和仲裁制度以及"一裁二审"的劳动争议处理模式。（9）明确了政府监督监察的职责和程序。

（二）劳动法治调整充实阶段（1997~2006年）

1997 年至 2006 年，中国劳动法治处于调整和充实阶段。1997 年之后，贯彻实施《劳动法》成为中国劳动法治的主要任务，这一阶段的特征是完善劳动法的相关配套制度，充实《劳动法》规定的基本制度。

《劳动法》的颁布是中国劳动立法的里程碑。《劳动法》颁布后，有关部门颁布了相关的法律、法规和规章，这些法律、法规和规章对调整劳动关系、保护劳动者的权益发挥了重要作用。在工资、工时和禁止童工方面，有《禁止使用童工规定》（2002），《最低工资规定》（2004）等。在安全卫生方面，有《职业病防治法》（2001），《安全生产法》（2002），《使用有毒物品作业场所劳动保护条例》（2002），《职业健康监护管理办法》（2002）等。在纠纷处理方面，有《人事争议处理暂行规定》（2007），《最高人民法院关于审理劳动争议案件适用法律若干问题的解释》（2001），《最高人民法院关于审理劳动争议案件适用法律若干问题的解释（二）》（2006），《最高人民法院关于人民法院审理事业单位人事争议案件若干问题的规定》（2003）等。在劳动监察方面，有《劳动保障监察条例》（2004）等。《劳动保障监察条例》具有重要意义，该《条例》建立了中国劳动监察制度，明确了劳动监察的机关、劳动监察的事项和范围、劳动监察的手段和方式、劳动监察的处罚等，对于促进《劳动法》的实施，维护当事人尤其是劳动者的合法权益具有重要意义。

在此期间，中国劳动法治取得显著成效。劳动合同制度建设继续推进。1997 年底，全国城镇企业实行劳动合同制度的职工达 10787.8 万人，占同口径职工总数的 98.1%；乡村集体企业实行劳动合同制度的从业人员达 1944.5 万人，私营企业和个体工商户实行劳动合同制度的从业人员达 790.6 万人。劳动监察工作继续加强。1997 年，劳动保障监察机构全年主动检查各类用人单位 81.7 万户，涉及劳动者 6268 万人；立案查处劳动违法案件 14.6 万件，查处群众举报案件 6.2 万件。到年底，全国共建立劳动监察机构 3301 个，配备劳动监察员 32310 人，其中专职劳动监察员 12436 人。劳动争议处理体制和劳动争议仲裁三方机制逐步完善，办案质量和结案率不断提高。全年各级劳动争议仲裁委员会共立案受理劳动争议 7.2 万件，涉及劳动者 22.1 万人，结案率为 98.9%。①

经过十多年努力，到 2006 年，《劳动法》及其配套规定的实施更加完善。2006 年末全国就业人员 76400 万人，比上年末增加 575 万人。年末城镇就业人员 28310 万人。年末全国共有劳动保障监察机构 3201 个，劳动保障监察机构组建率为 94.5%。各级劳动保障部门配备劳动保障专职监察员 2.2 万人。全年主动检查用人单位 141 万户，对 122 万户用人单位进行了书面审查，调查处理举报投诉案件 39.9 万件，查处各类劳动保障违法案件 40 万件。通过劳动保障监察执法，责令用人单位为 1243 万劳动者补签了劳动合同，责令用人单位为 770 万劳动者补发工资待遇等 58 亿元，督促 19 万户用人单位补缴社会保险费 56 亿元，督促 11 万户用人单位办理了社会保险登记、申报，取缔非法职业中介机构 9067 户，责令用人单位退还收取劳动者的风险抵押金 1.6 亿元。全年各级劳动争议仲裁委员会受理劳动争议案件 44.7 万件，比上年增长 9.9%。其中：案前调解 13 万件；立案受理劳动争议案件 31.7 万件，涉及劳

① 劳动和社会保障部、国家统计局：《1997 年度劳动事业发展统计公报》，《中国劳动》1998 年第 7 期。

动者 68 万人。立案受理的劳动争议案件中，集体劳动争议案件 1.4 万件，涉及劳动者 35 万人。立案受理的劳动争议案件结案率为 91.6%。[①]

（三）劳动法治完善阶段（2007~2018年）

市场经济体制确立后，发展经济、加强经济立法成为立法工作的指导思想。经济立法始终是国家立法工作的重点，而社会立法则处于相对滞后状态。随着工业化、城镇化和经济结构调整进程加快，企业制度改革不断深化，企业形式和劳动关系日趋多样化，劳动用工领域出现了一些新情况、新问题，劳动者合法权益受到侵害的现象时有发生，在一些地区、行业和单位甚至相当严重，影响了劳动关系的和谐稳定。带有一定普遍性的问题主要包括：劳动合同签订率低，出现劳动争议时劳动者的合法权益得不到有效保护；劳动合同短期化，劳动关系不稳定；用人单位利用自己在劳动关系中的强势地位侵犯劳动者合法权益。劳动保障部的统计显示，1995~2006 年的 12 年中，劳动争议案件数量增加 13.5 倍；集体劳动争议案件数量也大幅度增长，12 年中增加 5.4 倍。为了解决这些问题，完善劳动合同制度，合理规范劳动关系，中国于 2007 年 6 月通过了《劳动合同法》，该法于 2008 年 1 月 1 日生效。

《劳动合同法》在借鉴国外先进经验和考量中国劳动关系具体情况的基础上，充分考虑劳动关系中劳动者和用人单位地位和实力的不平衡，在保护劳资双方利益的基础上，贯彻向劳动者倾斜的立法原则，规定了一系列保护劳动者的制度。主要包括：建立劳动关系，应当订立书面劳动合同；鼓励和扩大无固定期限劳动合同的适用；限定了违约金条款的适用；对竞业限制条款的适用做了进一步的规范；适当扩大经济补偿金的适用；严格规范劳务派遣用工形式；明确了单位规章制度与集体合同制度；进一步明确了行政机关的监察职能。

除了《劳动合同法》，2007 年 8 月颁布了《就业促进法》，明确了政府

---

① 劳动和社会保障部、国家统计局：《2006 年度劳动和社会保障事业发展统计公报》，人力资源和社会保障部官方网站，http://www.mohrss.gov.cn/SYrlzyhshbzb/zwgk/szrs/tjgb/201107/t20110723_69903.html。

在促进就业中的责任，对职业中介机构进行了规范，进一步明确禁止就业歧视。为了促进劳动争议又好又快解决，2007 年 12 月通过了《劳动争议调解仲裁法》。该法基本保留了"先裁后审"的体制，重在强化调解和仲裁程序，符合劳动关系的特征和劳动纠纷的特点。

这三部法律的出台也是中国继《劳动法》颁布后劳动立法的新的里程碑，大大促进了中国劳动法治的完善。除了三部综合性的劳动立法，在此期间，相关法律法规也出台或修订、修正，立法进一步完善。2009 年修正了《工会法》《矿山安全法》《劳动法》，2012 年修正了《劳动合同法》，2014 年修正了《安全生产法》。2007 年出台了《生产安全事故报告和调查处理条例》《职工带薪年休假条例》，2008 年出台了《劳动合同法实施条例》，2012 年出台了《女职工劳动保护特别规定》，2014 年修订了《安全生产许可证条例》。

党的十八大以来，中国更加重视劳动法治建设与和谐劳动关系构建。2015 年《中共中央、国务院关于构建和谐劳动关系的意见》出台。《意见》强调要充分认识构建和谐劳动关系的重大意义，明确了构建和谐劳动关系的指导思想、工作原则和目标任务。《意见》指出，依法保障职工基本权益，健全劳动关系协调机制，加强企业民主管理制度建设，健全劳动关系矛盾调处机制，营造构建和谐劳动关系的良好环境。该《意见》是新时期中国构建和谐劳动关系的纲领性文件，为劳动关系的发展指明了方向。

经济发展和法治完善，促进了中国就业和劳动关系的发展。经济发展为扩大就业创造了条件，全国城乡就业人数持续增加，从 2010 年的 7.61 亿人增加到 2015 年的 7.75 亿人。其中，城镇就业人数从 3.47 亿人增加到 4.04 亿人，年均增加 1100 余万人。2015 年城镇新增就业 1312 万人，年末城镇登记失业率为 4.05%，延续平稳运行态势。2008 年至 2015 年，中央财政累计投入就业补助资金 3055.11 亿元。妇女就业数量和层次不断提高，2014 年全国女性就业人员占全社会就业人员比重为 45%，女性专业技术人员占专业技术人员总数的 46.5%。国家加强技能培训，通过能力建设促进更公平地分享就业机会，截至 2015 年底，全国技能劳动者总量达 1.67 亿人，其中高技能人才 4501 万人。国家积极促进农村劳动力就地就近转移就业，在县域经济范围内吸纳农村劳动力总量的 65%。①

劳动关系总体和谐稳定，就业规模持续扩大。2016 年末，全国就业人员 77603 万人，比上年末增加 152 万人；其中城镇就业人员 41428 万人，比上年末增加 1018 万人。全国就业人员中，第一产业就业人员占 27.7%，第二产业就业人员占 28.8%，第三产业就业人员占 43.5%。2016 年全国农民工总量 28171 万人，比上年增加 424 万人，其中外出农民工 16934 万人。全年城镇新增就业 1314 万人，城镇失业人员再就业 554 万人，就业困难人员就业 169 万人。年末城镇登记失业人数为 982 万人，城镇登记失业率为 4.02%。2017 年就业形势稳中有进，全国城镇新增就业 1351 万人，四季度末，全国城镇登记失业率为 3.9%，城镇失业人员再就业 558 万人，就业困难人员实现就业 177 万人，均超额完成全年目标任务。②

2016 年全国企业劳动合同签订率达 90% 以上。截至 2016 年末，全国经人力资源社会保障部门审查并在有效期内的集体合同累计为 191 万份，覆盖企业 341 万户、职工 1.78 亿人。

截至 2016 年末，经各级人力资源社会保障部门审批且在有效期内实行特殊工时制度的企业 8.2 万户，涉及职工 1432 万人。

2016 年，全国各地劳动人事争议调解仲裁机构共处理争议 177.1 万件，同比上升 2.9%；涉及劳动者 226.8 万人，同比下降 2.1%；涉案金额 471.8 亿元，同比上升 29%；办结案件 163.9 万件，同比上升 1.8%。案件调解成功率为 65.8%，仲裁结案率为 95.5%。终局裁决 10.4 万件，占裁决案件数的 28.4%。2016 年，全国各级劳动保障监察机构共主动检查用人单位 190.8 万户次，涉及劳动者 8209.6 万人次。书面审查用人单位 222.6 万户次，涉及劳动者 7965.8 万人次。全年共查处各类劳动保障违法案件 32.3 万件。通过加强劳

---

① 国务院新闻办公室：《发展权：中国的理念、实践与贡献》白皮书，2016。
② 《人社部举行 2017 年第四季度新闻发布会》，人力资源和社会保障部官方网站，http://www.mohrss.gov.cn/SYrlzyhshbzb/zxhd/zaixianzhibo/201801/t20180126_287509.html。

动保障监察执法，共为 372.2 万名劳动者追讨工资等待遇 350.6 亿元，其中为 290.1 万名农民工追讨工资等待遇 278.3 亿元。共督促用人单位与劳动者补签劳动合同 202.7 万份，督促 3 万户用人单位办理社保登记，督促 3.8 万户用人单位为 63.3 万名劳动者补缴社会保险费 17.3 亿元，追缴骗取的社会保险待遇或基金支出 261.6 万元，共依法取缔非法职业中介机构 2798 户。①

2017 年，劳动人事争议调处机制进一步完善。制定《关于进一步加强劳动人事争议调解仲裁完善多元处理机制的意见》，修订实施《办案规则》和《劳动人事争议仲裁组织规则》，出台《关于加强劳动人事争议仲裁与诉讼衔接机制建设的意见》。

（四）劳动法治完善展望

党的十九大报告指出，就业是最大的民生。要坚持就业优先战略和积极就业政策，实现更高质量和更充分就业。大规模开展职业技能培训，注重解决结构性就业矛盾，鼓励创业带动就业。提供全方位公共就业服务，促进高校毕业生等青年群体、农民工多渠道就业创业。破除妨碍劳动力、人才社会性流动的体制机制弊端，使人人都有通过辛勤劳动实现自身发展的机会。完善政府、工会、企业共同参与的协商协调机制，构建和谐劳动关系。十九大报告为中国劳动法治完善也指明了方向。

1. 更新法律调整机制，健全劳动法律体系

第一，完善《劳动法》的调整机制。当前，中国对劳动关系的法律调整总体上实行整齐划一的单一调整模式，《劳动法》对所有劳动者实行"一体适用、同等对待"，这种模式产生了诸多问题。现实中，由于用工形式不断发展以及劳动者"从属性"的弹性，雇员类型表现出多样性，除了典型雇员，还存在从属性较弱的"类似雇员的人"以及其他特殊雇员等非典型雇员。为此，

① 人力资源和社会保障部：《2016 年度人力资源和社会保障事业发展统计公报》，人力资源和社会保障部官方网站，http://www.mohrss.gov.cn/SYrlzyhshbzb/zwgk/szrs/tjgb/201705/t20170531_271671.html。

应更新《劳动法》的立法理念，在坚持劳动者是弱势群体的前提下，根据具体场景，考察不同类型雇员的差异，进行相应的规则设计。应摒弃传统的《劳动法》规则"全部适用"或"全不适用"的陈旧模式，对雇员进行类型化处理，为类似雇员的人、特殊雇员以及特殊雇主的雇员提供特殊规则，实现劳动关系法律调整模式从一体调整向分类调整和区别对待转变。[①]例如，家政工或网络服务提供者虽然无法完全纳入《劳动法》的调整范围，但是可以适用《劳动法》的部分规则，立法应为其提供基本权利的保护，尤其是最低工资、工作时间、安全卫生、社会保险保护等。在完善《劳动法》调整机制的背景下，应加强对非典型劳动者，包括派遣工、非全日制工、农民工、家政工、网络服务提供者等群体的法律保护。第二，完善相关立法。一是修改完善《劳动合同法》。要根据实践的需求，进一步处理好灵活性和安全性的关系，更好平衡用人单位和劳动者的诉求和利益。二是加强劳动基准立法。特别是加强有关工资、工时等的立法，确立更加合理的劳动基准。三是完善集体劳动法。应完善集体协商规则，增强集体协商的实效，促进工会作用的发挥。

2. 加强劳动行政执法，提高监督执法水平

当前中国劳动监察机构和人员与监察对象数量相比，比例非常低。例如，2013 年末，全国共有劳动保障监察机构 3291 个，各级人力资源社会保障部门配备专职劳动保障监察员 2.5 万人。同年年末全国就业人员 76977 万人，其中城镇就业人员 38240 万人。[②]要完善劳动监察体制，提高劳动监察实效。中国就业人口和企业众多，但劳动监察机构和人员有限，必须通过完善劳动监察体制，提高劳动监察的主动性、针对性、实效性。

3. 完善争议处理机制，构建和谐劳动关系

中国注重通过调解、仲裁解决劳动争议，实行的基本模式是"一裁二

[①] 谢增毅：《我国劳动关系法律调整模式的转变》，《中国社会科学》2017 年第 2 期。
[②] 人力资源和社会保障部：《2013 年度人力资源和社会保障事业发展统计公报》，人力资源和社会保障部官方网站，http://www.mohrss.gov.cn/SYrlzyhshbzb/dongtaixinwen/buneiyaowen/201405/t20140528_131110.htm。

审"。目前，中国劳动争议调解组织的专业性还不强，要通过加强调解组织和队伍建设，提高调解组织的公信力。要健全争议仲裁制度，完善仲裁办案规则，贯彻三方原则，建立工会干部等参与劳动案件调处的机制，建立调解仲裁机构与司法审判调诉衔接、裁审衔接的工作机制。要进一步明确法院受理劳动争议案件的范围，各地要统一执法尺度，增强法制统一性。

二 社会保障法治40年

1978年中国实行改革开放以来，随着经济体制改革的不断深入，中国社会保障制度的改革也逐渐展开并不断深入。在经济体制改革初期，改革的指导思想是计划与市场调节相结合，与之相应，社会保障制度的改革是作为国有企业改革的配套措施而设计的。随着改革的深入，社会保障制度逐渐从国有企业的改革中独立出来，在改革中不断探索和完善。从1978年以来，中国社会保障制度大致经历了三个阶段，即1978年到1996年的制度初步探索阶段、1997年到2010年的制度改革完善阶段以及2011年以来的制度定型成熟阶段。

（一）制度初步探索阶段（1978~1996年）

改革开放之初，社会保险制度是社会保障制度改革的核心内容，社会保险制度中，又以养老保险和医疗保险作为重点。

计划经济时期的养老保险使企业不堪重负。因此，这一时期社保制度建设的趋势是改革退休制度，建立真正意义上的养老保险制度，实现国家、企业和个人共担的责任机制。1986年7月国务院发布了《国营企业实行劳动合同制暂行规定》，规定国家对劳动合同制工人退休养老实行社会统筹，企业和劳动合同制工人按规定的比例缴纳养老保险费。这个规定实际上表明国家已经开始放弃计划经济时期的退休制度，建立国家、企业和个人三方共同承担责任的社会化、现代化的养老保险制度。随着改革的深入，1991年6月国务院下发了《关于城镇企业职工养老保险制度改革的决定》，确立了养老保险基金从市县起步，向省级过渡，最后实现全国统筹的原则。该《决定》也确立了实行社会基本养老保险、企业补充养老保险、个人储蓄养老保险相结合的多层次养老保险原则。在改革中，建立了社会统筹和个人账户相结合的养老保险制度。1995 年国务院发布了《关于深化企业职工养老保险制度改革的通知》，确立了社会统筹与个人账户相结合的养老保险模式。根据该文件，养老保险将覆盖到各类企业以及个体工商户等。

医疗保险制度也是社会保险制度的重要组成部分。新中国成立以来，中国医疗保障制度主要是实行对部分人群实行公费医疗制度，主要由国家负担医疗费用，这种制度的覆盖面很小，主要覆盖公职人员和国有企业职工，国家负担过重。因此改革的方向是实行社会化的医疗保险制度，减轻国家负担，提高医疗资源的使用效率。20 世纪 80 年代，部分省市开展了离退休人员医疗费用社会统筹试点，统筹基金由国家、企业和个人三方承担。由于医疗制度涉及面宽、利益关系复杂，涉及国家卫生资源分配、医疗机构利益和参保者等多方主体的利益分配，改革难度较大。这一阶段主要是进行试点探索。1993 年劳动部发布了《关于职工医疗保险制度改革试点的意见》，1994 年国家体改委、财政部、劳动部、卫生部联合制定了《关于职工医疗制度改革的试点意见》，在一些地方实行医改试点。在总结试点经验基础上，1996 年 5 月，国务院办公厅转发了《关于职工医疗保障制度改革扩大试点的意见》，进行了扩大试点，探索建立"社会统筹和个人账户相结合"的模式。

新中国成立初期以及计划经济时期的社会救助制度适用对象比较狭窄，主要救助对象是"三无"（无法定赡养人或抚养人、无劳动能力人、无可靠生活来源）孤老残幼、灾民和生活困难者，覆盖面小，制度不完善。随着经济体制改革的深入，新的贫困问题出现，贫困群体增多，迫切需要对社会救助制度进行改革。改革开放之初，国家对社会救助工作进行了探索，多次调整城市社会救助的对象和标准，但一直未建立制度化的救助体系。1993 年 6 月，上海在国家没有统一政策的前提下率先建立了城市居民最低生活保障制度，于 1994 年实施了《上海市社会救助办法》和《上海市社会救助实施细则》，社会救助开始进入法治化轨道。在此期间，一些地方例如上海、大连，也出台了城市医疗救助制度。

总体上看，这一阶段社会保障主要是改革计划经济时期的社会保障制度，逐步扩大社会保障的对象和范围，社会保障的覆盖面逐渐从国有企业职工向全体企业职工覆盖，从企业职工向包括非职工的居民覆盖，在责任承担上从主要依靠国家承担责任向国家、企业和个人共担的现代社会保障制度理念转变。但由于制度改革刚刚开始，社会保障制度还比较粗疏，很多制度尚处于试点探索之中，法制建设也不健全，很多法律法规尚处于缺失的状态。但这一阶段的改革探索为中国现代社会保障制度的建立以及社会保障法治建设打下了重要基础。

（二）制度改革完善阶段（1997~2010年）

社会保障制度的建立和完善，一方面得益于经济的快速增长及政府公共财政的大幅增长，也和中国政府在发展经济的同时，注重社会政策的完善以及社会公平正义的实现，重视社会保障体系建设密切相关。1997 年党的十五大报告指出，建立社会保障体系，实行社会统筹和个人账户相结合的养老、医疗保险制度，完善失业保险和社会救济制度，提供最基本的社会保障。2002 年党的十六大报告提出，"深化分配制度改革，健全社会保障体系"，"健全失业保险制度和城市居民最低生活保障制度"，"发展城乡社会救济和社会福利事业。有条件的地方，探索建立农村养老、医疗保险和最低生活保障制度"。2007 年党的十七大报告进一步提出，"加快建立覆盖城乡居民的社会保障体系，保障人民基本生活"，"要以社会保险、社会救助、社会福利为基础，以基本养老、基本医疗、最低生活保障制度为重点……加快完善社会保障体系"，"完善城乡居民最低生活保障制度，逐步提高保障水平"，"健全社会救助体系"。

1. 社会保险

（1）养老保险。养老保险制度主要包括职工养老保险制度和居民养老保险制度。

鉴于职工养老保险的重要性，中国职工养老保险制度的改革和探索起步较早。20 世纪 80 年代，为配合国有企业改革，开始进行退休费用社会统筹试点。1991 年，国务院印发《关于企业职工养老保险制度改革的决定》，建立国家、企业、个人三方共同负担的养老保险制度。1997 年，国务院印发《关于建立统一的企业职工基本养老保险制度的决定》，确定了社会统筹与个人账户相结合的养老保险制度，中国现代养老保险制度的雏形基本建立。2005 年，国务院印发《关于完善企业职工基本养老保险制度的决定》，改革基本养老金计发办法，调整个人账户比例，进一步扩大制度覆盖范围。2010 年，企业职工基本养老保险基金预算在全国范围内开始试行编制，预算管理逐渐加强。

在探索职工养老保险制度的同时，中国积极探索城乡居民养老保险制度。1991 年民政部出台了《县级农村社会养老保险基本方案（试行）》，开始了农村养老保险制度的试点。经过艰难探索，2009 年国务院发布《关于开展新型农村社会养老保险试点的指导意见》，从 2009 年起开展新型农村社会养老保险（简称新农保）试点，探索建立个人缴费、集体补助、政府补贴相结合的新农保制度，实行社会统筹与个人账户相结合，与家庭养老、土地保障、社会救助等其他社会保障政策措施相配套，保障农村居民老年基本生活。年满 16 周岁（不含在校学生）、未参加城镇职工基本养老保险的农村居民，可以在户籍地自愿参加新农保。新农保基金由个人缴费、集体补助、政府补贴构成。

（2）医疗保险。医疗保险涉及公民的医疗健康权利，是社会保险的重要内容。中国医疗保险包括城镇职工以及城镇和农村居民医疗保险。

1998 年国务院发布《关于建立城镇职工基本医疗保险制度的决定》，对原来的公费、劳保医疗制度实行统一管理，在全国范围内建立城镇职工医疗保险制度。决定将职工医疗保险的覆盖范围统一为包括企业、国家机关、事业单位等的所有城镇职工，实行社会统筹和个人账户相结合的模式。为完善职工医疗保险制度，相关政府部门多次发布规范性文件。

与此同时，居民医疗保险制度也不断探索。1997 年国务院批转的卫生部等部门《关于发展和完善农村合作医疗的若干意见》指出：农村合作医疗制度是适合中国国情的农民医疗保障制度；举办农村合作医疗，要坚持民办公助、自愿量力、因地制宜的原则，筹资以个人投入为主，集体扶持，政府适当支持。2003 年，国务院办公厅转发了《卫生部等部门关于建立新型农村合作医疗制度意见的通知》，《通知》指出，新型农村合作医疗制度是由政府组织、引导、支持，农民自愿参加，个人、集体和政府多方筹资，以大病统筹为主的农民医疗互助共济制度。建立新型农村合作医疗制度要遵循"自愿参加，多方筹资；以收定支，保障适度；先行试点，逐步推广"的原则。自此，新型农村合作医疗制度开始在全国范围内建立。

在建立农村合作医疗制度的同时，中国不断探索城市居民医疗保险制度。2007 年，国务院发布《关于开展城镇居民基本医疗保险试点的指导意见》，《意见》指出，要通过试点，探索和完善城镇居民基本医疗保险的政策体系，形成合理的筹资机制、健全的管理体制和规范的运行机制，逐步建立以大病统筹为主的城镇居民基本医疗保险制度。不属于城镇职工基本医疗保险制度覆盖范围的中小学阶段的学生（包括职业高中、中专、技校学生）、少年儿童和其他非从业城镇居民都可自愿参加城镇居民基本医疗保险。城镇居民基本医疗保险以家庭缴费为主，政府给予适当补助。参保居民按规定缴纳基本医疗保险费，享受相应的医疗保险待遇，有条件的用人单位可以对职工家属参保缴费给予补助。

（3）工伤保险。工伤保险制度在新中国成立初期就已初步建立。1996 年 8 月劳动部发布的《企业职工工伤保险试行办法》，是工伤保险方面最早的专门法律规范。2001 年通过了《职业病防治法》，对职业病的预防、诊断和职业病病人保障等做了规定。2003 年 4 月国务院发布了《工伤保险条例》，对工伤保险做了较为全面的规定。

（4）失业保险。进入 20 世纪 90 年代以来，随着社会主义市场经济体制的建立，国家加快了国有企业改革的步伐，企业下岗失业人员增多，失业保险制度得以建立。1999 年国务院颁布了《失业保险条例》，对失业保险基金、失业保险待遇、监督与管理等进行了规定。

（5）生育保险。在总结各地实施生育保险制度改革和创新经验的基础上，1994 年劳动部发布了《企业职工生育保险试行办法》，确立了生育保险费用实行社会统筹的模式。2004 年劳动和社会保障部发布了《关于进一步加强生育保险工作的指导意见》，要求没有出台生育保险办法的地区，要尽快建立生育保险制度，扩大生育保险覆盖范围。生育保险制度的建立主要依靠地方的探索。

在综合性的立法方面，1999 年国务院出台《社会保险费征缴暂行条例》，规定了社会保险费征缴范围、征收机构，以及征缴管理、监督检查等具体制度，有利于规范和保障社会保险费的征缴。

在此阶段，虽然社会保障制度还处于探索阶段，但社会保险覆盖面不断扩大，为社会保险制度定型打下坚实基础。从 1997 年和 2010 年的数据对比就可以看出中国社会保障在这一阶段取得的成就。

到 1997 年底，企业职工养老保险制度改革继续深化。全国共有 12 个省、自治区、直辖市制定发布了统一企业职工基本养老保险制度的实施方案。全国参加基本养老保险费用社会统筹的企业职工为 8671 万人，全国参加基本养老保险费用社会统筹的企业离退休人员为 2533.4 万人。全年全国企业职工基本养老保险基金收入 1337.91 亿元，支出 1251.33 亿元，当年结余 86.58 亿元。全国企业职工基本养老保险基金滚存结余 682.85 亿元。医疗保险制度改革继续进行。截至 1997 年底，全国已有 295.4 万职工和 73.9 万离退休人员参加了"统账"结合方式的医疗保险制度改革。全国参加大病医疗费用社会统筹的企业职工和离退休人员分别为 1121.8 万人和 171.7 万人，参加医疗费用社会统筹的离退休人员有 99.2 万人。工伤保险制度改革继续开展。到 1997 年底，全国有 26 个省、自治区、直辖市实行了工伤保险费用社会统筹，参加统筹的企业职工为 3507.8 万人。失业保险工作稳步开展。到年底，全国参加失业保险的职工人数为 7961.4 万人，全年共有 319 万人享受了失业救济。职工生育保险覆盖面进一步扩大。到年底，全国已有 26 个省、自治区、直辖市的 2485.9 万企业职工参加了生育保险费用社会统筹。①

到 2010 年底，社会保障制度不断完善，各项社会保险覆盖范围继续扩大，参保人数和基金规模持续增长。全年五项社会保险（不含新型农村社会养老保险）基金收入合计 18823 亿元，基金支出合计 14819 亿元。

2010 年末全国参加城镇基本养老保险人数为 25707 万人，城镇基本养老保险基金总收入 13420 亿元，其中征缴收入 11110 亿元，各级财政补贴基本养老保险基金 1954 亿元。基金总支出 10555 亿元。基本养老保险基金累计结存 15365 亿元。全国有 27 个省、自治区的 838 个县（市、区、旗）和 4 个直辖市部分区县开展国家新型农村社会养老保险试点。全国参加新型农村社会养老保险人数 10277 万人，其中领取待遇人数 2863 万人。全年新型农村社会养老保险基金收入 453 亿元，基金累计结存 423 亿元。2010 年末全国参加城镇基本医疗保险人数为 43263 万人。其中，参加城镇职工基本医疗保险人数 23735 万人，参加城镇居民基本医疗保险人数为 19528 万人。全年城镇基本医疗保险基金总收入 4309 亿元，支出 3538 亿元。城镇基本医疗统筹基金累计结存 3313 亿元（含城镇居民基本医疗保险基金累计结存 306 亿元），个人账户积累 1734 亿元。2010 年末全国参加失业保险人数为 13376 万人。年末全国领取失业保险金人数为 209 万人。全年失业保险基金收入 650 亿元，支出 423 亿元。年末失业保险基金累计结存 1750 亿元。2010 年末全国参加工伤保险人数为 16161 万人，享受工伤保险待遇人数 147 万人，工伤保险基金收入 285 亿元、支出 192 亿元，工伤保险基金累计结存 479 亿元、储备金结存 82 亿元。2010 年末全国参加生育保险人数为 12336 万人，全年共有 211 万人次享受了

---

① 劳动和社会保障部、国家统计局：《1997 年度劳动事业发展统计公报》，《中国劳动》1998 年第 7 期。

生育保险待遇，生育保险基金收入 160 亿元、支出 110 亿元，生育保险基金累计结存 261 亿元。[①]

可见，在这一阶段，中国社会保险项目基本建立，社会保险已基本覆盖城乡各类人群，社会保险经过艰难探索已初具规模。

2. 社会救助

新中国成立以来特别是改革开放以来，中国的社会救助由早期的临时性紧急生活救助，发展为以农村为主、城乡分野的定期定量救助，再到改革开放以后以城乡低保为核心的新型社会救助体系。改革开放以后，为适应社会主义经济体制的变迁，中国传统社会救助制度逐步发展为以最低生活保障、农村五保供养为核心，以医疗救助、住房救助、教育救助等专项救助为辅助，以临时救助、社会帮扶为补充的覆盖城乡的新型社会救助体系。这样一个新型社会救助体系，不仅大大提升了社会救助的政治地位，强化了政府责任，而且从根本上改变了中国社会保障制度的理念，实现了从人性关爱到维护权利的转变，凸显了政府在维护公民基本生活安全方面的责任，在保障困难群众基本生活权益、维护社会稳定等方面发挥了重要作用，成为中国社会保障体系的重要组成部分。[②]1997 年以来，是中国全面建立和完善社会救助制度的 20 年。

（1）城市低保制度。城市居民最低生活保障制度最先于 1993 年在上海启动，其标志着中国社会救济制度改革拉开了序幕。随后几年，在民政部的努力推动下，建立城市低保制度的地区越来越多。到 1997 年 8 月底，全国建立城市低保制度的城市总数已达 206 个，占全国建制市的 1/3。1997 年 9 月《国务院关于在全国建立城市居民最低生活保障制度的通知》下发。该《通知》规定了城市低保制度的救助范围、救助标准、救助资金来源等政策内容，明

---

① 人力资源和社会保障部：《2010 年度人力资源和社会保障事业发展统计公报》，人力资源和社会保障部官方网站，http://www.mohrss.gov.cn/SYrlzyhshbzb/zwgk/szrs/tigb/201107/t20110720-69907.html。

② 刘喜堂：《建国 60 年来我国社会救助发展历程与制度变迁》，《华中师范大学学报》（人文社会科学版）2010 年第 4 期。

确提出在 1999 年底之前，全国所有城市和县政府所在地的城镇，都要建立这一制度。在此后两年里，各地积极推进，有效地保证城市低保制度不断推广。截至 1999 年 9 月底，全国所有 667 个城市 1638 个县政府所在地的建制镇，全部建立了城市低保制度。1999 年 9 月，国务院正式颁布《城市居民最低生活保障条例》，标志着中国城市低保制度正式走上法治化轨道，也标志着这项工作取得突破性重大进展。①《城市居民最低生活保障条例》颁布实施以来，救助人数不断扩大，救助标准逐步提高，救助资金逐年增加，救助程序日益规范，困难居民的基本生活得到了保障。截至 2010 年底，全国共有 1145.0 万户 2310.5 万城市低保对象。全年各级财政共支出城市低保资金 524.7 亿元，其中中央财政补助资金为 365.6 亿元，占全部支出资金的 69.7%。2010 年全国城市低保平均标准为 251.2 元/（人·月），比上年增长 10.3%；全国城市低保月人均补助水平为 189.0 元，比上年提高 9.9%。②

（2）农村低保制度。在启动城市低保的同时，农村低保制度也开始在一些地区探索建立。1996 年 12 月，民政部办公厅印发《关于加快农村社会保障体系建设的意见》，明确提出"凡开展农村社会保障体系建设的地方，都应该把建立最低生活保障制度作为重点，即使标准低一点，也要把这项制度建立起来"。到 2002 年，全国绝大多数省份都不同程度地实施了农村低保，全国救助对象达到 404 万人，年支出资金 13.6 亿元，其中地方政府投入 9.53 亿元，农村集体投入 4.07 亿元。2007 年 7 月，国务院印发《关于在全国建立农村最低生活保障制度的通知》，对农村低保标准、救助对象、规范管理、资金落实等内容做出了明确规定，要求在年内全面建立农村低保制度并保证低保金按时足额发放到户。至此，农村低保进入全面实施的新阶段。到 2007 年 9 月底，全国 31 个省（自治区、直辖市），2777 个涉农县（市、区）已全部建立农村

① 刘喜堂：《建国 60 年来我国社会救助发展历程与制度变迁》，《华中师范大学学报》（人文社会科学版）2010 年第 4 期。
② 民政部：《2010 年社会服务发展统计报告》，民政部官方网站，http://www.mca.gov.cn/article/zwgk/mzyw/201106/20110600161364.shtml。

低保制度。[①]

农村低保制度实施以来，其覆盖人群和救助标准也不断提高。截至 2010 年底，全国有 2528.7 万户、5214.0 万人得到了农村低保。全年共发放农村低保资金 445.0 亿元，其中中央补助资金 269.0 亿元，占总支出的 60.4%。2010 年全国农村低保平均标准为 117.0 元 /（人·月），增长了 16.1%；全国农村低保月人均补助水平为 74 元，比上年提高 8.8%。[②]

（3）其他社会救助制度。

第一，新型农村五保供养制度。为适应农村税费改革形势，切实保障五保对象的合法权益，新修订的《农村五保供养工作条例》于 2006 年 3 月实施。新《条例》把农村五保供养资金纳入财政预算，建立起以财政供养为基础的新型农村五保供养制度，实现了农村五保由农村集体供养向国家财政供养的根本性转型。截至 2010 年底，全国农村得到五保供养的人数为 534.1 万户 556.3 万人，分别比上年同期增长 0.9% 和 0.5%。全年各级财政共发放农村五保供养资金 98.1 亿元，比上年增长 11.4%，其中中央财政首次安排五保对象临时物价补贴 3.5 亿元。农村五保集中供养 177.4 万人，集中供养年平均标准为 2951.5 元 / 人，比上年增长 14.1%；农村五保分散供养 378.9 万人，年平均标准为 2102.1 元 / 人，比上年增长 14.1%。[③]

第二，城乡医疗救助制度。2003 年 11 月，民政部、卫生部、财政部联合下发《关于实施农村医疗救助的意见》，揭开了医疗救助制度建设的序幕。2005 年 3 月，国务院办公厅转发民政部、财政部等《关于建立城市医疗救助制度试点工作的意见》，计划用 2 年时间进行试点，之后再用 2~3 年时间在全国建立起城市医疗救助制度。城乡医疗救助主要采取两种方法：一是资助城

① 刘喜堂：《建国 60 年来我国社会救助发展历程与制度变迁》，《华中师范大学学报》（人文社会科学版）2010 年第 4 期。

② 民政部：《2010 年社会服务发展统计报告》，民政部官方网站，http://www.mca.gov.cn/article/zwgk/mzyw/201106/20110600161364.shtml。

③ 民政部：《2010 年社会服务发展统计公报》，民政部官方网站，http://www.mca.gov.cn/article/zwgk/mzyw/201106/20110600161364.shtml。

乡低保对象及其他特殊困难群众参加新型农村合作医疗或城镇居民医疗保险；二是对新农合或城镇医保报销后，自付医疗费仍然困难的家庭，民政部门给予报销部分费用的二次救助。

这一阶段，城乡医疗救助的规模和水平不断提高。2010 年全年累计救助城市居民 1921.3 万人次，其中：民政部门资助参加城镇居民基本医疗保险 1461.2 万人次，人均救助水平 52.0 元；民政部门直接救助城市居民 460.1 万人次，人均医疗救助水平 809.9 元。2010 年全年累计救助贫困农民 5634.6 万人次，其中：民政部门资助参加新型农村合作医疗 4615.4 万人次，人均资助参合水平 30.3 元；民政部门直接救助农村居民 1019.2 万人次，人均救助水平为 657.1 元。[①]

第三，临时救助制度。临时救助旨在解决低收入家庭遇到的临时性、突发性困难。2007 年 6 月，民政部下发《关于进一步建立健全临时救助制度的通知》，对临时救助的对象、标准、程序等进行了原则性的规范。2010 年全年民政部门对 153.0 万人次城市居民和 613.7 万人次农村居民进行了临时救助。[②]

（三）制度定型成熟阶段（2011~2018年）

2011 年以来，尤其是党的十八大以来，中国社会保障制度更加定型，进入了一个新的发展时期。党的十八大报告指出，社会保障是保障人民生活、调节社会分配的一项基本制度。要坚持全覆盖、保基本、多层次、可持续方针，以增强公平性、适应流动性、保证可持续性为重点，全面建成覆盖城乡居民的社会保障体系。改革和完善机关企事业单位社会保险制度，整合城乡居民基本养老保险和基本医疗保险制度，逐步做实养老保险个人账户，实现

① 民政部：《2010 年社会服务发展统计公报》，民政部官方网站，http://www.mca.gov.cn/article/zwgk/mzyw/201106/20110600161364.shtml。
② 民政部：《2010 年社会服务发展统计公报》，民政部官方网站，http://www.mca.gov.cn/article/zwgk/mzyw/201106/20110600161364.shtml。

基础养老金全国统筹，建立兼顾各类人员的社会保障待遇确定机制和正常调整机制。扩大社会保障基金筹资渠道，建立社会保险基金投资运营制度，确保基金安全和保值增值。完善社会救助体系，健全社会福利制度，支持发展慈善事业，做好优抚安置工作。2011 年以来，尤其是党的十八大以来，中国社会保障事业取得了重大进展，具有以下几个突出特点。第一，制度更加定型，法律法规建设取得显著成效。2014 年出台的《社会救助暂行办法》，标志着中国社会保障领域最重要的两大支柱——社会保险和社会救助的制度框架已经建立，社会保障的法律体系建设迈出重要一步。第二，努力整合相关制度，注重制度公平性。这个时期更加注重社会保障的公平性，努力克服制度碎片化的弊端，注重制度整合，尤其是城乡社会保障体系的整合，例如养老保险和医疗保险实现城乡制度的统一、生育保险和医疗保险的合并实施、城市和农村低保制度的整合。通过制度整合，社会保障的公平性得以进一步提高。第三，改革创新实现新突破。例如，改革机关事业单位养老保险制度，把改革退休制度纳入工作议程等等。这一阶段的主要立法和政策如下。

1. 社会保险

这一阶段国家出台和修订了若干重要的法律法规。2011 年实施的《社会保险法》，对社会保险制度的覆盖范围、基本模式、资金来源、待遇构成、享受条件、调整机制和监管责任等做了全面规范，社会保险制度建设进入了一个新阶段。2011 年全国人大常委会修改了《职业病防治法》，进一步加强了相关部门的监管职责，强化了用人单位的义务，完善了职业病诊断鉴定制度。工伤保险制度通过《社会保险法》的制定以及《工伤保险条例》的修订，不断进步和完善。

这一阶段，国家在社会保险领域出台了若干重要文件，促进社会保险制度的完善。2011 年，国务院发布《关于开展城镇居民社会养老保险试点的指导意见》，决定从 2011 年起开展城镇居民社会养老保险试点，实行政府主导和居民自愿相结合，引导城镇居民普遍参保。建立个人缴费、政府补贴相结合的城镇居民养老保险制度，实行社会统筹和个人账户相结合。年满 16 周岁（不含在校学生）、不符合职工基本养老保险参保条件的城镇非从业居民，可以在户籍地自愿参加城镇居民养老保险。城镇居民养老保险基金主要由个人缴费和政府补贴构成。

2014 年国务院颁布《关于建立统一的城乡居民基本养老保险制度的意见》，决定将新农保和城居保两项制度合并实施，在全国范围内建立统一的城乡居民基本养老保险制度。坚持和完善社会统筹与个人账户相结合的制度模式，巩固和拓宽个人缴费、集体补助、政府补贴相结合的资金筹集渠道，完善基础养老金和个人账户养老金相结合的待遇支付政策，强化长缴多得、多缴多得等制度的激励作用，建立基础养老金正常调整机制，健全服务网络，提高管理水平，为参保居民提供方便快捷的服务。年满 16 周岁（不含在校学生）、非国家机关和事业单位工作人员及不属于职工基本养老保险制度覆盖范围的城乡居民，可以在户籍地参加城乡居民养老保险。城乡居民养老保险基金由个人缴费、集体补助、政府补贴构成。城乡居民养老保险待遇由基础养老金和个人账户养老金构成，支付终身。

2015 年国务院发布《关于机关事业单位工作人员养老保险制度改革的决定》，决定改革现行机关事业单位工作人员退休保障制度，逐步建立独立于机关事业单位之外、资金来源多渠道、保障方式多层次、管理服务社会化的养老保险体系。机关事业单位工作人员要按照国家规定切实履行缴费义务，享受相应的养老保险待遇，形成责任共担、统筹互济的养老保险筹资和分配机制。该《决定》适用于按照《公务员法》管理的单位，参照《公务员法》管理的机关（单位）、事业单位及其编制内的工作人员。实行社会统筹与个人账户相结合的基本养老保险制度，基本养老保险费由单位和个人共同负担。机关事业单位在参加基本养老保险的基础上，应当为其工作人员建立职业年金。

2016 年，国务院发布《关于整合城乡居民基本医疗保险制度的意见》，决定整合城镇居民基本医疗保险和新型农村合作医疗两项制度，建立统一的城乡居民基本医疗保险制度。该《意见》关于推进医药卫生体制改革、实现城乡居民公平享有基本医疗保险权益、促进社会公平正义、增进人民福祉的重大举措，对促进城乡经济社会协调发展、全面建成小康社会具有重要意义。《意见》指出，整合基本制度政策要坚持"六统一"：统一覆盖范围、统一筹资政策、统一保障待遇、统一医疗目录、统一定点管理、统一基金管理。

2017年国务院办公厅发布的《关于印发生育保险和职工基本医疗保险合并实施试点方案的通知》指出，根据《全国人民代表大会常务委员会关于授权国务院在河北省邯郸市等12个试点城市行政区域暂时调整适用〈中华人民共和国社会保险法〉有关规定的决定》，做好生育保险和职工基本医疗保险（以下统称两项保险）合并实施试点工作。遵循保留险种、保障待遇、统一管理、降低成本的总体思路，推进两项保险合并实施，通过整合两项保险基金及管理资源，强化基金共济能力，提升管理综合效能，降低管理运行成本。试点内容包括：统一参保登记、统一基金征缴和管理、统一医疗服务管理、统一经办和信息服务、职工生育期间的生育保险待遇不变。

2017年，社会保险体系进一步完善。积极推进机关事业单位养老保险制度改革，出台实施机关事业单位基本养老保险关系和职业年金转移接续办法、统一个人账户记账利率等政策。实施《企业年金办法》。城乡居民基本医疗保险制度整合取得积极进展。出台实施《关于进一步深化基本医疗保险支付方式改革的指导意见》。深入开展生育保险与医疗保险合并实施试点、长期护理保险制度试点，落实和完善大病保险精准扶贫措施。实行工伤保险基金省级统筹，出台实施《工伤预防费使用管理暂行办法》。降低养老、失业、工伤、生育保险费率，进一步降低企业成本。

2. 社会救助

2014年国务院发布《社会救助暂行办法》，这是中国第一部关于社会救助的综合性法规，为健全社会救助体系、完善社会救助制度发挥了重要作用。《办法》总结新经验、确认新成果，把成熟的改革经验上升为法规制度，用法规形式巩固改革成果，使各项社会救助有法可依，实现了社会救助权利法定、责任法定、程序法定，为履行救助职责、规范救助行为提供了法制遵循。《办法》是社会救助领域统领性、支架性法规，具有基础性和全局性作用，为提升社会救助工作法治化水平、释放社会救助制度改革红利奠定了坚实基础。《办法》对社会救助进行全面规范，将事关困难群众基本生活的各项托底制度，统一到一部行政法规之中，使之既各有侧重，又相互衔接，兼顾群众困难的各个方面，覆盖群众关切的各个领域，构建了完整严密的安全网。《办法》涵盖内容十分丰富。为保障困难群众基本生活权益，《办法》在现行规定基础上，按照与经济社会发展水平相适应、与其他社会保障制度相衔接的原则，进一步规范了各项社会救助的内容，包括：最低生活保障、特困人员供养、受灾人员救助、医疗救助、教育救助、住房救助、就业救助、临时救助以及社会力量参与。

2016 年国务院发布《关于进一步健全特困人员救助供养制度的意见》，以解决城乡特困人员突出困难、满足城乡特困人员基本需求为目标，坚持政府主导，发挥社会力量作用，在全国建立起城乡统筹、政策衔接、运行规范、与经济社会发展水平相适应的特困人员救助供养制度，将符合条件的特困人员全部纳入救助供养范围，切实维护他们的基本生活权益。救助对象范围包括：同时具备"无劳动能力、无生活来源、无法定赡养抚养扶养义务人或者其法定义务人无履行义务能力"条件的城乡老年人、残疾人以及未满 16 周岁的未成年人。

3. **社会保障制度的实施效果**

2011 年以来，社会保障建设的效果和成就更加显著，覆盖全社会的保障体系基本建成。在全国范围内建立了统一的城乡居民基本养老保险制度，制定了劳动者特别是进城务工人员参加城镇职工和城乡居民基本养老保险的制度衔接政策，2015 年全国参加基本养老保险人数为 8.58 亿人，城乡居民实际领取养老待遇人数为 1.48 亿人。建立了覆盖全体国民的医疗保障体系，截至 2015 年底，包括城镇职工基本医疗保险、新型农村合作医疗保险和城镇居民基本医疗保险在内的基本医疗保险参保人数达 13.36 亿人，参保率保持在 95%

以上，城镇职工基本医疗保险、城镇居民基本医疗保险、新型农村合作医疗保险政策范围内住院医疗费用报销比例分别达80%以上、70%以上和75%左右，基金最高支付限额分别提高到当地职工年平均工资和当地居民年人均可支配收入的6倍。1994年至2015年，失业保险参保人数从7967.8万人增长到17609.2万人，2015年保险基金收入达1364.63亿元，基金支出736.45亿元，每人每月平均领取失业保险金增加到968.4元；工伤预防、补偿、康复"三位一体"的工伤保险制度初步形成，参保人数从1822万人增长到21432万人；生育保险参保人数从916万人增加到17771万人。① 截至2017年底，基本养老、基本医疗、失业、工伤、生育保险参保人数分别达到9.15亿人、11.77亿人、1.88亿人、2.27亿人、1.92亿人；五项基金总收入为6.64万亿元，同比增长23.9%，总支出为5.69万亿元，同比增长21.4%。②

社会救助力度不断加大。城市居民最低生活保障人数从1996年的84.9万人增长到2015年的1701.1万人，农村居民最低生活保障人数从1999年的265.8万人增长到2015年的4903.6万人。不断提高最低生活保障标准，2011年正式建立城乡低保标准动态调整机制，2015年城市低保平均标准为451元/（人·月），月人均补助水平317元；农村低保平均标准为265元/（人·月），月人均补助水平为147元。先后制定了一系列防灾减灾救灾规划和法规，灾害救助工作水平不断提高。2009年至2015年，累计下拨中央自然灾害生活救助资金694.6亿元，年均99亿元。2015年全国实施医疗救助9523.8万人次，支出医疗救助资金298.5亿元。为遭遇突发性、紧迫性、临时性生活困难，而其他社会救助制度暂时无法覆盖或救助之后基本生活暂时仍有严重困难的群众提供临时救助，2015年共有667.1万户次家庭获得临时救助。③

2016年11月，国际社会保障协会在巴拿马召开的第32届全球大会上授

---

① 国务院新闻办公室：《发展权：中国的理念、实践与贡献》白皮书，2016。
② 《人社部举行2017年第四季度新闻发布会》，人力资源和社会保障部官方网站，http://www.mohrss.gov.cn/SYrlzyhshbzb/zxhd/zaixianzhibo/201801/t20180126_287509.html。
③ 国务院新闻办公室：《发展权：中国的理念、实践与贡献》白皮书，2016。

予中国"社会保障杰出成就奖",对中国在社会保障领域取得的巨大成就给予高度评价,指出在过去的 10 年里中国凭借强有力的政治承诺和诸多重大的管理创新,在社会保障方面取得了举世无双的成就,社会保障水平显著提升,已取得的成就得以持续,并使社会保障计划适应不断演变的需求和重点工作。这反映了中国在社会保障改革与发展方面所取得的辉煌成就得到国际社会的充分肯定。

(四)社会保障法治的未来展望

虽然中国社会保障制度及其实施取得了巨大成就,但与全面建成小康社会和全面依法治国的目标和任务相比,依然任重道远。党的十九大报告指出,增进民生福祉是发展的根本目的。必须多谋民生之利、多解民生之忧,在发展中补齐民生短板、促进社会公平正义,在幼有所育、学有所教、劳有所得、病有所医、老有所养、住有所居、弱有所扶上不断取得新进展,深入开展脱贫攻坚,保证全体人民在共建共享发展中有更多获得感,不断促进人的全面发展、全体人民共同富裕。这为中国社会保障法治建设指明了方向。十九大报告同时指出,加强社会保障体系建设。按照兜底线、织密网、建机制的要求,全面建成覆盖全民、城乡统筹、权责清晰、保障适度、可持续的多层次社会保障体系。全面实施全民参保计划。完善城镇职工基本养老保险和城乡居民基本养老保险制度,尽快实现养老保险全国统筹。完善统一的城乡居民基本医疗保险制度和大病保险制度。完善失业、工伤保险制度。建立全国统一的社会保险公共服务平台。统筹城乡社会救助体系,完善最低生活保障制度。坚持男女平等基本国策,保障妇女儿童合法权益。完善社会救助、社会福利、慈善事业、优抚安置等制度,健全农村留守儿童和妇女、老年人关爱服务体系。这为中国社会保障法治建设提出了具体的任务。

1. 加强社会保障立法

虽然中国社会保障立法取得举世瞩目的成就,《社会保险法》和《社会救助暂行办法》已经出台,但中国社会保障立法总体水平不高。一是综合性的立法还比较粗疏，可操作性不强。《社会保险法》和《社会救助暂行办法》内容还比较原则，具体操作性不强。在社会保险领域，目前中国仅有《失业保险条例》和《工伤保险条例》，养老保险、医疗保险和生育保险，主要依靠政策调整，制度还不完善。社会救助领域，还缺乏一部综合性法律；在具体社会救助项目上，还主要依靠政策调整，最低生活保障、医疗救助、临时救助等主要社会救助项目还未制定条例，制度的权威性和稳定性有待提高。未来，应制定一部综合性的社会救助法，并且就社会保险的主要险种和社会救助的主要项目制定出条例，加强企业年金立法，进一步提高社会保障制度的权威性、稳定性和可操作性。此外，在立法中，应更好平衡和分配企业责任和国家责任，促进社会保障的可持续。

2. 提高社会保障公平性

近年来，中国在社会保障政策和立法中更加注重社会保障制度的公平性，尤其是整合城乡居民养老保险制度、医疗保险制度，城乡最低生活保障制度，城乡之间的制度差异得到了较大程度解决。机关事业单位养老保险的改革，也打破了身份之间的差别，使养老保险制度更加公平。虽然近年来，社会保障制度在克服城乡差异方面取得了明显进展，但目前，由于全国性立法的缺失或操作性不强，加上社会保险的统筹层次不高，各地财力不同，各地的制度及其实施存在巨大差异，不同地域之间制度的公平性有待提高。未来应加强全国性立法，努力提高社会保险统筹层次，缩小不同地域制度和待遇的差异，提高不同地域制度和待遇的公平性，加强法制统一性。

3. 破解社会保障难题

近年来，中国社会保障事业不断改革创新，出台了许多重大改革措施。但社会保障的一些重要问题还有待破解。例如，退休年龄的调整以及相关政策法规的完善，养老金全国统筹的实现，人口老龄化的政策和法律应对，医疗保险各方主体权利义务的完善，看病贵、看病难的制度解决方案，等等。这些都需要通过政策和法律的完善加以解决。

4. 完善社会保障执法和司法

尽管中国社会保障的法治水平不断提高，但社会保障的执法和司法仍需要不断完善。例如，虽然目前中国社会保险基本实现了全覆盖，但制度实施情况仍不容乐观，特别是一些特殊群体社会保险的覆盖面仍然较低。例如，农民工社会保险问题突出。以 2014 年国家统计局抽样调查数据为例，2014年全国农民工总量为 27395 万人，但农民工 "五险" 的参保率分别为：工伤保险 26.2%、医疗保险 17.6%、养老保险 16.7%、失业保险 10.5%、生育保险7.8%。[①] 因此，社会保障的执法水平需要进一步提高。此外，社会保障的司法制度需要完善，特别是社会保险的纠纷解决机制，目前各地做法各不相同，需要通过深入论证，建立科学、统一的社会保险纠纷及社会救助纠纷解决机制，维护公民的合法权益。

① 国家统计局：《2014 年全国农民工监测调查报告》，国家统计局官方网站，http://www.stats.gov.cn/tjsj/zxfb/201504/t20150429_797821.html。

中国刑法改革和刑事法治建设

张志钢*

导　读：2018 年中国的改革开放迎来了 40 周年。40 年来，中国的刑事法治
建设取得了长足进步和光辉成就，刑法在为中国的经济发展与社会
转型保驾护航的同时，在人权保障方面也发挥着不可替代的作用。
以 1979 年《刑法》和 1997 年《刑法》为坐标，可将改革开放 40 年
来中国刑法的发展大体上分为 1979 年《刑法》施行与 1997 年《刑
法》施行两个阶段。① 第一个阶段是 1978 年改革开放至 1997 年《刑
法》颁行时期（本文第一部分），第二个阶段是 1997 年《刑法》颁
行至今（本文第二部分）。粗略估算，前后两个阶段大约都为 20 年，
本文第三部分在回顾这两个 20 年刑法发展的基础上，展望未来 20
年中国的刑法立法。本文第四部分是简要的总结。

---

* 张志钢，中国社会科学院法学研究所助理研究员。

① 当然，以刑法规范为研究对象的刑法学，也可做相应的阶段性划分。不过，刑法学阶段的
划分除了考虑立法变迁导致研究对象的变更外，也不应忽略研究视角的转换。如陈兴良
教授所指出的，改革开放 40 年来刑法学的研究可以划分为三个阶段：第一个阶段为刑法
学科的恢复重建阶段，时间段为 1978 年改革开放至 1988 年全国人大常委会着手对 1979
年《刑法》进行修改。第二个阶段为以立法为中心的刑法学研究阶段，时间段为 1988 年
至 1997 年新《刑法》的颁布。第三个阶段为以司法为中心的刑法学研究阶段，时间段为
1997 年《刑法》颁行至今。参见陈兴良《从以立法为中心到以司法为中心——刑法学研究
40 年回顾与前瞻》，《检察日报》2018 年 1 月 15 日，第 03 版。

一 1979年《刑法》施行时期（1978~1997年）

（一）1979年《刑法》的孕育和诞生

1978年真理与标准问题的讨论，"标志着一场深刻的、意义深远的思想解放运动的开始。这场思想解放运动为新时期法制建设的蓬勃发展奠定了重要的思想基础"。[1] 此后不久，《人民日报》刊文指出："当前，我们十分需要这样的社会主义的《刑法》和《民法》，以便司法部门量刑有准，执法有据。同时，我们也十分需要社会主义的诉讼法，使人民有冤能伸，有理能辩，有权根据法律的规定，进行诉讼，以保卫自己的合法权利。"1978年十一届三中全会的召开，标志着中国进入改革开放新时期。1979年7月第五届全国人民代表大会第五次会议审议通过了《中华人民共和国刑法》，宣告了新中国无刑法典的时代结束，标志着中国刑事法制建设进入一个崭新的历史时期。

1979年《刑法》的诞生，经历了十分曲折的过程。在1949~1978年近30年的时间里，中国没有制定一部统一的刑法典，而是根据国家建设的需要，先后制定了一批单行刑法，并在一些非刑事法律中设置了部分附属刑法规范。[2] 如在镇压反革命运动中，于1950年颁布的《中华人民共和国惩治反革命条例》；在土地改革运动中，各大行政区的军政委员会先后颁发了惩治不法地主的单行条例；等等。[3] 总体而言，新中国成立后30年的刑事立法，都是针对某一种（类）犯罪的专门规定，这主要是源于当时同特定犯罪展开专项斗争的需要，体现了党的政策和政治方向，维护了社会秩序；同时，单行刑法的陆续制定和实施，也为日后刑法典的制定积累了一些经验，奠定了一

---

① 蒋传光、王逸飞：《新中国60年法制建设和法学研究的互动》，《河南省政法干部管理学院学报》2009年第6期。

② 高铭暄、赵秉志：《中国刑法立法之演进》，法律出版社，2007，第31页。

③ 按照颁布时间的先后顺序依次为：1950年9月19日《华东惩治不法地主暂行条例》，同年11月15日《西北军政委员会惩治不法地主暂行条例》，11月16日《中南区惩治不法地主暂行条例》，12月13日《西南区惩治不法地主暂行条例》。

定基础。自 1966 年开始的"文革"十年浩劫，使法制建设遭遇灭顶之灾，刑法的发展处于停滞状态。尽管如此，中国刑法典的立法工作一直断断续续地进行着。早在新中国成立初期，当时的中央人民政府法制委员会就草拟了两部立法草案——《中华人民共和国刑法大纲草案》（1950 年）和《中华人民共和国刑法指导原则草案（初稿）》（1954 年），但是这两个草案未能正式进入立法程序。自 1954 年新中国第一部宪法通过后，刑法典的起草工作由全国人大常委会办公厅法律室负责。法律室于 1954 年 10 月开始起草，到 1956 年 11月草拟出 13 稿，至 1957 年 6 月已草拟出 22 稿。"反右倾"斗争扩大化与法律虚无主义思想致使刑法典起草工作停止了四年多。1963 年法律室在有关部门的协同下拟出第 33 稿。但是，随之而来的是"四清"运动和十年"文革"的动荡，刑法典草案第 33 稿被束之高阁，刑法立法工作完全中断。"文革"结束后，中央政法小组组成刑法草案修订班子，对第 33 稿进行修改，拟出了2 个稿子。十一届三中全会以后，全国人大常委会法制工作委员会以第 33 稿为基础，先后草拟了 3 个稿子，其中第二个稿子最终于 1979 年 7 月 1 日五届全国人大常委会第二次会议通过，7 月 6 日正式公布，并规定自 1980 年 1 月1 日起实施。[①]

高铭暄教授作为专家学者，自 1954 年至 1979 年自始至终参加了 1979年刑法典的起草工作。他在回顾新中国刑法典孕育诞生的曲折与艰辛历程时，不无感慨道："一部出台时不过 192 个条文的刑法典（条文数在当代世界各国刑法典中可以说是最少的），从全国人大常委会办公厅法律室着手起草算起，先后竟然孕育了 25 年之久。其实工作时间只用了 5 年多，有 19 年多是处于停滞状态。第 22 稿拟出后 4 年多，第 33 稿拟出后居然停顿了 15 年！……建国近 30 年，中国才有了第一部粗放型的刑法典……"[②]

[①] 1979 年刑法典的起草工作的详细情况与曲折历程，请参见高铭暄、赵秉志编《新中国刑法立法文献资料总览》（上册），中国人民公安大学出版社，1998，第 136 页以下。
[②] 高铭暄、赵秉志：《中国刑法立法之演进》，法律出版社，2007，第 43 页。

（二）1979年《刑法》的结构特征与局部修改

1. 1979年《刑法》的结构特征

1979 年《刑法》分为 2 编 13 章，共计 192 个条文。第一编为总则，下设 5 章 89 条，规定了刑法的指导思想、任务和适用范围，犯罪，刑罚，刑罚的具体运用以及其他规定。第二编为分则，共 8 章 103 条，规定的是犯罪的分类以及各类具体犯罪的罪状与法定刑。分则根据犯罪客体的不同将犯罪分为 8 个大类，分别规定在 8 章中：第一章反革命罪，第二章危害公共安全罪，第三章破坏社会主义经济秩序罪，第四章侵犯公民人身权利、民主权利罪，第五章侵犯财产罪，第六章妨害社会管理秩序罪，第七章妨害婚姻、家庭罪，第八章渎职罪。分则共计 8 章，规定具体罪名共计 129 种。

2. 1979年《刑法》的局部修改

如上文所述，尽管 1979 年《刑法》从新中国成立初的起草准备阶段到 1979 年出台断断续续经历了漫长的 20 多年，但从 1978 年法制恢复到 1979 年《刑法》出台的时间却"极为短暂"[①]，甚至是非常仓促的。比如，1979 年《刑法》分则中没有规定军人违反职责罪，这倒不是疏忽。因为军人违反职责罪具有一定的特殊性，加之其起草工作远远晚于刑法典，如果坚持将这类犯罪并入刑法典则势必会推迟刑法典的出台，因此当时的起草者决定另行拟定单行刑法以规定军人犯罪。[②]

可以说，1979 年《刑法》是在立法经验不足和立法时间仓促下草就的粗放型刑法典。这部刑法典一遭遇改革开放对中国经济与社会结构所带来的急剧变化，即呈现出明显的不适应性。事实上，自 1981 年 6 月 1 日通过《惩治军人违反职责罪暂行条例》至 1997 年，全国人大常委会陆续通过了（包

[①] 张明楷、陈兴良、车浩：《立法、司法与学术——中国刑法二十年回顾与展望》，《中国法律评论》2017 年第 5 期。

[②] 全国人大常委会最终于 1981 年 6 月 1 日通过《中华人民共和国惩治军人违反职责罪暂行条例》。

括前者在内的）20 余部单行刑法。按照颁行的时间顺序依次为：《关于处理逃跑或者重新犯罪的劳改犯和劳教人员的决定》（1981 年 6 月 10 日），《关于死刑案件核准问题的决定》（1981 年 6 月 10 日），《关于严惩严重破坏经济的罪犯的决定》（1982 年 3 月 8 日），《关于严惩严重危害社会治安的犯罪分子的决定》（1983 年 9 月 2 日），《关于对中华人民共和国缔结或者参加的国际条约所规定的罪行行使刑事管辖权的决定》（1987 年 6 月 23 日），《关于惩治走私犯罪的补充规定》（1988 年 1 月 21 日），《关于惩治泄露国家秘密犯罪的补充规定》（1988 年 9 月 5 日），《关于惩治捕杀国家重点保护的珍贵、濒危野生动物犯罪的补充规定》（1988 年 11 月 8 日），《关于惩治侮辱中华人民共和国国旗国徽罪的规定》（1990 年 6 月 28 日），《关于禁毒的决定》（1990 年 12 月 28 日），《关于惩治走私、制作、贩卖、传播淫秽物品的犯罪分子的决定》（1990 年 12 月 28 日），《关于惩治盗掘古文化遗址古墓葬犯罪的补充规定》（1991 年 6 月 29 日），《关于严禁卖淫嫖娼的规定》（1991 年 9 月 4 日），《关于严惩拐卖、绑架妇女、儿童的犯罪分子的决定》（1991 年 9 月 4 日），《关于惩治偷税、抗税犯罪的补充规定》（1992 年 9 月 4 日），《关于惩治劫持航空器犯罪分子的决定》（1992 年 12 月 18 日），《关于惩治假冒注册商标犯罪的补充规定》（1993 年 2 月 22 日），《关于惩治生产、销售伪劣商品犯罪的决定》（1993 年 7 月 2 日），《关于严惩组织、运送他人偷越国（边）境犯罪的补充规定》（1994 年 3 月 5 日），《关于惩治侵犯著作权的犯罪的决定》（1994 年 7 月 5 日），《关于惩治破坏金融秩序犯罪的决定》（1995 年 6 月 30 日），《关于惩治虚开、伪造和非法出售增值税专用发票犯罪的决定》（1995 年 10 月 30 日），等等。除了通过以上单行刑法的方式对 1979 年《刑法》进行修改之外，立法者同时在 107 个非刑事法律中设置了附属性的刑法规范。①

---

① 诸如《中华人民共和国文物保护法》《中华人民共和国专利法》《中华人民共和国海关法》《中华人民共和国国家安全法》《中华人民共和国对外贸易法》《中华人民共和国保险法》等法律中，均存在着"构成犯罪的，依法追究刑事责任"的规定。

随着 20 世纪 80 年代改革开放和现代化建设如火如荼地进行，中国经济社会结构的转型（工业化、城市化、市场化、国际化和现代化）促使中国刑事犯罪结构也发生了重要变化。"不仅传统的严重危害社会治安的犯罪总量大幅上升、持续居高不下，重、特大恶性案件不断发生，从而形成了建国后少有的犯罪高峰，而且出现了许多新型的经济犯罪和职务犯罪，从而严重地阻碍了市场经济体制秩序的建立，妨碍了国家机关廉洁、高效的运转。"[1] 在此背景下，重刑主义思想成为刑事治理的主导思想：为促进有效控制社会治安环境并压制犯罪态势，中央自 1981 年起采取从重从快严厉打击严重刑事犯罪的刑事政策。与此同时，为给经济建设和对内改革保驾护航，经济犯罪和贪污贿赂犯罪也成为刑法修改的重点。[2] 因而也就不难理解，上述修改变动（主要是增加）内容主要集中在经济犯罪、贪污贿赂犯罪以及恶化社会治安的恶性犯罪等领域。诚如有学者所指出的："何种情形最需要刑法？答案是：经济犯罪，反腐倡廉，严打斗争。"[3]

上述单行刑法与附属刑法规范立法，在推进 1979 年《刑法》的内容完善方面，主要表现为以下几个方面：第一，在罪名数量上，增加了 133 个新罪名，即由原来的 129 个罪名扩张至 262 个罪名，分则罪名数量扩张一倍有余；第二，在刑法的空间效力上，增设了普遍管辖权，这是适应对外开放和扩大国际交往的自然选择；第三，在犯罪主体上肯定单位可作为犯罪主体，并对

---

[1] 梁根林、何慧新：《二十世纪的中国刑法学（上）》，《中外法学》1999 年第 2 期。

[2] 一般认为，以 1982 年 3 月 8 日全国人民代表大会常务委员会颁布的《关于严惩严重破坏经济的罪犯的决定》和 1983 年 9 月 2 日颁布的《关于严惩严重危害社会治安的犯罪分子的决定》为标志，中国"严打"刑事政策周期开始。自 1978 年改革开放以来，中国在 1983 年、1996 年和 2001 年已经进行了三次大规模的"严打"。从短期来看，"严打"刑事政策的成效十分明显，社会治安状况在短期内得以迅速好转；但从长远来看，"严打"与刑事法治的理念是相悖的；司法实践中一系列冤假错案不无"严打"刑事政策下追求"短平快"功利色彩的背景和重刑主义思想，与此同时，这种（尤其是 1996 年）刑事政策下的刑事立法也造成了 1997 年《刑法》的重刑结构。因此，尽管进入 21 世纪后，刑事政策逐渐由"严打"转为"宽严相济"，但"严打"刑事政策背景下之立法所产生的重刑结构依然影响着中国目前的刑事司法实践。

[3] 参见邓子滨《〈法学研究〉三十年：刑法学》，《法学研究》2008 年第 1 期。

一些犯罪增加了单位犯罪的规定；第四，在量刑制度上，增加了不少从重处罚的情节和个别从轻、减轻或免除处罚的情节；第五，在罚金刑上，开始细化对罚金数额的规定，如普通数额和倍比罚金制；第六，在法定刑上，提高了一些罪名的法定刑。

存在如此多的单行刑法与附属刑法规范，随之而来的问题便是司法适用的问题：刑法在体系上分散零乱，在规范内容上重复矛盾。这是因为，单行刑法的立法方式是法典外的立法，单行刑法的条文"或者取代刑法原规定或者补充刑法原规定，在大多数情况下都使某些刑法规定的效力丧失了。由于大量失效的僵尸条款存在于刑法典之中，而大量有效的刑法条款却存在于刑法典之外……"[1] 这一方面会肢解完整的刑法典，另一方面也会架空刑法典的某些条文。为了更为有效地发挥刑法社会保护与人权保障的功能，全面系统地制定一部新的刑法典的工作就显得十分必要了。事实上，1988 年《七届全国人大常委会工作要点》已明确指出，将刑法典的修改列入立法规划。

二　1997年《刑法》时期（1997~2018年）

自 1988 年开始，立法机关经过长期的调查研究、开座谈会、汇编条文、征求意见、拟定刑法修订稿本等工作，于 1996 年 9 月修改出《中华人民共和国刑法修订草案（征求意见稿）》。在此基础上，草案经过多次修改后，最终第八届全国人大第五次会议于 1997 年 3 月 14 日表决通过，并于 1997 年 10 月 1 日起实行。需要特别指出，也正是在同一年，党的十五大报告明确提出"依法治国，建设社会主义法治国家"。可见，无论是 1979 年《刑法》的诞生，还是 1997 年《刑法》的颁行，都与中国法治建设的进程携手并进，或者说，中国刑法的恢复发展与刑事法治的完善工作，本身就是中国法治建设的非常重要的组成部分。

---

① 陈兴良：《刑法修正案的立法方式考察》，《法商研究》2016 年第 3 期。

（一）1997年《刑法》的结构特征

1997 年《刑法》由总则、分则、附则三部分 15 章组成，共计 452 条。其中，第一部分刑法总则共有 5 章 101 条，分别规定了刑法的任务、基本原则和适用范围，犯罪和刑事责任，以及刑罚和刑罚的具体运用等内容。第二部分刑法分则共有 10 章 350 条，分则规定的是犯罪的分类以及各类具体犯罪的罪状与法定刑。在体例上，1997 年《刑法》分则依然采用的是 1979 年《刑法》的大章制。在内容上，1997 年《刑法》新增"危害国防利益罪"和"军人违反职责罪"两章，将"反革命罪"修改为"危害国家安全罪"，将贪污罪、贿赂罪分别从"侵犯财产罪"章和"渎职罪"章中分离并促成专门一章"贪污贿赂罪"，取消原刑法"妨害婚姻、家庭罪"章并将其纳入"侵犯公民人身权利、民主权利罪"章中。如此，分则由原来的 8 章增至 10 章。这 10 章类罪依照顺序依次为：第一章危害国家安全罪，第二章危害公共安全罪，第三章破坏社会主义市场经济秩序罪，第四章侵犯公民人身权利、民主权利罪，第五章侵犯财产罪，第六章妨害社会管理秩序罪，第七章危害国防利益罪，第八章贪污贿赂罪，第九章渎职罪，第十章军人违反职责罪。第三部分附则只有 1 个条文即第 452 条，该条文规定了 1997 年《刑法》实施的日期，并明确了 1997 年《刑法》与其生效实施之前所颁行的各单行刑法之间在时间效力方面的关系。

（二）1997年《刑法》的内容完善

1997 年《刑法》充分吸收了 1979 年《刑法》及所有单行刑法和附属刑法规范，通过删改整合后并入 1997 年《刑法》的相应部分。与此同时，对于 1979 年《刑法》未曾规定为犯罪但在改革开放过程中新出现的需要予以刑罚处罚的行为类型规定为犯罪行为。具体而言，刑法分则的 10 章，在吸收 1979 年《刑法》以及单行刑法和附属刑法原有罪名的基础上，又新增 164 个罪名，共计罪名 412 个。此外，如果说 1979 年《刑法》因历史原因模仿苏联刑法的痕迹较为明显，那么1997年《刑法》则在立法本土化的方面做了很大努力。①
大约在这个意义上，有学者强调："这是新中国历史上最完备、最系统、最具
有时代气息并且具有里程碑意义的刑法典。"②

具体而言，1997年《刑法》较1979年《刑法》在内容方面的改进和完善，
主要体现为以下几个方面。

第一，明文规定刑法基本原则，取消类推制度。1997年《刑法》分别在
第3条、第4条、第5条规定了罪刑法定原则、刑法适用平等原则、罪刑相
适应原则这三大刑法的基本原则。③这其中，最为关键的是罪刑法定原则的确
定④与类推制度的废除。这表明了中国刑法由偏重于社会权益的保护向保护社
会与保障人权并重转变的价值取向，使得新中国刑法典在立法精神和内容上
都取得显著进步，这是中国刑事法治建设的里程碑。"从1979年刑法到1997
年刑法，在打击犯罪和保障人权方面有明显的改变。1979年刑法强调打击犯
罪，1997年刑法更多的是强调人权保障，只有在人权保障方面加重分量，才
能使我们的刑法真正成为一部法治社会的刑法。"⑤

第二，肯定单位可作为犯罪主体，增设了部分罪名的单位犯罪。1979
年《刑法》中的犯罪主体只能是自然人，1997年《刑法》在第二章设专节
规定了单位犯罪的概念及处罚原则，并在刑法分则条文中规定了相应的单位
犯罪。

---

① 张明楷、陈兴良、车浩：《立法、司法与学术——中国刑法二十年回顾与展望》，《中国法
　律评论》2017年第5期。
② 高铭暄：《中华人民共和国刑法的孕育诞生和发展完善》，北京大学出版社，2012，前言第
　4页。
③ 1997年《刑法》第3条："法律明文规定为犯罪的，依照法律定罪处罚；法律没有明文规
　定为犯罪的，不得定罪处罚。"第4条："对任何人犯罪，在适用法律上一律平等。不允许
　任何人有超越法律的特权。"第5条："刑罚的轻重，应当与犯罪分子所犯的罪行和承担的
　刑事责任相适应。"
④ 值得注意的是，对于富有中国特色的《刑法》第3条的规定与罪刑法定原则"无法无罪亦
　无刑"的经典表述含义是否完全一致，在中国学者之间仍存在着不同的解读。
⑤ 张明楷、陈兴良、车浩：《立法、司法与学术——中国刑法二十年回顾与展望》，《中国法
　律评论》2017年第5期。

第三，重视具体犯罪构成要件设定的明确性。这方面最为集中的体现是对流氓罪、投机倒把罪与渎职罪三个"口袋罪"的拆分，如 1997 年《刑法》将流氓罪拆分为强制猥亵、侮辱妇女罪，聚众斗殴罪，寻衅滋事罪，聚众淫乱罪以及引诱未成年人聚众淫乱罪 5 个罪名。如此做法，既是罪刑法定原则的明确性要求在具体罪名构成要件设计上的体现，也是基于司法实践的反馈和立法经验积累所推动的立法技术提升的体现。

第四，将"反革命罪"修改为"危害国家安全罪"。革命与反革命用语具有战争时代的特色，在以经济建设为中心、以和平与发展为主题的时代背景下，中国刑法仍旧保留这类罪名就显得不合时宜了。在罪名变更的同时，立法者对不同具体罪名构成要件要素的表述都做了相应的变更，同时，也将该章中同时在性质上属于普通刑事犯罪的罪名转出并移入相应的章节中。"这一修改是中国刑法走向科学化、与现代刑法的国际通例相衔接的一个重要举措，在国内外引起了良好反响。"①

第五，完善刑法时间效力与空间效力的规定。在刑法时间效力上，重申了"从旧兼从轻原则"，不再适用从新原则；在空间效力上，规定了普遍管辖原则，并且扩展了对中国公民域外犯罪的管辖，刑法空间效力的完善是中国对外开放程度提高与国际交流加深的反映。

此外，1997 年《刑法》也明确了对未成年人犯罪的从宽处理，完善了正当防卫、紧急避险、刑罚的裁量与执行（主要包括累犯、自首、立功、缓刑、减刑、假释等）制度等。

总之，"新刑法典的公布和实施，基本上实现了中国刑法的统一性和完备性，贯彻了刑事法治原则，加强了刑法保护社会和保障人权的功能，因此，受到了社会各界特别是刑事法学界和实务界的高度评价，也引起了国际刑事

---

① 刘仁文：《中国刑法学 60 年》，载李林主编《新中国法治建设与法学发展 60 年》，社会科学文献出版社，2010，第 139 页。尤其参见文中对是否继续保留"反革命罪"相关争议极富启发意义的梳理。

法学界的重视"。① 同时，1997 年《刑法》作为一部较为完备的巨型法典，对其他法域的法典化进程也具有重要的启发意义。

（三）对1997年《刑法》的修订

为了适应中国经济快速发展与社会转型的需要，新《刑法》的修订工作也随之展开。在 1997 年《刑法》颁行实施不到一年时间，也即 1998 年，全国人大常委通过了《关于惩治骗购外汇、逃汇和非法买卖外汇犯罪的规定》（以下简称《规定》）②。1999 年 12 月 25 日全国人大常委会通过《中华人民共和国刑法修正案》，这是新中国立法史上首次以修正案的形式对刑法进行修改，此后对刑法典的修改就主要以修正案的形式展开。

至今，中国立法机关已经通过 10 个刑法修正案，加上相关的 13 个立法解释和上述《规定》，中国现行刑法共 24 个涉及刑法立法的规范性文件，1997 年《刑法》条文也由 452 条增加到了 490 条。

1. 10个刑法修正案

刑法修改的主体内容是通过 10 个刑法修正案来实现的。相较于单行刑法，刑法修正案可以较好地平衡刑法安定性与适应性的关系，在某种意义上代表着中国刑事立法技术趋向成熟。需要指出的是，尽管 1999 年首次以修正案的形式出现，但尚未明确修正案即为此后刑法的修改方式，因而在颁行第一个《刑法修正案》时并没有标明序号，待到 2001 年《刑法修正案（二）》中序列号的出现，方表明中国刑法立法修改将以修正案的方式稳定下来。

10 个修正案总共涉及条文 178 条（不包括 1998 年《规定》中的 2 个条文），除去少部分提示性的条文，涉及实质性内容变动的条文 161 条。其总体

① 高铭暄：《中华人民共和国刑法的孕育诞生和发展完善》，北京大学出版社，2012，前言第 4 页。

② 这也是 1997 年《刑法》之后的唯一一部单行刑法，此后的刑法立法或修改工作，主要是通过修正案和立法解释的方式进行。虽然全国人大常委会也于 1999 年通过《关于取缔邪教组织、防范和惩治邪教活动的决定》、2000 年通过《关于维护互联网安全的决定》，但基于这两个《决定》并没有增删或变更罪名，一般并不将其纳入 1997 年《刑法》之后的单行刑法之列。

特征主要表现为以下几个方面。

第一，修改频度方面。除去《刑法修正案》是在 1999 年 12 月 25 日颁行的，《刑法修正案（二）》到《刑法修正案（十）》颁行的时间依次为：2001 年 8 月 31 日、2001 年 12 月 29 日、2002 年 12 月 28 日、2005 年 2 月 28 日、2006 年 6 月 29 日、2009 年 2 月 28 日、2011 年 2 月 25 日、2015 年 8 月 29 日、2017 年 11 月 4 日。这 10 个修正案前后间隔的时间分别是 615 天、120 天、364 天、793 天、486 天、975 天、727 天、1646 天、796 天，其中，最短间隔 120 天，最长间隔 1646 天。就修法频度而言，20 年来中国的立法活动相当频繁。

第二，修订幅度方面。单从各刑法修正案所涉及的条文数量来看，修订的幅度逐渐扩大。《刑法修正案》9 条，《刑法修正案（二）》1 条，《刑法修正案（三）》9 条，《刑法修正案（四）》9 条，《刑法修正案（五）》4 条，《刑法修正案（六）》21 条，《刑法修正案（七）》15 条，《刑法修正案（八）》50 条，《刑法修正案（九）》52 条，《刑法修正案（十）》又回归至 1 个条文。只有 1 个条文的《刑法修正案（二）》和《刑法修正案（十）》针对的分别是非法占用农用地罪和侮辱国旗罪。《刑法修正案》的主题是破坏社会主义市场经济秩序罪，《刑法修正案（三）》的主题是恐怖活动犯罪，《刑法修正案（四）》则主要涉及破坏社会主义市场经济秩序罪、妨害社会管理秩序罪以及国家机关工作人员的渎职犯罪，《刑法修正案（五）》的主题是信用卡类犯罪。随着条文数量的进一步增加，修法的内容更为广泛，如《刑法修正案（六）》的内容分别涉及危害公共安全罪、破坏社会主义市场经济秩序罪、侵犯公民人身权利罪、妨害社会管理秩序罪等，《刑法修正案（七）》的内容则涉及破坏社会主义市场经济秩序罪、侵犯公民人身权利罪、侵犯财产罪、妨害社会管理秩序罪、危害国防利益罪和贪污贿赂罪等方面的内容。尤其是条文数量均超过 50 条的《刑法修正案（八）》和《刑法修正案（九）》，[1] 打破了以往修正案仅

---

[1] 若仅以条文数量计算，两次修改的幅度均超过 1997 年《刑法》条文数量的 10%，二者相加则超过 20%，修改幅度不可谓不大。

仅修改刑法分则（具体罪名），也对刑法总则进行了修改（对总则的修改将在刑罚结构调整部分展开）。因为总则部分的修改涉及刑法基本制度的变迁，再加上修订条文较多，无论是从内容上还是从形式上，《刑法修正案（八）》《刑法修正案（九）》都可以称得上是中等幅度的法律修改了。

第三，罪名增删变更方面。10个刑法修正案共新增罪名59个，删除罪名2个（分别为第168条的徇私舞弊造成破产、亏损罪和第186条的违法向关系人发放贷款罪）。截至目前罪名数量为469个，因而总体立法趋势与前一个20年一样，仍旧是罪名的增加。除增设新罪名外，立法也呈现出新的趋势，即立法机关通过构成要件要素的变更来调整（主要是降低）入罪门槛。其中，有的是使原有罪名内涵发生实质变化，如《刑法修正案（八）》删除第114条第1款原法条"足以严重危害人体健康"的表述，使得生产、销售假药罪由具体危险犯变为抽象危险犯。有的则是变更了罪名，如《刑法修正案（八）》将第115条第2款由"过失投毒罪"修改为"过失投放危险物质罪"；将第338条的"重大环境污染事故罪"变更为"污染环境罪"，使得本罪由实害犯变更为危险犯，极大地降低了本罪的入罪门槛和可操作性，在司法实践中以污染环境罪定罪处理的案件也在短短数年内呈几何级增长态势，从而改变原罪名几乎被虚置的尴尬境地，有效地实现通过刑法保护环境的初衷。有的是增设了相当数量的单位犯罪，如《刑法修正案（四）》增设"雇用童工从事危重劳动罪"与"走私废弃物罪"。此外，在法定刑上，或者提高了某些罪的法定刑，如"组织、领导恐怖活动罪"法定最高刑由原来的10年有期徒刑提高为无期徒刑，"巨额财产来源不明罪"法定最高刑由原来的5年有期徒刑提高为10年有期徒刑；或者降低了某些罪的法定刑，如通过对"绑架罪"设置两个刑档，法定最低刑由原来的10年有期徒刑降低为5年有期徒刑。法定刑设置调整，除了司法实践经验的反馈外，也表现了立法工作在刑罚轻缓化方面的努力。

第四，刑罚结构调整方面。如上所述，2011年的《刑法修正案（八）》和2015年的《刑法修正案（九）》均涉及对刑法总则条文的修改，主要集中于刑罚结构的调整，表现为以下几个方面。（1）提高数罪并罚时有期徒刑的最高刑期，由原来的 20 年提高至 25 年，将死缓期满减为有期徒刑的刑期由原来的 15 年以上 20 年以下提高至 25 年。（2）对未成年人和老年人犯罪的从宽处理。对未成年犯罪的从宽规定是：未成年人犯罪不构成累犯，如符合缓刑条件的应当宣告缓刑；犯罪的时候不满 18 周岁被判处 5 年有期徒刑以下刑罚的人，免除其前科报告义务。对老年人犯罪的从宽处罚原则为：已满 75 周岁的人故意犯罪的，可以从轻或减轻处罚；过失犯罪的，应当从轻或减轻处罚。（3）废除劳动教养制度，增加了社区矫正制度，明确规定对被判处管制、被适用缓刑和假释的犯罪人"依法实行社区矫正"。（4）设计出禁止令、从业禁止等类似于保安处分的制度等。

"大量死刑罪名的存在绑架刑法结构处于高位运行的状态：无期徒刑有 62 个；全部犯罪都可以剥夺自由刑，自由刑中法定刑最低 5 年以上的罪名有 341 个，法定刑最高 5 年以下的罪名只有 127 个，前者是后者的 2.6 倍；刑法中规定拘役的罪名有 394 个，但是司法实践中的适用率显著偏低。"① 因而，中国刑罚结构调整所面临的首要问题是死刑。在此有必要回顾中国死刑立法的变迁历程。1979 年《刑法》可以说是国家"保留死刑，严格控制死刑"，坚持少杀、防止错杀刑事政策的反映。1979 年《刑法》在总则中规定了死刑的适用条件、适用对象和核准程序，并且规定了死缓制度，分则条文也体现了慎用死刑。值得提出的是，死刑缓期执行制度自 1951 年镇压反革命运动中开始适用，是中国刑罚执行制度的一个重要创造，也是中国司法实践中限制死刑适用、贯彻"少杀"政策的重要途径。从实际执行的情况来看，被判处死缓的犯罪人在 2 年期满后几乎都减了刑，实际执行死刑的只是极端情况。1979 年《刑法》之后通过诸多单行刑法，在一次次"严打"中，在重刑思想的支配下死刑的立法和司法都开始膨胀，不仅死刑罪名的数量增加，具体罪名适用死刑的标准也有所降低。在涉及死刑的罪名上，1979 年《刑法》为 7 个条文和

---

① 张志钢：《"历次刑法修正评估与刑法立法科学化理论研讨会"综述》，中国法学网，http://www.iolaw.org.cn/showNews.aspx?id=61542。

15个罪名。经过各单行刑法的不断膨胀，截至1997年修改之时涉及死刑的罪名已达71个。1997年《刑法》则几乎将这些涉及死刑的罪名照单全收——最终高达68个之多。

2011年《刑法修正案（八）》取消了13个经济性、财产性非暴力犯罪罪名的死刑设置（4个走私类犯罪、5个金融类犯罪、2个妨害文物管理类犯罪、盗窃罪和传授犯罪方法罪），其关键的进步意义在于表明了死刑的改革方向。[①]一方面有助于支持此前已经在宽严相济刑事政策下所进行的限制死刑适用的司法改革[②]，另一方面也有助于缓解上述中国司法实践中被"死刑"绑架了的重刑量刑结构。在此立法精神的指导下，2015年《刑法修正案（九）》进一步废除了9个罪名的死刑（走私武器、弹药罪，走私核材料罪，走私假币罪，伪造货币罪，集资诈骗罪，组织卖淫罪，强迫卖淫罪，阻碍执行军事职务罪，战时造谣惑众罪）。[③]死刑的立法收缩，不仅体现在死刑罪名的减少上，也体现在死刑罪名适用对象的进一步限缩上，如1997年《刑法》死刑不适用于犯罪时未成年的人和审判时怀孕的妇女，《刑法修正案》进一步规定，死刑不适用于审判时已满75周岁的人（以特别残忍手段致人死亡的除外）。此外，《刑法修正案（九）》也将绑架罪所规定的绝对确定的死刑调整为可根据情节适用死刑，即给不适用死刑留下了一定的裁量空间。

总之，从对刑罚部分的修改来看，1997年《刑法》重刑结构在一定程度上得以缓和，刑事制裁多元化趋势也初见端倪。《刑法修正案（八）》《刑法修

---

① 赵秉志、阮齐林、黎宏：《刑法修订中的焦点问题》，《中国法律》2011年第1期。

② 与死刑适用密切相关的是死刑复核制度，死刑复核是对死刑案件所实行的特殊审判监督程序。1979年《刑法》对死刑核准权做出规定，判处死刑的权限划分中级人民法院，死刑立即执行的核准权归最高人民法院行使。不久，随着社会治安形势日益严峻，在"严打"政策驱动下，死刑核准权部分下放到高级人民法院，形成最高人民法院与高级人民法院共享死刑核准权的局面。直至2006年修改后的《人民法院组织法》才终止了这种做法。死刑核准权的回收，有利于在司法实践中严格限制死刑的适用，统一死刑适用标准，也有利于降低死刑适用数量。实际上，死刑核准权收回后，全国死刑适用数量减少了1/3。

③ 不难发现，上述9个罪名中的强迫卖淫罪、阻碍执行军事职务罪属于暴力类犯罪，或者说死刑罪名的废除已经突破了非暴力犯罪的限制。参见刘仁文、陈妍茹《死刑改革的重要进展》，《法学杂志》2017年第2期。

正案（九）》中有关刑罚制度的改革，给中国未来罪刑结构的调整、刑罚体系的完善增加了很大的想象空间。

2. 13个立法解释

从 2004 年开始，全国人大常委会先后对 1997 年《刑法》做了 13 个立法解释。这 13 个立法解释分别为：《关于〈刑法〉第九十三条第二款的解释》（2000 年 4 月 29 日），《关于〈刑法〉第二百二十八条、第三百四十二条、第四百一十条的解释》（2001 年 8 月 31 日），《关于〈刑法〉第二百九十四条第一款的解释》（2002 年 4 月 28 日），《关于〈刑法〉第三百八十四条第一款的解释》（2002 年 4 月 28 日），《关于〈刑法〉第三百一十三条的解释》（2002 年 8 月 29 日），《关于〈刑法〉第九章渎职罪主体适用问题的解释》（2002 年 12 月 28 日），《关于〈刑法〉有关信用卡规定的解释》（2004 年 12 月 29 日），《关于〈刑法〉有关出口退税、抵扣税款的其他发票规定的解释》（2005 年 12 月 29 日）以及《关于〈刑法〉有关文物的规定适用于具有科学价值的古脊椎动物化石、古人类化石的适用》（2005 年 12 月 29 日），《关于〈刑法〉第三十条的解释》（2014 年 4 月 24 日），《关于〈刑法〉第一百五十八条、第一百五十九条的解释》（2014 年 4 月 24 日），《关于〈刑法〉第二百六十六条的解释》（2014 年 4 月 24 日），《关于〈刑法〉第三百四十一条、第三百一十二条的解释》（2014 年 4 月 24 日）。

这 13 个立法解释所针对的刑法适用中的疑难问题分别是：村民委员会等村基层组织人员是否属于"其他依照法律从事公务的人员"；"违反土地管理法规"及"非法批准征收、征用、占用土地"的含义；"黑社会性质组织"的特征；挪用公款"归个人使用"的含义；"对人民法院的判决、裁定有能力执行而拒不执行，情节严重"的含义；渎职罪主体的范围；"信用卡"的含义；"出口退税、抵扣税款的其他发票"的含义；有关文物的规定是否适用于具有科学价值的古脊椎动物化石、古人类化石；《刑法》第 30 条的含义及公司、企业、事业单位、机关、团体等单位实施《刑法》规定的危害社会的行为，法律未规定追究单位的刑事责任的，如何适用《刑法》有关规定的问题；《公司法》修改后《刑法》第 158 条、第 159 条对实行注册资本实缴登记制、认缴登记制的公司的适用范围问题；《刑法》第 266 条的含义及骗取养老、医疗、工伤、失业、生育等社会保险金或者其他社会保障待遇的行为如何适用《刑法》有关规定的问题等。

三　中国刑法立法的回顾与展望

1997 年《刑法》已经走过 20 年（1997~2017），相较于 1979 年《刑法》前一个近 20 年（1979~1997）的立法，无论是在立法形式还是在立法内容上都取得了长足的进步。其中最主要的原因在于 1979 年《刑法》和 1997 年《刑法》制定的时代背景差异，在不同的背景下立法工作可以借助的资源不可同日而语。1979 年《刑法》的制定虽然有此前 20 余年的准备工作，但毕竟受各种因素干扰而断断续续，真正从准备制定到通过也就不到一年时间。在时间仓促的条件下，只能本着"宜粗不宜细"的原则进行立法，再加上立法当时正处在改革开放前夕，更使在制定上模仿苏联的痕迹非常明显，比如允许类推适用、分则中反革命罪等规定。1997 年《刑法》在制定时，国际国内环境已经发生了巨大变化。中国改革开放已经如火如荼地进行了将近 20 年，从 1988 年算起制定一部新的刑法典的立法计划和准备工作也有将近 10 年。这中间，不仅有近 20 年的立法和司法实践经验的总结，更有中国刑事法学者 10 年左右时间在"立法论"方面的研究及贡献，在这 10 年间，"刑法的修改和完善作为刑法理论界的中心议题愈来愈受到众多刑法理论工作者的青睐，研究的深度和广度在前一阶段的基础上有了大幅度的提高，使这一问题也就出现了众说纷纭、著述丰硕的繁荣局面"。[①] 此外，随着对内改革的不断深入和对外开放的不断扩大，国外刑法理论和国外刑法典也源源不断地译介到中国来，这都在丰富中国刑法立法的理论资源和可资借鉴的外国立法例等方面创造了比较优越的条件。

---

① 高铭暄主编《新中国刑法科学简史》，中国人民公安大学出版社，1993，第 292 页。

1997 年《刑法》颁行后 20 年来，中国刑法立法的发展进入一个新的阶段。在立法技术上，鉴于 1997 年《刑法》已经是一部较为完备的刑法典，为保持刑法典的统一性和完整性，更好地协调刑法的稳定性与适应性，同时也为了保障司法应用的方便和普法宣传，刑法的立法工作主要是以刑法修正案的形式进行。"它（刑法修正案——引者注）既能保持刑法典基本原则和主体结构、内容的稳定性，又具有良好的适应性，能够针对实践需要及时做出恰当的反应。此外，修正案的方式也为今后全面修订刑法、制定和编纂新的刑法典提供了一个良好的积累经验的载体"。[①] 以刑法修正案的方式立法，在一定程度上标志着中国立法技术的成熟。与此同时，也不应忽略中国刑法立法方式中存在着"立法解释"的方式。尽管立法解释是对司法争议"就事论事"的回应，所涉及的内容尽管较为微观，但仍是中国特色的刑法渊源的一部分。1997 年后立法解释出台的高峰是在进入 21 世纪的前五年，此后则只有 2014 年出现，但从立法权属划分来看，通过解释的方式实现立法仍旧是全国人大常委会立法权的组成部分，因此未来此种立法方式是否会重新（频繁）出现，仍需拭目以待。在立法修改的内容方面，则主要表现为死刑罪名的减少和刑罚结构的调整，经过多次修订，尤其是《刑法修正案（八）》《刑法修正案（九）》修订之后，死刑罪名得以减少，刑罚的轻缓化和多元化趋势也初见端倪。2017 年 10 月 14~15 日，中国社会科学院法学研究所以"历次刑法修正评估与刑法立法科学化理论研讨会——纪念 97 刑法颁行二十周年"为主题，更是从体系和宏观的角度探讨中国刑法立法科学化的问题。[②]

展望未来 20 年中国刑法立法，可以期待中国刑法立法的重点会集中在以下几个方面。（1）在立法上继续减少死刑罪名。应该说，当前理论与实务在减少死刑适用并逐步废除死刑的问题上，基本不存在疑问。不过，在如何废除的问题上则存在立即废除论与限制改革论（即通过限制死刑适用以最终

[①] 郎胜：《我国刑法的发展》，《中国法学》2017 年第 5 期。

[②] 此次会议详情，可参见张志钢《"历次刑法修正评估与刑法立法科学化理论研讨会"综述》，中国法学网，http://www.iolaw.org.cn/showNews.aspx?id=61542。

废除死刑）的争论。限制改革论者提出了"废除死刑的百年梦想"①，主张在现有死刑制度的基础上，逐步限制与减少死刑的适用，并最终废除死刑；立即废除论者则认为废除死刑"一百年太迟，只争朝夕"。应当说，前者是比较务实的选择。如同《刑法修正案（八）》所体现的，以非暴力的经济性犯罪为突破口，逐渐依次取消死刑罪名并最终废除死刑，其顺序依次为非暴力经济性犯罪、贪污贿赂犯罪、暴力性犯罪。② 当然，死刑的废除不单单是一个法律问题，更是牵涉国家层面的政治选择与社会层面的大众心理、社会伦理以及公众认同等方方面面的问题。因此，中国死刑的改革与废除绝非一蹴而就，而是任重道远。（2）刑罚轻缓化和刑罚结构多元化。如果说死刑罪名的存在一定程度上绑架了中国刑罚在高位运行，那么具体罪名罪刑结构设置合理性欠佳也进一步加剧了这种态势。刑罚轻缓化的方向是进一步明确罚金刑的规定，并提高罚金刑在司法实践中的应用比例，再辅之以从业禁止、禁止令等刑罚替代措施，逐步建立起具有中国特色的轻罪刑事处罚体系。（3）与刑罚轻缓化一并进行的，是刑法干涉范围的扩张。刑法作为社会治理的一环，对于经济犯罪、金融犯罪、环境犯罪、网络犯罪、恐怖犯罪等新兴犯罪领域，必须进行适度的介入或在必要时提前介入。在这些领域的立法，有些问题可以继续借鉴外国的立法例和立法经验，但是这些新兴的问题中，更多的是世界各国目前面临的共同问题或者说是具有共时性和普遍性，中国的立法探索正是应对这些难题的有机组成部分，这也正是中国的刑事法治为世界法治发展做出贡献的重要契机。（4）刑法立法的国际法视野。在过往的刑事立法中，中国已经比较注重与国际公约等的对接和协调，在中国进一步深化开放尤其是积极推动"一带一路"国际合作背景下，国际法视角对于刑法立法的重要性就更为凸显。因为"其既会影响中国外交战略转型所需的国内法制的配合，又会影响中国的国家利益和国民利益的有效保护，还会影响

---

① 胡云腾：《死刑通论》，中国政法大学出版社，1995，第302页。
② 赵秉志：《当代中国死刑改革的进展与趋势》，《法学》2011年第11期。

中国在参与国际法治建设方面的正面形象"。① 刑法立法的国际法视野，是中国继续扩大开放、适应国际规则并参与创建国际规则的应有之义和必然选择。

四 结语

改革开放 40 年来，中国刑法的立法发展与国家法治建设的总体进程几乎同步。1979 年《刑法》的颁布标志着新中国第一部刑法典的诞生，成为改革开放恢复法律制度建设的重要组成部分。1997 年《刑法》是新中国第一部较为成熟和完善的刑法典，标志着中国刑事法治建设在人权保障方面进入一个全新的阶段。恰恰是在同一年，党的十五大提出"依法治国，建设社会主义法治国家"。2017 年十九大的召开，为中国的发展标注了新的历史方位——中国特色社会主义进入了新时代。在十九大报告中，"坚持全面依法治国"被明确作为新时代坚持和发展中国特色社会主义的 14 条基本方略之一。可以预见，法治在国家治理体系和治理能力的建设中，将会扮演更为重要的角色；代表国家社会治理能力重要方面的刑事治理和刑法立法，也同样会在未来全面依法治国的实践中、在积极参与社会治理和人权保障方面发挥更为重要的积极作用。

① 宋杰：《刑法修正需要国际法视野》，《现代法学》2017 年第 4 期。

中国司法体制改革

熊秋红[*]

导　读: 从 20 世纪 80 年代末中国启动司法体制改革，经历了从举证责任制度改革、审判方式改革、诉讼机制改革到司法体制改革的演变过程。党的十八大之前的司法体制改革，以优化司法职权配置、加强人权保障、提高司法能力、践行司法为民为重点，完善了中国特色社会主义司法制度。党的十八大拉开了全面深化司法体制改革的序幕，十八届三中全会、四中全会决定提出了一系列司法体制改革举措，尤其是完善司法人员分类管理、完善司法责任制、健全司法人员职业保障、推动省以下地方法院检察院人财物统管等四项基础性改革确立了"四梁八柱"的主体框架。党的十九大之后，司法体制改革进入深化司法体制综合配套改革、全面落实司法责任制的新阶段。本文对中国司法体制改革的基本脉络、主要内容、所获成效以及方法论问题进行了梳理和分析，并对司法体制改革的未来做了展望。

---

* 熊秋红，中国社会科学院法学研究所研究员。

一 司法体制改革的原因和意义

1978 年改革开放以来，中国的司法体制得以重建和发展，在机构设置、职能扩增、审判方式、法院管理、权利保护以及法律援助等方面取得了不少成就，积累了一定经验。在司法体制逐步完善和发展的过程中，"司法体制改革"逐渐成为一个显性的公共话题。如何合理界定司法权在国家政权结构中的位置、建立科学有序的案件管辖与审级体系、构建"有权利就有救济"的诉讼制度，成为司法体制改革的主要着眼点。司法体制改革的意义，既在于保障司法公正，满足民众的司法需求；更在于塑造法治秩序，践行依法治国的基本方略。司法体制改革承担着巩固和推进经济市场化、政治民主化和治国法治化的重要使命，因此被视为国家政治体制改革的重要组成部分。在某种意义上，司法体制改革是中国能否全面推行国家治理体系法治化的试金石，也是一根非常重要的"操作杠杆"。①

从纵向的历史维度来看，司法体制改革在中国成为一个全社会关注的话题，经历了逐步发展、不断深化的过程。司法体制改革的最初动因是法院办案经费不足。根据 1982 年《民事诉讼法（试行）》第 56 条的规定，当事人对自己提出的主张，有责任提供证据，但是，法院在民事诉讼中有"全面地、客观地收集和调查证据"的义务。由于办案经费不足，法院在收集和调查证据过程中出现了由当事人包吃包住的现象，严重损害了法院的公正形象，引起了社会的严厉批评。因此，一些地方法院开始进行举证责任制度的改革。1991 年修改后的《民事诉讼法》强化了当事人的举证责任，减轻了法院收集和调查证据的责任。从举证责任的分担开始，法院的角色日益被动、中立，进而推动了审判方式的改革，即从过去的大陆法系职权主义方式向吸收英美法系当事人主义的一些因素的方向转变，庭审活动更多地由当事人双方主导，

---

① 参见季卫东《司法体制改革的关键》，《东方法学》2014 年第 5 期。

法官的作用变得越来越消极。审判方式改革从民事诉讼扩展到刑事诉讼，在 1996 年修改后的《刑事诉讼法》中确立了控辩式的庭审方式，将法院对案件的庭前审查从实质性审查改为程序性审查，以防止"先定后审"，同时，削弱法官对庭审的控制程度，增强诉讼的对抗性，改变了过去在庭审中以法官为主调查证据的做法，将控诉方和被告方双方的举证和辩论作为庭审中查明案情的主要方式，法官在庭审中处于更加中立的地位，以确保法官冷静地审核证据和准确地判明案件事实。审判方式的改革"牵一发而动全身"，进一步要求进行诉讼机制和司法体制的改革。

最初的审判方式改革是由司法实践需要所激发的法院"自生自发式"的改革。审判方式改革很快得到了学术界的呼应。因为从国际社会关于诉讼制度发展的总体趋势来看，虽然大陆法系和英美法系的诉讼制度一直处于相互借鉴、相互吸收的状态，但是，自20世纪80年代以来，这种趋势的主流是大陆法系国家更多地借鉴英美当事人主义的诉讼制度。[①] 在学术界的支持和呼吁下，各个部门开始进行零敲碎打式的改革，后来，中央自上而下大规模推动，司法体制改革因此成为中央主导的、各部门紧密配合的、社会各界广泛参与讨论的国家统一行动。

司法体制改革由国家顶层设计推动。1997 年，党的十五大明确提出了"推进司法改革，从制度上保证司法机关独立公正地行使审判权和检察权"的任务。2002 年，党的十六大报告提出，要"加强对执法活动的监督，推进依法行政，维护司法公正，提高执法水平，确保法律的严格实施。维护法制的统一和尊严，防止和克服地方和部门的保护主义"，"推进司法体制改革……按照公正司法和严格执法的要求，完善司法机关的机构设置、职权划分和管理制度"。2007 年，党的十七大报告提出，要"深化司法体制改革，优化司法职权配置，规范司法行为，建设公正高效权威的社会主义司法制度，保证

---

① 参见〔美〕史蒂芬·C.赛门《欧洲刑事司法改革趋势》，初殿清译，载陈光中等主编《比较与借鉴——从各国经验看中国刑事诉讼法改革路径》，中国政法大学出版社，2007，第 40~41 页。

审判机关、检察机关依法独立公正地行使审判权、检察权"。2012 年，党
的十八大报告提出，要"进一步深化司法体制改革，坚持和完善中国特色社
会主义司法制度，确保审判机关、检察机关依法独立公正行使审判权、检察
权"。此外，党的十八届三中全会和四中全会的决定，都明确提出了深化司
法体制改革的具体要求。2017 年，党的十九大报告提出，要"深化司法体制
综合配套改革，全面落实司法责任制，努力让人民群众在每一个司法案件中
感受到公平正义"。从 1997 年到 2017 年，在中央的统一部署下，司法体制
改革不断向纵深推进。

　　改革开放以来，中国司法体制改革大致可分为以下四个发展阶段：第一
个阶段从 20 世纪 80 年代至 2003 年，主要实施了以强化庭审功能、扩大审
判公开、加强律师辩护、建设职业化法官和检察官队伍为重点的审判方式改
革和司法职业化改革；第二个阶段从 2004 年至 2007 年，主要启动了完善司
法机关机构设置、职权划分和管理制度的司法体制改革，司法体制改革走向
整体统筹、有序推进的阶段；第三个阶段从 2008 年至 2011 年，主要开展了
以优化司法职权配置、落实宽严相济刑事政策、加强司法队伍建设和司法经
费保障为重点的司法体制改革，司法体制改革进入重点深化、系统推进的阶
段；[①] 第四个阶段从 2012 年至今，主要开展了以完善司法人员分类管理、完
善司法责任制、健全司法人员职业保障以及推动省以下地方法院人财物统一
管理为"四梁八柱"的司法体制改革，司法体制改革进入全面深化、全面推
进的新阶段。通过几轮司法体制改革，中国的司法体制和司法制度不断完善，
但是，司法活动中仍然存在一些问题，尤其是司法不公和司法腐败现象时有
发生，司法权威性和公信力明显不足，暴露了司法行政化、地方化等体制性
弊端。

　　党的十八大之后，开始了新一轮的司法体制改革。在新形势下深化司法
体制改革的深层次原因在于，随着依法治国基本方略的不断落实，司法在国

---

　　① 参见 2012 年 10 月 9 日国务院新闻办公室发布的《中国的司法改革》白皮书。

家和社会生活中的地位、作用、影响日益突出，却难以满足社会和人民群众的需求，主要表现在：市场经济的快速发展，要求司法维护与之相适应的经济秩序，但司法的回应能力明显不足；国家和社会治理中对司法的依赖空前加大，但司法机构在国家和社会治理体系中所处的地位使其难以承载这一使命；社会转型引发的各种矛盾冲突被直接或间接地交给司法，但司法作为实现社会公平正义的最后一道防线，在处理这些矛盾冲突时常常力不从心；公民权利意识不断增强，公众对司法也寄予更多期待，但司法现状与公众期待之间形成了较大反差。凡此种种现象或问题，都需要通过深化司法体制改革加以回应和解决。

深化司法体制改革的必要性和重大意义在于：

其一，有助于全面推进依法治国、加快法治中国建设。法治中国建设是一项具有划时代意义的国家治理、政府治理、社会治理的系统工程。只有深化司法体制改革，确保审判机关、检察机关依法独立公正行使审判权、检察权，才能在全社会建立"有权必有责、用权受监督、失职要问责、违法要追究"的法治秩序，确保国家宪法和法律正确有效实施，切实维护国家法治的统一、尊严和权威。

其二，有助于提高司法公信力，实现社会公平正义，维护社会和谐稳定。在法治社会中，对于矛盾纠纷的处理，奉行"司法最终解决"原则。司法机关承载着保护人权、维护社会稳定和国家法律秩序的功能，是实现公平正义的"最后希望"。如果人们对于司法制度丧失信心，就会觉得无处获得公平和正义，从而可能在国家体制和法律制度之外寻找所谓"公道"和"说法"，甚至采取极端方式否定和反抗现存社会秩序和政治制度，侵害他人的人身和财产权利，破坏社会的持久稳定与安宁。① 只有通过深化司法体制改革，建立公正独立高效权威的社会主义司法制度，才能切实保障公民的合法权益，让人民群众在每一起案件中都能感受到公平正义。

---

① 参见周汉华《论建立独立、开放与能动的司法制度》，《法学研究》1999 年第 5 期。

其三，有助于满足人民群众日益增长的司法需求，维护人民群众根本利益。以人为本、司法为民，是司法工作的出发点和落脚点，也是司法体制改革的价值追求。司法体制改革要解决的问题，既是人民群众司法需求的难点、热点问题，也是影响司法公正和制约司法能力的关键环节。只有加快司法体制改革步伐，深化司法民主，完善司法人权保障体制机制，切实解决司法实践中的突出问题，才能不断满足人民群众的司法需求和对社会公平正义的期待。

二　党的十八大之前司法体制改革的主要内容

2012 年 10 月，国务院新闻办发布了《中国的司法改革》白皮书（以下简称白皮书），对改革开放以来司法体制改革的主要内容和成就进行了总结。白皮书指出，中国积极、稳妥、务实地推进司法体制和工作机制改革，以维护司法公正为目标，以优化司法职权配置、加强人权保障、提高司法能力、践行司法为民为重点，进一步完善中国特色社会主义司法制度，扩大司法民主，推行司法公开，保证司法公正，为中国经济发展和社会和谐稳定提供了有力的司法保障。①

（一）维护社会公平正义

在优化司法职权配置方面，采取的改革举措主要包括：（1）法院实行立案、审判、执行分立。各级人民法院在原有的刑事审判庭、民事审判庭、行政审判庭的基础上增设立案庭、执行局等机构，立案、审判和执行分别由不同的机构负责，强化内设机构职权行使的相互制约。（2）规范发回重审和指定再审。2012 年修改的《民事诉讼法》明确规定，原审人民法院对发回重审的案件做出判决后，当事人提起上诉的，第二审人民法院不得再次发回重审；

---

① 鉴于白皮书的权威性，本文中关于"党的十八大之前司法体制改革的主要内容"是对白皮书中相关内容的提炼。

2012 年修改的《刑事诉讼法》规定，指令下级法院再审的刑事案件，原则上由原审法院以外的其他法院审理。（3）规范完善统一的民事、行政案件执行工作体制。各地法院普遍建立了与公安、检察、金融、国土、建设、工商、出入境管理等部门密切配合的执行联动机制。法院实行执行裁决权与执行实施权分立。高级、中级人民法院建立执行指挥中心，统一管理和协调执行工作，必要时实行提级、跨区执行。（4）改革职务犯罪案件审查逮捕程序。省级以下人民检察院立案侦查的职务犯罪案件，需要逮捕犯罪嫌疑人的，由上一级人民检察院审查决定。（5）完善司法鉴定管理体制。确立统一的司法鉴定管理体制，实行统一的登记管理制度。国务院司法行政部门主管全国的鉴定人和鉴定机构登记管理工作，省级人民政府司法行政部门负责鉴定人和鉴定机构的审核登记、名册编制和公告。人民法院和司法行政部门不再设立司法鉴定机构；侦查机关根据侦查工作需要设立的鉴定机构，不再面向社会接受委托从事司法鉴定服务。

在规范司法行为方面，采取的改革举措主要包括：（1）推进量刑规范化改革。最高人民法院制定了《人民法院量刑指导意见（试行）》和《关于规范量刑程序若干问题的意见（试行）》，明确量刑步骤，细分法定刑幅度，明确量刑情节的量化标准；对于公诉案件，人民检察院依法提出量刑建议，当事人和辩护人、诉讼代理人可以提出量刑意见；在法庭审理中，建立相对独立的量刑程序，对与定罪、量刑有关的事实、证据进行调查、辩论；人民法院在刑事裁判文书中说明量刑理由。（2）建立案例指导制度。2010 年，最高人民法院、最高人民检察院出台了案例指导制度的相关规定。"两高"选择法律适用问题比较典型的案例作为指导性案例予以发布，供各级司法人员处理类似案件时参照。（3）加强对案件办理的管理。人民法院、人民检察院分别成立专门的案件管理机构，加强办案流程管理和质量管理。司法机关普遍建立了案件管理信息化平台，实行网上办案、监督和考核，提升了案件办理的规范化水平。

在扩大司法公开方面，采取的改革举措主要包括：（1）扩大公开的事项和内容。人民法院将审判公开延伸到立案、庭审、执行、听证、文书、审务等各个方面。人民检察院依法充分公开办案程序、复查案件工作规程、诉讼参与人在各诉讼阶段的权利和义务、法律监督结果。公安机关、司法行政机关将主要职责、执法依据、执法程序、执法结果及警务工作纪律等向社会广泛公开。（2）丰富公开的形式和载体。司法公开从各部门分散发布，转变为统一的信息服务窗口集中发布；公开载体从传统的公示栏、报刊、宣传册等，拓展到网站、博客、微博客、即时通信工具等网络新兴媒介；建立健全新闻发言人和新闻发布例会制度，及时发布司法信息。（3）强化公开的效果和保障。加强裁判和检察、公安业务文书的说理和论证，邀请民众、专家参与公开听证、论证过程，开通民意沟通电子邮箱，设立全国统一的举报电话，建立部门负责人接待日，等等。

在加强司法民主方面，采取的改革举措主要包括：（1）完善人民陪审员制度。2004年全国人大常委会颁布了《关于完善人民陪审员制度的决定》，拓宽人民陪审员的选任来源。各级法院还围绕陪审职责开展以审判程序、职业技能、法治理念等为主要内容的培训，提高人民陪审员履职能力。（2）探索建立人民监督员制度。2003年，最高人民检察院启动人民监督员制度试点工作；2010年10月，人民监督员制度在全国检察机关全面推行。通过从社会各界选任人民监督员，依照监督程序对人民检察院办理职务犯罪案件过程中出现的应当立案而不立案、不应当立案而立案、拟撤销案件、拟不起诉等情形进行监督与评议。

在加强检察机关的法律监督方面，采取的改革举措主要包括：（1）加强对侦查机关立案、侦查活动的法律监督。（2）加强对法院审判活动的法律监督。（3）加强对刑罚执行和监管活动的法律监督。（4）加强对司法工作人员渎职行为的监督。

（二）加强人权保障

在防范和遏制刑讯逼供方面，采取的改革举措主要包括：（1）确立不得强迫自证其罪的原则。2012 年修改后的《刑事诉讼法》明确规定，在刑事诉讼中司法人员不得强迫任何人证实自己有罪。（2）制定非法证据的排除规则。2012 年修改后的《刑事诉讼法》明确规定，采用刑讯逼供等非法方法收集的犯罪嫌疑人、被告人供述和采用暴力、威胁等非法方法收集的证人证言、被害人陈述，应当予以排除；收集物证、书证不符合法定程序，可能严重影响司法公正，不能补正或者做出合理解释的，应当予以排除，并明确了非法证据排除的具体程序。（3）完善拘留、逮捕后送押和讯问制度。拘留后应当立即将被拘留人送看守所羁押，至迟不得超过 24 小时；逮捕后应当立即将被逮捕人送看守所羁押；侦查人员对被羁押人的讯问应当在看守所内进行；在讯问、羁押、庭审、监管场所实行录音录像；明确规定对可能判处无期徒刑、死刑的案件或者其他重大犯罪案件，讯问过程必须进行录音录像，录音或者录像应当全程进行，保持完整性。

在保障犯罪嫌疑人、被告人的辩护权方面，采取的改革举措主要包括：（1）保障犯罪嫌疑人、被告人及时获得辩护。2012 年修改后的《刑事诉讼法》明确规定，犯罪嫌疑人自被侦查机关第一次讯问或者被采取强制措施之日起，有权委托辩护人，被告人有权随时委托辩护人。（2）扩大法律援助范围。2012 年修改后的《刑事诉讼法》将法律援助在刑事诉讼中的适用范围，从审判阶段扩大到侦查、审查起诉阶段，并扩大了法律援助对象范围。犯罪嫌疑人、被告人是盲、聋、哑、未成年人、尚未完全丧失辨认或者控制自己行为能力的精神病人，以及可能被判处无期徒刑、死刑，没有委托辩护人的，人民法院、人民检察院和公安机关应当通知法律援助机构指派律师为其辩护。（3）强化证人出庭作证义务。2012 年修改后的《刑事诉讼法》明确了证人必须出庭的范围，建立了证人出庭作证补助机制。（4）完善证人保护制度。对一些严重犯罪案件，证人、鉴定人、被害人因在诉讼中作证，本人或者其近亲属人身安全面临危险的，公安司法机关采取不公开证人信息，不暴露外貌、真实声音等出庭作证方式，禁止特定的人员接触证人或者其近亲属，对人身和住宅采取专门保护等措施。

在保障律师执业权利方面，采取的改革举措主要包括：（1）2007 年修订的《律师法》，对律师参与诉讼特别是刑事诉讼应当享有的权利进行了补充和强化，规定律师在法庭上发表的代理、辩护意见，除危害国家安全、恶意诽谤他人、严重扰乱法庭秩序的言论外，不受法律追究。（2）2012 年修改后的《刑事诉讼法》加强了律师及时会见在押犯罪嫌疑人、被告人，并查阅案卷材料和调查取证等权利。

在限制适用羁押措施方面，采取的改革举措主要包括：（1）细化逮捕条件，严格审批程序。（2）建立对在押人员羁押必要性的审查制度。（3）完善在押犯罪嫌疑人、被告人强制措施的解除、变更程序。（4）扩大监视居住的适用，减少羁押。

加强人权保障的改革举措还涉及保障被羁押人的合法权益，加强未成年犯罪嫌疑人、被告人的权益保障，严格控制和慎重适用死刑，完善服刑人员社区矫正和刑满释放人员帮扶制度，完善国家赔偿制度，建立刑事被害人救助制度等方面的内容。

（三）提高司法能力

在提高司法能力方面，具体的改革举措主包括：（1）实行统一的国家司法考试制度，将初任法官、初任检察官、取得律师资格和担任公证员的考试纳入国家司法考试。（2）建立警察执法资格等级考试制度，所有在编在职的公安机关人民警察必须参加执法资格考试，未通过考试的不得执法。（3）加强司法人员职业教育培训。中央和省级司法机关设立培训机构，制定培训规划，把培训范围拓展到全体司法人员，确立首任必训、晋升必训以及各类专项培训制度。（4）加强司法人员职业道德建设。司法机关结合各自工作特点，普遍制定了职业道德基本准则，从职业信仰、履职行为、职业纪律、职业作风、职业礼仪、职务外行为等方面，对司法人员道德修养和行为举止提出具体要求。（5）加强律师职业道德建设。强化律师协会的行业自律作用，建立律师诚信执业制度，完善律师诚信执业的评价、监督和失信惩戒机制。（6）拓展律师发挥作用的空间。借鉴国际上建立公职律师和公司律师制度的经验，推行公职律师和公司律师试点，为政府决策和公司重大经营提供法律意见，进一步完善了社会律师（包括专职律师和兼职律师）、公职律师、公司律师共同发展的律师队伍结构。2007 年修订的《律师法》完善了律师事务所组织形式，允许个人开办律师事务所，形成国资律师事务所、合伙律师事务所和个人律师事务所共同发展的格局。（7）改革完善司法经费保障体制。在 2008 年开始的司法体制改革中，明确提出建立"分类负担、收支脱钩、全额保障"的司法机关经费保障体制。

（四）践行司法为民

在践行司法为民方面，具体的改革举措主要包括：（1）加强基层司法机构建设，包括加强基层人民法庭建设、加强基层检察室建设、加强基层公安派出所建设和加强基层司法所建设。（2）简化办案程序，包括扩大刑事案件简易程序的适用范围、推进小额诉讼制度改革、探索行政案件简易程序等。（3）建立多元纠纷解决机制，包括发挥人民调解作用、发挥行政调解作用和发挥司法调解作用、加强诉讼与非诉讼相衔接的矛盾纠纷解决机制建设、完善当事人和解的公诉案件诉讼程序。（4）降低当事人诉讼成本，包括改革和完善诉讼收费制度、降低诉讼收费、减免诉讼费用、规范律师收费、方便当事人诉讼等。（5）开展法律援助。逐步扩大法律援助覆盖面，建立健全经费保障机制，为经济困难的公民或者特殊案件当事人提供免费法律服务，法律援助事项范围从刑事辩护向就医、就业、就学等民生事项拓展，经济困难标准参照各地生活保障标准，办案补贴标准进一步提高，并针对农民工、残疾人、老年人、未成年人、妇女五类特殊群体建立了专项经费保障制度。（6）畅通司法机关与社会公众沟通渠道。司法机关普遍成立专门机构加强与人大代表、政协委员的沟通联系，并办理与司法工作相关的提案、建议；聘请民主党派成员、无党派人士、群众代表担任特约监督员、特约检察员、人民监督员、特邀咨询员等对其工作进行监督并听取意见和建议；设立网站、微博客等平台，建立网络民意表达和民意调查机制，方便与公众沟通交流；通过接待群众来信来访、举办开放日活动等方式走近公众。

三　党的十八大以来司法体制改革的主要内容

党的十八大拉开了全面深化司法体制改革的序幕。习近平总书记在 2012 年 12 月 4 日首都各界纪念现行宪法公布施行 30 周年大会上的讲话中指出："我们要深化司法体制改革，保证依法独立公正行使审判权、检察权。"①2013 年初，中央政法委将劳动教养制度改革、涉法涉诉信访工作改革、司法权力运行机制改革、户籍制度改革作为政法工作的四项重点。2013 年 11 月，党的十八届三中全会通过了《中共中央关于全面深化改革若干重大问题的决定》，其中提出了以下司法体制改革举措：（1）确保人民法院、人民检察院依法独立公正行使审判权、检察权，包括：推动省以下地方法院、检察院人财物统一管理，探索与行政区划适当分离的司法管辖制度。（2）建立符合职业特点的司法人员管理制度，包括：推进司法人员分类管理改革，完善法官、检察官、人民警察选任招录制度，完善法官、检察官任免、惩戒制度，强化法官、检察官、人民警察的职业保障制度。（3）健全司法权力运行机制，包括：建立主审法官、合议庭办案责任制，改革审判委员会制度，明确四级法院职能定位。（4）深化司法公开，包括：推进审判公开，推进检务公开，推进警务公开、狱务公开。（5）改革人民陪审员制度，健全人民监督员制度。（6）严格规范减刑、假释和保外就医程序。

2014 年 1 月，习近平总书记在中央政法工作会议上的讲话中指出："司法体制改革是政治体制改革的重要组成部分，对推进国家治理体系和治理能力现代化具有十分重要的意义。"②2014 年 6 月，中央全面深化改革领导小组第二、三次会议分别审议通过了《关于深化司法体制和社会体制改革的意见及

---

① 《习近平谈治国理政》，外文出版社，2014，第 140 页。
② 《习近平谈治国理政》，外文出版社，2014，第 150 页。

贯彻实施分工方案》、《关于司法体制改革试点若干问题的框架意见》和《上海市司法改革试点工作方案》，规定了深化司法体制改革的目标、原则以及落实各项改革任务的路线图、时间表，明确了通过改革试点有序推进若干重点难点问题解决的政策导向，并从实际出发，将下列四项任务列为2014年启动的改革试点，即完善司法人员分类管理，完善司法责任制，健全司法人员职业保障，推动省以下地方法院、检察院人财物统一管理。

2014年10月，党的十八届四中全会通过了《中共中央关于全面推进依法治国若干重大问题的决定》，其中提出了41项司法体制改革举措，具体包括：

1. 完善确保依法独立公正行使审判权和检察权的制度

（1）建立领导干部干预司法活动、插手具体案件处理的记录、通报和责任追究制度；（2）健全行政机关依法出庭应诉、支持法院受理行政案件、尊重并执行法院生效裁判的制度；（3）完善惩戒妨碍司法机关依法行使职权、拒不执行生效裁判和决定、藐视法庭权威等违法犯罪行为的法律规定；（4）建立健全司法人员履行法定职责保护机制。

2. 优化司法职权配置

（1）健全公检法相互配合、相互制约的体制机制；（2）推动实行审判权和执行权相分离的体制改革试点；（3）完善刑罚执行制度，统一刑罚执行体制；（4）改革司法机关人财物管理体制，探索实行法院、检察院司法行政事务管理权和审判权、检察权相分离；（5）最高人民法院设立巡回法庭；（6）探索设立跨行政区划的人民法院和人民检察院，办理跨地区案件；（7）完善行政诉讼体制机制，合理调整行政诉讼案件管辖制度；（8）改革法院案件受理制度，变立案审查制为立案登记制；（9）加大对虚假诉讼、恶意诉讼、无理缠讼行为的惩治力度；（10）完善刑事诉讼中认罪认罚从宽制度；（11）完善审级制度；（12）完善对行政强制措施实行司法监督制度；（13）强化检察机关对行政机关行使职权的监督；（14）探索建立检察机关提起公益诉讼制度；（15）健全司法机关内部监督制约机制；（16）建立司法机关内部人员过问案件的记录制度和责任追究制度；（17）完善办案责任制，落实谁办案谁负责；（18）加强职务犯罪线索管理，健全受理、分流、查办、信息反馈制度；（19）明确纪检监察和刑事司法办案标准和程序衔接。

3. 推进严格司法

（1）加强和规范司法解释和案例指导，统一法律适用标准；（2）推进以审判为中心的诉讼制度改革，全面贯彻证据裁判规则，完善证人、鉴定人出庭制度；（3）实行办案质量终身负责制和错案责任倒查问责制。

4. 保障人民群众参与司法

（1）完善人民陪审员制度；（2）构建阳光司法机制，推进司法公开；（3）加强法律文书释法说理；（4）建立生效法律文书统一上网和公开查询制度。

5. 加强人权司法保障

（1）强化诉讼过程中当事人和其他诉讼参与人的诉权保障；（2）健全落实罪刑法定、疑罪从无、非法证据排除等法律原则的法律制度；（3）加强对刑讯逼供和非法取证的源头预防，健全冤假错案有效防范、及时纠正机制；（4）制定强制执行法，加快建立失信被执行人信用监督、威慑和惩戒法律制度；（5）落实终审和诉讼终结制度，实行诉访分离；（6）对申诉逐步实行由律师代理制度。

6. 加强对司法活动的监督

（1）完善检察机关行使监督权的法律制度；（2）完善人民监督员制度；（3）规范媒体对案件的报道；（4）依法规范司法人员与当事人、律师、特殊关系人、中介组织的接触、交往行为；（5）对因违法违纪被开除公职的司法人员、吊销职业证书的律师和公证员，终身禁止从事法律职业。

四 司法体制改革中的方法论

2013年初，《人民日报》围绕"改革方法论"问题发表了系列评论，提出了"改革要回应人民的强烈期待""改革的方向至关重要""改革既要基层摸索，也要顶层设计""改革必须协调推进""群众利益是改革发展稳定的结合点""改革需要更广泛的群众基础""改革没有完成时"等基本观点。就司法体制改革而言，主要涉及以下方法论问题。

（一）顶层设计与实践探索相结合

在司法体制改革进入"攻坚期"和"深水区"之后，系统性的顶层设计受到了重视，与此同时，并不否认"摸论"的成功经验。对于顶层设计而言，该方案需要经过开放性的讨论，对于司法体制改革的可能空间和客观限度进行清晰的界定，对于一些根本性的、方向性的问题进行深入的研究，以使改革方案能够充分反映学术界、实务界乃至全社会的共识，也便于预测该方案在实施中的难易程度。由于顶层设计的能力与条件受限，因此需要试点先行，通过实践探索中的"试错"，不断修正和完善顶层设计方案。对于地方性改革试点而言，需要加强试点方案的规范性和科学性，明确改革试点的实施原则、操作规程，时间与空间范围，允许突破的法律原则和制度等；建立监督和评估机制，保障试点内容的合法性、过程的规范性和结果的客观性。

（二）整体推进与重点突破相结合

对于新一轮的司法体制改革，中央在整体规划的同时，确定了四项改革重点，即完善司法人员分类管理、完善司法责任制、健全司法人员职业保障和推动省以下地方法院检察院人财物统一管理。这四项内容均属司法体制改革的基础性、制度性措施，对于保障人民法院、人民检察院依法独立公正行使审判权、检察权意义重大，因此需要优先推进；这四项改革任务是相互关联的有机整体，体现了责、权、利相统一的原则，因此需要同步推进。整体推进与重点突破相结合，体现了多元协调、统筹兼顾的司法改革思路，在具体的操作过程中，除了关注制度与制度之间的相互协调，更需关注影响、支持或制约一个制度的多项因素，形成司法体制改革与经济、社会发展的协调推进，点与面的协调推进以及近期改革与远期改革的协调推进。

（三）改革发展与维护法治相结合

作为一项法律活动，司法体制改革应当遵循合法性原则，但是改革的性质也决定了司法体制改革有时必须突破实在法的规定。而对于实在法的突破很容易招致僭越立法权、挑战法律权威与破坏法治秩序的批评。新一轮的司法体制改革提出了"重大改革要于法有据"的原则，这就要求：在改革的过程中，需要修改法律的应当先修改法律，先立后改；可以通过解释法律来解决问题的应当及时解释法律，先释后改；需要废止法律的要坚决废止法律，先废后改；对确实需要突破现行法律规定的改革试点，可以采取立法授权改革试点的方式，以避免"违法改革"的发生。十二届全国人大常委会第九次会议审议通过《关于授权在部分地区开展刑事案件速裁程序试点工作的决定》，开了在司法领域进行立法授权改革试点的先河。探讨如何深化司法体制改革问题，不能不顾及新颁行的法律对于司法体制改革的制约，避免法律朝令夕改所带来的弊害；探讨深化司法体制改革问题，在明确改革方向的同时，需要将具体的改革举措放在现行法律的框架下予以审视，明确具体的改革方案是否以及在多大程度上需要突破现行法律的限制。

（四）遵循司法规律与坚持中国特色相结合

司法体制改革作为政治改革的组成部分，照抄照搬他国模式是大忌，移植的方法是值得怀疑的。但是，司法本身的性质和功能决定了司法活动有其共通的规律。因此，在深化司法体制改革中，应当采取特殊性与普遍性相结合的方法，而如何寻找特殊性与普遍性的最佳结合点或者最大公约数，并且在技术层面上加以体现，则是司法体制改革所面临的巨大挑战。从遵循司法规律的角度看，司法体制改革应当以有利于法院更好地履行司法职责为依归。据此，强化司法的本我定位、保障司法的独立性、提高司法保障人权的程度、促进司法品质的提升以及赢得民众对司法的信赖等，应当成为司法体制改革所追求的理想目标。从坚持中国特色的角度看，总结新中国成立以来的司法建设经验，大致可将中国司法制度的基本特点归纳为以下几方面：司法的政治性与技术性的协调、司法的专业化与大众化的结合、司法的克制性与能动性的平衡、实体正义与程序正义的兼顾、法律效果与社会效果的统一。这样的表述本身充满着内在的矛盾与张力，也彰显出把握中国特色之困难。但无论如何，妥善处理司法规律与价值偏好、法制统一与地区差异之间的关系，促进司法体制朝着科学化、民主化、公正化方向发展，是深化司法体制改革中绕不开的问题。

五 司法体制改革的阶段性成效

2017年7月10日，习近平总书记在对司法体制改革做出重要指示中强调：党的十八大以来，政法战线坚持正确改革方向，敢于啃硬骨头、涉险滩、闯难关，做成了想了很多年、讲了很多年但没有做成的改革，司法公信力不断提升，对维护社会公平正义发挥了重要作用。经过几年努力，新一轮司法体制改革的"四梁八柱"已经基本形成，一些重要改革已经完成。

2017年11月，在十二届全国人大常委会第三十次会议上，最高人民法院院长周强和最高人民检察院检察长曹建明分别作了《关于人民法院全面深化司法改革情况的报告》和《关于人民检察院全面深化司法改革情况的报告》。2014年至2017年9月，习近平总书记主持召开38次中央全面深化改革领导小组会议，审议通过48个司法改革文件。2014年以来，最高人民法院单独或会同有关部门出台司法改革文件137件；截至2017年11月，党的十八届三中、四中全会确定由最高人民法院牵头的18项改革任务已经完成，《最高人民法院关于全面深化人民法院改革的意见》（即《人民法院第四个五年改革纲要（2014—2018）》提出的65项改革举措已全面推开。截至2017年9月，中央部署由最高人民检察院承担的29项改革任务已基本完成或结项；检察改革规划提出的91项具体改革举措，82项已出台改革意见或结项。司法体制改革取得重大阶段性成效。

（一）推进以司法责任制为核心的基础性改革

1. 司法人员分类管理改革基本到位

全国法院从原来的 211990 名法官中遴选产生了 120138 名员额法官，最高人民法院遴选产生了 367 名员额法官。全国检察机关遴选产生了 84444 名员额检察官，最高人民检察院遴选产生了 228 名员额检察官。通过这项改革，基层法院、检察院 85% 以上的人力资源配置到办案一线，办案力量增加 20% 以上。

2. 司法责任得到有效落实

最高人民法院出台《关于完善人民法院司法责任制的若干意见》，明确审判组织权限和法官职责。最高人民检察院出台《关于完善人民检察院司法责任制的若干意见》，制定完善检察官权力清单的指导意见；各省级检察院统一制定辖区内检察官权力清单，明确检察委员会、检察长、检察官的职责权限。在省一级设立法官、检察官惩戒委员会，就法官、检察官违法办案责任做出专业认定。

3. 新型办案机制有效形成

各级法院结合地域、审级实际，组建以法官为中心、以辅助人员为支撑的新型审判团队。全国法院由独任法官、合议庭直接签发裁判文书的案件数量占到案件总数 98% 以上。各级检察院根据案件类型、难易程度，实行独任检察官或检察官办案组两种基本办案组织形式。

4. 监督制约机制逐步健全

人民法院建立专业法官会议制度，完善审判委员会制度，探索建立类案强制检索报告机制，确保审判权严格依法行使；依托信息化手段，推进审判流程监督，把司法权运行的每一个节点都纳入可查可控范围。人民检察院自 2014 年 12 月起，持续开展规范司法行为专项整治；强化案件管理部门对司法办案活动的集中统一管理，运用信息化手段开展流程监控、案后评查、数据分析、业绩考核，构建了全程、同步、动态监管机制。

5. 司法职业保障制度不断完善

员额法官、员额检察官按照单独职务序列进行管理，法官、检察官等级与行政职级脱钩，实行按期晋升和择优选任相结合的晋升机制。人民法院、人民检察院建立并落实与法官、检察官职务序列相配套的职业保障制度，建立与办案数量、质量直接挂钩的绩效考核办法。出台贯彻执行领导干部干预司法活动、插手具体案件处理的记录、通报和责任追究规定实施办法，建立法官、检察官履行职务受到侵害保障救济机制。

6. 人财物省级统管改革有序推进

21个省（区、市）已完成省以下法院、检察院编制统一管理，中级、基层法院院长、检察长已实现由省级党委（党委组织部）管理。13个省（区、市）已在辖区内实行财物省级统管改革，部分地方法院、检察院经费保障和工资水平实现"托低保高"。

（二）推进以审判为中心的刑事诉讼制度改革

1. 完善冤假错案有效防范、及时纠正机制

党的十八大以来，人民法院依法纠正呼格吉勒图案、聂树斌案、陈满案等重大冤错案件37件61人；会同有关部门印发推进以审判为中心的刑事诉讼制度改革的意见，并在此基础上出台实施意见，制定关于庭前会议、排除非法证据、法庭调查三项操作规程。2013年至2017年9月，人民法院共依法宣告4032名被告人无罪。2013年9月，最高人民检察院制定《切实履行检察职能防止和纠正冤假错案的若干意见》，建立重大冤错案件发现报告、指导办理、异地审查、监督纠正、依法赔偿工作机制。

2. 推进庭审实质化

各级法院完善侦查人员、鉴定人、证人出庭作证机制，强化控辩平等对抗，保障被告人和律师诉讼权利，发挥庭审在查明事实、认定证据、保护诉权、公正裁判中的决定性作用。

3. 严格落实非法证据排除规则

最高人民法院、最高人民检察院会同有关部门出台《关于办理刑事案件严格排除非法证据若干问题的规定》，强化侦查机关、检察机关、审判机关对

非法证据的审查和排除职责。

4. 开展刑事案件速裁程序和认罪认罚从宽制度改革试点

根据全国人大常委会授权，2014 年 6 月起在北京等 18 个城市开展为期两年的刑事案件速裁程序试点，对事实清楚、证据充分、被告人自愿认罪、当事人对适用法律没有争议的轻微刑事案件，适当简化程序，提高办案效率。2016 年 9 月起先后在 18 个城市开展认罪认罚从宽制度改革试点，对犯罪嫌疑人、被告人自愿如实供述自己罪行，对指控的犯罪事实没有异议，同意检察机关量刑建议并签署具结书的，依法从宽处理。

5. 重视律师在促进司法公正中的作用

2015 年 9 月，"两高三部"发布了《关于依法保障律师执业权利的规定》；2017 年 8 月，"两高三部"又联合出台《关于开展法律援助值班律师工作的意见》；2017 年 10 月，最高人民法院、司法部联合出台了《关于开展刑事案件律师辩护全覆盖试点工作的办法》。

（三）完善法院、检察院组织体系

1. 设立最高人民法院巡回法庭

最高人民法院在深圳、沈阳、南京、郑州、重庆、西安设立 6 个巡回法庭，审理重大跨区划民商事和行政案件，完成了巡回法庭总体布局。

2. 推进设立跨行政区划法院、检察院试点工作

2014 年 12 月，在北京、上海分别设立北京市第四中级人民法院、上海市第三中级人民法院，作为跨行政区划法院改革试点，负责审理跨地区重大民商事案件、行政案件、环境资源保护案件、食品药品安全案件等。2014 年 12 月，上海市检察院第三分院、北京市检察院第四分院先后挂牌成立，着力探索跨行政区划管辖范围和办案机制。

3. 设立知识产权法院

在北京、上海、广州设立知识产权法院，跨区域管辖有关专利、植物新品种、集成电路布图设计、技术秘密、计算机软件等专业技术性较强的一审

知识产权民事和行政案件。

4. 推进内设机构改革

人民法院在全国 507 个法院开展内设机构改革试点，严格控制机构规模，科学设置审判机构，整合职能交叉、业务相近的非审判业务机构，内设机构改革试点取得初步成效。人民检察院以基层检察院为重点，稳步开展内设机构改革，至 2017 年 9 月，全国 1854 个检察院开展内设机构改革，内设机构大幅精简，大批业务骨干回归办案一线。

（四）践行司法为民宗旨

1. 落实立案登记制改革

从 2015 年 5 月 1 日起人民法院全面实行立案登记制，对符合起诉条件的当场登记立案，真正实现有案必立、有诉必理，切实保障当事人诉权。2015 年 5 月至 2017 年 9 月，全国法院登记立案数量超过 3900 万件，当场登记立案率超过 95%。

2. 推进矛盾纠纷多元化解和案件繁简分流

全国法院建立专门诉调对接中心 2400 多个，特邀调解组织近 2 万个，吸纳特邀调解员 6 万多人，2016 年通过多元化纠纷解决方式分流案件 153 万余件，占当年受理一审民事案件的 13.2%，适用小额诉讼程序审结案件同比增加 14 倍，适用简易程序审结案件同比上升 21%。各地法院积极开展要素式庭审、令状式文书、示范性诉讼等机制创新，以破解案件数量增长较快的新问题，缩短办案周期，提高司法效率。

3. 深化人民陪审员制度改革

按照全国人大常委会授权，在 50 个法院实行人民陪审员制度改革试点。改革人民陪审员选任程序，扩大参审范围，完成人民陪审员"倍增计划"，提高人民陪审员的广泛性和代表性。完善人民陪审员参审机制，通过网络进行随机抽选，推行大合议制等举措，更好地发挥人民陪审员作用。2016 年，全国 22 万名人民陪审员共参审案件 306.3 万件，占一审普通程序案件的 77.2%。

2018 年 4 月 27 日十三届全国人大常会第二次会议通过了《中华人民共和国人民陪审员法》。

4. 深化人民监督员制度改革

2014 年 9 月，最高人民检察院与司法部共同在北京、吉林等 10 个省市开展深化人民监督员制度改革试点，2015 年 12 月制定《关于人民监督员监督工作规定》，2016 年 7 月制定《人民监督员选任管理办法》。2016 年 7 月以来，人民监督员共监督案件 5148 件。

（五）建立检察机关提起公益诉讼制度

2015 年 7 月，十二届全国人大常委会第十五次会议通过决定，授权在北京等 13 个省区市开展为期两年的检察机关提起公益诉讼试点。最高人民检察院先后颁布试点工作实施办法等规范性文件，并与最高人民法院就公益诉讼案件受理、审理程序等共同探索研究，构建了完整的试点工作制度。各试点省级检察院组织 87 个市级检察院和 759 个县级检察院扎实开展试点工作，突出加强对生态环境和资源、食品药品安全、国有财产的保护，两年试点期间共办理公益诉讼案件 9053 件。2017 年 6 月 27 日，十二届全国人大常委会第二十八次会议通过修改《民事诉讼法》《行政诉讼法》的决定，正式建立检察机关提起公益诉讼制度。2017 年 7~9 月，全国检察机关共办理公益诉讼案件 2935 件。2018 年 7 月 6 日，中央全面深化改革委员会第三次会议审议通过了《关于设立最高人民检察院公益诉讼检察厅的方案》。

（六）深化人民法院执行工作体制机制改革

1. 完善执行工作体制机制

在广东、浙江等 10 个地区开展审判权和执行权相分离改革试点，组建执行裁判机构，探索以执行法官为主导的执行团队模式。

2. 构建综合治理执行难工作格局

最高人民法院于 2016 年初部署开展 "用两到三年时间基本解决执行难"

之后，各地党委、人大、政府、政协高度重视人民法院执行工作，制定综合治理执行难的制度措施，积极帮助协调解决执行工作中的重大问题。

3. 建立完善网络执行查控系统

最高人民法院与国家发改委、公安部、国家工商总局、中国人民银行、证监会等10多个部门建立网络执行查控系统，着力破解查人找物难题。

4. 推进网络司法拍卖

最高人民法院出台《关于人民法院网络司法拍卖若干问题的规定》，确立以网络拍卖为原则、委托拍卖为例外的司法拍卖新模式；司法拍卖全程在网上进行，全程接受网民监督。

5. 加强对失信被执行人的联合信用惩戒

修改完善失信被执行人名单制度，明确失信被执行人的纳入标准、救济途径、退出机制等问题；健全失信被执行人信用监督、警示和惩戒机制，联合60多个单位构建失信被执行人信用惩戒网络。

（七）深化司法公开

1. 强化司法公开理念，健全完善司法公开的制度机制

最高人民法院加强顶层设计，制定出台《关于推进司法公开三大平台建设的意见》等规范性文件，最高人民检察院先后颁布《关于全面推进检务公开工作的意见》《人民检察院案件信息公开工作规定》，明确司法公开的内容、方式和程序，确保司法公开规范有序运行。

2. 建立司法公开信息平台

人民法院依托信息化手段，建成审判流程、庭审活动、裁判文书、执行信息四大公开平台。全国四级检察机关3662个检察院已实现"六个全覆盖"，即案件信息公开系统全覆盖，电子卷宗系统全覆盖，远程视频接访全覆盖，微博、微信、新闻客户端全覆盖，新闻发言人全覆盖以及检察开放日活动全覆盖。

3. 创新司法公开形式，进一步拓展公开的广度和深度

广泛借助中央媒体、社会媒体，加大司法公开力度。加强人民法院、人

民检察院新媒体建设，通过微博、微信、网络电视、新闻客户端等方式，向社会提供详尽权威的司法信息和方便快捷的司法服务。

（八）加强智慧司法建设

1. 运用司法大数据，为改革决策提供科技支撑

人民法院建成覆盖全国四级法院的司法大数据管理和服务平台、执行流程信息管理系统、人事信息管理系统等，集中汇集全国法院审判、执行、人事数据信息，全面反映全国法院的审判态势、案件质效和改革进展。检察机关深入推进电子检务工程建设，2017年底全面建成覆盖全国四级检察机关司法办案、检察办公、队伍管理、检务保障、检察决策支持、检务公开与服务的"六大平台"。

2. 运用司法人工智能，推动改革创新

依托大数据、云计算和人工智能，建设各类智能化平台，提升办案质效。

3. 运用信息化平台，提升司法便民水平

全国86%的法院建立了信息化程度较高的诉讼服务大厅，2200余个法院开通诉讼服务网，1734个法院开通12368诉讼服务热线，实现网上立案、网上缴费、网上质证、网上庭审、网上送达等功能。检察机关全面推进网上办案，部署融办案、管理、监督、统计、查询、评查等功能于一体的统一业务应用系统；2014年起，全国四级检察机关已实现各类案件一个平台、一个标准、一个程序，所有办案信息网上录入、办案流程网上管理、办案活动网上监督、办案数据网上生成。

4. 设立杭州互联网法院

2017年8月18日在浙江杭州设立集中管辖涉互联网纠纷的基层法院——杭州互联网法院，负责审理杭州市涉互联网一审案件，探索破解传统诉讼规则不适应互联网案件特点的难题。2018年7月6日，中央全面深化改革委员会第三次会议审议通过了《关于增设北京互联网法院、广州互联网法院的方案》。

总体而言，新一轮司法体制改革的范围之广、力度之大、程度之深前所未有。通过深化司法体制改革，"四梁八柱"的主体框架基本确立，符合司法规律的司法权力运行机制正在形成，司法队伍素质、司法质效和司法公信力明显提高，改革红利逐步释放，民众的司法需求得到更好满足，公正高效权威的社会主义司法制度正在逐步健全完善。

六 司法体制改革的未来展望

党的十九大报告提出，要"深化司法体制综合配套改革，全面落实司法责任制，努力让人民群众在每一个司法案件中感受到公平正义"，指明了未来司法体制改革的方向。根据十九大报告，未来司法体制改革的重点在两个方面：一是"深化司法体制综合配套改革"，二是"全面落实司法责任制"。早在2017年8月29日，中央全面深化改革领导小组第三十八次会议审议通过了《关于加强法官检察官正规化专业化职业化建设全面落实司法责任制的意见》和《关于上海市开展司法体制综合配套改革试点的框架意见》。

司法体制改革是一项复杂的系统工程，改革只有进行时，没有完成时。"主体框架"和"基本确立"两个关键词实际上已经说明了改革并没有完全到位，正是因为如此，十九大报告才提出要"深化司法体制综合配套改革"。综合配套改革包括多方面的内容，择其要者，主要包括：一是要解决司法体制改革推进过程中的制约性、瓶颈性问题，如法官、检察官单独职务序列等级享受对应行政职级待遇问题，法院、检察院内设机构改革问题，跨行政区划法院、检察院的设立问题等；二是要完善相关配套措施，加强改革的系统性、联动性，如完善法官、检察官绩效和司法辅助人员考核办法，完善法官、检察官员额退出机制，建立科学分案办法，建立新型监督管理机制，完善司法辅助事务管理机制等；三是要加快科技化、信息化建设，充分发挥信息化平台的总体效能，如推进诉讼档案电子化、加强司法大数据的应用等，以促进司法体制改革与科学技术的深度融合。总之，司法体制改革要通过多方面的配套性措施，达到系统集成，从总体上提高司法质效。

通过司法责任制改革，法院、检察院的优秀人才集中到了办案一线；法官、检察官独立对案件做出处理决定，增强了法官、检察官的责任心；案件服判息诉率明显提升，司法公信力得到明显提高。司法责任制改革在推进过程中还存在一些困难和问题，如入额法官、检察官遴选标准和程序不规范，员额配置不合理，员额退出机制普遍未能建立，办案团队组建不科学，院领导办案落实不到位，院庭长放权不彻底，司法辅助人员短缺问题较为普遍，绩效考核不符合岗位实际或不够简便易行，边疆民族地区面临特殊困难，等等，下一步需要着力予以解决。在取消层层审批制、实行司法责任制的同时，为了确保"放权不放任、有权不任性"，有必要建立健全新型的监督管理机制，如对于特殊案件，院庭长要强化审判监督管理职责，保留院庭长对于程序性事项的审批管理权、案件审理期限的审批决定权，建立督促案件审理进度的机制，建立案件评查制度。①

全面落实司法责任制，需要完善一系列的配套性措施，如：完善法官、检察官入额遴选办法，加强编制和员额的省级统筹、动态调整，有条件的地方探索跨院入额；配套建立员额退出实施办法，让办案绩效不符合要求的法官、检察官退出员额；科学配置办案团队，专业化与扁平化相结合；推广科学分案办法，以随机分案为主、指定分案为辅；加强领导干部办案情况分级考核和定期通报；多措并举增补辅助人员，努力做到省级层面达到1∶1比例配置；对司法辅助事务进行内部集约化管理和外部社会化购买；利用信息化、大数据等辅助法官办案，建立类案与关联案件检索机制；对边疆民族地区，有序确定放权事项和步骤，研究制定边疆民族地区人员招录、待遇保障等特殊政策，加大民族地区双语法官、检察官培训力度，加强边疆民族地区人才培养。

2018 年 7 月 24 日，在中央政法委主持召开的全面深化司法体制改革推

① 参见李少平《正确处理放权与监督 坚定不移全面落实司法责任制》，《人民法院报》2018年 3 月 28 日，第 5 版。

进会上，对于深化司法体制综合配套改革提出了以下要求：一是破解责任不实难题，加快健全领导干部办案制度；二是破解合力不强难题，加快组建新型办案团队；三是破解监督不力难题，加快构建新型监管机制；四是破解尺度不一难题，加快推进司法规范化建设；五是破解激励不足难题，加快完善绩效考核制度。① 此外，还提出要加快构建中国特色社会主义司法制度体系，包括：总揽全局、协调各方的党领导政法工作体系；系统完备、科学合理的司法机构职能体系；权责统一、规范有序的司法权运行体系；多元精细、公正高效的诉讼制度体系；联动融合、实战实用的维护安全稳定工作机制体系；普惠均等、便民利民的司法公共服务体系；约束有力、激励有效的职业制度体系。②

努力让人民群众在每一个司法案件中感受到公平正义，是司法体制改革的出发点和最终目标。司法是维护社会公平正义的最后一道防线，公正司法应该体现在对每一个案件的具体处理之中、体现在案件处理的每一个细节之中；公平正义应当以人民群众看得见、感受得到的方式得以实现，公正不能只是一种结果公正，而且要有过程的公正；公正不能只是一种实体公正，而且要有程序的公正；公正应当是形式公正与实质公正的结合。为了保证司法公正，需要从问题出发找准司法工作中亟待加强的薄弱环节，不断提高司法队伍素质，深化司法公开，促进司法民主，确保司法规范廉洁，从而最终建立起为人民群众所普遍信赖的司法。

---

① 参见李阳《奔着问题去　迎着困难上——从全面深化司法体制改革推进会看司法体制综合配套改革着力点》，《人民法院报》2018 年 7 月 25 日，第 1 版。

② 参见罗沙、杨维汉、丁小溪、周科《接续发力深耕细作　将司法体制改革进行到底》，http://www.gd.xinhuanet.com/newscenter/2018-07/26/c_1123177428.htm。

中国人权法治建设

柳华文 *

导 读：改革开放 40 年来，在中国经济、政治、文化、社会和生态文明建设诸领域取得令人瞩目辉煌成就的时代背景下，中国人权事业不断取得进步和发展。中国坚持把人权的普遍性原则同中国实际相结合，不断加强人权法治保障，推动经济社会发展，增进人民福祉，努力促进社会公平正义，促进经济、社会、文化权利和公民政治权利全面协调发展，显著提高了人民生存权、发展权的保障水平，走出了一条适合中国国情的人权发展道路。中国在人权理论建设、人权入宪、人权保障的法律体系建设、人权事业的政策规划和社会推进、人权的国际交流与合作特别是参与国际人权治理等方面，取得了一系列可圈可点的新发展与新成就。

一 中国梦也是人权梦

2016 年 8 月 22 日，由联合国开发计划署和国务院发展研究中心历时两

---

* 柳华文，中国社会科学院国际法研究所所长助理、研究员，中国社会科学院人权研究中心执行主任。

年完成的《2016 中国人类发展报告》在北京发布。《报告》指出，以"人类发展指数"为依据，中国已成为"高水平人类发展国家"，是 30 余年来在人类发展领域中进步最快的国家之一。

1980 年中国处于改革开放之初，当时，根据联合国开发计划署观察，中国还处于低水平人类发展组。接下来，伴随着改革开放，1995 年后中国进入了中等水平人类发展组，2011 年则进入了高水平人类发展组。在 2010 年以后，中国人类发展指数开始超过世界平均水平。在 1990 年处于低水平人类发展组别的 47 个国家中，此时的中国是唯一跻身高水平人类发展组的国家。

《报告》指出，中国的人类发展在收入与减贫、健康、教育等各方面都得到了体现，经济的快速增长对人类发展起到了关键作用。20 世纪 70 年代末的经济体制改革，打破了计划经济的束缚，极大地释放了增长潜力，带来了 30 多年平均近 10% 的高速经济增长，这对促进中国的人类发展起到了至关重要的作用。从 1980 年到 2010 年的 30 年间，中国收入指数的增幅在全球排名第一。对中国人类发展指数增长因素的分析表明，30 年间经济（收入）增长对人类发展指数增长的贡献达到了 56.26%，其中 1980~1990 年间的贡献率更是高达 65.53%。收入的快速增长让大量人口摆脱了贫困，不仅提高了物质生活水平，也大大扩展了机会和选择。义务教育在全国已经实现了普及，人人有学上的目标基本实现，义务教育的平等性也大大提高，但城乡教育的质量差距仍然很大。农民工子女入学难，城市"择校"现象严重，少数民族人口较多地区的高中毛入学率低于全国平均水平。中国人口的健康水平在改革开放之前已经处于相对较高水平，20 世纪 80 年代以来，健康指标逐步改善，人均预期寿命从 1981 年的 67.9 岁提高到 2010 年的 74.8 岁，高于 70 岁的世界平均水平，特别是 2000 年到 2010 年的十年间，提高了 3.4 岁，进步加快。

中国作为人口众多、幅员辽阔、世界上最大的发展中国家，为什么可以发展最快？这其中的发展是"人类的发展"，是人权保障的进步，用"巨变"来形容也并不为过。

中国对人权理想的追求与中国领导人习近平提出的"中国梦"有着密

切的联系。中国，这个有着悠久灿烂历史文化的文明古国，却在近代史上积贫积弱、饱受西方殖民列强和日本帝国主义的侵略之苦，在中华人民共和国成立后，中国从"一穷二白"起步，重新走上发展、繁荣和复兴之路。中国人站起来了，也逐渐开始强起来了，中国梦展现的正是中国人的发展理想，包括更加美好的人权愿景。改革开放以来，中国将法治、发展和人权结合起来，在经济发展和社会进步的同时，不断取得人权法治的快速和突破性发展。①

2018 年 3 月 11 日，十三届全国人大一次会议通过了新的《宪法修正案》。修正案充实了坚持和加强中国共产党全面领导的内容，在《宪法》第 1 条第 2 款"社会主义制度是中华人民共和国的根本制度"后增写一句，内容为"中国共产党领导是中国特色社会主义最本质的特征"。因此，中国共产党是执政党，是国家的最高政治领导力量，这是有国家的根本法根据的。中国的经济发展和社会进步是在中国共产党和中国政府领导下实现的。中国共产党和中国政府对国家和社会的正确和坚强领导，是中国社会主义现代化建设的有力保障。

在中国共产党第十九次全国代表大会上部分修改、2017 年 10 月 24 日通过的《中国共产党章程》中规定："中国共产党是中国工人阶级的先锋队，同时是中国人民和中华民族的先锋队，是中国特色社会主义事业的领导核心，代表中国先进生产力的发展要求，代表中国先进文化的前进方向，代表中国最广大人民的根本利益。"这是中国共产党的定位和责任担当。

与人权密切相关，《中国共产党章程》在总纲中明确申明："尊重和保障人权。"它还提到"逐步消灭贫穷，达到共同富裕，在生产发展和社会财富增长的基础上不断满足人民日益增长的美好生活需要，促进人的全面发展"，"必须坚持以人民为中心的发展思想"，"做到发展为了人民、发展依靠人民、发展成果由人民共享"。

---

① 参见柳华文《法治、发展和人权：中国道路的三个基本维度》，《人权》2014 年第 6 期。

　　中国的社会主义经济建设是在曲折中不断前进的。特别是改革开放40年来，中国社会主义市场经济建设取得令人瞩目的成就。尤其，中国经济迅速发展，成为世界第二大经济体。其实，不同时期、不同国情之下，中国对于发展的内涵和外延、发展的任务有不同的认识和理解，是一个与时俱进、不断探索的过程。对于解决亿万人口的温饱问题来说，经济建设的重要性是非常直接、非常明了的。因此，从改革开放一开始，长期以来，以经济建设为中心是中国发展政策的要义。2002年，党的十六大提出社会主义经济建设、政治建设、文化建设"三位一体"的新任务。到2007年十七大则发展为经济、政治、文化、社会"四位一体"的总体布局，体现了对社会建设前所未有的强调。2012年十八大正式提出了"五位一体"的发展格局，即兼顾经济建设、政治建设、文化建设、社会建设和生态文明建设的全面和科学发展的新概念。2017年党的十九大强调坚持新发展理念。习近平总书记在报告中指出，发展是解决中国一切问题的基础和关键，发展必须是科学发展，必须坚定不移贯彻创新、协调、绿色、开放、共享的发展理念。

　　中国的发展格局和发展理念体现了以人为本的科学发展观。在此基础上，中国特色的人权观一向主张：第一，人权不仅仅是个人权利，还包括集体人权。第二，人权既包括了公民权利和政治权利，也包括了经济、社会、文化权利。第三，人权是历史的产物，它的充分实现，是同每个国家的经济文化水平相联系的逐渐发展的过程。第四，中国是世界上人口最多的发展中国家，应把人民的生存权和发展权放在首位。第五，人权推进的核心要义是保证全体社会成员平等参与、平等发展的权利。第六，中国主张全面、客观、公正地评价一国的人权状况。伴随中国经济与社会的快速发展，一方面，中国人权事业不断进步，取得有史以来最大的成就；另一方面，对于人权保障来说，没有最好，只有更好。人权的实现不是一蹴而就、一劳永逸的，需要长期坚持不懈的努力。第七，中国积极参与国际人权合作，强调在平等和相互尊重的基础上开展建设性的对话、交流与合作，推动世界人权事业健康发展。

　　2012 年中国共产党第十八次全国代表大会实现了党的领导层新老交替，为国家机构领导人的新老更替奠定了基础。2013 年 3 月，第十二届全国人民代表大会选举产生了新一届国家机构领导人。党的十八大报告提到："经过九十多年艰苦奋斗，我们党团结带领全国各族人民，把贫穷落后的旧中国变成日益走向繁荣富强的新中国，中华民族伟大复兴展现出光明的前景。我们对党和人民创造的历史伟业倍加自豪，对党和人民确立的理想信念倍加坚定，对党肩负的历史使命倍加清醒。"以此为基础，以习近平为核心的新的领导集体响亮地提出了努力实现"中国梦"的施政目标。

　　2013 年 3 月 17 日，在十二届全国人大一次会议闭幕会上，刚刚当选国家主席、中央军委主席的习近平在讲话中九次提到"中国梦"。他向全国人民做出庄严承诺："中国梦归根到底是人民的梦，必须紧紧依靠人民来实现，必须不断为人民造福。"他提出："中国梦是民族的梦，也是每个中国人的梦。只要我们紧密团结，万众一心，为实现共同梦想而奋斗，实现梦想的力量就无比强大，我们每个人为实现自己梦想的努力就拥有广阔的空间。生活在我们伟大祖国和伟大时代的中国人民，共同享有人生出彩的机会，共同享有梦想成真的机会，共同享有同祖国和时代一起成长与进步的机会。有梦想，有机会，有奋斗，一切美好的东西都能够创造出来。"[1]

　　在同一天，当选国务院总理的李克强和四位副总理与中外记者见面，并回答记者提问。李克强总理说："正是改革开放改变了我们国家的命运，使亿万农民脱贫，也使许许多多的人出现了重大的人生转折。现在改革的重任落到了我们这一代肩上，我们要尽力使改革的红利惠及全体人民，使老年人安度晚年、年轻人充满希望，使我们的国家生机勃勃。"[2]

　　2015 年 9 月 25 日，习近平主席在访问美国时指出："中国人民实现中华

---

[1] 习近平：《在第十二届全国人民代表大会第一次会议上的讲话》，载《习近平谈治国理政》，外文出版社，2014，第 40 页。

[2] 《李克强总理等会见采访两会的中外记者并回答提问》，新华网，http://news.xinhuanet.com/2013lh/2013-03/17/c_124469054_10.htm。

民族伟大复兴中国梦的过程，本质上就是实现社会公平正义和不断推动人权事业发展的进程。"① 可见，尊重和保障人权，促进每一个人心中梦想的实现，这是中国梦美好愿景的集中体现。中国梦，是中国国家、民族、社会、家庭和个人长期理想和近期理想的典型概括与形象表述。

2012 年中国共产党召开第十八次全国代表大会以来的五年，是中国发展进程中极不平凡的五年。面对世界经济复苏乏力、局部冲突和动荡频发、全球性问题加剧的外部环境，面对中国经济发展进入新常态等一系列深刻变化，中国坚持稳中求进工作总基调，迎难而上，开拓进取，取得了改革开放和社会主义现代化建设的历史性成就。为贯彻十八大精神，十八届中共中央召开了七次全会，分别就政府机构改革和职能转变、全面深化改革、全面推进依法治国、制定"十三五"规划、全面从严治党等重大问题做出决定和部署。比如，在十八届五中全会上，习近平总书记系统论述了创新、协调、绿色、开放、共享"五大发展理念"。"五大发展理念"关系到 2016 年至 2020 年"十三五"乃至更长时期中国的发展思路、发展方式和发展着力点，是中国共产党认识把握发展规律的再深化和新飞跃，丰富发展了中国特色社会主义理论。

2017 年 10 月，习近平同志在党的十九大报告中明确提出，新时代中国社会主要矛盾是人民日益增长的美好生活需要和不平衡不充分的发展之间的矛盾，必须坚持以人民为中心的发展思想，不断促进人的全面发展、全体人民共同富裕。他重申，中国特色社会主义事业总体布局是"五位一体"、战略布局是"四个全面"。

说到底，对于中国这样一个世界上最大的发展中国家来说，中国梦也是发展梦、人权梦。中国的发展理念与时俱进，对人权的实现和保障影响深远。

中国特色社会主义理论体系是马克思主义及其中国化的最新成果，指明了中国梦的正确方向，诠释了中国梦的精神内核，是指引中国坚定不移地走

---

① 杜尚泽、陈丽丹：《习近平同美国总统奥巴马共同会见记者》，《人民日报》2015 年 9 月 26 日。

中国特色社会主义道路的思想指南，是统一全党全国人民思想、凝聚全党全国人民共识的强大精神武器；中国共产党的坚强领导是实现中国梦的组织保证。① 在党的十九大上确立的习近平新时代中国特色社会主义思想是这一理论体系的集中体现。

可以说，中国的人权道路是中国共产党和中国政府在道路自信、理论自信、制度自信和文化自信的基础上，在中国特色社会主义人权观指导下的伟大实践，中国梦是这一伟大实践的生动概括。

二　新的人权原点

2018 年是中国改革开放 40 周年。从 1978 年开始的 40 年改革开放进程，是中国不断走向繁荣、富强、文明与和谐的过程，是中国与世界互动更加频繁、与各国人民联系更加密切的过程，是中国人权事业不断加快发展、获得突破、取得丰硕成就、形成有益经验的过程。

1978 年 12 月 18 日至 22 日召开的十一届三中全会拉开了改革开放的序幕。全会公报除了提出把全党工作的着重点转移到社会主义现代化建设上来之外，还专门指出："宪法规定的公民权利，必须坚决保障，任何人不得侵犯。"十二届、十三届全国人大常委会委员徐显明说："党的十一届三中全会郑重地提出健全社会主义法制的伟大任务，确立了'有法可依，有法必依，执法必严，违法必究'的社会主义法制建设的十六字方针，为社会主义法制建设开启了崭新征程。我们说它是一次伟大的会议，因为它当之无愧是中国人权保障的新'原点'。"②

回顾起来，1978 年产生的历史性重大转折来之不易。

现代"人权"概念是世界文化交融的产物。它首先起源于西方启蒙运动时期，英国的洛克和法国的卢梭等启蒙思想家们对于近代意义上的人权概念

---

① 王伟光：《坚定不移沿着中国特色社会主义道路前进》，《人民日报》2013 年 12 月 24 日。
② 吴竞：《未来 30 年中国人权保障将更广泛》，《人民日报》2008 年 12 月 3 日。

的形成起了非常重要的作用。18世纪末的美国独立和法国革命取得了突破，特别是1776年美国的《独立宣言》，1789年法国的《人权和公民权宣言》以及1789年美国的《宪法修正案》等国内法律文件，推动了人权概念的形成。人权启蒙和人权运动的早期发展，极大地解放了西方社会的思想和生产力，为英国、法国、美国等西方国家的崛起奠定了基础。

中国优秀的历史文化中有珍贵的人权文化资源。传统文化里充满了民本思想、民权思想，以及关爱儿童、妇女、老人等人权思想。中国自春秋战国时期开始产生的"天下为公"的概念和天下体系的思想，不断演进、发展，具有了平均、平等、公平、正义等丰富的内涵，[①]对国家与社会治理，包括更加公平与正义的国际秩序的建立都有一定的启发意义。

在中国20世纪初，在延续两千年的封建专制统治走到尽头之际，出现了包括人权思想在内的新文化的启蒙和发展运动。当时陈独秀先生认为，科学与人权"若舟车之有两轮焉"，"国人而欲脱蒙昧时代，羞为浅化之民也，则急起直追，当以科学与人权为重"，"自人权平等之说兴，奴隶之名，非血气所忍受。世称近世欧洲历史为'解放历史'——破坏君权，求政治之解放也；否认教权，求宗教之解放也；均产说兴，求经济之解放也；女子参政运动，求男权之解放也"。[②]

可见，同西方国家一样，近现代中国也出现了人权思想的启蒙和发展。而且，中国人也为国际人权文书的制定和起草做出过杰出的贡献。二战以后，人权概念进一步被提升到国际层面，逐渐成为世界各国的普遍追求。相比于18世纪法国的《人权宣言》，1948年12月10日联合国大会通过的《世界人权宣言》不但大大拓展了人权观，而且丰富了人权的内容，吸收和融合了世界各大宗教与文化传统的价值观。比如《世界人权宣言》第1条中规定："人人生而自由，在尊严和权利上一律平等。他们赋有理性和良心，并应以兄弟

---

① 参见柳华文《天下为公，文明和谐》，载周溯源主编《社会主义核心价值观概述语征文选集》，中国社会科学出版社，2012，第323~329页。
② 陈独秀：《敬告青年》，《青年杂志》第1卷第1号，1915。

关系的精神相对待。"其中"良心"一词便是基于当时的中国代表、南开大学的创办人之一张彭春的建议，基于儒家文化价值观而加入的。2008 年，第 61 届世界非政府组织年会在法国巴黎联合国教科文组织大厦举行时，大会会场主席台两侧摆放着《世界人权宣言》的主要起草人画像。有张彭春、罗斯福夫人、马利克、卡森、汉弗瑞等。会场主席台左侧第二位就是张彭春。人们对这位来自中国的学者对于国际人权立法做出的贡献给予高度肯定。

中华人民共和国成立后，获得民族独立的中国人民翻开了人权保障新的一页。新中国第一部宪法诞生于 1954 年 9 月 20 日。在第一届全国人民代表大会第一次会议上，这部宪法以全票赞成的结果诞生。它确立了国家的根本政治制度，首次规定"中华人民共和国的一切权力属于人民"。它第三章是"公民的基本权利与义务"。在当时的历史条件下，人们对国家与社会、国家与个人之间的相互关系问题还缺乏充分的认识，但在制宪过程中，制宪者已经注重个人宪法地位的确认问题。之后的宪法基本上沿用这个框架。

十年"文化大革命"，使党、国家和人民遭到最严重的挫折和损失，中国的经济、民主和法治建设出现了严重的曲折。法治的缺失给国家发展和公民权利保障带来了惨痛的教训。在此背景下，1978 年中国共产党十一届三中全会做出了正确的决策，开始了改革开放、发展经济、坚持法治、保障人权的新征程。

三 人权的宪法保障

1982 年中国现行《宪法》出台，对公民的权利和义务做出了新的规定。这是一部具有中国特色、符合社会主义现代化建设需要的宪法。它将过去本属于最后一章的"公民的基本权利和义务"移至了总纲之后，作为第二章，突出了宪法保护公民基本权利的作用，条文也由原来的 10 多条增加到 20 多条。正是基于 1982 年《宪法》，改革开放以来，中国不断探索适合国情的促进和发展人权的道路。

人权研究和讨论，在国内也经过了一个禁区被逐渐突破的过程。1991 年初，为了应对西方国家对中国人权问题的歪曲和攻击，由中共中央宣传部理论局专门组织会议，提出了八个研究课题，要求立即着手收集资料，编写一套"人权研究资料丛书"。这套丛书后来于 1993 年由四川人民出版社出版。这次会后，中国社会科学院法学研究所、北京大学、中国人民大学、中国法学杂志社等单位纷纷召开人权座谈会。而人权讨论和研究的范围迅速延伸和扩大，展开了对人权的理论与实际问题的全面探讨。法学家们先后前往南亚、西欧和北美一些国家考察人权状况，并给中央写了 60 多份报告。

1991 年 11 月 2 日，国务院新闻办发表《中国的人权状况》白皮书。这是中国政府向世界公布的第一份人权官方文件。在中国政府首份"人权白皮书"中，人权被称为"伟大的名词"，强调实现充分的人权是"中国人民和政府的一项长期的历史任务"，并提出"生存权是中国人民的首要人权"。

1995 年 10 月，时任中共中央总书记的江泽民在接受外媒采访时谈到了人权的普遍性原则，据考证这是中国领导人首次公开承认人权普遍性。[①]

时任中国社会科学院学部委员、中国社会科学院人权研究中心主任王家福在 1996 年 2 月 8 日曾给中央政治局讲课，题目是"关于实行依法治国，建设社会主义法制国家的理论和实践问题"。在这次讲座后，时任中共中央总书记江泽民发表了重要讲话，正式提出了"依法治国"这一概念。此后，1997 年，"依法治国，建设社会主义法治国家"以及"尊重和保障人权"首次写入党的十五大报告。1999 年，"依法治国"被写入了《宪法》。此后，将人权保障直接写入《宪法》又提上了日程。2004 年 3 月 14 日，在第十届全国人民代表大会第二次会议上，新的《宪法修正案》以 2863 张赞成票获得通过，全场报以长时间的热烈鼓掌。正是通过该《宪法修正案》，"国家尊重和保障人权"入宪。

对此，全国人大常委会委员信春鹰说："人权入宪……是我国社会主义民

---

① 吴兢：《未来 30 年中国人权保障将更广泛》，《人民日报》2008 年 12 月 3 日。

主和法制建设达到一个新水平的标志，必将对推进我国的人权事业，实现社会全面进步，产生重大而深远的影响。国家尊重和保障人权入宪，体现了我国宪法的基本精神。"①

徐显明教授认为："此次宪法修正案明确规定'国家尊重和保障人权'，这将对国家权力运作、国家的价值观产生积极影响。'国家尊重和保障人权'一旦被写进宪法，就会使我国在今后的立法和法律修订过程中更加注重对人权的保护；会使政府官员和执法人员在执政执法过程中加强对公民的人权尊重和保护，这些都会使普通百姓的人权得到更加周到的维护。"②

现在，保护人权的内容已经写进了国民经济和社会发展"十一五"、"十二五"和"十三五"规划，也写进了《中国共产党章程》和党的第十五次至第十九次全国代表大会的报告当中。可以说，2004 年中国修改宪法，实现"人权入宪"，为中国人权事业的进一步发展奠定了坚实的根本法基础。

中国宪法的改革与发展，既是中国政治体制改革的法律成果，又是进一步扎实推进政治体制改革的法律基础。1982 年《宪法》公布施行后，根据改革开放和社会主义现代化建设的实践和发展，全国人大于 1988 年、1993 年、1999 年、2004 年先后 4 次做出修改，共通过了 31 条修正案，使宪法紧跟时代步伐，不断与时俱进。2018 年 3 月新通过的《宪法修正案》是对现行《宪法》的第 5 次修改，共有 21 条修正案，其中 11 条同设立国家监察委员会有关。这是中国政治体制架构的历史性突破和重大发展，有助于反腐和廉洁政府与廉洁社会的建设，对于人权保障同样意义重大。

四　人权的法律保障

以宪法为基础，中国保障人权的法律体系已获得了长足的进步。到 2010 年底的时候，中国已制定现行有效法律 236 件、行政法规 690 多件、地方性

---

① 信春鹰：《国家尊重和保障人权——关于人权入宪的历史意义》，《求是》2004 年第 9 期。
② 王锋、张国庆：《人权入宪：一贯方针、本质要求》，《法制日报》2004 年 3 月 9 日。

法规 8600 多件，并全面完成了对现行法律和行政法规、地方性法规的集中清理工作。因此，2011 年 1 月 24 日，时任中共中央政治局常委、全国人大常委会委员长的吴邦国在北京宣布：以宪法为统帅，以宪法相关法、民法商法等多个法律部门的法律为主干，由法律、行政法规、地方性法规等多个层次的法律规范构成的中国特色社会主义法律体系已经形成。

中国形成中国特色社会主义法律体系的一条基本经验就是，坚持以人为本、立法为民；坚持走群众路线，深入推进科学立法、民主立法。《物权法》的制定典型地说明了这一点。《物权法》是中国迈向第一部民法典的起点，是中国法治建设的里程碑。因为它直接涉及公民基本的财产权利，调整的对象是物权，保障的却是人权。

2005 年 7 月 10 日，全国人大常委会办公厅正式公布《物权法（草案）》，向社会公开征求意见。截至 2005 年 8 月 20 日，短短 40 天中，全国各地群众就通过媒体和邮件提出意见 11543 件。

在来信提意见者中，有一位是天津市河西区宾友道向荣里的离休干部、81 岁的康天锦老人。老人家不仅对草案中的不动产登记、建筑用地使用权等提出了 25 条意见，还将草案原条文、修改理由和修改意见制作成对照表格的形式。国家立法工作机关对这些意见进行了认真分类、整理，充分加以吸纳。2007 年 3 月 16 日，历经八次审议的《物权法》在十届全国人大五次会议上高票通过。

全国人大法律委员会委员、中国人民大学副校长王利明在接受媒体采访时这样评论：很少有哪部法律像《物权法》这样，让人民群众参与的热情如此之高。《物权法》就是一部在中国特色社会主义法律体系中起支架作用的基本法律。①

民法被誉为"社会生活的百科全书"，与人权保障关系密切。中国立法机关计划在 2020 年完成中华人民共和国成立以来首部民法典的制定。徐显明曾在审议《民法总则（草案）》时表示，"民法应该具有现代精神，而现代精

---

① 《王利明：畅谈中国特色社会主义法律体系　展望未来立法走向》，http://www.npc.gov.cn/npc/dbdhhy/11_4/dbtzy/2011-03/11/content_1641619.htm。

神的核心是应该体现尊重和保障人权";由于法院裁判时不能援引宪法,他建议把宪法中列举的权利尽可能民事化。①

2017年3月15日,十二届全国人大五次会议表决通过了《中华人民共和国民法总则》,中国实现制定民法典的梦想迈出了坚实的一步。《民法总则》通过全面确认和保障公民民事权利,在相当程度上起到了有效规范公权力的作用,为中国国家治理的现代化奠定了制度基础。

中国社会科学院学部委员、法学研究所梁慧星研究员认为,民法是私法的基本法,它以对人的保护为核心,以权利为本位,系统全面地规定了自然人、法人、非法人组织在民事活动中享有的各种人身、财产权益;在具体内容方面,《民法总则》增加了对胎儿利益、个人信息、一般人格权、特定人格权的保护等,这些都体现了对个人权利保护的加强;《民法总则》在《民法通则》的基础上修改完善了民事权利体系,强化了保护民事权利的观念,在世界上开创了在《民法总则》中全面系统规定民事权利的立法模式,"我国人权保护法治建设由此进入一个新时期"。②

中国《刑事诉讼法》的制定和修改同样显示了中国在人权保障方面的立法进步。《刑事诉讼法》需要兼顾打击犯罪和人权保障,有人称之为人权"小宪法"。1979年改革开放之初,在拨乱反正的关键时刻,中国的第一部刑事诉讼法获得通过。当时,在它的基本原则里,主持立法工作的彭真亲笔加上了一句话:"保障无罪的人不受刑事追究。"1996年,《刑事诉讼法》迎来首次大修。收容审查制度被取消,对抗式诉讼被吸收,并且在最后一次研讨会上,吸收了"疑罪从无"的原则。

许多人将诉讼中的非法证据称为"毒树之果",而刑事司法中的世界性难题——刑讯逼供就是"毒树"。2010年5月9日,被控"杀害"同村村民,在监狱已服刑多年的河南商丘人赵作海,由于所谓的"被害人"突然回家,被宣告无罪释放。而此时,赵家已经为此家破人亡。法治社会绝不能容忍此

① 徐显明:《民法典应充分体现"尊重和保障人权"》,《中国人大》2016年第14期。
② 梁慧星:《民法总则的时代意义》,《人民日报》2017年4月13日。

类冤假错案的出现，必须不断完善预防和杜绝刑讯逼供的法律机制。2012年3月，十一届全国人大五次会议审议通过新的《刑事诉讼法修正案》，完善了非法证据排除制度，首次规定不得强迫任何人证实自己有罪。修正案也进一步规定了律师在侦查阶段的法律地位。特别是，此次修订明确将"尊重和保障人权"写入《刑事诉讼法》。刑事诉讼法的发展脉络是从单纯注重打击犯罪向打击犯罪和保障人权并重演变的过程。

法治不仅仅与静态的法律文本有关，更意味着对动态的社会生活和社会实践的深刻影响。在中国特色社会主义法律体系形成、总体上解决了有法可依的问题之后，有法必依、执法必严、违法必究的问题就显得更为突出、更加紧迫。

2013年2月23日，习近平总书记在主持第十八届中央政治局第四次集体学习时指出，全面建成小康社会对依法治国提出了更高要求。他强调"全面推进科学立法、严格执法、公正司法、全民守法，坚持依法治国、依法执政、依法行政共同推进，坚持法治国家、法治政府、法治社会一体建设，不断开创依法治国新局面"。[1]

2014年10月23日，中国共产党第十八届中央委员会第四次全体会议在北京闭幕。这是中国改革开放以来，执政党首次以"依法治国"为主题的中央全会。会议通过《中共中央关于全面推进依法治国若干重大问题的决定》（以下简称《决定》）。此次会议承前启后，是中国法治发展历程中的一个重要节点。社会主义中国的法治建设不同于其他国家的法治建设，它是中国共产党的领导、人民当家作主和依法治国的有机统一。在十八届四中全会上，习近平总书记在对《决定》起草工作的说明中指出："党和法治的关系是法治建设的核心问题。"他强调："对这一点，要理直气壮讲、大张旗鼓讲。要向干部群众讲清楚我国社会主义法治的本质特征，做到正本清源、以正视听。"[2]《决

---

① 习近平：《坚持法治国家、法治政府、法治社会一体建设》，载《习近平谈治国理政》，外文出版社，2014，第144页。
② 习近平：《关于〈中共中央关于全面推进依法治国若干重大问题的决定〉的说明》，《人民日报》2014年10月29日。

定》规定的是中国法治事业的蓝图，也是通过法治保障人权的纲领。

在全面推进依法治国战略的背景下，中国深化司法体制改革取得显著成效。由立案审查制变成立案登记制，使公民行使诉权获得了极大的便利和保障；最高人民法院在深圳、沈阳、杭州、重庆等地设立巡回法庭有利于克服地方保护主义，促进司法公正；加强审判流程、庭审活动、裁判文书、执行信息四大公开平台建设，有力促进了"阳光司法"，增强了司法的透明度，对于通过司法保障人权具有重要的意义。

2013 年 12 月 28 日，全国人大常委会通过决定，废止劳动教养制度，对正在被依法执行劳动教养的人员，解除劳动教养，剩余期限不再执行。这样，缺少坚实的法律基础，不能满足依法由司法机关在保障公民获得充分、公正审判权的前提下剥夺公民人身自由这一人权标准的劳动教养制度就被废止了。这是中国法制史上标志性的事件，是中国重视公民权利保障、人权保障法治化的重要体现。

2015 年 8 月 29 日，国家主席习近平签署主席特赦令，根据第十二届全国人大常委会第十六次会议《关于特赦部分服刑罪犯的决定》，对参加过抗日战争、解放战争的等四类服刑罪犯实行特赦。截至 2015 年底，依法特赦服刑罪犯 31527 人。特赦作为一项宪法制度，在中国 1954 年《宪法》、1978 年《宪法》和 1982 年《宪法》中都有规定，但是 1975 年后 40 年中没有适用过这项制度。这次在举国纪念抗日战争和世界反法西斯战争胜利 70 周年的历史时刻，特赦部分罪犯，体现了中国共产党和中国政府在法治和人权领域的制度自信和保障人权、德治与法治兼顾的特点。这也是中国法治保障人权的新实践。

五 人权的政策保障

所有国家制定的法律都要付诸实施，既包括刑法、民法等操作性强，可以直接诉诸司法救济的法律，也包括指导性强但操作性相对较弱、除司法救济外还有更多社会保障需求的法律，如《妇女权益保障法》《未成年人保护法》。实现法治，需要落实所有法律，不能仅仅靠司法机关，更要发动社会，依靠全社会的共同参与。有的法律在打击违法犯罪时可能立竿见影，而真正应对社会问题，往往需要辅以科学、有效、系统的社会治理。在这方面，政府的决策和政策性措施也具有重要意义。

政府关于人权保障的阶段性政策文件，虽然本身并不像法律条文一样具有法律约束力，但是，它们是落实尊重和保障人权的宪法原则以及相关法律法规的政策性措施，是结合政府职责和任务制定的国家规划，是宪法和法律在政府工作中的具体化。这类政策性文件要求中央和地方各级政府部门切实予以实施和执行，既具有指导性，又具有较强的操作性和执行力，对促进和保障人权具有重要意义。一个典型的例证就是中国制定和发布的《国家人权行动计划》。

2009年4月13日，经国务院授权，国务院新闻办公室发布《国家人权行动计划（2009—2010年）》。这是中国第一次制定以人权为主题的国家规划，是一个历史性的突破，堪称中国人权事业发展过程中的一个里程碑。所有政府部门的工作都是与人权相关的工作，但是仅仅相关还不够，还应当主动地从人权的视角来规划和行动，使人权实现获得最大化。首次发布的国家人权行动计划是人权视角在政府工作中主流化的标志。

1993年维也纳世界人权大会通过了《维也纳宣言和行动纲领》，建议每个会员国考虑制定和实施国家人权行动计划，明确该国为促进和保护人权所应采取的步骤。此后，只有约30个国家开展了制定国家人权行动计划的实践，其中8个国家制定三次以上的国家人权行动计划。中国是联合国安全理事会的常任理事国，更是联合国人权理事会的理事国，已经批准了20多个国际人权条约，制定了国家人权行动计划，表现了中国政府对于实施联合国人权条约规定的国际义务的真诚态度，更展现了切实推动人权事业的坚定立场、主动性和积极性。

根据《国家人权行动计划（2009—2010年）》的规定，由国务院新闻办公室和外交部牵头，国家立法和司法机关、国务院相关职能部门以及人民团体、社会组织等组成国家人权行动计划联席会议机制，负责统筹协调计划的执行、监督和评估工作。2011 年 7 月 14 日，国务院新闻办公布《〈国家人权行动计划（2009—2010 年）〉评估报告》，对首期行动计划的执行情况做了全面评估。《报告》指出：计划规定的各项措施得到有效实施，预定的各项目标如期实现，各项指标均已完成。其中约有 35% 的约束性指标、50% 以上的涉民生指标提前或超额完成。

2012 年 6 月 11 日国务院新闻办发布第二个国家人权行动计划，即《国家人权行动计划（2012—2015 年）》。2016 年 6 月 14 日，《〈国家人权行动计划（2012—2015 年）〉实施评估报告》发布。根据该《报告》，经过各方面共同努力，规定的目标任务如期完成。

在总结第一、二期国家人权行动计划的执行情况和实施经验的基础上，依据国家尊重和保障人权的宪法原则，遵循《世界人权宣言》和有关国际人权公约的精神，结合实施《中华人民共和国国民经济和社会发展第十三个五年规划纲要》，中国政府制定《国家人权行动计划（2016—2020 年）》，确定 2016~2020 年尊重、保护和促进人权的目标和任务。这是目前中国政府实施中的人权行动计划。

类似的国家政策文件还有中国政府 2007 年发布的《中国反对拐卖妇女儿童行动计划（2008—2012 年）》以及 2011 年发布的《中国妇女发展纲要（2011—2020 年）》《中国儿童发展纲要（2011—2020 年）》等。全面落实这些文件，就是要在社会生活中全面落实人权保障的法律要求，将保障人权的法律和政策规则转化为老百姓实实在在的生活。

六　中国积极促进人权的国际治理

20 世纪 80 年代末 90 年代初，被称为中国改革开放总设计师的邓小平提出了"韬光养晦"的对外关系指导方针，契合了当时和之后很长一个时期里中国的国情和有效扩大对外交往与合作的需要。随着中国综合实力的提高和国际形势的变化，中国对外政策的调整逐渐提上了日程。作为对世界经济增速贡献最大、经济整体规模和实力明显增长、国际事务参与程度越来越深、国际治理能力不断增强的中国来说，来自国际社会的期望也在明显增多。因此，"大国外交"自然成为中国外交的政策选择。它意味着中国外交对于整个世界更多的作为、更多的担当、更多的贡献。

2017年10月，党的十九大报告中写入了"中国特色大国外交"的概念，并提出"两个构建"的对外关系新主张，即构建新型国际关系、构建人类命运共同体。党的十九大报告指出，"中国秉持共商共建共享的全球治理观，倡导国际关系民主化，坚持国家不分大小、强弱、贫富一律平等，支持联合国发挥积极作用，支持扩大发展中国家在国际事务中的代表性和发言权。中国将继续发挥负责任大国作用，积极参与全球治理体系改革和建设，不断贡献中国智慧和力量"。

2018年3月11日第十三届全国人民代表大会第一次会议通过了新的《宪法修正案》，在序言第12自然段中"中国坚持独立自主的对外政策，坚持互相尊重主权和领土完整、互不侵犯、互不干涉内政、平等互利、和平共处的五项原则"后增加"坚持和平发展道路，坚持互利共赢开放战略"，并将"发展同各国的外交关系和经济、文化的交流"修改为"发展同各国的外交关系和经济、文化交流，推动构建人类命运共同体"。可见，构建人类命运共同体是对中国自20世纪50年代以来主张的和平共处五项原则的坚持和发展，是中国的宪法性原则、目标和理念。

人权领域的国际交流与合作是中国特色大国外交的重要内容，国际人权治理也是中国倡导的国际治理的有机组成部分。

从2006年联合国人权理事会成立开始，在所有按规则有机会参选的选举中，中国均成功当选。而且，2016年10月28日，中国第四次高票当选联合国人权理事会成员时，得票数高达180票，足以显示国际社会对中国人权事业所取得的成就的认可，也可以看到各国对中国在国际人权领域中发挥作用的深切期望。

不同的国际人权治理目标、治理模式，决定了各国及其人民能否平等、公平、公正地参与和实现国际人权交流与合作。通过国内努力与国际合作的合力，共同促进国际人权事业健康发展，而正确的理念又是有效开展国际治理的前提。

2013 年 3 月，中国国家主席习近平在莫斯科国际关系学院发表重要演讲。他指出，人类生活在同一个地球村里，生活在历史和现实交汇的同一个时空里，越来越成为你中有我、我中有你的命运共同体。① 几年来，习近平在国际国内重要场合多次谈及命运共同体。

和平与发展是时代的主题。人类命运共同体的理念在人权领域突出体现为中国特色社会主义人权观对和平权、发展权的强调。习近平主席在《致"2015·北京人权论坛"的贺信》中提到了两个"坚定不移"，即中国坚定不移走和平发展道路，坚定不移推进中国人权事业和世界人权事业。2016 年 12 月 4 日习近平主席在《致"纪念〈发展权利宣言〉通过 30 周年国际研讨会"的贺信》中强调，发展是人类社会永恒的主题，联合国《发展权利宣言》确认发展权利是一项不可剥夺的人权，中国将为人类发展进步做出更大贡献，国际社会要以联合国《2030 年可持续发展议程》为新起点，努力走出一条公平、开放、全面、创新的发展之路，实现各国共同发展。他强调，中国积极参与全球治理，着力推进包容性发展，努力为各国特别是发展中国家共享发展成果创造条件和机会。②

2015 年 9 月，习近平主席在联合国成立 70 周年系列峰会上全面阐述了打造人类命运共同体的主要内涵。

2017 年 1 月，习近平主席在日内瓦万国宫出席"共商共筑人类命运共同体"高级别会议，并发表题为《共同构建人类命运共同体》的主旨演讲。在

---

① 习近平：《顺应时代前进潮流，促进世界和平发展》，载《习近平谈治国理政》，外文出版社，2014，第 272 页。
② 习近平：《致"纪念〈发展权利宣言〉通过 30 周年国际研讨会"的贺信》，《人民日报》2016 年 12 月 5 日，第 1 版。

演讲中，习近平主席深刻、全面、系统阐述人类命运共同体理念，主张共同推进构建人类命运共同体伟大进程，坚持对话协商、共建共享、合作共赢、交流互鉴、绿色低碳，建设一个持久和平、普遍安全、共同繁荣、开放包容、清洁美丽的世界。①

2017年2月27日，中国外交部部长王毅在人权理事会第34次会议开幕的当天，在《人民日报》发表题为《共同促进和保护人权　携手构建人类命运共同体》的文章，重申中国国家主席习近平2017年初在联合国日内瓦总部发表演讲时深入阐述的共同构建人类命运共同体的时代命题，指出：人类命运共同体理念植根于源远流长的中华文明，契合国际社会求和平、谋发展、促合作的共同愿望，为应对当前突出全球性挑战指明了根本出路，对完善国际人权治理也具有重要启示。②随后，时任中国常驻联合国日内瓦办事处和瑞士其他国际组织代表马朝旭大使在此次人权理事会会议上，代表36个跨区域国家发表题为《完善全球人权治理，推进国际人权事业》的共同发言。他说：为维护世界和平，实现共同发展，促进和保护人权，各国应共同构建人类命运共同体，建设一个持久和平、普遍安全、共同繁荣、开放包容、清洁美丽的世界。③

中国主张在联合国引起了重要反响。2017年2月13日，联合国社会发展委员会第55届会议协商一致通过"非洲发展新伙伴关系的社会层面"决议，呼吁国际社会本着合作共赢和构建人类命运共同体的精神，加强对非洲经济社会发展的支持。这是联合国决议首次写入"构建人类命运共同体"理念。联合国安理会3月17日以15票赞成，一致通过关于阿富汗问题的第2344号决议。决议强调，应本着合作共赢精神推进地区合作，以有效促进阿富汗及地区安全、稳定和发展，构建人类命运共同体。3月23日，联合国人权理事

① 习近平：《共同构建人类命运共同体——在联合国日内瓦总部的演讲》，《人民日报》2017年1月20日，第2版。
② 王毅：《共同促进和保护人权　携手构建人类命运共同体》，《人民日报》2017年2月27日，第21版。
③ https://www.mfa.gov.cn/ce/cegv/chn/hyyfy/t1447149.htm.

会第34次会议通过关于"经济、社会、文化权利"和"粮食权"的两个决议，又明确表示要"构建人类命运共同体"，这是人类命运共同体重大理念首次载入人权理事会决议。

2018年3月23日，联合国人权理事会第37次会议通过了中国提出的"在人权领域促进合作共赢"决议。该决议体现了联合国最重要的人权机关对全球人权治理的新认识、新主张，决议首次将"两个构建"同时写入联合国的文件。它强调各国要坚持多边主义，加强人权领域对话与合作，实现合作共赢，方法就是构建相互尊重、公平正义、合作共赢的新型国际关系，构建人类命运共同体。这标志着中国主张正在逐渐成为世界主张。

有中国学者认为，建设人类命运共同体是新时期中国外交事务的重要指导思想，蕴含着深刻的国际法思想与内涵。[1] 人类命运共同体概念和思想将深刻影响国内法和国际法的互动以及国内法治与国际法治的未来。构建人类命运共同体，也是来自中国的构建公正、合理的国际人权治理体系的重要话语。人类命运共同体概念和思想蕴含着人类智慧与文明的结晶，是中国对国际人权观的重要贡献。

中国重视并以引领者的姿态倡导通过南北合作、南南合作，推动联合国《2030年可持续发展议程》的落实。2016年9月，二十国集团（G20）杭州峰会还在中国的推动下，实现了G20历史上的两个"第一次"：第一次把发展问题置于全球宏观政策框架的突出位置；第一次就落实《2030年可持续发展议程》制定集体行动计划。

在当今世界范围内，尊重和保障人权的事业面临诸多挑战，而广大发展中国家面临的困难和阻碍尤其突出和严重。2017年12月7~8日，中国国务院新闻办和外交部在北京举办首届"南南人权论坛"。习近平主席致贺信，来自世界近60个国家、地区及国际组织的200余位代表出席论坛并积极参与讨论，共商发展中国家和世界人权发展大计。习主席的贺信，发出了新时代加

---

① 李赞：《建设人类命运共同体的国际法原理与路径》，《国际法研究》2016年第6期。

强全球人权治理的中国声音——以人民为中心，坚持人权的普遍性与特殊性相统一，强调以合作促发展、以发展促人权，共同构建人类命运共同体。这对广大发展中国家乃至世界人权事业发展具有重要的启发和引领作用。

正如 2018 年 2 月 28 日中国常驻联合国日内瓦办事处和瑞士其他国际组织代表俞建华大使在联合国人权理事会第 37 次会议上阐述中国的立场和主张时所说的，在"两个构建"的目标之下，中国主张以发展促人权、以安全促人权、以合作促人权、以公平促人权，"中国始终是国际人权治理的参与者、建设者和贡献者，始终积极推动国际人权事业健康发展"。①

在正确的中国特色社会主义人权观的指引下，中国不仅在国内有计划、有步骤地推进人权事业的发展，也正在积极引领国际人权治理，为国际人权事业的健康发展贡献智慧。

总之，改革开放 40 年来，在中国共产党的正确领导下，中国不仅取得了经济上的快速发展，而且在政治、文化、社会和生态文明建设诸领域也不断取得令人瞩目的成就，使得中国人权事业不断取得进步和发展。在道路自信、理论自信、制度自信和文化自信的基础上，中国也形成了新的人权自信。

正如习近平主席在 2015 年 9 月 16 日致"2015·北京人权论坛"的贺信中所说："长期以来，中国坚持把人权的普遍性原则同中国实际相结合，不断推动经济社会发展，增进人民福祉，促进社会公平正义，加强人权法治保障，努力促进经济、社会、文化权利和公民、政治权利全面协调发展，显著提高了人民生存权、发展权的保障水平，走出了一条适合中国国情的人权发展道路。"②

如何正确看待一国的人权发展呢？ 2012 年 2 月 14 日，时任国家副主席习近平在美国国务院出席当时的美国副总统拜登和国务卿希拉里·克林顿共同举行的欢迎午宴并致辞时，就人权等问题开诚布公地交换了意见。他说：

---

① 俞建华：《坚持合作共赢 共促人权发展——在人权理事会第 37 次会议高级别会议一般性辩论中的发言》，https://www.mfa.gov.cn/ce/cegv/chn/hyyfy/t1538414.htm。
② 习近平：《习近平致"2015·北京人权论坛"的贺信》，《人民日报》2015 年 9 月 17 日。

"中国人口多，区域差异大，发展不平衡，在进一步改善民生和人权状况方面，还面临不少的挑战，中国政府将继续从本国国情出发，坚持以人为本，始终把人民愿望和要求放在心上，采取切实有效的政策措施，大力促进社会公平、正义与和谐，推动中国人权事业不断取得新的进展。"他特别强调："改革开放 30 多年来，中国人权事业取得了有目共睹的巨大成就，但在人权问题上没有最好，只有更好。"①

人权保障和法治建设不是一蹴而就、一劳永逸的事情，而是需要长期不懈的努力。在这方面，中国政府和人民的智慧、力量乃至创新精神都是巨大的。正在扎实推进社会主义民主和法治建设的中国，必将迎来人权事业全面快速发展的崭新一页。

① http://www.chinadaily.com.cn/hqgj/jryw/2012-02-16/content_5163467.html.

中国国际法治建设

朱晓青 [*]

导　读：改革开放的 40 年是中国融入国际社会，参与和推进国际法治进程，努力构建人类命运共同体的 40 年。法治包括国内法治和国际法治。联合国的核心使命是促进国家和国际两级法治。本文以联合国为主线，从理念和实践两个层面，探索联合国国际法治理念的兴起和演进，以及中国秉持《联合国宪章》宗旨和原则，以和平发展的主张回应并践行国际法治的进程；探讨中国通过国际规则的制定及国际条约的缔结，参与国际立法的路径；探析通过遵守和实施国际法律，中国推进国际法治的实践。中国的国际法治建设成就显著，但仍面临问题或挑战。

一　国际法治理念的出现和演进

"法治是政治文明发展到一定历史阶段的标志，凝结着人类智慧，为各国人民所向往和追求"。[①] 法治应包括国内法治和国际法治。

---

　　* 　朱晓青，中国社会科学院国际法研究所研究员。
　　① 　国务院新闻办公室：《中国的法治建设》白皮书，2008 年 2 月。

鉴于联合国是一个普遍性国际组织，至 2018 年 3 月，其会员国已为 193 个；中国是联合国会员国，并且始终维护联合国的权威和地位。此外，更为重要的还有，促进国家和国际两级法治建设是联合国使命的核心；《联合国宪章》是国际法的基础，同时也是国际法治的依据。因此，本文对于国际法治理念的出现和演进将以联合国为主线予以探索并展开。

（一）联合国国际法治理念的兴起和演进

联合国自成立起就积极推动建设国际法治。法治原则植根于《联合国宪章》（以下简称《宪章》）中。这也就是说，《宪章》本身即是国际法律；各国应依据《宪章》规定，发展国家之间的关系；联合国各主要机构的职能和作用，以及其采取的行动也均需以《宪章》的规定为准。

在国际法领域，联合国的法治活动更多地集中在支持制定和实施国际法规范和标准，以及促进国家和国际法治建设的进程方面。

2000 年 9 月，在联合国千年首脑会议上，与会各国领导人一致通过了《联合国千年宣言》。该《宣言》重申：《联合国宪章》是创建一个更加和平、繁荣和公正的世界所必不可少的依据。我们将不遗余力，促进民主和加强法治，并尊重一切国际公认的人权和基本自由，包括发展权。[①]《联合国千年宣言》成为了联合国国际法治进程中的重要里程碑。

2004 年 8 月，联合国秘书长的科菲·安南在其报告《冲突中和冲突后社会的法治和过渡司法》中对法治做了如下阐释：对联合国而言，"法治概念指的是这样一个治理原则：所有人、机构和实体，无论属于公营部门还是私营部门，包括国家本身，都对公开发布、平等实施和独立裁断，并与国际人权规范和标准保持一致的法律负责。这个概念还要求采取措施来保证遵守以下原则：法律至高无上、法律面前人人平等、对法律负责、公正适用法律、三权分立、参与性决策、法律上的可靠性、避免任意性以及程序和法律

---

① A/RES/55/2（2000 年 9 月 8 日）。本文中有关联合国与法治的文件和问题可见 www.un.org/zh/ruleoflaw/，或 www.un.org/en/ruleoflaw/。

透明"。①

2005 年的《世界首脑会议成果文件》将法治作为一项价值观和基本原则，呼吁在国家和国际两级全面遵守和实行法治。该成果文件重申维护《联合国宪章》的宗旨和原则以及国际法，并维护以法治和国际法为基础的国际秩序。②

2005 年，联合国秘书长的科菲·安南在《大自由：实现人人共享的发展、安全和人权》的报告中指出：保护和促进法治、人权及民主等普遍价值观，本身就是目标。同时，这些价值观也是一个公正、充满机遇、稳定的世界不可或缺的。秘书长报告还指出，《联合国千年宣言》重申了所有国家对法治的承诺，将法治视为促进人类安全和繁荣的一个极其重要的框架。但仅有法治的概念是不够的。因此，一方面，必须制定新的法律，另一方面，现有的法律必须付诸实施。该报告还强调，必须通过普遍参与多边公约加强对法治的支持。③

2006 年，秘书长科菲·安南在《汇聚我们的力量：加强联合国对法治的支持》的报告中指出，联合国的法治活动由三个部分组成：一是国际一级的法治，包括有关《联合国宪章》、多边条约、国际争端解决机制、国际刑事法院及国际法方面的宣传、培训和教育问题。二是冲突和冲突后局势中的法治，包括过渡司法及加强国家司法制度和机构。三是长期发展背景下的法治活动，旨在确保连贯性。联合国人权标准和规范被纳入了这一部分。④

无疑，《联合国千年宣言》《世界首脑会议成果文件》，以及秘书长关于《冲突中和冲突后社会的法治和过渡司法》的报告、《大自由：实现人人共享的发展、安全和人权》的报告及《汇聚我们的力量：加强联合国对法治的支持》的报告，是体现联合国国际法治理念，以及联合国推动国际法治进程的

---

① 参见秘书长报告《冲突中和冲突后社会的法治和过渡司法》，S/2004/616。
② 《世界首脑会议成果文件》，A/RES/60/1。
③ 参见秘书长报告《大自由：实现人人共享的发展、安全和人权》，A/59/2005。
④ 参见秘书长报告《汇聚我们的力量：加强联合国对法治的支持》，A/61/636-S/2006/980。

关键性文件。

此外，联合国主要机构的有关法治活动也促进了国际法治理念的丰富。自1992 年以来，联合国大会即开始考虑将法治作为其议程之一进行审议。而自2006 年以来，联合国大会对法治问题重新予以关注。大会在 2006 年、2007 年和 2008 年的三届会议上，通过了关于"国内和国际的法治"的三项决议。这三项决议均重申：维护《联合国宪章》的宗旨和原则及国际法，强调它们是一个更和平、更繁荣、更公正的世界所不可或缺的基础；人权、法治和民主相互关联、相互加强，是普遍和不可分割的联合国核心价值和原则的一部分；必须在国内和国际上遵守和实行法治，并维护以法治和国际法为基础的国际秩序；而法治、国际法和公正原则是为国家间和平共处及合作所不可或缺的。①

联合国安全理事会则多次举行了关于法治的专题辩论，②并通过了若干决议，对妇女、和平与安全、武装冲突中的儿童、保护武装冲突中的平民等领域的法治问题予以关注。③

这里，值得一提的还有联合国 2015 年的《变革我们的世界：2030 年可持续发展议程》。在《千年发展目标》确定的目标期即将结束之际，为了巩固和发展千年发展目标，同时也为了完成千年发展目标尚未完成的事业，2015年 9 月 25 日，联合国可持续发展峰会通过了《变革我们的世界：2030 年可持续发展议程》的成果文件。这项新的议程强调，它遵循《联合国宪章》的宗

① 联合国大会第 61 届会议决议 A/RES/61/39（2006 年 12 月 4 日），联合国大会第 62 届会议决议 A/RES/62/70（2007 年 12 月 6 日），以及联合国大会第 63 届会议决议 A/RES/63/128（2008 年 12 月 11 日）。可见 www.un.org/zh/ruleoflaw/。中国代表自第 61 届联合国大会将"国内和国际的法治"问题列入第六委员会议题起，多次就该议题发言，表明：法治是人类文明和进步的重要标志，是各国普遍追求的目标；加强国际法治有利于维护国际社会的正义和公平、促进和平与发展，有利于巩固和发展各国间的友好关系，符合各国人民的共同利益；加强国际法治必须维护《联合国宪章》的权威，必须严格遵循国际法规则；加强国际法治，一方面要促进国际立法，另一方面要实施国际法规则。可见 www.fmprc.gov.cn。
② S/PRST/2003/15，S/PRST/2004/2，S/PRST/2004/32，S/PRST/2005/30，S/PRST/2006/28. 可见 www.un.org/zh/ruleoflaw/。
③ S/RES/1325(2000), S/RES/1820(2008), S/RES/1612(2005), S/RES/1674(2006). 可见 www.un.org/zh/ruleoflaw/。

旨和原则，充分尊重国际法；以《世界人权宣言》、各项国际人权条约、《联合国千年宣言》和 2005 年《世界首脑会议成果文件》为依据，并参照了《发展权利宣言》等其他文书。该议程表明，其愿景即是"创建一个普遍尊重人权和人的尊严、法治、公正、平等和非歧视，尊重种族、民族和文化多样性，尊重机会均等以充分发挥人的潜能和促进共同繁荣的世界"。为此，要达到的目标之一就是创建和平、包容的社会以促进可持续发展。这一目标包括在国家和国际层面促进法治，以及扩大和加强发展中国家对全球治理机构的参与。①

（二）中国国际法治理念的演进

"国际法治"一语在中国的出现和使用虽较晚，但中国以秉持《联合国宪章》的宗旨和原则的姿态，以及和平发展的主张回应并践行了国际法治。

中国恪守《联合国宪章》的宗旨和原则，并作为国际法治的坚定维护者和积极建设者，提出了关涉国际法治的理念——从和谐世界到人类命运共同体。

2005 年 4 月 22 日，胡锦涛主席在印度尼西亚首都雅加达举行的亚非峰会上发表《与时俱进，继往开来，构筑亚非新型战略伙伴关系》的重要讲话。他指出，"综观当今世界，和平、发展、合作已成为时代潮流"，并呼吁"推动不同文明友好相处、平等对话、发展繁荣，共同构建一个和谐世界"。② 这应是首次提出建设"和谐世界"的理念。

2005 年 9 月 15 日，胡锦涛主席在联合国成立 60 周年首脑会议上的讲话中再次提出了"建设和谐世界"的理念。其阐述的"和谐世界"的内涵包括：坚持多边主义，实现共同安全；坚持互利合作，实现共同繁荣；坚持包容精神，共建和谐世界；坚持积极稳妥方针，推进联合国改革。③

---

① 《变革我们的世界：2030 年可持续发展议程》，A/69/L.85。
② 胡锦涛：《与时俱进　继往开来　构筑亚非新型战略伙伴关系——在亚非峰会上的讲话》，《人民日报》2005 年 4 月 23 日，第 1 版。
③ 胡锦涛：《努力建设持久和平、共同繁荣的和谐世界——在联合国成立 60 周年首脑会议上的讲话》（2005 年 9 月 15 日），载中国国际法学会主办《中国国际法年刊（2005）》，世界知识出版社，2007，第 387~392 页。

2008 年 2 月,《中国的法治建设》白皮书发布。该白皮书虽未提"国际法治"一语,但它以其他方式表明,中国遵行了国际法规则。白皮书在第三部分"尊重和保障人权的法律制度"中阐明,中国参加了 22 项国际人权公约,并认真履行所承担的相关义务,积极提交履约报告,充分发挥国际人权公约在促进和保护本国人权方面的积极作用。在第四部分"规范市场经济秩序的法律制度"中强调,中国十分重视资源节约和环境保护领域的国际合作,缔结或参加了《联合国气候变化框架条约》《京都议定书》《生物多样性公约》《联合国防治荒漠化公约》等 30 多项国际环境与资源保护条约,并积极履行所承担的条约义务。在第八部分"法治建设的国际交流与合作"中指明,中国与许多国家和国际组织建立了平等互惠的司法合作关系,接受和采纳国际上通行的司法合作规则。如,《刑事诉讼法》将国际条约和互惠原则确立为中国司法机关对外开展刑事司法协助的基础;《引渡法》吸收国际上通行的引渡合作规则,规定了中国与外国开展引渡合作的具体准则、条件和程序。① 事实上,这也表明了国内法治与国际法治间的互动和联系。

2011 年 9 月发布的《中国的和平发展》白皮书在对"和平发展道路"予以阐释时指明,"和平发展道路归结起来就是……同国际社会一道努力,推动建设持久和平、共同繁荣的和谐世界"。该白皮书还表明,中国坚持在和平共处五项基本原则的基础上同所有国家发展友好合作;并且,作为国际社会负责任的国家,中国遵循国际法和公认的国际关系准则,认真履行应尽的国际责任;以积极姿态参与国际体系变革和国际规则制定,参与全球性问题治理;以命运共同体的新视角,以同舟共济、合作共赢的新理念,寻求多元文明交流互鉴的新局面,寻求人类共同利益和共同价值的新内涵,寻求各国合作应对多样化挑战和实现包容性发展的新道路。② 该白皮书不仅再次强调建设"和谐世界",而且提出了"命运共同体"的理念。

---

① 国务院新闻办公室《中国的法治建设》白皮书,2008 年 2 月。
② 国务院新闻办公室《中国的和平发展》白皮书,2011 年 9 月。

2014 年以来，国际法治的理念更多地进入了主流话语。2014 年 6 月 28 日，习近平主席在和平共处五项原则发表 60 周年纪念大会上提出：“我们应该共同推动国际关系法治化。推动各方在国际关系中遵守国际法和公认的国际关系基本原则，用统一适用的规则来明是非、促和平、谋发展。”① 2015 年 4 月 13 日，李克强总理在亚非法协第 54 届年会开幕式上做了题为《加强亚非团结合作　促进世界和平公正》的主旨讲话。他指出，“当今世界，和平与发展仍然是时代的主题，合作共赢更是大势所趋，推进国际法治是人心所向”。② 2014 年 10 月，外交部部长王毅发表了题为《中国是国际法治的坚定维护者和建设者》的文章。③ 这些论述全面阐述了中国的国际法治理念。

近期，中国国际法治理念又有了新进展。2017 年 10 月 18 日，习近平同志在中国共产党第十九次全国代表大会报告中提出：坚持和平发展道路，推动构建人类命运共同体和新型国际关系；秉持共商共建共享的全球治理观，倡导国际关系民主化；继续发挥负责任大国作用，积极参与全球治理体系改革和建设，不断贡献中国智慧和力量。

2018 年 3 月 23 日，联合国人权理事会第 37 次会议通过了中国提出的“在人权领域促进合作共赢”的决议。该决议强调，各国应坚持多边主义，促进人权领域的对话与合作，实现合作共赢。决议还采纳了“两个构建”的中国主张，亦即：构建相互尊重、公平正义、合作共赢的国际关系，构建人类命运共同体。④

毋庸置疑，中国提出的建设和谐世界、构建新型国际关系和人类命运共

---

① 习近平：《弘扬和平共处五项原则　建设合作共赢美好世界——在和平共处五项原则发表 60 周年纪念大会上的讲话》，《人民日报》2014 年 6 月 29 日，第 2 版。还可见中国国际法学会主办《中国国际法年刊（2014）》，法律出版社，2015，第 744~745 页。

② 李克强：《加强亚非团结合作　促进世界和平公正——在亚非法协第 54 届年会开幕式上的主旨讲话》，《人民日报》2015 年 4 月 14 日，第 2 版。还可见中国国际法学会主办《中国国际法年刊（2015）》，法律出版社，2016，第 669 页。

③ 王毅：《中国是国际法治的坚定维护者和建设者》，《光明日报》2014 年 10 月 24 日，第 2 版。

④ Promoting Mutually Beneficial Cooperation in the Field of Human Rights, A/HRC/37/L.36. 可见 http://documents-dds-ny.un.org/。

同体的理念与《联合国宪章》的宗旨和原则是相吻合的，与国际法治的目标是相一致的。

二 关于国际法治的讨论

中国学者关于国际法治的研究和讨论是在进入 21 世纪后才逐渐多起来的。但学者们分析和研讨的视角和内容还是丰富的。学者们的著述论及国际法治的基本理论、全球化背景下的国际法治、和谐世界与国际法治、全球治理与国际法治等。

谈及国际法治的研究，还需提及成立于 1980 年 2 月的中国国际法学会。作为一个研究国际法的全国性学术团体，中国国际法学会的主要宗旨，就是加强国际法学术活动，促进中国国际法科学的发展，为中国社会主义现代化建设和国际和平交往服务。[①] 中国国际法学会在中国国际法治理念演进及关于国际法治的研讨过程中发挥着积极的作用。中国国际法学会自成立起，即关注并论证作为法律的国际法的作用；探讨作为国际法治基础或依据的国际法对于构建和谐社会、维护国际社会秩序的作用，以及《联合国宪章》的性质和意义；探寻国际法治与国际秩序的关系。

然而，考虑到国际法治概念的界定是研究和讨论国际法治问题的基础或说基本起点，以及法治是国际法治的核心，故而，此处只为本文的需要，对学者们对于法治和国际法治概念的探析予以简述。

（一）关于法治概念的界定

中国有学者认为，法治即"以法律为准则统治或治理国家。又称'法律的统治'"。[②] 还有学者认为，法治是"与人治相对立的一种治国的理论和治

---

① 参见徐鹤皋《中国国际法学会的成立及其活动》，载中国国际法学会主编《中国国际法年刊（1982）》，中国对外翻译出版公司，1982，第 305 页。
② 王家福、刘海年主编《中国人权百科全书》，中国大百科全书出版社，1998，第 119 页。

国的原则、方略与制度"。① 再有学者从人权与法治的角度，对法治的含义做了揭示，即法治必须始终坚持六种精神：宪法法律至上；追求公平正义；规范公共权力；尊重保障人权；司法行使独立；自由平等和谐。②

综上，虽有理解或表述上的不同，但显然，法治意味着法律的至高无上，这应是没有异议的。

（二）关于国际法治概念的界定

中国学者对于国际法治概念的界定有诸多讨论和争鸣。

有学者将国际法治界定为："国际社会接受公正的法律治理的状态"。而国际法治的内在要求即："第一，国际社会生活的基本方面接受公正的国际法的治理；第二，国际法高于个别国家的意志；第三，各国在国际法面前一律平等；第四，各国的权利、自由和利益非经法定程序不得剥夺。"③

还有学者主张，2004 年联合国秘书长科菲·安南在其《冲突中和冲突后社会的法治和过渡司法》报告中关于联合国法治概念的阐释，实际就是对国际法治的界定。④

再有学者的界定为："国际法治是指国际社会各行为体共同崇尚和遵从人本主义、和谐共存、持续发展的法律制度，并以此为基点和准绳，在跨越国家的层面上约束各自的行为、确立彼此的关系、界定各自的权利和义务、处理相关的事务的模式与结构。"国际法治要求"良法"和"善治"。良法即指"国际社会所遵守和运行的法律规范都符合良好的价值要求，包含形式价值和实体价值"。善治即指"法律规范得到了良好的遵守和运行"。⑤

① 中国社会科学院法学研究所法律辞典编委会编《法律辞典》，法律出版社，2003，第334~335 页。
② 徐显明：《人权是法治的要义》，《人民日报》2012 年 12 月 4，第 19 版。
③ 车丕照：《法律全球化与国际法治》，载高鸿钧主编《清华法治论衡》（第 3 辑），清华大学出版社，2002，第 139 页。
④ 曾令良：《中国践行国际法治 30 年：成就与挑战》，《武大国际法评论》2011 年第 1 期。
⑤ 何志鹏：《国际法治论》，北京大学出版社，2016，第 44 页。

虽然前述三种界定的表述有所不同，但是，它们内中体现的要素其实均是"良法"和"善治"。

三 中国参与国际立法的路径

一般来说，国际立法包括国际法的编纂、国际规则的制定和国际条约的缔结。改革开放 40 年来，中国参与国际立法的路径主要是通过国际规则的制定及缔结国际条约来达成的。

（一）参与国际条约的制定

国际条约是国际法的主要渊源。条约也是各国交往中重要的国际法律文件。基于此，自 1949 年新中国成立起，即以缔结多边和双边国际条约的方式参与国际关系和进行国际交往。

联合国也不断吁请各国参加多边条约，以通过普遍参加多边条约加强对法治的支持。当然，这是对国际法治和国内法治的双向促进。改革开放以来，中国参与了多个领域国际条约的制定，并履行相应的条约义务。

1. 参与《联合国海洋法公约》的谈判

在联合国的主持下，国际海洋法的编纂取得了很大成绩。联合国在 1958 年和 1960 年先后两次召开了海洋法会议，讨论了领海和毗连区、公海的一般制度、公海渔业养护、大陆架和内陆国出海等问题。1973 年 12 月 3 日，第三次联合国海洋法会议召开，其任务是"通过一项公约，处理一切有关海洋法的问题"。中国参加了这次会议，并表明了立场，为建立公正、合理的国际海洋秩序做出了积极贡献。1982 年 12 月 10 日，中国签署了作为会议成果的《联合国海洋法公约》。1996 年 5 月 15 日中国批准该公约，1996 年 6 月 7 日交存批准书。1996 年 7 月 7 日，《联合国海洋法公约》对中国生效。

为在国内实施《联合国海洋法公约》，中国制定了一系列有关海洋的立法，涉及海洋环境保护、海洋科学研究、海上交通安全、渔业、领海及毗连区，以及专属经济区和大陆架等领域。

2. 参与多边刑事法律类条约的谈判

中国始终以积极的态度参与多边刑事司法合作，推进国际刑事司法合作的不断发展。截至 2011 年，中国已参加了 20 余项含有刑事司法协助内容的国际公约。[①] 其中，两项重要的公约即《联合国打击跨国有组织犯罪公约》和《联合国反腐败公约》。中国参加了两公约的谈判，并提出了诸多积极建议，在两公约的谈判和制定过程中发挥了建设性的作用。中国于 2000 年 12 月 12 日签署《联合国打击跨国有组织犯罪公约》，2003 年 8 月 27 日批准该公约，2003 年 9 月 23 日交存批准书。2003 年 10 月 23 日，《联合国打击跨国有组织犯罪公约》对中国生效。中国于 2003 年 12 月 10 日签署《联合国反腐败公约》，2005 年 10 月 27 日批准该公约，2006 年 1 月 13 日交存批准书。2006 年 2 月 12 日，《联合国反腐败公约》对中国生效。

3. 参与有关国际环境条约的谈判

20 世纪 70 年代以来，有关国际环境保护的法律原则、规则和制度迅速发展，逐渐形成了国际法的新分支——国际环境法。1972 年，联合国在斯德哥尔摩举行的人类环境会议被认为是国际社会重视生态保护的一个重要里程碑，也是国际环境法发展史上的转折点。这次大会通过了《联合国人类环境宣言》。此后，联合国相继制定了数个具有法律拘束力的国际环境条约。例如，《联合国海洋法公约》《南极条约》《控制危险废物越境转移及其处置巴塞尔公约》《联合国气候变化框架公约》《京都议定书》《联合国防治荒漠化公约》等。

中国自 1978 年改革开放，特别是 20 世纪 90 年代以来，积极参与了诸多国际环境条约的谈判，并提出了积极的和建设性的主张。中国迄今参加了 30 余项国际环境条约，内容涉及国际环境保护的若干重要方面，如：大气、海洋、生物、生态、极地，以及危险物质的控制与管理等。这些国际环境条约

---

① 参见段洁龙主编《中国国际法实践与案例》，法律出版社，2011，第 238 页。

主要有：1992 年 11 月 7 日批准的《联合国气候变化框架公约》，1992 年 11 月 7 日批准的《生物多样性公约》，1996 年 5 月 15 日批准的《联合国海洋法公约》，1983 年 6 月 8 日对中国生效的《南极条约》，1992 年 8 月 20 日对中国生效的《控制危险废物越境转移及其处置巴塞尔公约》，1996 年 12 月 30 日批准的《联合国防治荒漠化公约》，等等。中国在批准国际环境条约后，采取了立法、行政等措施，履行条约义务。例如，制定或完善国内立法，成立跨部门的协调机制，及时编制履约报告，等等。

（二）参与国际组织规则的制定

国际组织是现代国际生活中国家间合作的一种重要的法律形式。20 世纪以来，国际组织的大量出现对国际法全方位的发展产生了巨大的影响，不仅使国际法主体的范围有实质性的扩大，而且也影响着国际法几乎一切领域的发展。在现代国际法及当今国际法治的发展进程中，国际组织具有重要的意义。

国际组织的作用不容忽视。一方面，国际组织的多边合作机制可以为国家间的合作与发展提供广泛的路径；另一方面，国际组织，尤其是以联合国为旗帜的现代国际组织，以其实践极大地影响和促进了国际法的发展。[1]

随着 1978 年的改革开放，中国开始全面参与各种国际组织，加强同世界各国的交流、联系，在参与国际组织方面出现了一个高潮。截至 2011 年 9 月，中国参加了 100 多个政府间国际组织。[2] 这些组织包括国际和区域性的，其类型覆盖政治、经济、文化、教育、科学技术、金融、贸易、青年等领域。中国积极参与了国际组织规则的制定。以下选取上海合作组织和北极理事会为例。

1. 上海合作组织

上海合作组织是哈萨克斯坦共和国、中华人民共和国、吉尔吉斯共和国、

---

[1] 参见饶戈平主编《国际组织法》，北京大学出版社，1996，第 21~24 页；饶戈平主编《全球化进程中的国际组织》，北京大学出版社，2005，第 16~17 页。

[2] 国务院新闻办公室：《中国的和平发展》白皮书，2011 年 9 月。

俄罗斯联邦、塔吉克斯坦共和国、乌兹别克斯坦共和国于 2001 年 6 月 15 日在中国上海宣布成立的永久性政府间国际组织。上海合作组织也是迄今为止唯一一个在中国境内成立、以中国城市命名、总部设在中国境内的区域性政府间国际组织。

2001 年 6 月 15 日的《上海合作组织成立宣言》和 2002 年 6 月 7 日的《上海合作组织宪章》规定了上海合作组织的宗旨、原则：恪守《联合国宪章》的宗旨和原则；加强成员国的相互信任与睦邻友好；维护和加强地区和平、安全与稳定，共同打击恐怖主义、分裂主义和极端主义、毒品走私、非法贩运武器和其他跨国犯罪；开展经贸、环保、文化、科技、教育、能源、交通、金融等领域的合作；推动建立民主、公正、合理的国际政治经济新秩序；平等互利，通过相互协商解决所有问题。

2004 年 12 月，上海合作组织获联合国大会观察员地位。

2. 北极理事会

北极理事会于 1996 年成立于加拿大渥太华，迄今只包括加拿大、丹麦、芬兰、冰岛、挪威、俄罗斯、瑞典和美国等 8 个创始国。其宗旨是保护北极地区环境，促进该地区在经济、社会等方面的持续发展，探讨相关各国在北极的行为准则。

随着全球气候变暖而导致的北极地区冰雪覆盖区范围的快速消退，无论在传统安全领域，还是在非传统安全领域，北极地区都已日益成为国际社会的关注焦点。基于此，中国于 2006 年开始向北极理事会提出申请，希望成为北极理事会永久观察员国。

2013 年 5 月 15 日，北极理事会接纳中国为永久正式观察员国。这对中国参与合作应对北极问题，确保北极的和平、稳定和可持续发展有着积极的意义。

（三）缔结国际条约

缔结国际条约是遵守和实行国家法治和国际法治的重要路径。在当代国际关系急速发展的背景下，中国缔结多边和双边条约的速度和数量均逐年上升，尤其是近年来更呈快速增长态势。中国已成为国际法治的参与者、贡献者和践行者。

1. 多边条约的缔结

多边条约在建设国际法治中发挥着不可替代的作用。中国积极参与多边条约制定，并善意履行多边条约义务。

截至 2017 年 12 月，中国缔结了 400 多项多边条约。其中，改革开放以来缔结的条约大约为 360 项。① 条约的内容涉及人权、经济、边界边境、文化、民航、邮政、电信、和平解决国际争端、环境、禁止恐怖主义、司法协助、知识产权、投资、金融等各个领域。

2. 双边条约的缔结

据不完全统计，截至 2017 年，中国缔结的双边条约有 20000 余项。②

就司法协助条约而言，据统计，截至 2018 年 2 月，中国已与 71 个国家缔结了司法协助条约、资产返还和分享协定、引渡条约和打击"三股势力"③协定，共 138 项。其中，116 项已生效。④

在司法协助条约中，民刑事司法协助条约 19 项，并已全部生效；刑事司法协助条约 41 项，已有 35 项生效；民商事司法协助条约 20 项，已有 18 项生效；资产返还和分享协定 1 项，尚未生效；引渡条约 50 项，已有 37 项生效；打击"三股势力"协定 7 项，已全部生效。⑤司法协助双边条约均为改革开放后所缔结。

---

① 这一数据系对外交部公布的年度数据统计所得。参见中国外交部网站，https://www.fmprc.gov.cn/web/ziliao 674904/tytj 674911/tyfg 674913/。
② 由于《中华人民共和国缔结条约程序法》仅规定 "……以中华人民共和国政府部门名义缔结的双边协定的签字正本，由本部门保存"（第 14 条），而对此类协定的副本的保存、管理未做规定，故对于双边条约的统计，事实上是不完全的。20000 余项这一数据系外交部有关资料中的统计。
③ "三股势力" 即：民族分裂势力、宗教极端势力和暴力恐怖势力。
④ 数据来源于中国外交部网站，https://www.fmprc.gov.cn/web/ziliao 674904/tytj 674911/wgdwdjdsfhzty 674917/t1215630.shtml。
⑤ 数据来源于中国外交部网站，https://www.fmprc.gov.cn/web/ziliao 674904/tytj 674911/wgdwdjdsfhzty 674917/t1215630.shtml。

四 中国的国际法律实践

"良法"和"善治"对于国际法治缺一不可。"善治"就意味着善意并良好地遵守和实施国际法律。

（一）履行条约义务

根据已批准的相关国际条约的规定，中国采取了制定或修改国内法律、制定国家行动计划、提交履约报告等方式履行条约义务。

1. 经贸类法律的修改和制定

2001年，中国加入世界贸易组织（WTO）。为履行承诺，自1999年底以来，中国开始对有关法律、法规、行政规章进行清理、修改，并制定了立、改、废计划。据此，全国人民代表大会及其常务委员会首先对中国的《中外合资经营企业法》《中外合作经营企业法》《外资企业法》《海关法》《商标法》《专利法》《著作权法》等7部法律进行了修改，完成了中国正式成为WTO成员之前修改法律的承诺。加入世界贸易组织以后，中国根据在《中华人民共和国加入世界贸易组织议定书》中的承诺，全面梳理相关国内立法，并通过废止、停止或修改与WTO协定不一致的法律、法规，以及制定新的法律法规的方式，履行在WTO协定下的条约义务。为了适应入世后的需要，中国制定或修订了若干法律法规，包括《对外贸易法》《保障措施条例》《反倾销条例》《反补贴条例》等，以便加速同国际接轨。

2. 环境立法

国际环境条约在赋予缔约国权利的同时，规定了缔约国应承担的义务，即采取立法、行政等措施保护环境。中国在批准国际环境条约后，采取多种方式履行条约义务。例如，制定或完善国内立法，提交信息通报，发布国家方案，成立跨部门的协调机制，及时编制履约报告，以及参与国际合作。

就立法而言，《中华人民共和国环境保护法》作为一部综合性的环境保护法，在第1条规定："为了保护和改善环境，防治污染和其他公害，保障公众健康，推进生态文明建设，促进经济社会可持续发展，制定本法。"第6条规定："一切单位和个人都有保护环境的义务。"第17条规定："国家建立、健全环境监测制度。国务院环境保护主管部门制定监测规范，会同有关部门组织监测网络，统一规划国家环境质量监测站（点）的设置，建立监测数据共享机制，加强对环境监测的管理。"

除此外，中国还制定了一系列有关环境保护的专门法律，如：《水污染防治法》《大气污染防治法》《固体废物污染环境防治法》《环境噪声污染防治法》《清洁生产促进法》《节约能源法》等。

3. 海洋立法

随着中国的改革开放，海洋立法提上了议事日程。《联合国海洋公约》的签署进一步推动了中国的海洋立法工作。需要特别提及的是，中国于1992年2月25日通过了《领海及毗连区法》，于1998年6月26日通过了《专属经济区和大陆架法》。这两部法律奠定了中国海洋立法的基础。

（二）参与国际司法机构的工作

国际司法机构的建立不仅标志着国际法的发展，同时也表明了国际法治从理念到实践的演进。中国支持并积极参与了国际司法机构的工作。

1. 国际法院

国际法院是联合国的主要司法机关。它根据《联合国宪章》设立，以实现联合国的主要宗旨之一："以和平方法且依正义及国际法之原则，调整或解决足以破坏和平之国际争端或情势"。国际法院于1946年开始工作。国际法院依据《国际法院规约》及其本身的规则运作。《国际法院规约》是《联合国宪章》的一部分，它规定了国际法院的组织构成、职权范围、程序规则等项。

国际法院通过司法手段解决国际争端，其判决和咨询意见阐明了国际法的有关原则和规则，丰富和发展了国际法。

国际法院法官为 15 名。根据《国际法院规约》，他们系从品格高尚并在本国具有最高司法职位任命资格或公认的国际法学家中选出。1978 年改革开放后，中国担任国际法院法官的有史久镛和薛捍勤（现任）。

2009 年，中国应国际法院要求，就"科索沃临时自治机构单方面宣布独立是否符合国际法案"提交书面意见。这是新中国成立后，中国首次参与国际法院的咨询程序。

2. 国际刑事法院

随着纽伦堡国际军事法庭（1945 年）和远东国际军事法庭（1946 年）的建立，联合国大会确认有必要建立一个常设国际刑事法院，以起诉灭绝种族等暴行。为此，联合国做了多年的努力，并经历了一个漫长的过程。1993 年建立的前南斯拉夫问题国际刑事法庭，以及 1994 年建立的卢旺达问题国际刑事法庭成为创立国际刑事常设机制的滥觞。

经过数年的谈判，联合国于 1998 年 6 月 15 日在意大利罗马召开建立国际刑事法院全权代表外交大会。1998 年 7 月 17 日，《国际刑事法院罗马规约》获得通过。2002 年 7 月 1 日，《国际刑事法院罗马规约》生效，国际刑事法院建立。国际刑事法院管辖四类最严重的犯罪，即：种族灭绝罪、危害人类罪、战争罪和侵略罪。国际刑事法院的最终目标就是执行国际正义，"不让犯罪者逍遥法外"。[1] 曾任联合国秘书长的科菲·安南将国际刑事法院的建立称为"朝着向普遍人权和法治迈进的巨大一步"。

中国一直支持国际社会加强合作，以惩治最严重的国际犯罪行为。自 1994 年联合国大会设立特设委员会到筹备委员会讨论建立国际刑事法院问题，直至罗马外交大会，中国全过程积极参与了制定《国际刑事法院罗马规约》。但因该规约没有充分考虑中国对一些问题的严重关切，故中国投了反对票，未做批准。[2]

---

① 《国际刑事法院罗马规约》序言。
② 关于中国对投票所做的解释性发言，参见李世光、刘大群、凌岩主编《国际刑事法院罗马规约评释》（上册），北京大学出版社，2006，第 4~5 页。

3. 国际海洋法法庭

国际海洋法法庭根据《联合国海洋法公约》于 1996 年 10 月成立。该法庭为独立的司法机构，主要负责有关公约解释或争端的审理和裁决。法庭由 21 名法官组成。他们由公约缔约国会议从享有公平和正直的最高声誉、在海洋法领域具有公认资格的人士中选出。

1996 年 8 月，在第 5 次公约缔约国会议上举行的法庭首任法官选举中，中国赵理海教授当选。此后，许光建、高之国先后也就任过国际海洋法法庭法官。

4. 特设国际刑事法庭

1993 年，联合国安理会鉴于前南斯拉夫境内发生的违反国际人道法的行为，并断定这一局势对国际和平与安全构成了威胁，故审议和通过了第 808 号和第 827 号决议，并特设前南斯拉夫问题国际刑事法庭。前南斯拉夫问题国际刑事法庭也开创了由国际法庭审理国内战争罪犯的先例。"同时，也是通过安理会的决定，第一次在联合国的范围内将有关国际刑法的理论付诸实施"。[①]

1994 年 4 月，卢旺达境内发生了大规模的种族屠杀及其他严重违反国际人道法的行为。安理会断定，卢旺达所发生的事件已构成对"国际和平与安全的威胁"，并应采取措施防止局势的进一步恶化。为此，安理会通过第 955 号决议，特设卢旺达问题国际刑事法庭。

前南斯拉夫问题国际刑事法庭和卢旺达问题国际刑事法庭均为联合国安全理事会根据《联合国宪章》第七章特设的国际刑事法庭。这也是联合国安全理事会为积极预防和解决地区冲突所设立的特设刑事法庭，其主要目的即把违反国际人道法和人权法的个人绳之以法，通过法治手段，维护国际和平与安全。

中国参与了前南刑庭的工作，并一直关注卢旺达刑庭的工作。李浩培、王铁崖先后担任了前南刑庭法官。刘大群为现任法官。

---

① 朱文奇：《国际人道法》，中国人民大学出版社，2007，第 409 页。

（三）参与联合国维持和平行动

和平是人类共同的愿望和崇高的目标。联合国维持和平行动的目标就是帮助遭受冲突的国家创造促进持久和平的各种条件。联合国维持和平行动始于 1948 年。截至 2018 年 3 月，联合国共采取了 71 项维和行动，遍及非洲、美洲、亚洲和太平洋地区、欧洲和中东。据统计，有超过 100 万名男女联合国维和人员帮助冲突各国实现了和平与稳定。维和是一股独特的正义力量。[①]

中国支持并积极参与联合国的维持和平行动。中国是联合国五个常任理事国中派出维和部队最多的国家。中国于 1988 年 12 月 6 日加入联合国维持和平行动特别委员会。此后，中国以特派专家、特遣队、参谋、单派警察、建制警察部队的形式参与联合国维和行动。1990 年 4 月，首次派出军事观察团；1992 年首次派遣成建制部队参与维持和平行动；2000 年 1 月，首次派遣维和警察参与维和行动。2001 年 12 月，中国国防部维和事务办公室成立，旨在负责统一协调管理中国军队参与联合国维和行动工作。2002 年 2 月，中国正式加入联合国一级维和待命安排机制。截至 2018 年 1 月，中国军队已累计派出维和军事人员 3.5 万余人次，先后参加了 24 项联合国维和行动，被国际社会誉为"维和行动的关键因素和关键力量"。[②]

五　中国国际法治建设面临的问题与挑战

改革开放 40 年来，中国的国际法治建设成就显著，但也面临一些问题或挑战。

1. 有效参与国际立法和决策的问题

在参与国际法治的过程中，仍须提升话语权。但前提是需不断加强自身的话语能力，这样才能有效地表达主张，维护国家利益，强化国际合作。

---

① www.un.org/zh/peacekeeping/service.
② www.un.org/zh/peacekeeping/service.

就参与国际组织规则的制定来说，中国参加的国际组织的数目有限，在多数组织中地位也不高，因而，在已参加的国际组织中发挥的作用也有限，故影响力尚待加强。① 中国参加国际组织的这种现况无疑也将限制或影响中国对国际立法和决策的深度参与。

2. 国际条约在国内适用的问题

由于在中国现行法律体系框架下，国际法与国内法的关系，抑或是国际条约与国内法的关系尚未从立法上厘清或明确，主要是中国现行《宪法》没有规定国际法与国内法关系的原则，而作为《宪法》相关法的《立法法》也对此保持了沉默。因此，就国际条约在中国国内的适用而言，一直存在着一些不确定因素。这些不确定因素包括：一是国际条约是不是中国法律体系的组成部分尚未确定；二是国际条约在中国法律体系中的地位尚未确定；三是国际条约在中国国内的适用方式尚未确定；四是中国法院可否援引国际条约（主要是公法类国际条约）作为其判案依据尚不确定。以上不确定因素影响着国际法与中国国内法关系的理顺，同时也带来了实践中的困惑。

此外，如何使国际法理论研究与实践有机结合，以解决国际法实践问题，以及以何种方式进行国际法的宣教，培养实践需要的国际法人才，也是我们在参与和推进国际法治进程中面临的挑战。

总而言之，障碍不是不可逾越，但任重而道远。

---

① 参见饶戈平主编《全球化进程中的国际组织》，北京大学出版社，2005，第19页。

中国法治宣传教育与法治智库建设

莫纪宏　李　忠[*]

导　读： 始于 1986 年的第一个五年全国性普法工作，旨在对全体公民普及法律常识、提升法律技能、增强领导干部和社会公众法律意识，实现自觉学法遵法守法用法。改革开放 40 年来，以《宪法》的宣传教育为核心，对包括领导干部、青少年、农民工、特殊社会群体以及普通民众进行全面和系统的法律知识的教育，形成了社会公众学法懂法知法敬法的优良传统和尊崇法律权威的法律文化，推进了全民守法机制的形成，为全面依法治国提供了可靠的社会保障。中国的法治智库在为党和国家出谋划策，特别是在确立"依法治国，建设社会主义法治国家"治国方略、"国家尊重和保障人权"理念、全面推进依法治国各项事业等领域都发挥了重要的参谋助手的作用。中国社会科学院法学研究所，从改革开放以来一直走在全国法治智库的前沿，担当了党和国家思想库和智囊团的角色，发挥了不可或缺的重要作用。

---

* 莫纪宏，中国社会科学院法学研究所副所长，研究员；李忠，中国社会科学院法学研究所法治战略研究部主任，副研究员。

一 法治宣传教育40年

"普法"在中国是一个众人皆知的高频词。中国官方推动的正式普法活动始于1986年，以五年为一个阶段，目前已经进入"七五"普法关键阶段。党的十一届三中全会之后，以"法制宣传教育"为"篇名"公开发表的首篇文章是发表在1981年第5期《人民司法》上的《公开审判经济犯罪案件 扩大法制宣传教育》，其后"法制宣传教育"成为各类文献中最常见的与法制相关的"高频词"。中国知网统计数据显示，以"普法"一词作为"篇名"公开发表的文章首篇能查询的是发表在《现代法学》1985年第4期上胡光的《搞好"普法"工作关键在于领导》。另一个与"法制宣传教育"和"普法"相关的术语是"法治宣传教育"。中国知网大数据显示，以"法治宣传教育"一词作为"篇名"公开发表的首篇文章是发表在《理论观察》2001年第6期上周丽娟的《加强对农民进行法治宣传教育》。与"法制宣传教育"和"普法"不同的是，由于"法治宣传教育"一词在党的十八届四中全会《中共中央关于全面推进依法治国若干重大问题的决定》中才正式得到确认，故研究和宣传"法治宣传教育"的文章在2014年和2015年才得到各类文献实质性的关注。迄今为止，形成了"法制宣传教育"、"普法"与"法治宣传教育"三词并存的宣传态势。

以1978年12月党的十一届三中全会正式确认"有法可依、有法必依、执法必严、违法必究"的社会主义法制建设十六字方针为契机，迄今为止，中国的法治宣传教育工作已经走过了40年。在过去的40年中，法治宣传教育工作在制度上从1982年《宪法》第24条第1款规定"国家通过普及理想教育、道德教育、文化教育、纪律和法制教育，通过在城乡不同范围的群众中制定和执行各种守则、公约，加强社会主义精神文明的建设"中的"法制教育"开始，经过1986年开始实施的第一个"五年普法规划"，其间通过六个"五年普法规划"的顺利实施以及第七个"五年普法规划"的深入推进，普法和法治宣传教育工作在理论上已经初具规模，在制度上已经自成体系，在实践中已经深入人心，成为全面推进依法治国的一项重要法治工作。

（一）普法工作的开拓期

1. "一五"普法

1985年6月9~15日，中共中央宣传部、司法部在北京召开了全国法制宣传教育工作会议。这次会议的主要任务是提高认识、统一思想，研究部署在全体公民中普及法律常识的工作。这次会议实际上是一次普及法律常识工作的动员会，是贯彻党的十二大精神，认真执行宪法规定，向全国各族人民进行法制宣传教育的一个实际步骤，是健全法制、振兴经济、保证国家长治久安的重要措施。这次会议在国内外引起了强烈的反响。

1985年11月5日，中共中央、国务院批转了《中央宣传部、司法部关于向全体公民基本普及法律常识的五年规划》，并发出通知。同年11月22日，六届全国人大常委会第十三次会议做出了《关于在公民中基本普及法律常识的决议》。

从1986年到1990年，第一个五年普法教育工作在全体公民中有领导、有组织、有计划、有步骤地开展起来。"一五"普法规划规定了普及法律常识的对象是工人、农（牧、渔）民、知识分子、干部、学生、军人，以及其他劳动者和城镇居民中一切有接受能力的公民。普及的基本内容是《宪法》《民族区域自治法》《兵役法》《刑法》《刑事诉讼法》《民法通则》《民事诉讼法（试行）》《婚姻法》《继承法》《经济合同法》《治安管理处罚条例》等基本法律，简称"十法一条例"。

在"一五"普法期间，中央领导同志带头听法制课，为全党和全国人民在学法用法方面做出了表率。1986年7月3日，在中南海怀仁堂举行了第一次中央法制讲座，中共中央政治局和书记处的领导同志，以及中纪委、中央办公厅、政法部门、宣传部门和北京市的主要负责同志参加了法制讲座。中央领导干部带头上法制课，极大地带动了全国各地区、各部门的领导干部学法热情。截至 1990 年，全国 7 亿多人参加了普法学习，占普法对象总数的 93%。广大干部群众不同程度地接受了"十法一条例"基本知识的启蒙教育，法制观念和法律意识逐步得到提高，学法、用法、护法的自觉性普遍增强。

总结"一五"普法规划实施的特点，主要有三个方面：一是"一五"普法的重点是"十法一条例"，主要任务是普及法律常识；二是最高领导层带头学法，开创了中央政治局法制系列讲座的领导干部普法新形式；三是普法具有"普遍性"，是针对全体公民的。

2. "二五"普法

1990 年 12 月，中共中央、国务院批转了《中宣部、司法部关于在公民中开展法制宣传教育的第二个五年规划》，1991 年 3 月，七届全国人大常委会第十八次会议做出了《关于深入开展法制宣传教育的决议》。随即，在 1991 年 3 月中旬，中宣部、司法部在北京召开了全国制定"二五"普法规划经验交流会。会上对开展"二五"普法做了进一步的思想动员。就此，拉开了全民第二个五年普法教育的序幕。

为了适应普法工作的需要，中宣部、司法部成立了全国普及法律常识办公室，司法部部长蔡诚担任主任，中宣部副部长刘忠德、司法部副部长郭德治担任副主任。"二五"普法教育主要以《宪法》为核心，以专业法为重点。为此，根据全国"二五"普法规划的统一要求，中央和国家机关以及中国人民解放军、武警部队共 96 个部门制定下达本系统普法规划。

"二五"普法期间，各地方、各部门在普法教育中自觉做到了以学法促用法，以用法深化普法，依法治市、治县，依法治厂、治校、治村等各项依法治理活动得到进一步开展。到 1993 年底，全国有 29 个省、自治区、直辖市、113 个地级市、120 个县级市开展了依法治市工作，约占全国城市总数的 40%。全国约 600 多个县（区）正式开展依法治理工作。

"二五"普法工作的最大特点是成立了普法工作专门机构；普法内容主要以《宪法》为核心，以专业法为重点；普法注重"学法"与"用法"相结合；普法的形式从"一五"期间简单的宣讲到通过包括文艺宣传等方式来推进普法工作。

（二）普法工作的发展期

1."三五"普法

1996年4月18日，中共中央、国务院转发了《中宣部、司法部关于在公民中开展法制宣传教育的第三个五年规划》；5月15日，八届全国人大常委会第十九次会议通过了《关于继续开展法制宣传教育的决定》。同年6月17~20日，中宣部、司法部在京召开了第四次全国法制宣传教育工作会议。这次会议标志着"三五"普法在全国范围内全面启动。

"三五"普法期间，坚持法制教育与法制实践相结合，依法治理工作取得了突破性进展。以基层普法依法治理为基础，以行业普法依法治理为支柱，以地方普法依法治理为主体的依法治理的三大工程，为指导全国依法治理工作明确了目标。1997年4月，中宣部、司法部在广西召开了第四次全国学法用法依法治市经验交流会，总结了十年来全国学法用法依法治市工作经验。

1997年10月，党的十五大胜利召开，会议明确将"依法治国，建设社会主义法治国家"作为党领导人民治理国家的基本方略确定下来。1999年3月，九届全国人大二次会议又将"依法治国，建设社会主义法治国家"写进了《宪法修正案》，为全国依法治理工作的迅速发展提供了很好的发展机遇，全国各个层次的依法治理工作迈上了新的台阶。

"三五"普法工作强调了对领导干部的"普法"，抓住了法制宣传教育中的"关键少数"。此外，从"三五"普法开始，注重将"普法"与"依法治理"结合起来，强调了法制教育与法制实践的有机结合。

2."四五"普法

为了适应建立和完善社会主义市场经济体制的需要，促进《国民经济和社会发展"九五"计划和2010年远景目标纲要》的实现，进一步提高全民法律素质和全社会法治化管理水平，为两个文明建设创造良好的法治环境，保障和促进经济建设和社会各项事业顺利健康地发展，2001年4月26日，中共中央、国务院转发了《中宣部、司法部关于在公民中开展法制宣传教育的第四个五年规划》。2001 年 4 月 28 日，九届全国人大常委会第二十一次会议通过了《关于进一步开展法制宣传教育的决议》。

2001 年 5 月，中宣部、司法部在北京召开了第五次全国法制宣传教育工作会议。"四五"普法依法治理工作在全国全面展开。

"四五"普法规划明确提出了努力实现"两个转变、两个提高"的目标，这就是努力实现提高全民法律意识向提高全民法律素质的转变，全面提高全体公民特别是各级领导干部的法律素质；实现由注重依靠行政手段管理向注重依靠法律手段管理的转变，不断提高全社会法治化管理水平。

"四五"普法工作注重了普法工作的行业特点，强调了普法工作要从简单的学法到提高法律素质转变，青少年普法工作得到了高度重视。此外，还开通了中国普法网，首次确立 12 月 4 日作为全国法制宣传日。

（三）普法工作的成熟期

2006 年 3 月，中共中央、国务院批转了《中央宣传部、司法部关于在公民中开展法制宣传教育的第五个五年规划》。2006 年 4 月 29 日十届全国人大常委会二十一次会议通过《关于加强法制宣传教育的决议》，中国第五个全民普法规划正式实施。

"五五"普法期间，依法治理工作继续向广度和深度推进，取得了显著成就。2008 年以来，各地认真贯彻落实全国普法办制定下发的《关于开展法治城市、法治县（市、区）创建活动的意见》，在依法治理的基础上积极开展创建活动。据不完全统计，共有 19 个省（区、市）、130 多个市（地、州、盟）、500 多个县（市、区）开展了法治创建活动，有力地推进了依法治国进程。江苏、浙江、安徽、山东、吉林、湖北等省所有的县（市、区）开展了创建工作，并先后召开全省法治城市、法治县（市、区）创建工作经验交流会。一些地市还制定了考核评估指标与测评操作体系。司法部、全国普法办召开了全国法治县（市、区）创建活动研讨会，印发了《关于开展首批"全国法治县（市、区）创建活动先进单位"评选表彰工作的通知》，制定出台了《全国法治县（市、区）创建活动考核指导标准》，总结推广了一些地方的创建经验。各地积极开展民主法治村创建和评选工作，有 364 个村经推荐、考核、公示，被评为第四批"全国民主法治示范村"。

"五五"普法工作最大的亮点是深入开展"法律六进"活动，同时通过普法与依法治理的有机结合，健全和完善法制宣传教育工作机制，产生了大量的普法和法制宣传教育的文献，组织了大规模的普法和法制宣传教育报告会，关注了普法工作的效果，形成了 30 年中普法工作的一个相对高潮。

（四）普法工作的提升期

1. "六五"普法

2011 年 3 月 23 日，中共中央、国务院转发《中央宣传部、司法部关于在公民中开展法制宣传教育的第六个五年规划（2011—2015 年）》的通知，由此拉开了"六五"普法工作的序幕。2011 年 4 月 22 日十一届全国人大常委会第二十次会议通过了《关于进一步加强法制宣传教育的决议》，《决议》要求，为适应全面建设小康社会和"十二五"时期经济社会发展需要，全面落实依法治国基本方略，加快建设社会主义法治国家进程，进一步增强全社会法治观念，有必要从 2011 年到 2015 年在全体公民中组织实施法制宣传教育第六个五年规划。为此，一要深入学习宣传以《宪法》为统帅的中国特色社会主义法律体系，二要进一步增强法制宣传教育的针对性和实效性，三要进一步丰富法制宣传教育的形式和方法，四要完善法制宣传教育的组织领导和保障机制，五要加强对本《决议》贯彻实施情况的监督检查。要进一步完善法制宣传教育考核评估机制，加强年度考核、阶段性检查。各级人民政府要切实组织实施好法制宣传教育第六个五年规划，做好中期督导检查和终期评估验收，并向本级人民代表大会常务委员会报告。各级人民代表大会及其常务委员会要充分运用执法检查、听取和审议工作报告以及代表视察、专题调研等形式，加强对法制宣传教育工作的监督检查，保证本决议得到贯彻落实。相比较前五个五年普法规划的实施来说，第六个五年普法规划实施期间，更加关注对普法工作的检查和效果的评估，注重普法工作的实效。

党的十八大以来，以习近平同志为核心的党中央高度重视法制宣传教育与普法工作在加强社会主义法治建设和全面推进依法治国中的重要作用。2013 年 2 月 23 日，中央政治局就全面推进依法治国进行第四次集体学习。习近平总书记在讲话中对法制宣传教育工作提出了明确要求，强调要深入开展法制宣传教育，在全社会弘扬社会主义法治精神，引导全体人民遵守法律、有问题依靠法律来解决，形成守法光荣的良好氛围。要坚持法制教育与法治实践相结合，广泛开展依法治理活动，提高社会管理法治化水平。习近平总书记的重要讲话，高屋建瓴、全面系统、内涵丰富、寓意深刻，具有很强的思想性、指导性和针对性，体现了对法制宣传教育工作的高度重视，为法制宣传教育工作指明了方向。为认真贯彻落实党的十八大和习近平总书记关于提高领导干部运用法治思维和法治方式能力的重要讲话精神，司法部、全国普法办组织"六五"普法国家中高级讲师团成员，举办了提高领导干部运用法治思维和法治方式能力系列讲座。2014 年 2 月 19 日，全国普法办下发的《2014 年全国普法依法治理工作要点》明确规定，2014 年度普法依法治理工作的重点是要组织开展"加强法制宣传教育，服务全面深化改革""培育和践行社会主义核心价值观法制宣传教育"主题活动。

2014 年 10 月 23 日，党的十八届四中全会审议通过了《关于全面推进依法治国若干重大问题的决定》，《决定》明确规定：坚持把全民普法和守法作为依法治国的长期基础性工作，深入开展法治宣传教育，引导全民自觉守法、遇事找法、解决问题靠法。坚持把领导干部带头学法、模范守法作为树立法治意识的关键，完善国家工作人员学法用法制度，把宪法法律列入党委（党组）中心组学习内容，列为党校（行政学院）、干部学院、社会主义学院必修课。把法治教育纳入国民教育体系，从青少年抓起，在中小学设立法治知识课程。健全普法宣传教育机制，各级党委和政府要加强对普法工作的领导，宣传、文化、教育部门和人民团体要在普法教育中发挥职能作用。实行国家机关"谁执法谁普法"的普法责任制，建立法官、检察官、行政执法人员、律师等以案释法制度，加强普法讲师团、普法志愿者队伍建设。把法治教育纳入精神文明创建内容，开展群众性法治文化活动，健全媒体公益普法制度，加强新媒体新技术在普法中的运用，提高普法实效。

2014年11月17日，中央宣传部、司法部、全国普法办联合下发《关于开展国家宪法日暨全国法制宣传日系列宣传活动的通知》，《通知》规定，2014年国家宪法日暨全国法制宣传日系列宣传活动从11月中旬开始，到12月中旬结束，活动主题是"弘扬宪法精神，建设法治中国"。《通知》要求，在国家宪法日之际，中央有关部门将举行关于宪法学习宣传教育的座谈会。各地、各部门、各行业要根据实际，组织召开学习宪法座谈会、报告会，认真学习贯彻中央领导同志重要指示和重要讲话精神，学习宣传宪法。

"六五"普法工作亮点纷呈，包括：根据党的十八届四中全会的要求，提出加强"法治宣传教育"的新理念，实现了普法工作从"法制宣传教育"向"法治宣传教育"的转变；将12月4日定为国家宪法日，强化了与"四五"普法期间确定的将每年的12月4日作为全国法制宣传日对宪法和法律的宣传力度；注重改进普法和法制宣传教育的形式，利用互联网技术不断提升法制宣传教育的实际效果，明确普法工作的"谁执法谁普法"的责任机制，将"依法普法"的法治理念引入普法领域，注重普法工作的监督和检查，将普法和依法治理工作纳入依法行政的轨道。

2. "七五"普法

十八届三中全会要求"健全社会普法教育机制"，十八届四中全会要求"坚持把全民普法和守法作为依法治国的长期基础性工作，深入开展法治宣传教育"，十八届五中全会要求"弘扬社会主义法治精神，增强全社会特别是公职人员尊法学法守法用法观念，在全社会形成良好法治氛围和法治习惯"。为深入贯彻落实党的十八届三中、四中和五中全会关于加强法治宣传教育与普法工作的精神，推进全民法治宣传教育深入开展，按照中共中央、全国人大、国务院有关要求，2016年4月17日，中央宣传部、司法部通过深入调查研究，在广泛听取各地各部门和社会各界意见基础上，提出了《关于在公民中开展法治宣传教育的第七个五年规划（2016—2020年）》。2016年4月28日十二届全国人大常委会第二十次会议又通过了《关于开展第七个五年法治宣传教育的决议》，将"七五"普法工作纳入了法治轨道，自此拉开了"七五"普法工作的序幕。2017年10月18~24日在北京召开的党的十九大是我党执政史一次非常重要的会议，十九大报告提出了我党依法执政的一系列重大理论观点、重大方针政策，特别是确认了习近平新时代中国特色社会主义思想作为党的指导思想。党的十九大报告对于法治宣传教育工作的重要性仍然保持了高度关注，指出"加大全民普法力度，建设社会主义法治文化，树立宪法法律至上、法律面前人人平等的法治理念"。2018年3月十三届全国人大一次会议通过了《国务院机构改革方案》。《方案》指出，全面依法治国是国家治理的一场深刻革命。为贯彻落实全面依法治国基本方略，统筹行政立法、行政执法、法律事务管理和普法宣传，推动政府工作纳入法治轨道，《方案》提出，将司法部和国务院法制办公室的职责整合，重新组建司法部，作为国务院组成部门。其主要职责是，负责有关法律和行政法规草案起草，负责立法协调和备案审查、解释，综合协调行政执法，指导行政复议应诉，负责普法宣传，负责监狱、戒毒、社区矫正管理，负责律师公证和司法鉴定仲裁管理，承担国家司法协助，等等。因此，"七五"普法规划实施期间，普法工作因为重新组建了司法部而得到了进一步加强，法治宣传教育工作在重新组建的司法部的领导下必将更上一个台阶，迎来新的发展机遇。

（五）40年法治宣传教育工作的主要成绩和经验

过去的40年，从1978年党的十一届三中全会提出新时期社会主义法制建设十六字方针到1982年《宪法》明确加强"法制教育"对于建设社会主义精神文明的重要意义，从"一五"普法到"六五"普法，以及2016年开始实施的"七五"普法，普法工作经历了从无到有，从成长、发展到成熟和提升的阶段。从简单"普及法律常识"到"法治宣传教育"，从一般公民到领导干部，从"十法一条例"到"中国特色社会主义法律体系""中国特色社会主义法治体系"，从普法到普法与依法治理相结合，从口头宣传宣讲到"互联网＋法治宣传教育"，从被动普法到主动学法，从知识普及到法律素质提高，普法工作由浅入深、层层推进，经过40年的努力形成了当今组织和领导体制健全、普法工作程序化和制度化、学法用法规范化、法治宣传教育成为全面推进依法治国重要环节的普法工作新局面。过去40年中，法治宣传教育工作取得的成绩是主要的，由政府主导的普法工作已经对改革开放以来国家的政治、经济、文化等等方面产生了巨大影响，起到了很好的促进和推动作用。这些成绩值得认真总结，并作为今后工作的参考。40年的法治宣传教育活动提高了全民法治意识和法律素质、推进了法治中国建设、推动了经济社会发展、促进了精神文明创建，取得了一些成功的经验，包括以制定普法规划为抓手持续推进普法工作、以制度建设为重点形成完善普法制度体系、突出普法工作重点、丰富普法工作形式等等诸多方面。习近平同志在党的十九大报告中明确指出："加大全民普法力度，建设社会主义法治文化，树立宪法法律至上、法律面前人人平等的法治理念。各级党组织和全体党员要带头尊法学法守法用法，任何组织和个人都不得有超越宪法法律的特权，绝不允许以言代法、以权压法、逐利违法、徇私枉法。"因此，"加大全民普法力度"是今后一段时间法治宣传教育工作的重要方针，是不可动摇的基本国策。"普法"工作只能加强，不能削弱。各级党政机构必须在遵循"谁执法谁普法""谁主管谁普法"原则指引下，采取各种有效措施，切切实实抓好普法工作，提高全民法治宣传教育水平，提升全民族法治素养。

1. 以制定"规划"为抓手，保持普法工作的连续性，不断提升普法工作的影响力

从"一五"到"六五"，都出台了相关普法规划，这六个普法规划关于普法工作的各项要求存在一脉相承的逻辑联系和历史传统，后一个普法规划都是在认真总结前一个普法规划实施经验和教训基础之上制定的。六个五年普法规划文本凸显了六个五年普法工作的连续性，集中体现了六个五年普法工作的总体思路和基本特征。

第一，措施步骤逐步强化。六个五年规划都列出了普法的"内容"或"要求"、"步骤"、"方法"或"安排"、"组织领导"。从"一五"到"四五"规划，使用了"步骤"和"方法"，并且是分列表述的。"五五"和"六五"规划使用了统一的"工作步骤和安排"的表述方式。工作步骤采用了三段、三步或按年度的分法。"五五"和"六五"规划统一使用了"宣传发动阶段"、"组织实施阶段"和"检查验收阶段"这样的三段表述，并且各阶段的安排也基本相同。

第二，组织领导逐步完善。"一五"规划的提法是"在各级党委和政府的统一领导下，由党委宣传部门和司法部门主管"。"二五"规划的提法是"在各级党委、人大和政府的统一领导和监督下，由党委宣传部门和司法行政部门主管"，增加了人大的监督。"三五"沿袭了"二五"的提法。"四五"规划将组织领导进一步明确为："党委领导、政府实施、人大监督、全社会参与的运作机制。""五五"和"六五"规划都沿袭了这一提法。"六五"提出要在"进一步完善党委领导、人大监督、政府实施的领导体制"基础上，建立健全各级普法依法治理领导小组，领导小组办公室日常工作由政府司法行政部门承担，由此从"一五"到"六五"，普法工作的领导体制逐渐完善并在推动普法和法制宣传教育工作有序开展方面起到了非常重要的组织和协调作用。

第三，经费保障逐步加强。"一五"只是笼统地说"所需经费列入地方财政开支，一些必需购置的宣传设备，请各级党委、政府切实予以解决"。"二五"规划也笼统地表述"普及法律知识所需的经费和必需的宣传设备，由各级党委、政府尽可能予以解决"。"三五"规划将"解决"改成了"保证"，即规定"法制宣传教育所需的经费，由各级党委、政府予以保证"。"四五"规划的提法是"法制宣传教育和依法治理工作所需经费应列入各级政府的财政预算，保证工作的有效运转"。"五五"规划对经费问题提得较具体较明确，在"组织领导和保障"中规定："各级政府要把普法依法治理工作经费列入财政预算，专款专用，根据经济社会发展水平制定地方普法依法治理工作经费保障标准。各部门各单位也要安排法制宣传教育专项经费，保证工作正常开展。""六五"规划中对于这一问题又进一步明确，即在"组织领导和保障"中规定："各级政府要把法制宣传教育经费纳入本级政府财政预算，切实予以保障。各部门各单位要根据实际情况统筹安排相关经费，保证法制宣传教育工作正常开展。"经费的充分保障为六个五年普法规划的顺利实施提供了非常有效的财力基础，促进了各项普法工作机制的建立与落实。

总的来说，从六个五年普法规划文本自身的发展变化可以看出，从"一五"到"六五"，普法工作的形式和内容都得到了很好的发展和完善，普法工作领导体制逐步健全，普法内容不断丰富，普法对象逐渐扩大，普法形式和方式不断拓展，普法工作的效果也得到了实质性提高，六个五年普法规划实施成绩是主要的，大方向和阶段性目标都非常清晰，为"七五"普法规划制定和实施提供了很好的文本依据。

2. 注重用制度来引导普法工作，形成了比较健全的普法制度体系

尽管在过去的 30 年中，关于普法还没有出台全国性的立法，但是，普法工作的制度化水平是逐年不断提升的，主要表现在以下几方面。

（1）从"一五"到"六五"，每五年一个普法规划颁布后，党中央、国务院都予以转发，全国人大常委会还出台了相应的关于加强法制宣传教育的决议或决定，这些决议或决定都具有一定的法律效力。特别是明确提出"各级人大要加强对法制宣传教育工作的监督检查，推进法制宣传教育立法"。通过重视立法的方式来加强普法工作成为普法工作的重要特色。

（2）从"一五"到"六五"，围绕六个"五年"普法规划的总体部署，中宣部、司法部、全国普法办等机构和部门，先后发布了一系列强化普法和依法治理工作的规范性文件，对于贯彻落实规划、抓好各项具体的普法工作起到了非常重要的促进作用。这些规范性文件主要集中在"四五""五五"普法规划实施期间，主要有：2002 年 6 月 5 日，中组部、中宣部、司法部下发《关于加强领导干部学法用法工作的若干意见》；2004 年 7 月 1 日，司法部发布《关于进一步加强对外法制宣传工作的指导意见》；2005 年 4 月 15 日，司法部发布《关于预防青少年违法犯罪工作的实施意见》；2007 年 7 月 24 日，中宣部、教育部、司法部、全国普法办联合发布《关于印发〈中小学法制教育指导纲要〉的通知》；2007 年 8 月 9 日，中宣部、司法部、民政部、农业部、全国普法办联合发布《关于印发〈关于加强农民学法用法工作的意见〉的通知》；2008 年 10 月 10 日，中组部、中宣部、司法部、人社部、全国普法办联合发布《关于加强公务员学法用法工作的意见》；2012 年 10 月 15 日，中宣部、司法部、全国普法办下发《关于开展 2012 年 "12·4" 全国法制宣传日系列宣传活动的通知》；2013 年 6 月 13 日，教育部、司法部、中央综治办、共青团中央、全国普法办联合颁布《关于进一步加强青少年学生法制教育的若干意见》。上述关于普法工作的规范性文件比较全面和系统地完善了普法和依法治理工作，对于贯彻落实六个五年普法规划的各项要求起到了非常重要的制度保障作用。

（3）从"一五"到"六五"，在地方层面，许多省份都制定了本行政区域内的普法工作条例或者是与法制宣传教育相关的地方性法规，注重通过立法的形式来强化普法工作的效果。六个五年普法工作不应仅停留在落实政策的层面，更重要的是表现在"依法普法"的各个方面。

中国普法和法制宣传教育的地方性立法开始于 1996 年，已经有近 20 年的探索和实践，取得了一定的经验，为普法和法制宣传教育工作的顺利开展提供了有效的立法保障，为普法工作营造了良好的法治环境。在全国 34 个省级行政区中，江西、宁夏、辽宁、陕西、安徽、云南、湖北、江苏、广东、天津、新疆、湖南、青海、甘肃、内蒙古、河北、海南、贵州等 18 个省（自治区、直辖市）和成都市、宁波市 2 个副省级市的人大常委会制定了本行政区域的法制宣传教育条例，辽宁省的本溪市和抚顺市、广东省的珠海市、河南省的洛阳市、青海省的海北藏族自治州、新疆维吾尔自治区的乌鲁木齐市等地级市、民族自治州也已经制定了法制宣传教育条例。在立法的普遍性和特殊性上也基本达成了一定的共识，法制宣传教育条例的内容既存在一定的共同性，也存在因地制宜的特殊规定。但是普法和法制宣传教育的地方性立法也存在着一定的问题，如：内容比较抽象原则，不易操作和量化；篇幅过于短小，有关目标、内容、职责、考核、监督、保障和奖惩等规定尚不够明确、具体，在实践中难以操作。为此，需要制定一部国家层面的法治宣传教育法来统一普法和法制宣传教育工作中涉及的各种权利义务关系和职权职务关系，建立"依法普法"的普法和法治宣传教育工作机制。

3. 适应了时代发展的要求，突出了普法工作的重点

从"一五"到"六五"，普法和法制宣传教育工作突出了四个重点。

一是突出了《宪法》的学习宣传。"一五"普法把《宪法》列为应普及的法律常识的首位，1986年为维护安定团结又一次掀起了学习《宪法》的热潮。"二五"普法明确以《宪法》为核心。"三五""四五""五五""六五"普法规划均明确《宪法》是学法的重点内容。"六五"普法规划实施期间，结合2014年10月23日党的十八届四中全会提出的"将12月4日确定为国家宪法日"，在首个国家宪法日集中宣传《宪法》，弘扬宪法精神，在全社会掀起了学宪法用宪法的高潮。

二是始终把领导干部作为学法、用法的重点。"一五"普法虽未确定重点对象，但各级领导干部带头学习、率先垂范，不仅带动广大群众学习法律知识，而且也促进了用法。1986年7月，中央书记处举办的法律知识讲座在中南海怀仁堂进行了第一讲。中央书记处带头听法律知识讲座，影响和带动了全党广大干部、群众。从"二五"开始，明确了普法的重点对象，排在首位的便是各级领导干部。1996年2月8日，江泽民同志在中央政治局法制讲座上明确肯定了"依法治国，建设社会主义法治国家"作为治国方略的重要意义，并由此推动了依法治国基本方略的形成、入宪和成为党和国家的最高行动纲领。此后"三五""四五""五五""六五"普法都突出了领导干部学法用法，并制定了相应配套制度，健全了培训、考试、考核与任用挂钩等措施。自1994年12月中央政治局恢复学习法制讲座至今，共有约30位法学家走进中南海主讲了25场法制讲座。党和国家领导人带头学法，极大地鼓舞和带动了全社会学法的热潮。

　　三是普法对象从关注数量到注重质量，并且强化了对特定人群和专门人员的法制宣传教育，起到了很好的效果。据不完全统计，仅仅是 1986 年"一五"普法的开局之年，全国普法对象 7.5 亿人，参加学习的有 3 亿人左右，约占 40%。为组织广大群众进行学习，全国培训了 200 多万名法制宣传员和报告员。企业事业单位约有 5000 万名职工参加普法学习，占全国职工的半数左右。农村普法中，大约有 8000 万人参加学习，占农村应学习人数的 17%。全国绝大多数中学都已开设法制课，多数小学结合品德进行法制教育，中小学生受教育面约达 1.5 亿人[①]。"二五"普法规划实施开始，普法对象除了照顾到"面上"的广泛性，又关注了普法对象的特殊性。各地都比较重视对青少年的普法和法制宣传教育，形成了"法律进课堂""青少年法制教育基地"等形式多样的针对青少年身心特点的普法和法制宣传教育模式。进入 21 世纪以来，许多地方因地制宜地将普法对象的重点放到了学生、农民、外来人口身上，在社会的综合治理中起到了很好的安定作用，普法的成效与重点投入之间的正比例关系日显突出。

　　四是普法方式也从最初的简单宣讲到逐渐通过各种传播形式来有效地宣传法律，特别是各级人民政府普法工作机构积极开通普法网站，运用互联网技术，结合群众对法律知识需求的特点，有针对性进行集中宣传。有的地方采用了普法与文化建设相结合的方式来提升法制宣传教育的效果，例如，2012 年 1 月，江苏省司法厅联合省委宣传部、省依法治省领导小组办公室、法制宣传教育协调指导办公室、文化厅、广播电影电视局、新闻出版局出台了《关于大力推进社会主义法治文化建设的实施意见》，明确到 2015 年实现全省法治文化凝聚引领能力、法治文化惠民服务能力、法治文化创作生产能力显著提升的目标要求，提出了实施组织保障体系完善、建设能力提升、作品创作繁荣、传播体系优化、法治文化惠民"五大行动"，大力推进社会主义法治文化建设。

---

　　① 参见中央宣传部和司法部印发的《关于第二次全国法制宣传教育工作会议情况的报告》（1987 年 5 月 19 日）。

此外，从"一五"到"六五"，普法和法制宣传教育工作的组织领导体制不断得到完善，各级各地的司法行政部门或法制宣传机构都投入了大量的人财物来推动本单位、本部门和本地区的普法和法制宣传教育工作，司法部还组织了"全国普法讲师团"，中宣部、中政委和中国法学会也推出了"百名法学家百场报告会"的法制宣传形式，在社会公众中产生了广泛的影响。普法走进了课堂、走进了校园、走进了田间地头、走进了边防哨所、走进了工厂车间，法制宣传教育不断深入人心，公众对普法关注度越来越高，对由政府主导的法制宣传教育模式基本上表示满意。

（六）40年法治宣传教育工作存在的问题

从"一五"到"六五"，普法和法制宣传教育工作在全国各级各地取得一定成绩的同时，也存在一些值得关注和亟待加以改进的问题。

1. 普法工作发展得不平衡

从"一五"到"六五"，普法工作在中宣部、司法部等机构和部门的领导和推动下，在全国各地普遍开展起来，并从"二五"开始纳入正式的组织管理体制，形成了以普法办以及依法治理办公室等为抓手的司法行政工作的重要组成部分。但值得注意的是，普法工作在不同时段、不同层面、不同领域以及不同区域开展得并不平衡，形成了较大的差异。

"一五"到"四五"期间，各项普法工作相对比较平稳，普法的范围、方式等创新力度不够，社会公众关注度基本保持平衡。"五五"普法规划实施期间，普法与依法治理紧密结合，加上"法律六进"的深入开展，无论从人财物的投入，还是媒体的宣传力度，都达到了一个相对高峰。中国知网的大数据显示，"五五"普法规划实施期间，以普法和法制宣传教育作为"篇名"的各类文献呈几何级数上升的趋势，相当于"一五"到"四五"的十几倍。尤其是各类普法报告会和宣传会以及研讨会更是达到前所未有的程度，"六五"普法期间却呈现明显下降趋势。种种数据表明，"五五"普法规划实施期间，普法和依法治理工作的社会关注度相对于其他几个五年普法规划的实施要高得多。目前，社会公众对普法和依法治理工作的关注度趋于下降，如果没有创新理念的推动，要达到"五五"普法的规模是很困难的。

从各地对普法工作人财物的投入来看，很不平衡。东部经济比较发达的省份，县级财政对普法工作的年财政投入都达到几百万，而中西部不发达的省份，即便是省级普法工作机构，也是经常性缺少运转资金，用于普法宣传的经费更是捉襟见肘了。从全国各地专门性普法网站建设的情况来看，在 31 个省级行政区域（不含港澳台）中，西藏自治区无自治区级普法网站；安徽、甘肃、上海地市级普法网站比例最高，达到 100%；海南、湖南地市级普法网站比例最低，无普法网站；浙江省县级普法网站比例最高，为 51%；广西、海南、内蒙古、新疆、辽宁无县级普法网站。很显然，东部经济发达地区的普法工作机构更重视通过普法网站的方式来提升法制宣传效果。

2. **对普法工作的总结做得不扎实，缺少整体感和理论支持**

从"一五"到"六五"，虽然普法工作的深度和广度不断拓展，但从中央到地方，对普法工作的总结却显得不很扎实，普法工作缺少比较系统和科学的统计数据，分析普法工作的实际效果缺少不同时期的对照和比较数据，导致普法工作的相对"割裂"，后一个"五年"与前一个"五年"工作衔接度不高，在普法对象、普法事项、普法范围、普法方式等具体评估指标上没有连续和统一的标准，造成从宏观上对 30 年的普法工作效果的总体把握难度大。尽管各类文献中对"普法""法制宣传教育"的关注逐年上升，甚至在"五五"普法规划期间达到了一个相对高峰，但各类普法文献介绍情况的多，理论研究性文章少，特别是缺少把普法工作作为法治理论的重要组成部分来全面和系统把握普法工作规律的理论创造，导致普法"有实践、缺理论"的问题长期存在，影响了法学界对普法工作科学性的关注。迄今为止，法学界尚未出版一本以普法工作为研究对象的专门理论著作，这在某种程度上反映了普法工作还缺少必要的理论支撑，对普法工作中的一些基本规律缺少必要的理论阐述。目前，"七五"普法工作正在走向深入。紧密围绕十八届四中全会确定的"依法治国"的主题，更好地发挥法治宣传服务民生、服务经济社会发展和促进社会和谐稳定的作用；明确责任分工，搭建各系统各部门之间的沟通平台，动员社会力量广泛参与，形成普法大格局；不断创新载体，建成多元化、更新颖的普法网络，推动普法工作更加深入；等等。这些都需要从普法理论上有进一步的创新和突破。

3. 党内法规的宣传教育不够

党的十八届四中全会指出，要加强党内法规制度建设，完善党内法规制定体制机制，形成配套完备的党内法规制度体系。2013 年 11 月颁布的《中央党内法规制定工作五年规划纲要（2013—2017 年）》提出了"抓紧制定和修订一批重要党内法规，力争经过 5 年努力，基本形成涵盖党的建设和党的工作主要领域、适应管党治党需要的党内法规制度体系框架"。在十八届中纪委四次全会上，中纪委书记王岐山还提出了党内法规制度体系建设的"时间表"：确保到建党 100 周年也就是 2021 年时，建成内容科学、程序严密、配套完备、运行有效的党内法规制度体系。由此，应该将党内法规的宣传教育作为普法和法治宣传教育的一个重点，首先对党员干部进行全面深入的宣传教育，其次对一般人民群众也应有所宣传说明、广而告之，以提高人民群众对中国法治和党领导法治建设的信心。但在过去的六个五年普法规划实施期间，对党内法规的认识存在诸多模糊区域，有计划系统性地进行党内法规宣传教育的工作基本上没有施展开来，很显然，忽视对党内法规的宣传教育，在某种程度上影响了依法对党员干部进行法治和纪律教育的效果，需要在今后工作中加以根本性扭转。

4. 普法和法制宣传教育工作的执法检查机制欠缺

第二个五年普法规划结束时，全国人大常委会曾经开展了"二五"普法工作实效的执法检查，并于 1995 年 12 月 26 日在八届全国人大常委会第十七次会议上提交了《全国人大常委会执法检查组关于检查〈全国人民代表大会常务委员会关于深入开展法制宣传教育的决议〉执行情况的报告》。1995 年 10 月全国人大常委会开展普法工作实效执法检查工作之后，再也没有开展同类的执法检查或者是对普法工作从全国层次上来进行调查、分析和评估，全国各地，主要是省级普法工作领导机构，曾经先后在本行政区域范围内开展了一定形式的普法工作绩效评估活动，但这些评估工作主要针对的还是普法工作自身开展的状况，对普法工作产生的社会效果并没有有针对性的调查和分析。中共中央、国务院转发的《中央宣传部、司法部关于在公民中开展法制宣传教育的第六个五年规划（2011—2015年）》，明确提出"各级人大要加强对法制宣传教育工作的监督检查"，上述规定明确了各级人大在加强对法制宣传教育工作的监督检查方面的职责，因此，为了提高普法和法制宣传教育工作的实效，必须加强各级人大对普法和法制宣传教育工作进行监督检查的力度，完善相关法律程序，使得对普法和法制宣传教育的监督检查工作规范化、制度化和常态化，最终形成保障"依法普法"的普法执法检查长效机制。

5. 普法和法制宣传教育工作的针对性还不强

从"一五"到"六五"，普法和法制宣传教育工作主要是依靠党和政府来推动的，并且由司法行政管理机关主导具体的组织工作，普法和法制宣传教育活动存在明显地单项传输的特点，即"政府做菜、百姓吃饭"，这就导致了在普法和法制宣传教育工作中缺少互动性，许多地方的普法和法制宣传教育工作没有很好地关注社会公众对法律的需求状况，在普法需求与供给之间存在一定程度的脱节。普法和法制宣传教育的内容虽然也在不断地适应形势的发展进行适当调整，但总体上来说，政府开展的普法工作呈明显的计划和分配的色彩，没有考虑到社会公众的需求，既导致了政府主导下的普法供给不能满足群众需求的问题，也出现了政府提供的普法资源浪费的问题。这些问题是普遍存在的，需要今后改进普法和法制宣传教育方式时加以改进。

此外，六个五年普法规划实施期间，各地普法反映的主要问题还是普法和法制宣传教育的经费投入不足，发达地区与不发达地区对普法和法制宣传教育经费的投入比例差距很大，特别是广大中西部地区，由于缺少普法和法制宣传教育经费，加上专门从事普法和法制宣传教育的人员不足，一些地方很难走出普法和法制宣传教育不受关注的怪圈。

总结六个五年普法规划实施的经验和教训，普法和法制宣传教育工作要做出成绩，产生实效，不仅要有明确的立法保障、具体的实施行动，更重要的是，普法和法制宣传教育也要纳入法治轨道，建立有效的监督检查和效果评估机制，从而使得普法和法制宣传教育工作真正建立在规范有序的制度保障基础上，使之成为全面推进依法治国各项法治工作的重要一环，推动全社会参与，形成有利于普法和法制宣传教育工作顺利开展的良好法治氛围和法治文化。

"七五"普法规划实施期间，应当根据党的十八届四中全会审议通过的《中共中央关于全面推进依法治国若干重大问题的决定》提出的"增强全民法治观念，推进法治社会建设"和党的十九大提出的"加大全民普法力度"的要求，将具有全面推进依法治国"总抓手"意义的中国特色社会主义法治体系的价值要求和制度内涵作为普法宣传教育工作的中心内容，形成全民参与、多方共管、各司其职、各负其责、注重实效的法治宣传教育机制，努力造就适应全面推进依法治国各项法治工作要求的高素质的法治队伍，着重培养与国家治理体系和治理能力法治化和现代化要求相适应的具有法治思维、能够运用法治方式解决实践中产生的重大和复杂的法律问题和社会问题的领导干部队伍，提升党政机关、社会组织依法治理的整体水平，着力营造全体社会成员尊法学法知法懂法用法的法治氛围和法治文化，形成稳定可靠的法治宣传教育制度化、实效化模式，初步形成中国特色"总体法治宣传教育观"，为2020年顺利进入全面小康社会提供稳定、可靠的社会心理支持力量。

二 中国法治智库建设40年

（一）法治智库的发展进程

智力资源是一个国家、一个民族最宝贵的资源。中国共产党历来高度重视决策咨询工作。党的十一届三中全会以后，党中央拨乱反正，重视知识重视人才。1978年经过中央批准，将原先属于中国科学院哲学社会科学部的哲学社会科学和人文科学研究机构独立出来，成立了中国社会科学院，作为党和国家的专家库和智囊团，成为中国最早产生的智库。而中国社会科学院法学研究所作为中国社会科学院下属的一个研究所在党的十一届三中全会以来党和国家一系列重大法治理论观点的形成和重大法治方针政策的制定和实施中，自始至终发挥了"智库"的角色，受到了国际国内的普遍关注，其法治智库的身份获得了业界的广泛认可。特别是党的十五大以来，中国智库建设事业快速发展，法治智库由少变多、由弱变强，为党和政府科学民主依法决策提供了有力的智力支持。以党的十八大为界，法治智库大体经历了稳步发展和高速发展两个时期。

1. 稳步发展时期：1997年党的十五大到2012年党的十八大

在这一时期，真正称得上法治智库的机构屈指可数，中国社会科学院法学研究所堪称典范。

法学所创立于 1958 年 10 月，时属中国科学院哲学社会科学部，1978 年改属中国社会科学院，其基本职责之一是参与党和国家有关决策研究，是党和国家高端法治智库。多年来，法学所高度重视决策咨询研究，通过一系列高质量的研究成果和一大批饮誉海内外的知名学者，活跃在国家法治建设一线。

一是为中央领导主讲法制课。这是法学所发挥党和国家高端法治智库作用的一大特色。截至 2017 年 7 月 24 日，中央政治局共举办 135 次集体学习[①],23 位著名法学专家先后走进中南海为中央政治局主讲法制课，其中法学所 7 人，约占 30.4%，在各个高校和科研机构中独占鳌头。中央政治局集体学习是一种咨询性学习，是党和政府决策科学化民主化的重要体现，对决策形成具有独特辅助作用。1996 年 2 月 8 日，法学所研究员王家福为中央政治局主讲"关于依法治国，建设社会主义法制国家的理论和实践问题"，第一次

---

① 党的十六大前称法制讲座，十六大后改称集体学习，除法制，还广泛涉及经济、社会、文化、生态文明建设和党的建设以及国防、外交、军事等领域，并形成制度长期坚持下来。改革开放以来，中央政治局集体学法 28 次，王家福、曹建明、郑成思、王利明、李林、卓泽渊均主讲 2 次。

提出"依法治国，建设社会主义法制国家"的观点，1997 年 9 月"依法治国"写入党的十五大报告，1999 年 3 月写入《宪法》，2002 年 11 月写入《党章》；1997 年 5 月 6 日，香港回归前夕，研究员吴建璠为中央政治局主讲"'一国两制'与香港基本法"；2001 年 7 月 11 日，在信息网络迅猛发展对政府治理和社会管理提出新问题新挑战的情况下，研究员郑成思为中央政治局主讲"运用法律手段保障和促进信息网络健康发展"；2003 年 9 月 29 日，研究员李林、复旦大学教授林尚立为中央政治局主讲"坚持依法治国，建设社会主义政治文明"，2004 年"政治文明"写入《宪法》；2007 年 3 月 23 日，《物权法》通过仅 7 天，研究员梁慧星、中国人民大学教授王利明为中央政治局主讲"关于制定和实施物权法的若干问题"；2007 年 11 月 27 日，在现行宪法公布实施 25 周年和实施依法治国基本方略、建设社会主义法治国家提出 10 周年之际，中国社会科学院法学研究所研究员信春鹰、中国政法大学教授徐显明为中央政治局主讲"完善中国特色社会主义法律体系和全面落实依法治国基本方略"；2018 年 2 月 24 日，在现行宪法即将进行第五次修改之前，李林再进中南海，为中央政治局主讲"我国宪法和推进全面依法治国"。此外，法学所有 9 位专家担任全国人大常委会法制讲座主讲人，10 多位专家参加了中央宣传部、中央政法委、司法部、中国法学会联合举办的"百名法学家百场报告会"法制宣传活动。

二是大力创新法治理念。改革开放初期，法学所就高举法治旗帜，坚持法治，否定人治，推动依法治国写入党的十五大报告；鲜明提出法律面前人人平等，推动其成为中国社会主义法治的基石原则；适应社会主义市场经济的需要，提出市场经济是法治经济，为建立社会主义市场经济体制提供坚实理论支撑；主张尊重和保障人权，推动人权入宪；潜心民主理论研究，形成比较系统完备的中国特色社会主义民主政治理论；深化法律制度改革研究，为如期建成中国特色社会主义法律体系做出重要贡献。在不同历史时期，法学所始终站在法治建设最前沿，发出时代最强音。

三是认真提出立法建议。按照中央部署及国家部委要求，法学所参与了

1999 年《宪法修正案》、2004 年《宪法修正案》和大多数法律法规草案的起草、论证、修改工作。1997 年至 2012 年，法学所向全国人大、国务院法制办等立法部门提交法律法规的起草、修改意见建议达 300 多份，在推动科学立法、民主立法方面起到了积极作用。

四是精心组织对策研究。法学所作为党和国家高端法治智库，始终把对策研究摆在重要位置。2010 年至 2012 年，围绕行政审批制度改革、政府信息公开、司法改革、死刑复核、社会保障、反腐败立法、互联网治理、食品安全监管、信用体系建设、法治文化建设、生态环境保护、知识产权发展战略、劳动教养制度改革等法治建设中的重大问题，共提交对策建议和研究报告 114 篇，其中 34 篇得到中央领导同志批示。

五是圆满完成交办任务。受外交部委托，2009 年 11 月、2010 年 6 月，法学所作为中方牵头单位，分别在北京、西班牙马德里承办了第十九次、二十次中欧司法研讨会；2010 年 2 月，在广西桂林承办了中澳《经济、社会和文化权利国际公约》履约报告研讨会；2010 年 9 月，参与组织第二届中非合作论坛—法律论坛；2011 年 12 月，承办外交部和联合国人权高专办公室主办的中国—联合国司法研讨会，为维护中国国家形象、发展中国人权法治事业做出了积极贡献。此外，还出色完成了全国人大常委会、中央办公厅、中央宣传部、中央政法委、外交部等部门委托交办的数十项课题和任务。

中国法学会是法学界、法律界的全国性学术团体，前身是 1949 年 6 月成立的新法学研究会。半个多世纪以来，中国法学会积极组织推动广大法学工作者、法律工作者参与立法的起草论证，参与执法的调查和司法改革，参与法学教学和法制宣传，成为参政议政的一支积极力量。据统计，近 20 年来，中国法学会召开的全国性学术研讨会数以百计，召开的地区性学术研讨会数以千计，撰写的学术论文和对策建议数以万计，为社会主义民主法制建设的探索和实践，为社会主义市场经济的有序发展，为中国特色社会主义法律体系的形成和不断完善，为依法治国基本方略的形成和实施，做了大量创造性、开拓性工作。

为推进应用法学研究，服务司法审判实践，1991 年最高人民法院成立中国应用法学研究所，深入开展应用法学和审判理论研究，积极参与司法改革，为人民法院事业和司法改革做出了重要贡献。同年，最高人民检察院成立检察理论研究所，负责编制和组织实施全国检察理论研究规划，组织实施最高人民检察院检察理论研究课题，服务中国特色社会主义检察制度。1989 年，司法部成立司法研究所，主要从事司法行政理论和应用政策研究工作，为司法行政改革发展献计献策。

一些地方探索建立法治智库。2010 年 6 月 3 日，浙江省杭州市组建法治杭州专家咨询委员会，参与制定法治杭州建设工作的规划、政策措施，参与市委有关法治杭州建设重大决策出台前的咨询论证，参与对法治杭州建设中热点难点问题的调研，指导并参与法治杭州建设重大课题、年度课题的立项和调研，为杭州法治实践提供智力支持。

在依法治国大潮中，民间法治智库开始涌现。2008 年，中国法治研究院在香港创立，与国内外著名大学、研究机构、地方政府开展密切合作，重点进行法治理论、法治指数、政府透明指数、电子政务发展指数、法治政府建设指标体系、司法透明指数等重大项目的研究，致力于打造具有中国特色、中国风格、中国气派的法治智库品牌。

这一时期，法治智库虽然数目不多、类型不一，但总体上适应了国家法治建设的需要，为国家法治建设提供了高质量的智力支持。

2. 高速发展时期：2012年党的十八大至今

2012 年 11 月，党的十八大明确提出：坚持科学决策、民主决策、依法决策，健全决策机制和程序，发挥思想库作用。2013 年 4 月，习近平总书记做出重要批示，要求从推动科学决策民主决策、推进国家治理体系和治理能力现代化、增强国家软实力的战略高度，建设中国特色新型智库。同年 11 月 12 日，党的十八届三中全会提出，加强中国特色新型智库建设，建立健全决策咨询制度。2015 年 1 月 20 日，中央办公厅、国务院办公厅印发《关于加强中国特色新型智库建设的意见》，对智库的定性定位、建设标准、发展格局、改革思路、管理体制等做出明确规定，吹响了建设中国特色新型智库的号角。党的十九大提出，要根据新的实践对经济、政治、法治、科技、文化、教育、民生、民族、宗教、社会、生态文明、国家安全、国防和军队、"一国两制"和祖国统一、统一战线、外交、党的建设等各方面做出理论分析和政策指导，以利于更好坚持和发展中国特色社会主义，并强调要牢牢掌握意识形态工作领导权，加强中国特色新型智库建设。这为新时代法治智库建设提出了要求、指明了方向。法治智库迎来了前所未有的历史机遇，进入了井喷式的高速发展时期。

中国社会科学院按照中央有关部署和要求，大力实施哲学社会科学创新工程，进一步加强高端专业化智库建设。法学所、国际法所更加注重发挥两所法治智库的功能，从2013年到2016年，向全国人大常委会法工委、国务院法制办和其他部委报送法律、法规、规章草案的修改意见建议101份，组织撰写对策建议和研究报告376篇，出版专著、教材188部，其中国家智库法治专题研究报告约20份，发表论文800多篇。学部委员李林领衔的《全面推进依法治国系列研究报告》以及学部委员梁慧星主持、历时近20年完成的《中国民法典草案建议稿附理由》丛书，在学术界和社会上产生广泛重要影响。同时，加强专门法治智库建设，先后成立法治国情调研室和法治战略研究部，从法治运行实证研究和法治发展战略研究的角度，对全面依法治国的重大理论和实践问题开展调研论证，取得了引人瞩目的研究成果。李林、田禾研究员主编的法治蓝皮书连续6年获得全国优秀皮书一等奖。

中国法学会高度重视智库建设。2013年底新一届领导班子就任以来，以建设党和国家法治建设核心智库为目标，成立中国特色社会主义法治研究中心，实施重大课题研究、重点基地建设、重要人才培养三位一体战略；以中国特色社会主义法治研究中心为枢纽，以各研究会为基本力量，会同各级法学会及其所属各专门研究会，加强中国法学会智库体系建设，发挥智库群的整体优势；成立"研究会＋实体性机构"组合的首批14个"法治研究方阵"，在金融领域探索建立由"研究会＋地方法学会"组成的金融法治研究协同机制；制定《"中国法学会法治研究基地"认定和管理试行办法》并启动认定工作，认定中南财经政法大学法治发展与司法改革研究中心、海南省南海政策与法律研究中心、浙江大学公法研究中心、西南政法大学中国—东盟法律研究中心、西北政法大学反恐怖主义研究院、中国人民大学法治评估研究中心6家科研机构为首批中国法学会法治研究基地；组织相关领域专家学者积极参与立法项目的咨询、论证、调研等工作，对《立法法》《行政诉讼法》《刑法修正案（九）》《审计法》《预算法》《食品安全法》《安全生产法》《旅游法》《广告法》《看守所法（公开征求意见稿)》《大气污染防治法》等多部法律的制定、修改提出建议；围绕反恐立法、宗教立法、重大行政决策程序立法等问题编发20多期《要报》，为中央决策提供参考。① 这些举措的实施，标志着中国法学会新型智库建设进入崭新阶段。

高校法治智库建设呈现千帆竞发、百舸争流的局面。2012年3月，教育部、财政部发布《关于实施高等学校创新能力提升计划的意见》，决定实施"2011计划"，以协同创新中心和人文社会科学重点研究基地建设为依托，打造中国特色新型高校智库，并不断深化重点研究基地综合改革，为主动服务国家重大战略发展提供支撑。按照教育部的规划部署，中国政法大学牵头组建司法文明协同创新中心、全球治理与国际法治协同创新中心，参与中南财经政法大学牵头的知识经济与法治发展协同创新中心和武汉大学牵头的国家领土主权与海洋权益协同创新中心。2012年11月17日，中南财经政法大学、湖北省教育厅共同成立湖北法治发展战略研究院，围绕法治发展的重大理论和现实问题，整合学术资源，促进学术交流，服务党委和政府决策咨询，推进法治湖北建设。

地方党委和政府采取切实有效措施，加快地方法治智库建设。2014年12月16日，安徽省在全国率先建立省委法律顾问制度，聘请5位专家为党委决

---

① 毛立军：《中国法学会：着力建设国家法治智库》，《人民政协报》2015年1月27日。

策出谋划策，为地方党建提供法律支持。2016 年 12 月 23 日，全国首家省级法治智库——法治江西智库成立，以服务党委、政府决策为宗旨，以政策研究咨询为主攻方向，紧紧围绕本地区法治建设中的体制性、深层次矛盾和问题开展理论和实证研究，为全面推进法治江西建设提供前沿性、体系化的智力支撑。江苏省印发《关于加强江苏新型智库建设的实施意见》《江苏省新型智库管理办法》，建立健全智库发展内部治理机制、行业内监督机制、第三方评估与认证机制，确定紫金传媒智库、中国法治现代化研究院等首批 9 家江苏省重点高端智库，树立区域性智库建设标杆。河南省信阳市以本地法学会专家为基本力量，统筹市内外有影响的法学法律工作者，构建规模较大、专业齐全、结构合理、管理规范的法治人才库，聚焦信阳经济社会发展中的重大法学法律问题，服务重大决策，服务法治实践，繁荣法学研究，开展法治宣传，推动学术交流。

专业法治智库不断涌现。2016 年 5 月，中国财税法治战略研究院成立，研究院依托常州大学史良法学院，接受中国民主同盟和中国法学会的双重指导，打造参政议政和政治协商领域的国家级财税法治专业智库。近年来，海南省针对生态环境保护问题，以生态保护立法和制度建设为主线，整合全省环境法治研究力量，实施大数据战略，开展学术研究、学术交流、环保宣传、人才培养、咨询服务等活动，探索建立研究报告、要情摘报、咨政建言等多种形式的成果转化平台，为本省生态环境保护法治建设的理论创新、制度创新、实践创新提供人才支撑和智力支持，打造具有时代特色、实践特色、海南特色的绿色法治智库。

联盟化、网络化是近年来法治智库发展的突出现象。2013 年 5 月，广东省人大常委会同中山大学、暨南大学、广州大学、华南理工大学、广东海洋大学、广东外语外贸大学和韶关学院、嘉应学院、韩山师范学院 9 所高校分别签署协议，成立广东省地方立法研究评估与咨询服务基地，在此基础上，9 所高校成立了广东省地方立法研究高校联盟，建立以服务广东省地方立法为目标，跨学科、跨领域的研究评估与咨询服务平台。2013 年至今，各基地承担了 17 部地方性法规的委托起草任务，为 41 部法规草案提供了 500 余份书面意见、表决前评估报告和调研报告，并协助完成了广东省地方性法规全面清理任务。2013 年 10 月 30 日，中国政法大学、国家行政学院、北京大学共同组建法治政府协同创新中心，实现强强联合、优势互补，推动法治政府建设理论研究和实践创新，打造法治政府高端智库。2015 年 11 月 26 日，由最高人民检察院检察理论研究所与华东政法大学、华东地区检察机关共建的华东检察研究院，在华东政法大学举行揭牌仪式。研究院立足中国国情，旨在促进检察机关与法学院校双向交流、深化检察理论研究、加强检察智库建设，为检察政策和检察改革提供决策咨询服务。

党的十八大以来，随着各项改革深入推进，法治智库发展步入黄金期，智库研究人员抢抓机遇、迎难而上，围绕国家法治建设中的重大理论和实践问题，开展全局性、战略性、前瞻性研究，为党委和政府科学民主依法决策提供了强有力的智力支持，促进了中国法学繁荣和法治进步。在这个过程中，法治智库的数量不断增加、类型不断增多、功能不断拓展、能力不断增强，中国特色新型法治智库体系正在逐步形成。

（二）法治智库建设面临的主要问题

近年来，法治智库发展日新月异，数量类型日渐增多，在服务国家法治建设、推动经济社会发展中发挥了重要作用。但也要看到，同全面推进依法治国、推进国家治理现代化的需要相比，法治智库跟不上、不适应的问题还比较突出。主要表现在以下几方面。

1. 思想认识存在偏差

一些法治智库把研究重心放在对预设结论的辩护、阐释、宣传上，损害了智库的专业性和公信力，也降低了党政部门对智库的决策咨询需要。一些法治智库盲目追求专业门类、人才储备的"大而全"，不重视特色专业化发展，出不了高精尖特研究成果。一些法治智库认为"酒香不怕巷子深"，重内部研究，轻对外宣传，缺乏社会影响力。

2. 智库发展不平衡

一是官方法治智库与民间法治智库发展不均衡。由于信息来源、经费投入、报送渠道、体制保障、成果影响等方面的优势，党政机关、高校、科研院所和党校等官方法治智库的体量和影响力，民间法治智库无法比拟，也无法与其开展研究和成果转化方面的竞争，形不成法治智库有序竞争的格局。二是法学专业分布不均衡。目前，法治智库的关注点主要集中于公法领域，对私法领域关注不多，存在研究死角和空白。三是区域法治智库发展不平衡。受信息来源、研究力量、研究条件等因素制约，北京和重点政法院校所处地区的法治智库发展比其他地区要快。

3. 存在形式主义问题

当前，法治智库建设热潮中最突出的问题就是运动化倾向。一是一些部门和单位不考虑自身特色、优势和实力，在智库建设上一哄而上，在目标定位上好高骛远，造成建成的法治智库长期休眠或仅停留在口头宣传上。二是一些法治智库为吸引眼球，过度包装法治问题和智库观点，抢占舆论高地，宣传报道铺天盖地，实体内容乏善可陈，影响了法治智库的发展氛围。三是不少法治智库定位不明确，资源分散、缺乏特色，封闭运行、各自为政，碎片化特征明显，低水平、同质化重复研究多，造成科研资源浪费。

4. 独立性相对不足

一些法治智库是党政机关的下属单位，对党政机关高度依赖，研究结论看领导眼色而定；一些法治智库引入市场机制，对出资方高度依赖，谁出钱就为谁说话。这些都与法治智库的设立初衷背道而驰。一些法治智库的研究日程完全为党委政府所主宰，主要为党委政府决策拍手抬轿，缺乏独门绝技、拳头产品，社会影响力不大、公信度不高。

5. 研究机制有待改进

法治智库发展所需的财政资助、人才保证、信息扶持制度缺失。以领导的关注点为导向，造成许多短平快选题和急就章甚至马后炮研究。法治智库与党委、政府之间信息不对称，获取信息的渠道有限，难以掌握关键资料，不能把握问题实质，成果自然不尽如人意。在课题组织上，基本上是单兵作战，少有跨学科、跨领域组合，难以形成研究合力；在课题管理上，中期疏于管理，结项把关不严；课题完成后，部分研究成果束之高阁，影响范围有限。还有是经费投入和使用机制待创新。绝大多数地方党委和政府重视智库建设，但对于经费投入的数量、对象及用法，往往犹豫不决，不利于调动智库研究人员的积极性主动性创造性。

6. 智库人才严重不足

目前法治智库普遍缺乏熟悉国家大政方针政策、了解党情国情民情、擅长应用对策研究和交叉学科研究的高素质复合型人才。领军人物和杰出人才尤其匮乏。只有从智库到政府部门的人员流动，鲜见从政府部门到智库的人员流动。

7. 研究水平总体不高

近年来，法治智库投入大量人力物力财力，但形成的研究成果却不成比例，多而不强、大而不强问题突出。由于研究人员很难获得党政部门的内部信息，对策研究多为纸上谈兵，缺乏咨政价值，有的即便出了成果也难以送达决策层。一些法治智库偏重当前具体问题研究，在追逐热点问题的过程中逐渐削弱了专业优势和研究特长，研究成果不能充分展现智库应有的专业水准。

8. 评价体系不够科学

当前，法治智库尚无专门的评价标准，大多沿袭高校、科研机构原有的考核评价办法，不够科学合理。一是过于重视研究人员发表的论文和著作，并以此作为职称晋升和年终考核的主要标准，对对策建议、研究报告等智库成果缺乏充分认可和相应激励。法治智库与高校、科研机构的定位和功能不同，按照学术评价标准来评判智库研究人员的实绩，对智库研究人员无疑是不公平的。二是把领导批示作为衡量法治智库研究水平的唯一指标，唯批示论的成果激励机制可能将智库发展引入歧途。三是重理论、重数量的问题依然存在，不能把智库研究引到思想性、战略性研究上来。

总体而言，法治智库战略谋划和综合研判能力不强，政策研究能力、研究质量水平有限，研究成果转化渠道不畅，传播力影响力不大。加快法治智库改革创新，显得十分必要而紧迫。

（三）加强法治智库建设的若干建议

法治智库是党和政府科学民主依法决策的重要支撑。当前，中国正经历着历史上最为广泛而深刻的社会变革，也正在进行着人类历史上最为宏大而独特的实践创新。改革发展任务越是艰巨繁重，越需要强大的智力支持。要从全面依法治国、推进国家治理现代化的战略高度，把加强法治智库建设作为一项重要而紧迫的任务切实抓紧抓好。

1. 提高思想认识

各级党委和政府要充分认识法治智库在依法治国中的重要地位和独特作用，把法治智库建设作为推进科学执政、依法行政，增强政府公信力的重要内容，列入重要议事日程，依法依规开展政策咨询，善于定方向、出题目，为法治智库咨政建言创造必要条件。

2. 坚持统筹规划

法治智库建设是一项系统工程，必须统筹推进。针对民间法治智库建设相对薄弱问题，要按照 2017 年民政部、中央宣传部、中央组织部等九部门《关于社会智库健康发展的若干意见》的要求，建立和完善民间法治智库向党政机关提供决策咨询服务的制度化渠道，构建多元化、多渠道、多层次的资金保障体系，建立完善民间法治智库人才引进、流动配置、职称评定等政策，规范和引导民间法治智库健康发展。

3. 增强智库研究的相对独立性

一方面要为法治智库创造宽松的政治环境，减少法治智库的行政化、等级化和部门化色彩，尽可能消除法治智库在人事、经费、科研等方面对主管部门和社会利益群体的依赖，加强研究的自主性；另一方面法治智库要认识到其主要职责是为党委政府服务、影响党委政府决策，但不能把重心放在为党委政府解决日常工作中的难题上，把自己变成党委政府的一部分。

4. 完善治理机制

建立法治智库准入制度，规划年度重点研究课题，把专家咨询作为党委政府重大法治决策的必经程序，鼓励政府有偿使用智库研究成果，完善成果奖励机制，鼓励经费来源多元化，推进内部成果购买和后期资助，解除财务报销制度对科研活力的禁锢和束缚，切实解决管理过死、拨款过迟、"有钱没法花"、"找发票报销"等问题。

5. 加强人才培养

有目的、有计划地培养复合型智库人才，形成有利于人才成长的政策扶持体系，建立研究人员与政府官员双向流动制度，建立法治智库人才库，向领导机关和其他智库开放，供其选择使用。

6. 提升研究水平

深入调研，集智攻关，形成高质量的应用对策成果；要突出法学的专业性，根据研究专长，选择前沿课题，谋求突破性进展；加强战略性、前瞻性、储备性问题研究，扩大政策影响力；做好研究成果的宣传推广，重视现代媒体的开发和使用，扩大智库品牌的知名度和影响力。

7. 健全评价体系

探索建立智库成果与职称晋升挂钩机制，完善以质量创新和实际贡献为导向的评价办法，构建用户评价、同行评价、社会评价相结合的指标体系，实行优胜劣汰，形成竞争导向的法治智库考评制度。

8. 加强智库国际交流

支持法治智库走出去，借助"一带一路"倡议等载体，设立海外分支机构，宣传中国法律制度和法治建设成就。拓宽聘请国外专家来华交流和研究的渠道，更好地为中国对外决策提供参考。

推荐阅读书目

编者按： 在筹划本套改革开放研究丛书之初，谢寿光社长就动议在每本书后附相关领域推荐阅读书目，以展现中国改革开放来本土学术研究广度和深度，并以 10 本为限。在丛书编纂和出版过程中，各位主编和作者积极配合，遴选了该领域的精品力作，有些领域也大大超过了 10 本的限制。现将相关书目附录如下，以飨读者。

张文显主编《法理学》（第五版），北京：高等教育出版社，2018。

李林主编《新中国法治建设与法学发展 60 年》，北京：社会科学文献出版社，2010。

公丕祥主编《当代中国的法治现代化》，北京：法律出版社，2017。

陈甦主编《当代中国法学研究（1949—2009）》，北京：中国社会科学出版社，2009。

梁慧星：《为中国民法典而斗争》，北京：法律出版社，2002。

王利明：《物权法研究》（第四版），北京：中国人民大学出版社，2016。

孙宪忠：《权利体系与科学规范》，北京：社会科学文献出版社，2018。

李林、莫纪宏等：《中国法律制度》，北京：中国社会科学出版社，2014。

陈兴良：《走向规范的刑法学》，北京：北京大学出版社，2018。

莫纪宏：《宪法学原理》，北京：中国社会科学出版社，2008。

卓泽渊：《法政治学研究》，北京：法律出版社，2011。

姜明安主编《行政法与行政诉讼法》（第六版），北京：北京大学出版社、高等教育出版社，2015。

朱晓青主编《变化中的国际法：热点与前沿》，北京：中国社会科学出版社，2012。

索 引

（按音序排列）

091，092，095~097，284，339

后 记

　　2018 年是中国改革开放 40 周年。这是中华民族从站起来的"新纪元"迈向中华民族富起来的"新时期"的 40 年，是中华人民共和国发生天翻地覆重大变革、高歌猛进、快速发展的 40 年，也是新中国法治建设从恢复重建到全面发展、从法制到法治再到全面推进依法治国、建设法治中国根本转变并取得重大成就的 40 年，是中国改革开放与法治发展、全面深化改革与全面依法治国这"车之两轮""鸟之两翼"相辅相成、相互促进、相得益彰、不断发展的 40 年，是中国国际法治不断完善发展、法治综合实力不断增强、中华民族日益走进世界法治舞台中央的 40 年。为了深刻总结过去 40 年中国法治发展的经验教训，探寻中国特色社会主义法治道路、理论、制度和文化发展的时代轨迹，纪念改革开放 40 年中国"依法治国，建设社会主义法治国家"的伟大征程，前瞻把中国建设成为社会主义现代化法治强国的美好未来，中国社会科学院法学研究所组织专家学者撰写了《中国法治（1978~2018）》一书。

　　本书是社会科学文献出版社策划的中国改革开放 40 周年大型系列丛书——"改革开放研究丛书"中的一本，负有承载和推动中国法学（法治）"走出去"的重大使命。本书的中文版出版之后，将与国外出版社合作出版外文版，以期促进中外法学（法治）的学术交流与对话，使法治中国发展经验和中国法治实践模式在国际社会和外国同行中能够产生应有影响，提升中国法学学术在国际传播和交流中的话语权。

在本书付梓之际，特向全书各文作者和社会科学文献出版社社长谢寿光，编辑芮素平、郭瑞萍，向中国社会科学院法学研究所科研处张锦贵副处长、卢娜女士，向其他所有为本书撰写和出版付出辛劳的同人、朋友，表示最诚挚的敬意和感谢！

李 林

2018 年 5 月 4 日

图书在版编目(CIP)数据

中国法治：1978~2018 / 李林等著. -- 北京：社
会科学文献出版社，2018.10
（改革开放研究丛书）
ISBN 978-7-5201-3572-6

Ⅰ.①中… Ⅱ.①李… Ⅲ.①社会主义法制-建设-
研究-中国-1978-2018 Ⅳ.①D920.0

中国版本图书馆CIP数据核字（2018）第218568号

· 改革开放研究丛书 ·

中国法治（1978~2018）

丛书主编 / 蔡　昉　李培林　谢寿光
著　　者 / 李　林　等

出 版 人 / 谢寿光
项目统筹 / 芮素平
责任编辑 / 郭瑞萍

出　　版 / 社会科学文献出版社·社会政法分社（010）59367156
　　　　　　地址：北京市北三环中路甲29号院华龙大厦　邮编：100029
　　　　　　网址：www.ssap.com.cn
发　　行 / 市场营销中心（010）59367081　59367018
印　　装 / 三河市东方印刷有限公司
规　　格 / 开　本：787mm×1092mm 1/16
　　　　　　印　张：23.25　字　数：340千字
版　　次 / 2018年10月第1版　2018年10月第1次印刷
书　　号 / ISBN 978-7-5201-3572-6
定　　价 / 98.00元